한국 교회 제자훈련 미래 전망 보고서
: 무엇을 위한 누구의 제자인가

IVP(InterVarsity Press)는
캠퍼스와 세상 속의 하나님나라 운동을 지향하는
IVF(InterVarsity Christian Fellowship)의 출판부로
생각하는 그리스도인을 위한 문서 운동을 실천합니다.

한국교회탐구센터(The Research Center for the Korean Churches)는
'하나님나라를 위한 교회, 한국 교회를 위한 탐구'를 모토로
한국 교회 개혁을 위한 연구에 힘쓰고 있습니다.

이 책은 IVP와 한국교회탐구센터가 함께 만들었습니다.

교회
탐구
포럼
0 6

한국 교회 제자훈련 미래 전망 보고서
: 무엇을 위한 누구의 제자인가

한국교회탐구센터 편집

한국교회탐구센터 IVP

차 례

머리말
'한국 교회 제자훈련 미래 전망 보고서'를 내며 | 송인규 · 009

01
제자훈련에 대한 경험과 의식 | 정재영 · 013

서론 · 014

I. 자료의 성격 · 015

II. 조사 결과 · 016
  1. 응답자 특성
  2. 제자훈련 경험
  3. 제자훈련 내용
  4. 제자훈련의 의미 및 성과
  5. 제자훈련을 받지 않은 사람들의 인식
  6. 제자훈련에 대한 평가 및 기대
  7. 일반적인 신앙생활과 윤리의식

III. 결론 및 제언 · 057

02
하나님나라의 제자도 · 061
− 오늘날 우리는 무엇을 잃어버렸나 | 송인규

서론 · 062

I. 하나님나라와 제자도 · 064
  1. 하나님나라에 부합한 제자도

II. 예수 그리스도의 제자도/제자훈련 · 072
　1. 제자 및 연관어들 의미 규명
　2. '제자'와 관련된 질문들
　3. 예수님이 후대에도 실행/재현되기 원하신 제자도와 제자훈련
　4. 제자훈련의 목적/의도: 세 방면으로 유익
　5. 제자훈련 커리큘럼: 예시와 활용

III. 한국 교회에서의 제자훈련 · 134
　1. 제자훈련의 소역사
　2. 제자훈련의 문제점
　3. 보충적 유념 사항

03
한국 교회 제자훈련에 대한 사회학적 검토 | 정재영 · 159

서론 · 160

I. 한국 교회 제자훈련의 특성 · 161
　1. 제자훈련과 소그룹 운동
　2. 제자훈련과 복음주의

II. 제자훈련의 성과와 한계 · 170
　1. 제자훈련의 긍정적인 성과
　2. 제자훈련의 한계

III. 공동체성의 균형을 위하여 · 184
　1. 밖으로의 공동체성
　2. 소그룹의 사회적 실천

IV. 결론 · 191

04
거인들에게 배우는 제자훈련 · 193
– 도슨 트로트맨, 옥한흠, 달라스 윌라드의 제자훈련 방법 | 노종문

서론 · 194

I. 도슨 트로트맨의 네비게이토 제자훈련 사역 · 196
  1. 네비게이토 제자훈련 프로그램의 형성 과정
  2. 운용 방식과 철학
  3. 기여와 한계

II. 옥한흠 목사의 사랑의교회 제자훈련 사역 · 211
  1. 평신도를 깨운다
  2. 제자 개념과 제자훈련의 내용
  3. 성도의 사회적 책임에 대한 언급의 부재

III. 달라스 윌라드의 제자훈련 신학과 방법론 · 220
  1. 윌라드의 제도 개념
  2. 제자훈련의 목표와 내용
  3. 평가 및 의의

IV. 결론 · 230

05
제자훈련의 전망과 대안 · 231

I. 제자훈련에 대한 반성과 대안 | 김명호 · 232
  1. 제자훈련이란 무엇인가
  2. 제자훈련 실패의 원인
  3. 제자훈련을 정착시키기 위한 대안
  4. 결론

II. 포스트모던 시대의 제자훈련 | 김지방 · 246
  1. 제자훈련은 무엇인가
  2. 제자훈련이라는 이름
  3. 예수님의 십자가

III. 탈학습이 필요한 제자훈련 | 양희송 · 257
  1. 탈학습의 필요성
  2. 한국 교회 제자훈련의 역사
  3. 긴장과 반성의 흐름
  4. 제자훈련의 미래를 위한 제안

IV. 제자훈련의 대안과 미래 | 황병구 · 268
  1. 예배의 훈련
  2. 기질과 성격
  3. 노동과 안식
  4. 예술과 육체
  5. 관계와 용서
  6. 제자 됨의 표지와 하나님나라
  7. 최소율의 법칙을 극복하는 함께 살기

자료: 설문조사 문항 · 279

머리말
'한국 교회 제자훈련 미래 전망 보고서'를 내며

제자훈련은 한국 교회의 '근대적' 발전에 이모저모로 큰 공을 세웠다. 1960년대부터 네비게이토선교회를 필두로 시작된 이 운동은 1980년대 이후에는 옥한흠 목사와 사랑의교회 사역을 통해 한국 교회 깊숙이 뿌리를 내렸다. 1990년대를 거쳐 21세기에 접어들어서도 제자훈련은 '교회 성장' '평신도 활용' '소그룹 성경공부' '양육의 활성화' 등과 (때로 타당하게 때로 바람직하지 않게) 맞물리며 목회자들 사이에 전략적 사역의 총아로 부각되었다.

그러나 최근 들어 '제자훈련'은 금세기 초까지 그랬던 것만큼의 호황과 각광을 누리지 못하고 있다. 교회 성장에 득이 된다 싶으면 무엇이든 수용하는 목회적 실용주의 풍토에 '가정교회' 및 다양한 형태의 성령 운동이 힘을 얻어 등장했기 때문에도 그렇거니와, 한 걸음 더 나아가 제자훈련을 일사불란하게 표방하던 단체나 교회의 실망스런 행보로 인해 꽤 많은 그리스도인이 등을 돌렸기 때문이다.

그러나 제자훈련에 대한 그리스도인들의 오해, 편견과 빗나간 적용이 제자훈련 자체의 무용성을 재촉하는 것은 바람직하지 못하다. 이는 또 하나의 논리적 오류요 엄청난 손실을 자초하는 우행이 될 것이다. 이 시점에서 우리에게는 옥석을 가릴 줄 아는 지혜가 필요하다.

무엇보다 먼저 우리는 성경으로 돌아가 예수 그리스도께서 가르치시고 시도하시고 모범을 보이신 '제자도'가 무엇인지 차분히 살펴보아야 한다. 이 일을 하는 데에는 일차적으로 학문적 연구가 요구되지만, 이런 신학적 규명 작업은 단지 이론적 차원만 중요한 것이 아니다. 우리가 관심을 갖는 것은 '제자도' '제자 삼기' '제자훈련'과 관련해 예수님이 가장 중시하신 것은 무엇인지, 제자훈련의 궁극적 목적은 무엇인지, '제자도'와 '제자훈련'을 통해 오늘날에도 그대로 재현되기 원하시는 바가 무엇인지에 대한 것이다. 만일 그런 것이 있다면 우리는 그것이 교회 성장을 가져오든 아니든, 현행의 목회 사역에 불리한 조건으로 작용하든 않든, 기를 써서라도 그것을 실행하도록 해야 할 것이다.

한국교회탐구센터에서는 예수님이 제자를 선발하고 훈련시키신 일에 무언가 후대 교회가 규범으로 삼아야 할 것이 있다는 신념 아래 이 프로젝트를 착수했다. 한편으로 성경적 규명 작업을 게을리 하지 않으면서 동시에 제자훈련에 관한 오늘날 그리스도인들(목회자 및 평신도)의 의식이나 인식 내용 또한 정확히 파악하고자 했다. 후자는 2015년 11월 여론조사 전문기관인 '글로벌리서치'에 의뢰한 설문조사 및 분석에 의해 이루어졌다. 또 성경에서 가르치는 '제자도'와 '제자훈련'이 미래를 가지려면—즉 한국 교회 내에 (다시금) 정착하려면—현재 직면한 문제점이 무엇인지, 그것을 어떻게 개선할 수 있는지, 구체적으로 실행 가능한 대안이 무엇인지에 대한 논의가 필요하다고 생각했다. 그러한 종합적 프로젝트의 결과물이 바로 이 책이다.

제일 먼저 등장하는 **정재영** 교수의 "제자훈련에 대한 경험과 의식"은 상기한 설문조사 결과에 대한 보고서다. 정재영 교수는 이번 설문조사의 특징으로서 조사 대상을 평신도와 목회자로 대별한 점, 제자훈련의 효과나 영향의 정도를 파악하기 위해 평신도 가운데 제자훈련을 받은 이와 그렇지 않은 이를 처음부터 구분한 점에 우리의 주의를 집중시킨다.

그다음 등장하는 세 개 글은 '제자도'와 '제자훈련'에 관한 다양한 각도에서의 기술이다. 먼저 **송인규** 교수는 "하나님나라의 제자도"에서 제자훈련이 하나님나라를 의식하는 것에 근거하고, 예수 그리스도의 의도를 파악해 합당한 커리큘럼을 구성하는 가운데 이루어져야 함을 역설한다. **정재영** 교수는 "한국 교회 제자훈련에 대한 사회학적 검토"라는 제목이 보여 주듯 한국 교회의 제자훈련이 어떤 특성을 갖는 가운데 발전되었고 그 성과와 한계가 무엇인지를 밝혔으며, 특히 '밖으로의 공동체성'과 '소그룹의 사회적 실천'이 그런 한계를 극복하는 대안이 된다고 말한다. 마지막으로 **노종문** 목사의 "거인들에게 배우는 제자훈련"은 제자훈련에 대한 전기적이고 역사적인 접근이라고 할 수 있다. 그는 도슨 트로트맨, 옥한흠, 달라스 윌라드의 제자훈련 방법을 비교하면서 오늘날 우리에게 필요한 사항을 제시한다.

이 책에서 특이한 위상을 차지하고 있는 부분은 "제자훈련의 전망과 대안"을 다루는 네 명의 목소리다. 이들은 목사, 기자, 기독교 사역자들로서 직업이나 삶터가 다를 뿐만 아니라 제자훈련에 대한 경험·시각·진단·대안 제시 등에서 다양성을 나타낸다. 물론 그럼에도 불구하고 이들의 공통점은 명시적으로든 암시적으로든 대안을 제시하는 데 있다. 먼저 **김명호** 목사는 '평신도를 깨운다' 세미나를 통한 근 30년 가까운 경험에 입각해 제자훈련에 나타나는 실패의 원인을 진단하고 정착을 위한 대안을 제시한다. **김지방** 기자는 기존의 판에 박은 듯한 제자훈련 개념을 쇄신하고 새 포도주를 새 부대에 넣듯 순전한 십자가 정신의 제자도를 포스트모던 시대에 구현해 내라고 역설한다. 다음으로 **양희송** 대표는 한국 교회의 '제자훈련'이 탈학습(unlearning) 과정을 거쳐야 한다고 말하면서, 주범인 '성장주의'와 '단계론적 사고'를 극복하기 위한 대안을 구체적으로 제시한다. 끝으로 **황병구** 본부장은 제자훈련을 "일반 그리스도인들이 삶의 전반에서 성장하는 것"으로 보고, 최종 목표인 전인의 성숙과 공동체의 완성을 위해 필요한 바 불순응과 반문화의 방안들을 소개한다.

제자훈련이 예수 그리스도께서 창안하시고 발전시키신 하나님나라의 사역 전략이었지만, 그동안 한국 교회(및 지도자들)의 부족함으로 인해 이제는 배척과 해체의 위기를 맞고 있다. 한국 교회의 미래를 위해, 더 근본적으로 하나님나라의 확장을 위해 예수 그리스도께서 원하시는 제자훈련의 원리와 정신을 다시금 펼쳐야 할 때가 되었다.

2016년 3월 26일
송인규

제자훈련에 대한 경험과 의식

정재영(실천신학대학원대학교 종교사회학 교수)

서론
I. 자료의 성격
II. 조사 결과
III. 결론 및 제언

서론

현재 한국 교계에서는 다양한 형태의 소그룹 활동이 이루어지고 있다. 이런 소그룹 활동의 원형은 1950년 이후 미국 성공회 교육국 지도자들에 의해 처음 시도된 것으로 본다. 이름은 공동체 훈련, 기초 공동체 건설 등 공동체라는 낱말을 강조해 사용하고 인간관계 훈련, 지도력 개발, 체험학습 등으로 불리기도 하지만, 인간관계를 개선하기 위한 집단 방법으로서 나와 다른 사람을 이해하고 공동체로서 협동하여 역동성 있는 집단 조성을 목적으로 실시된다는 점은 모두 공통이다.[1]

그 후에 한국 교회에는 다양한 모델의 소그룹이 형성되었는데, 그 중에서도 제자훈련 모델은 여러 소그룹 모델의 모판이 되었다. 대부분의 소그룹 모델이 제자훈련 방식을 통해 인도자나 참여자를 교육하고 훈련시키기 때문이다. 제자훈련 모델도 몇 가지로 분류될 수 있지만, 한국 교회에 가장 큰 영향을 미친 사례는 1970년대 사랑의교회 옥한흠 목사가 교회를 개척하며 실시한 제자훈련으로 보는 것이 타당할 것이다.

기존 선교단체의 제자훈련을 교회 실정에 맞게 집대성한 것으로 여겨지는 옥한흠 목사의 제자훈련이 시작된 지 40여 년이 지나면서 이에 대한 평가도 다양하게 이루어지고 있다. 그러나 제자훈련에 대한 목회자와 성도들의 의식에 대한 실증 연구는 한 번도 이루어지지 않았다. 제자훈련을 올바로 평가하기 위해서는 이에 대한 경험과 의식을 파악하는 것이 기본 전제가 될 것이다. 이러한 목적으로 한국교회탐구센터는 목회자와 평신도들을 대상으로 제자훈련에 대한 조사를 실시했다. 이어지는 본론에서 이번 조사 결과를 자세히 살펴보려고 한다.

---

1 전요섭, 『그룹 지도 방법: 그룹 다이나믹스 이론과 인간관계 훈련의 실제』(백합출판사, 1986), p. 26.

I.
자료의 성격

이 조사는 그동안 한국 교회에 큰 영향을 미쳐 온 제자훈련에 대해 개신교인들의 인식 및 영향도 등을 평가해 현 제자훈련을 점검하고 향후 새로운 제자훈련에 대한 대안을 모색하고자 하는 취지로 실시되었다. 또 제자훈련 경험자와 비경험자 그리고 목회자들의 제자훈련에 대한 전반적인 인식 및 평가, 일반 신앙의식에 대한 각 그룹 사이의 비교평가를 통해 그동안 한국 교회에서 진행된 제자훈련을 객관적으로 평가하고 향후 종합적인 대안을 모색하는 데 필요한 기초 자료를 제공하는 데 목적이 있다.

이런 목적으로 이루어진 이번 조사는 수도권 지역의 평신도와 목회자를 대상으로 여론조사 전문기관인 '글로벌리서치'에 의뢰해 실시되었으며, 2015년 11월 5일-20일에 16일에 걸쳐 진행되었다. 평신도 대상 조사는 유의할당 추출법으로 제자훈련 경험자 230명과 비경험자 230명, 총 460명을 표본추출해 온라인 조사로 실시하였으며, 목회자 대상 조사는 주요 교단별 비례할당 추출법으로 305명을 표본추출해 일대일 면접조사 및 팩스, 이메일 조사를 병행하여 실시했다. 수집된 자료는 에디팅-코딩-펀칭-클리닝(editing-coding-punching-cleaning) 과정을 거쳐 통계패키지 SPSS 13.0 for Windows로 분석되었다. 최근 온라인 조사는 일대일 개별 면접조사의 한계를 보완할 수 있는 방법으로 선호된다.[2] 개별 면접조사는 응답자의 면접 거부가 매우 심하고 본 조사의 경우 출현률(incidence rate)이 아주 낮으면 조사하기가 어렵기 때문에 온라인 조사는 상대적으로 용이한 접근방식이다. 그러나 목회자들은 온라인 조사에 대한 응답률이 저조한 편이라 팩스와 면접조사 방식을 병행했다.

설문 문항은 크게 세 부분으로 구성되었는데, 제자훈련 경험자와 비경험자를 비교 분석하기 위한 기본 문항, 제자훈련 경험에 대한 문항, 기독교 신앙과 관련된 문항으로 되어

---

2 현재 국내 조사 시장에서는 온라인 조사 비중이 급격한 상승세에 있다. 현재 전체 정량조사 방법론 중 26퍼센트로 가장 높은 비중을 점유하며, 향후 온라인 조사의 비중은 지속 상승할 것으로 예상된다. 유럽과 일본은 온라인 조사의 비중이 40퍼센트를 상회하는 것으로 알려져 있다.

있다. 제자훈련 경험에 대해서는 경험자와 비경험자를 구분해 문항을 작성했고, 경험자에 대해서는 '가장 크게 영향을 받은 제자훈련'에 대한 문항과 '전체 제자훈련 경험'에 대한 문항을 나누어서 질문했다. 목회자에 대한 문항은 평신도에 대한 문항을 기초로 하여 작성되었는데, 평신도에게만 해당하는 문항을 제외하고 목회자에게만 해당하는 문항을 일부 추가했다. 자세한 설문 문항은 부록에 첨부한 설문지(279-297쪽)를 참고하기 바란다.

II. 조사 결과

1. 응답자 특성

먼저 응답자 특성을 살펴보면, 평신도의 경우 전체 460명 중 남성이 54.6퍼센트, 여성이 45.4퍼센트로 표집되었고, 연령은 20대 13.5퍼센트, 30대 12.6퍼센트, 40대 27.2퍼센트, 50대 33.7퍼센트, 60대 이상이 13.0퍼센트였다. 온라인 조사의 특성상 젊은층이 많이 표집되는 것이 일반적이지만, 이번 조사에서는 전체 응답자 중 제자훈련 경험자를 50퍼센트 포함시키면서 여성보다 남성이, 젊은층보다는 중장년층이 상대적으로 많이 표집되었다. 신앙생활 기간은 10년 미만이 21.7퍼센트, 10-20년 미만이 24.1퍼센트, 20-30년 미만이 20.9퍼센트, 30년 이상이 33.3퍼센트였는데, 제자훈련 경험자 중에는 10년 미만이 14.8퍼센트로 평균보다 훨씬 적고, 10-20년 미만이 28.3퍼센트로 평균보다 높아 비교적 신앙 연조가 오래된 사람들의 제자훈련 경험이 많은 것을 알 수 있다.

목회자의 경우, 목회관이나 목회에서 의사결정 권한을 고려해 조사 대상을 담임목사로 한정했기 때문에 남성이 95.1퍼센트로 압도적으로 많았고, 연령은 40대 이하가 28.3퍼센트, 50대가 37.2퍼센트, 60대 이상이 34.5퍼센트로 비교적 고연령층이 많이 표집되었다. 교회 규모는 교인 수 50명 이하가 44.4퍼센트로 가장 많았고, 51-100명이 26.6퍼센트, 101-500

<표1> 제자훈련 경험자 특성(평신도)

(N=460, %)

		결과	
		사례수	빈도(%)
전체		460	100.0
성별	남성	251	54.6
	여성	209	45.4
연령	20대	62	13.5
	30대	58	12.6
	40대	125	27.2
	50대	155	33.7
	60대 이상	60	13.0
학력	고졸 이하	84	18.3
	대졸	313	68.0
	대학원졸 이상	63	13.7
거주지	서울	231	50.2
	인천/경기	229	49.8
신앙생활 기간	10년 미만	100	21.7
	10-20년 미만	111	24.1
	20-30년 미만	96	20.9
	30년 이상	153	33.3
직분	중직자	83	23.2
	서리집사	89	24.9
	직분 없음	186	52.0

<표2> 제자훈련 경험자 특성(목회자)

(N=305, %)

		결과	
		사례수	빈도(%)
전체		305	100.0
성별	남성	290	95.1
	여성	15	4.9
연령	40대 이하	86	28.3
	50대	113	37.2
	60대 이상	105	34.5
학력	신학교만 졸업	158	51.8
	일반대 졸업	147	48.2
거주지	서울	106	34.8
	인천/경기	199	65.2
교인 수	50명 이하	135	44.4
	51-100명	81	26.6
	101-500명	66	21.7
	501명 이상	22	7.2
교단	예장 합동	84	27.5
	예장 통합	52	17.0
	예장 기타	45	14.8
	감리회	50	16.4
	성결교	30	9.8
	기타	44	14.4

명이 21.7퍼센트, 501명 이상이 7.2퍼센트였다. 교단은 예장 합동이 27.5퍼센트, 예장 통합이 17.0퍼센트, 예장 기타가 14.8퍼센트, 감리교가 16.4퍼센트, 성결교가 9.8퍼센트, 기타 교단이 14.4퍼센트였다.

2. 제자훈련 경험

1) 제자훈련 경험 여부

이번 조사는 조사 설계상 평신도의 경우 제자훈련 경험자와 비경험자를 사전에 230명씩 표본할당했기 때문에 제자훈련 경험 비율을 알기는 어려웠다. 그러나 목회자는 무작위로 조사했기 때문에 경험 비율을 측정할 수 있었다. 설문에서 제자훈련의 조작적 정의는 "1-15명 이내의 개신교인들이 모여서 특정한 기간 동안(적어도 6개월) 특정한 교재를 가지

〈표3〉 제자훈련 경험 여부(평신도)

(N=460, %)

		경험자		비경험자	
		사례수	%	사례수	%
전체		(230)	100.0	(230)	100.0
성별	남성	(129)	56.1	(122)	53.0
	여성	(101)	43.9	(108)	47.0
연령	20대	(30)	13.0	(32)	13.9
	30대	(34)	14.8	(24)	10.4
	40대	(66)	28.7	(59)	25.7
	50대	(76)	33.0	(79)	34.3
	60대 이상	(24)	10.4	(36)	15.7
학력	고졸 이하	(32)	13.9	(52)	22.6
	대졸	(162)	70.4	(151)	65.7
	대학원졸 이상	(36)	15.7	(27)	11.7
거주지	서울	(118)	51.3	(113)	49.1
	인천/경기	(112)	48.7	(117)	50.9
신앙 생활 기간	10년 미만	(34)	14.8	(66)	28.7
	10-20년 미만	(65)	28.3	(46)	20.0
	20-30년 미만	(52)	22.6	(44)	19.1
	30년 이상	(79)	34.3	(74)	32.2
직분	중직자	(68)	34.2	(15)	9.4
	서리집사	(54)	27.1	(35)	22.0
	직분 없음	(77)	38.7	(109)	68.6

〈표4〉 제자훈련 경험 여부(목회자)

(N=305, %)

		사례수	예	아니오	계
전체		(305)	41.3	58.7	100.0
연령	40대 이하	(86)	46.5	53.5	100.0
	50대	(113)	41.6	58.4	100.0
	60대 이상	(105)	36.2	63.8	100.0
학력	신학교만 졸업	(158)	33.5	66.5	100.0
	일반대 졸업	(147)	49.7	50.3	100.0
거주지	서울	(106)	50.0	50.0	100.0
	인천/경기	(199)	36.7	63.3	100.0
교인 수	50명 이하	(135)	30.4	69.6	100.0
	51-100명	(81)	44.4	55.6	100.0
	101-500명	(66)	51.5	48.5	100.0
	501명 이상	(22)	63.6	36.4	100.0
교단	예장 합동	(84)	53.6	46.4	100.0
	예장 통합	(52)	42.3	57.7	100.0
	예장 기타	(45)	35.6	64.4	100.0
	감리회	(50)	24.0	76.0	100.0
	성결교	(30)	33.3	66.7	100.0
	기타	(44)	47.7	52.3	100.0

고 정해진 단계를 밟아 훈련하는 것을 말하며 대중 집회식의 성경공부는 해당되지 않습니다"라고 하였다. 엄밀한 의미에서 제자훈련은 '제자화'를 목표로 해 개인 경건생활이나 성경 암송, 독서 보고서를 포함한 다양한 과제물 수행 등 엄격한 단계별 훈련 과정을 거치는 것을 전제로 하지만, 이번 조사에서는 보다 폭넓게 정의하여 정해진 기간, 교재의 사용, 단계별 훈련이라는 조건을 충족하는 경우 제자훈련이라고 간주했다. 제자훈련을 엄격하게 정의하면, 경험자가 너무 적어 조사 자체를 수행하기가 매우 어렵고 비교 연구도 무의미할 수 있기 때문이다.

조사 결과, 목회자의 경우 '경험 있다' 41.3퍼센트, '경험 없다' 58.7퍼센트로, 목회자 5명 중 2명가량은 제자훈련 경험이 있는 것으로 나타났다. 제자훈련 경험 목회자는 저연령층일수록, 교회 규모가 클수록, 서울 지역 목회자층일수록 상대적으로 많은 것으로 나타났다. 반면 평신도 중 제자훈련 경험자는 40-50대 연령 남성층에서 상대적으로 많았다.

2) 제자훈련 빈도

제자훈련 경험자들을 대상으로 제자훈련에 몇 번 정도 참여했는지 질문했는데, 초급·중급·고급 등 단계가 있을 경우 단계별로 횟수를 계산하도록 지문을 제시했다. 그 결과 평신도는 평균 3.9번, 목회자는 평균 3.4번으로, 평신도가 약간 많은 것으로 집계됐다. 평신도 경험자의 경우 절반 정도가 2번 이하의 경험빈도를 보였다. 응답자 특성별로 살펴보면,

〈그림 1〉 제자훈련 빈도

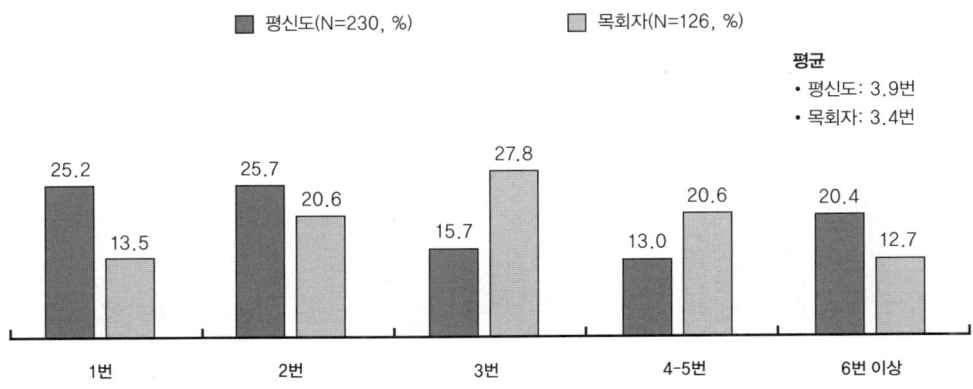

평신도의 경우 연령별로는 20대와 60대 이상이 각각 4.4번으로 평균보다 다소 많았고, 학력과 비례해 '대학원졸 이상'이 4.6번으로 가장 많았다. 직분과도 비례해 '중직자'가 5.0번으로 가장 많았고, '서리집사' 4.0번, '직분 없음' 3.1번이었다. 제자훈련을 받은 곳은 '일반 기독교 단체'(5.2회)가 '교회'(3.6회)나 '학생선교단체'(3.7)보다 훨씬 높았다.

목회자의 경우 연령으로는 50대가 4.0회로 평균보다 훨씬 높았고, '서울 지역'(4.0회)이 '인천/경기 지역'(3.0회)보다 높았다. 제자훈련을 받은 곳은 목회자들 역시 '일반 기독교 단체'(4.0회)가 '교회'(3.3회)나 '학생선교단체'(3.4)보다 높았다.

3) 제자훈련 받은 단체

이번 조사에서는 여러 단체에서 제자훈련을 받았을 것을 감안해 '삶에 가장 크게 영향 받은 제자훈련'에 대해 따로 질문했는데, 먼저 제자훈련을 받은 단체에 대해 평신도의 경우 '교회'가 73.9퍼센트로 압도적으로 높고, 다음으로 '기독교 단체' 17.0퍼센트, '학생선교단체' 9.1퍼센트 등의 순이었다. 목회자의 경우 평신도와 비슷하게 '교회'(45.2퍼센트), '학생선교단체'(30.2퍼센트), '기독교 단체'(20.6퍼센트) 등의 순이었으나, 평신도보다 '교회' 비율이 줄고 '학생선교단체' 비율이 상대적으로 높은 특징을 보였다.

응답자 특성별로 살펴보면, 평신도는 남녀 모두 '교회'가 가장 높은데, 남성의 경우 여성보다 '기독교 단체'와 '학생선교단체'라고 응답한 비율이 상대적으로 더 높았다. 또 연령별

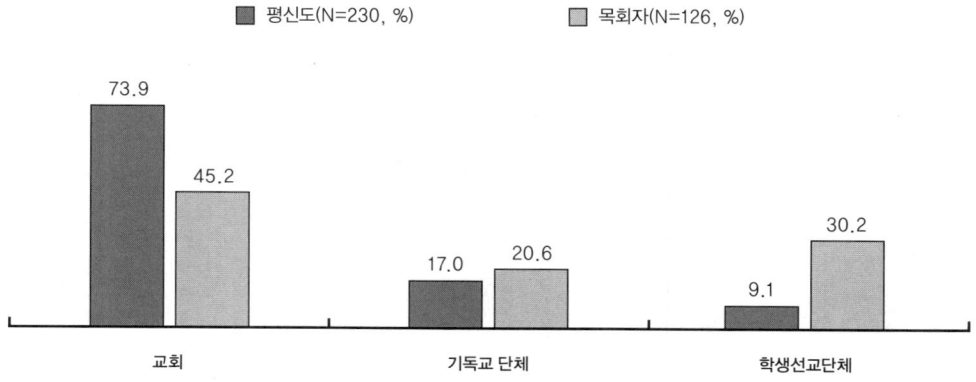

〈그림 2〉 삶에 가장 크게 영향 받은 제자훈련 장소

로는 '기독교 단체'의 경우 50대층에서, '학생선교단체'는 20-30대층에서 상대적으로 높은 경향을 보였다. 반면 '교회'라는 응답은 40대와 60대층에서 특히 높았다. 학력별로 '교회'는 학력이 낮을수록, '기독교 단체'와 '학생선교단체'는 학력이 높을수록 높은 응답률을 보여 여성보다 남성이, 그리고 학력이 높은 사람들이 교회 외 단체 활동을 많이 하는 것으로 추정할 수 있다.

반면 목회자의 경우 연령별로 차이를 보이는데, 40대 이하 젊은층은 '학생선교단체'를, 50대는 '교회'를 각각 가장 높게 꼽았으며, 60대는 '학생선교단체'와 '교회'를 엇비슷하게 꼽아 연령별로 차이를 보였다. 출신 학교 유형별로 보면, 일반대 출신 목회자들이 '신학교' 출신자들보다 '학생선교단체'에 대한 응답률이 상대적으로 더 높았다.

4) 제자훈련 프로그램 운영 여부(목회자)

목회자를 대상으로 현재 교회에서 제자훈련 프로그램을 운영하는지 물어 보았는데, 전체 목회자 305명 중 '운영하고 있다' 34.8퍼센트, '운영하고 있지 않다' 65.2퍼센트로, 3명 중 1명 정도가 제자훈련 프로그램을 운영하는 것으로 밝혀졌다. 이것은 앞에서 제자훈련의 정의를 보다 폭넓게 정의했기 때문에 제자훈련식 소그룹을 운영하는 경우까지 포함한 것으로 이해해야 할 것이다. 현재 제자훈련 프로그램을 운영하는 목회자의 특성을 살펴보면 흥미롭다. 젊은 목회자일수록 많고, 신학교보다 일반대 출신 층에서, 인천/경기 지역보다

〈그림 3〉 제자훈련 프로그램 운영 여부(목회자)

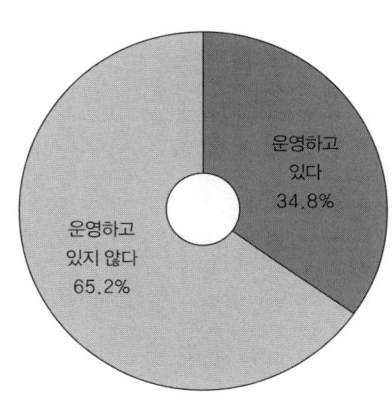

는 서울에서, 교단별로는 예장 합동에서, 제자훈련을 받은 단체로는 학생선교단체보다는 교회나 기독교 단체 출신 층에서, 대학생 때 장기간 훈련받은 목회자층에서 상대적으로 많은 특성을 보였다. 이것은 젊은 목회자들의 경우 이미 한국 교계에 제자훈련이 상당히 보급된 후 목회자가 되었기 때문에 스스로 제자훈련을 받아 본 경험이 많아서 나온 결과로 해석된다. 실제로 제자훈련 경험자 중 60.3퍼센트가 제자훈련을 운영한다고 응답해 스스로 제자훈련 경험이 있는 목회자들이 제자훈련을 더 많이 실시하는 것으로 나타났고, 제자훈련 비경험자 중에서는 16.8퍼센트만 제자훈련을 운영한다고 응답했다.

3. 제자훈련 내용

1) 제자훈련 방식

다음으로 제자훈련 내용과 관련해 먼저 제자훈련 방식에 대해 질문한 결과, 평신도는 '일대일' 16.1퍼센트, '소그룹' 83.9퍼센트로 나타났으며, 목회자는 '일대일' 11.1퍼센트, '소그룹' 88.9퍼센트로 평신도와 목회자 두 그룹 모두 대부분 '소그룹' 방식으로 훈련받은 것으로 나타났다. 일부에서는 일대일 방식의 경우 인도자에 대한 지나친 의존과 다른 참여자로부터 받을 수 있는 영향이 애초에 차단된 점을 들어 부정적으로 평가하기도 하지만, 온누리

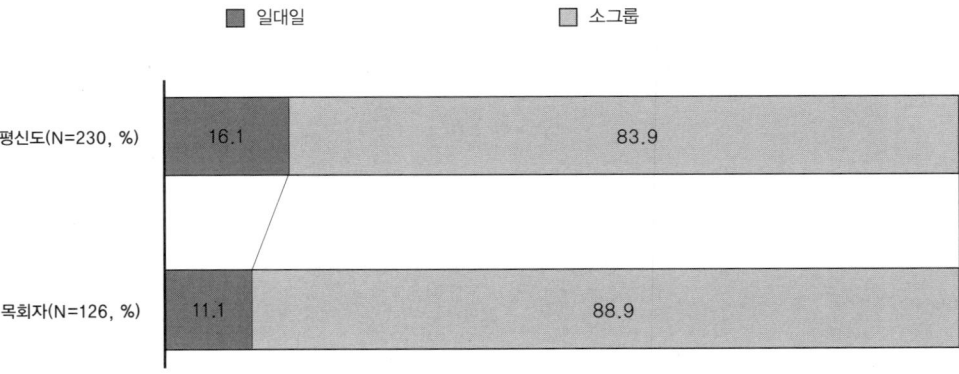

〈그림 4〉 제자훈련 방식

교회를 비롯해 일대일 방식으로 제자훈련을 하는 경우도 있어 그 실태를 파악하고자 질문한 것인데, 일대일 방식의 경험은 많지 않은 것으로 나타났다. 응답자 특성별로 살펴보면, 평신도의 경우 20-30대 젊은층에서 상대적으로 '일대일' 훈련 방식 비율이 높고, 교회보다는 학생선교단체에서 '일대일' 방식 비율이 높게 나타났다.

2) 제자훈련 시기

다음으로 제자훈련 시기에 대해 '중·고등학생 때' 13.5퍼센트, '대학생 때' 24.3퍼센트, '대학 졸업 후 청년 시기' 20.9퍼센트, '결혼 이후 청장년 시기' 34.3퍼센트 등으로 나타나, 제자훈련 경험자 5명 중 3명 가까이(58.7퍼센트)가 20대 청년 시기 이전에 제자훈련을 받은 것으로 나타났다. 이에 반해 목회자는 평신도와 달리 '중·고등학교 때'(1.6퍼센트)는 거의 없는 반면, '대학생 때'(29.4퍼센트)와 '대학 졸업 후 청년 시기'(31.0퍼센트)에 제자훈련을 받은 경험이 집중적으로 나타났다. 제자훈련의 경험으로만 보면, 목회자들은 대학 이후 제자훈련의 경험으로 목회자의 길로 들어선 경우가 많은 것으로 추정할 수 있다.

응답자 특성별로 보면, 평신도의 경우 남성은 각 시기별로 골고루 분포되어 있는 반면, 여성은 결혼 후 '청장년 시기'(40.6퍼센트)에 비교적 몰려 있었다. 또 '교회'에서 제자훈련을 받은 경우는 '청장년 시기'(40.6퍼센트)에, '학생선교단체'에서 제자훈련 받은 경우는 대학생 때 각각 가장 많은 비율을 보였다. 그리고 '일대일 방식'의 경우는 '대학생 때', '소그룹

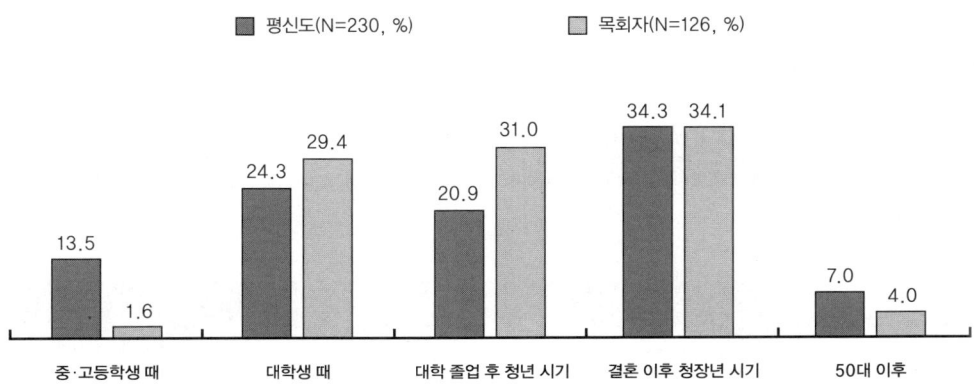

〈그림 5〉 제자훈련 시기

방식'의 경우는 '청장년 시기'에 각각 가장 많은 특징을 보였다. 반면 목회자는 교회에서 제자훈련을 받은 경우 '청장년 시기'가 가장 많았으며, 또 현재 제자훈련 프로그램을 교회에서 운영하는 목회자층에서 그렇지 않은 층보다 '대학생 때' 훈련받은 비율이 상대적으로 높은 특징을 보였다.

3) 제자훈련 기간

제자훈련 기간은 평신도의 경우 '1년 이내' 50.4퍼센트, '1-2년' 30.4퍼센트, '2년 이상' 19.1퍼센트 등으로, 제자훈련 경험자의 절반가량이 '1년 이내'로 응답해 비교적 짧은 것으로 나타났고, 5명 중 1명가량은 '2년 이상' 장기간 제자훈련을 받은 것으로 나타났다. 목회자의 경우 '1년 이내' 31.0퍼센트, '1-2년' 32.5퍼센트, '2년 이상' 36.5퍼센트로 평신도보다는 더 장기간 제자훈련을 받은 것으로 나타났다.

응답자 특성별로 보면, 평신도의 경우 남성보다는 여성이, 일대일 방식보다는 소그룹 방식 경험자층에서, 그리고 학력이 높을수록, 교회 직분이 높을수록 기간이 긴 특징을 보인다. 반면 목회자의 경우 연령이 높을수록, 교회나 학생선교단체보다 기독교 단체에서 훈련받은 경우, 대학생 때, 현재 제자훈련 프로그램을 운영하는 목회자층에서 상대적으로 길게 나타났다.

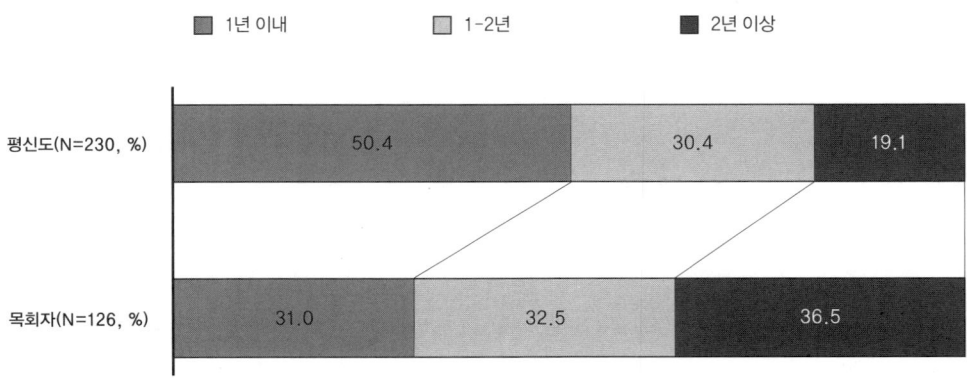

〈그림 6〉 제자훈련 기간

4) 제자훈련 교재 유형

제자훈련 교재에 대해 평신도의 경우 '선교단체에서 출판한 교재'가 50.4퍼센트로 가장 많고, 그다음으로 '자체 제작한 교재' 33.0퍼센트, '다른 교회에서 출판한 교재' 15.2퍼센트 등의 순으로 나타나, 절반 정도가 선교단체의 교재를 사용한 것으로 나타났다. 반면 목회자의 경우 '자체 제작한 교재'(23.0퍼센트)보다 '다른 교회에서 출판한 교재'(26.2퍼센트) 비율이 더 높았다.

평신도의 경우 제자훈련 교재 유형은 제자훈련 장소별로 큰 차이를 보이지 않았다. 교회, 학생선교단체, 기독교 단체 공히 '선교단체에서 출판한 교재'를 50퍼센트 안팎으로 가장 많이 사용하는 것으로 나타났다. 또 '선교단체에서 출판한 교재'의 사용률은 제자훈련 시기가 어릴 때일수록, 그리고 일대일 방식보다 소그룹 방식의 경우 상대적으로 더 높았고, 교회 직분이 높을수록 높은 경향을 보였다. 반면 목회자의 경우 '선교단체에서 출판한 교재' 사용률은 일반대 졸업자층에서 높았고, 평신도와 동일하게 제자훈련 시기가 어릴 때일수록 더 높은 특징을 보인다. 한편으로 교회에서 제자훈련을 받은 목회자는 평신도와 달리 선교단체보다는 '다른 교회 또는 자체 제작한 교재'를 사용한 비율이 높은 특징을 보였다.

<그림 7> 제자훈련 교재 유형

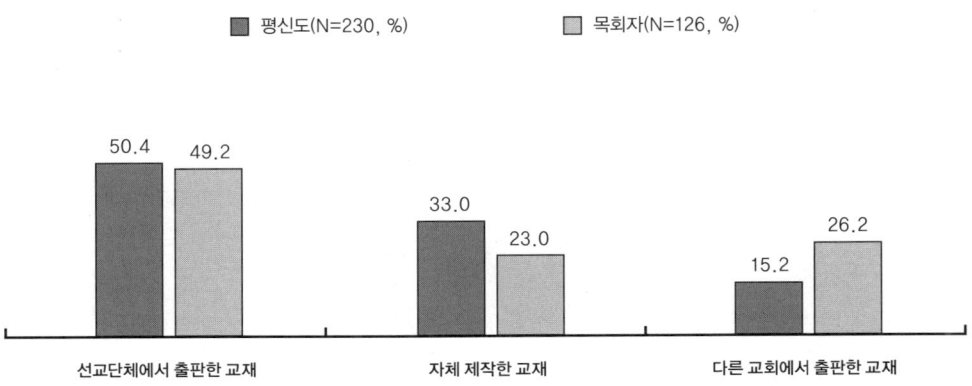

5) 제자훈련 교재 단체/출판사

제자훈련은 무엇보다 어떤 교재를 사용하는가에 피훈련자가 크게 영향을 받게 된다. 이와 관련해 제자훈련을 받았을 때 어떤 교재를 사용했는지 파악하기 위해 교재를 출판한 단체나 출판사를 물어 보았는데, 그 결과 평신도는 '교회 자체 제작'이 5.7퍼센트로 가장 높았고, 그다음으로 '두란노' 4.3퍼센트, '아가페' 2.6퍼센트, '국제제자훈련원' 2.2퍼센트, 'IVP' 1.7퍼센트 등의 순으로 나타났다. 무응답은 34.3퍼센트로 높았다. 반면 목회자는 평신도와 다른 양상인데, '국제제자훈련원'이 13.5퍼센트로 가장 높고, 그다음 '자체 제작' 8.7퍼센트, '네비게이토' 7.9퍼센트, '두란노' 7.1퍼센트, '순출판사' 7.1퍼센트, 'IVP' 6.3퍼센트 등의 순으로 나타났다.

〈표 5〉 제자훈련 교재 단체/출판사(평신도: 3사례 이상, 목회자: 2사례 이상)

평신도 (N=230)	사례수	%	목회자 (N=126)	사례수	%
교회 제작/목사님 제작	13	5.7	국제제자훈련원	17	13.5
두란노	10	4.3	자체 제작	11	8.7
아가페	6	2.6	네비게이토	10	7.9
국제제자훈련원	5	2.2	두란노	9	7.1
IVP	4	1.7	순출판사	9	7.1
두날개선교회	4	1.7	IVP	8	6.3
아름다운선교회	4	1.7	예수전도단	4	3.2
순복음선교회	3	1.3	두날개양육 시스템	2	1.6
성서유니온선교회	3	1.3			
신앙생활	3	1.3			
제자훈련교재	3	1.3			
한국장로교출판사	3	1.3			
모름/무응답	79	34.3	모름/무응답	48	38.1

6-1) 제자훈련 인도자 성별

제자훈련 인도자의 성별에 대해 평신도는 '남성' 79.6퍼센트, '여성' 20.4퍼센트로 나타났고, 목회자의 경우 남성이 100.0퍼센트인 것으로 밝혀져 제자훈련 인도자는 남성이 압도적으로 많은 것으로 나타났다. 이것은 교회뿐만 아니라 선교단체와 기독교 단체에서도 여성보다 남성이 지도자층의 주를 이루기 때문인 것으로 볼 수 있다. 평신도의 경우 여성 인도자는 서울 지역, 여성층에서, 20-30대 연령층에서, 그리고 학력이 높을수록 높은 특성을 보였다. 제자훈련 장소별로 여성 인도자의 비율을 보면 학생선교단체(38.1퍼센트)가 가장 높은 수치를 보여 교회에 비해 학생선교단체에는 여성 인도자가 더 많은 것을 알 수 있다.

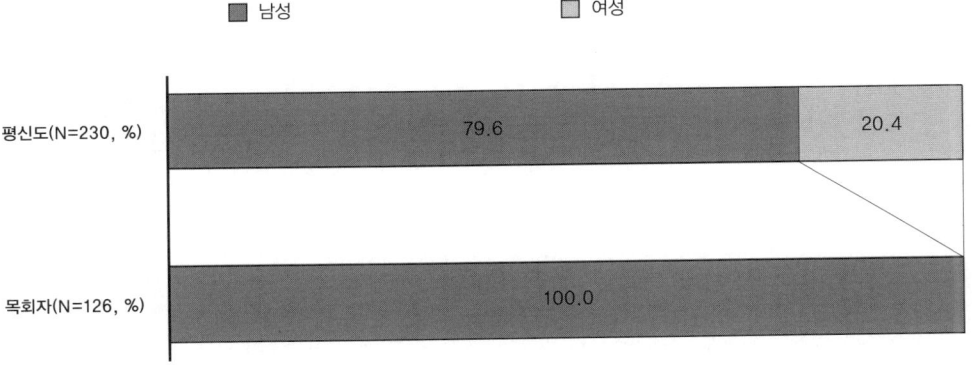

〈그림 8〉 제자훈련 인도자 성별

6-2) 제자훈련 인도자 구분

다음으로 제자훈련 인도자가 어떤 사람인지에 대해 질문했는데, 평신도의 경우 '교회 목회자'가 49.6퍼센트로 가장 많고, '교회 평신도 리더' 22.6퍼센트, '교회 중직자' 17.0퍼센트, '선교단체 리더' 10.9퍼센트 등의 순으로 나타났다. 반면 목회자의 경우 '교회 목회자'가 69.8퍼센트로 평신도보다 훨씬 많아 목회자들은 주로 목회자로부터 제자훈련을 받은 것으로 나타났다.

인도자는 제자훈련 장소에 따라 차이가 날 수밖에 없는데, 교회인 경우 '교회 목회자'

<그림 9> 제자훈련 인도자 구분

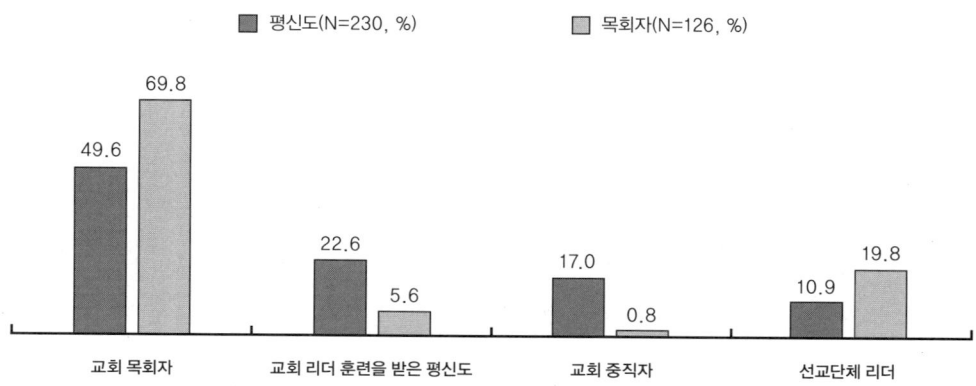

가 58.8퍼센트로 가장 많았고, 학생선교단체는 '교회 및 평신도 리더'가 81.0퍼센트, 기독교 단체는 목회자와 평신도 리더가 골고루 분포되어 있었다. 또 제자훈련 방식별로 '일대일'은 평신도 리더가, '소그룹'은 교회 목회자가 각각 가장 많았다. 반면 목회자의 경우 제자훈련 장소별로 다소 차이는 있지만 인도자가 대체로 교회 목회자 쪽으로 쏠리는 경향을 보인다.

7) 제자훈련 받은 경로

제자훈련을 받은 경로에 대해 평신도는 전체적으로 '목회자/리더의 권유'가 42.2퍼센트로 가장 높고, 그다음 '다른 평신도 친구/선배의 권유' 37.0퍼센트, '스스로 관심이 있어서' 20.9퍼센트 등의 순으로 나타나 목회자/리더의 권유 요인이 가장 큰 것으로 나타났다. 이에 반해 목회자는 '스스로 관심이 있어서'(50.0퍼센트), '목회자/리더의 권유' 34.9퍼센트, '주변 친구/선배의 권유'(13.5퍼센트) 등의 순으로, 평신도와 달리 '스스로' 비율이 가장 높아 주목된다. 이런 결과로 볼 때, 평신도는 다소 수동적으로 제자훈련에 참여하고, 목회자들은 스스로의 필요에 따라 제자훈련을 받은 것을 알 수 있다.

응답자 특성별로 보면 평신도의 경우 남성은 '목회자/리더의 권유'가, 여성은 '친구/선배 권유'가 각각 높으며, 대학생 때까지는 '목회자/리더의 권유'가, 대졸 후부터는 '친구/선배 권유'가 각각 높게 나타났다. 제자훈련 장소별로는 교회의 경우 '목회자/리더의 권유'가

<그림 10> 제자훈련 받은 경로

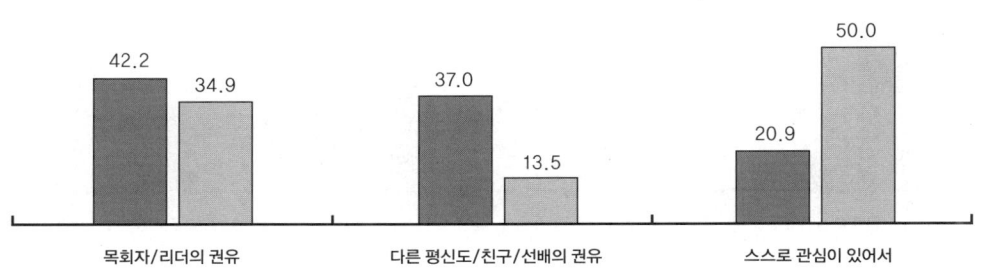

48.8퍼센트, 학생선교단체의 경우 '친구/선배의 권유'가 76.2퍼센트, 기독교 단체는 '친구/선배 권유'가 51.3퍼센트로 각각 가장 높았다.

한편 목회자가 제자훈련을 받은 경로로 '스스로'라고 응답한 것은 신학교만 졸업한 층과 대학생 때 훈련받은 목회자층에서 상대적으로 높다. 제자훈련 장소별로 보면 교회의 경우만 '목회자/리더의 권유'가 높을 뿐 학생선교단체나 기독교 단체의 경우 '스스로' 비율이 매우 높게 나타났다.

8) 제자훈련 받은 이유

제자훈련 경험자들에게 제자훈련을 받은 이유에 대해 질문했다. 그 결과 평신도의 경우 '삶 속에 신앙을 실천하는 법을 배우기 위해'가 46.1퍼센트로 1위로 나타났고, 그다음으로 '성경을 배우기 위해' 36.1퍼센트, '다른 신앙인들과의 교제를 위해' 15.7퍼센트 등의 순으로 나타났다. 목회자의 경우 평신도와 비슷한 응답 경향을 보이는데, 다만 '평신도 훈련에 활용하기 위해'가 25.4퍼센트로 '성경을 배우기 위해'와 비슷한 2위권에 올라 본인의 필요보다는 목회적 필요에 의해 제자훈련을 받은 경우도 많은 것을 알 수 있다.

제자훈련을 받는 이유를 제자훈련 장소별로 살펴보면, 평신도의 경우 교회라고 응답한 사람들은 '삶 속에 신앙 실천'과 '성경 배우기'가 비슷하게 높게 나온 반면, 학생선교단체와 기독교 단체라고 응답한 사람들은 '삶 속에 신앙 실천' 응답이 훨씬 높았다. 특히 '삶 속에

<그림 11> 제자훈련 받은 이유

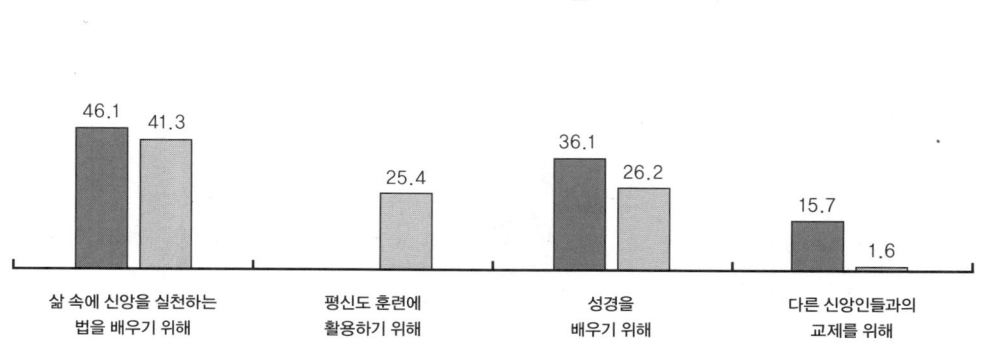

- '평신도 훈련에 활용하기 위해' 항목은 목회자에게만 질문했음.

신앙 실천' 응답은 남성, 소그룹 방식, 대졸 후 청년 시기 때 받은 층에서 상대적으로 높게 나타났다.

목회자의 경우, '평신도 훈련에 활용하기 위해' 응답은 50대 이상 중장년층 목회자에게서, 51-100명 규모의 교회 목회자에게서, 소그룹 방식 경험자층에서 각각 높았다. 또 제자훈련 장소별로 교회와 기독교 단체 경험자에게서 30퍼센트 안팎의 높은 응답률을 보인 반면, 학생선교단체 경험자 중에서는 2.6퍼센트의 낮은 응답을 받아 차이가 나타났다. 학생선교단체에서 제자훈련을 받은 경우에는 자신의 필요에 따라 받았고, 교회나 기독교 단체에서 받은 경우에는 목회적 필요에 따라 받은 것으로 이해할 수 있다.

4. 제자훈련의 의미 및 성과

1) 제자훈련의 의미

이번 장에서는 제자훈련을 받은 개신교인들이 제자훈련에 대해 어떤 생각을 갖고 있고 또 실제 삶에서 어떤 인식의 변화 또는 실제적인 성과가 있었는지 알아보고자 한다. 이에 대해서는 가장 크게 영향을 받은 제자훈련이 아니라 전체 제자훈련 경험과 관련해 질문하였는데, 먼저 제자훈련의 가장 중요한 의미가 무엇이라고 생각하는지 물었다. 선택지로는 일반적으로 제자훈련에 대해 학자들이 내놓은 정의들을 설문조사에 맞게 수정하여 제시했다. 그 결과 평신도는 '성도를 양육하여 영적인 성장을 이루는 것'이라는 인식이 60.0퍼센트로 가장 높았고, 그다음으로 '성경에 나오는 예수님의 방법' 13.9퍼센트, '제자를 재생산하는 것' 11.3퍼센트, '예수님의 희생적 삶에 참여하는 것' 10.0퍼센트 등의 순으로 나타났다. 반면 목회자의 경우 '성도를 양육하여 영적인 성장을 이루는 것'(38.9퍼센트)이 높긴 하지만 평신도보다는 낮은 반면, '제자를 재생산하는 것'(27.0퍼센트), '예수님의 희생적 삶에 참여하는 것'(26.2퍼센트) 등에서 평신도보다 높게 응답했다. 이런 결과로 볼 때, 목회자와 평신도 모두 제자훈련을 '양육을 통한 개인의 영적 성장 방법'으로 인식하는 경향이 강하다는 것을 알 수 있다.

여기서 목회자의 경우를 보다 자세히 들여다보면, 목회자들은 '예수님의 희생적 삶에 참여하는 것'이란 인식이 평신도에 비해 두 배 이상 높았고, '효과적인 교회 성장의 방법'이라는 인식은 평신도보다 훨씬 낮게 나왔다. 그러나 제자의 재생산도 '배가'(倍加)라는 측면에서 교회 성장과 관련된다고 보면, '교회 성장'이라는 직접적인 표현에는 부정적인 인식을 나타냈지만 우회적으로 재생산에 높은 응답률을 보인 것으로 해석할 수 있다. 결과적으로 목회자들은 단순히 '예수님의 방법'(6.3퍼센트)이라는 인식보다는 성도의 영적인 성숙과 교

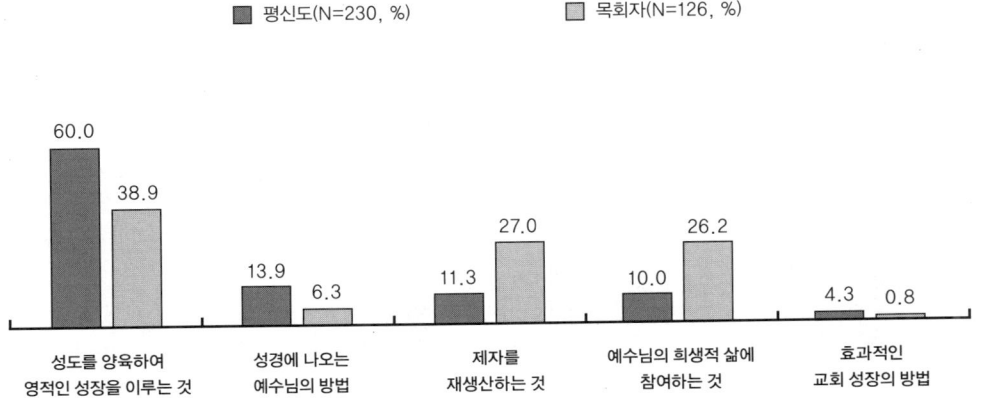

〈그림 12〉 제자훈련 의미(제자훈련 경험자)

회의 양적인 성장, 그리고 희생적 삶에 대한 다양한 관심으로 제자훈련을 인식하는 것으로 이해할 수 있다.

제자훈련에 대해 '성도를 양육하여 영적인 성장을 이루는 것'이라는 인식을 응답자 특성별로 살펴보면, 평신도의 경우 남성보다는 여성에게서, 40대 이상 중장년층에서 각각 높았다. 또 제자훈련을 교회에서 받은 경우, 일대일보다는 소그룹 방식으로 받은 경우, 그리고 훈련 기간이 짧을수록 높은 경향을 보였다. 반면 '제자를 재생산하는 것'이라는 응답은 제자훈련을 학생선교단체에서 받은 경우, 그리고 2년 이상 장기간 제자훈련을 받은 층에서 높았다. 그리고 '효과적인 교회 성장의 방법'이라는 인식은 제자훈련을 일반 기독교 단체에서 받은 경우에 훨씬 높았다. 목회자의 경우 '제자를 재생산하는 것'이라는 응답에서 젊은 목회자일수록 높은 경향을 보였다.

2) 제자훈련 목표

개신교인들은 제자훈련의 목표를 무엇이라고 인식하고 있을까? 제자훈련 경험자들을 대상으로 제자훈련의 목표가 무엇이라고 생각하는지 보기를 제시하고 물어 본 결과, 평신도들은 '삶 속에서 신앙을 잘 실천하는 것'을 56.1퍼센트로 가장 많이 꼽았고, 그다음으로 '또 다른 제자를 키우는 것'(22.2퍼센트), '교회 및 소속 단체를 잘 섬기는 것'(13.0퍼센트) 등

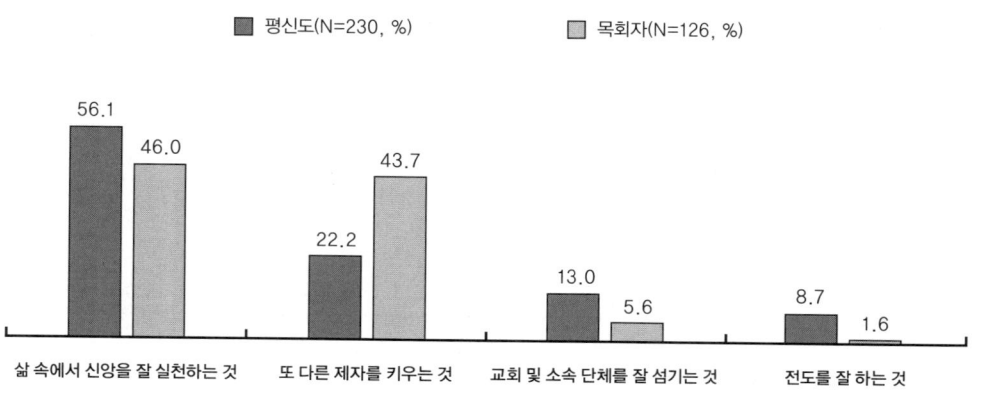

〈그림 13〉 제자훈련 목표(제자훈련 경험자)

의 순으로 나타났다. 반면 목회자는 평신도와 달리 '또 다른 제자를 키우는 것'이라는 인식이 43.7퍼센트로 '삶 속에서 신앙을 잘 실천하는 것'(46.0퍼센트)과 비슷하게 많이 나타난 것이 특징이었다. 평신도들은 '신앙의 실천'에 더 관심이 있고, 목회자들은 '재생산'에 보다 높은 관심이 있다는 것을 알 수 있다.

　　제자훈련 목표가 '삶 속에서 신앙을 잘 실천하는 것'이라고 응답한 평신도는 남성보다는 여성에서, 40대 이상 중장년층에서, 신앙생활을 오래한 사람에서 더 많이 나타났다. 또 제자훈련을 교회에서 받은 경우와 일대일보다 소그룹 방식으로 받은 경우에 상대적으로 높게 나타났다. 반면 '또 다른 제자를 키우는 것'이라는 응답은 젊은층일수록, 선교단체에서 훈련받은 경우일수록 상대적으로 높게 나타났고, '교회 및 소속 단체를 잘 섬기는 것'은 일반 기독교 단체에서 훈련받은 경우에 높게 나타났다. 목회자의 경우, '삶 속에서 신앙을 잘 실천하는 것'이라는 응답은 교회에서 소그룹 방식으로 훈련받은 경우 상대적으로 높은 경향을 보였다.

3) 제자훈련의 신앙생활 도움 여부

이번 조사의 목적 중 하나가 제자훈련이 신앙생활에 실제 도움이 되었는지 여부인데, 이에 대해 질문한 결과 평신도의 경우 90.9퍼센트가 '도움이 되었다(매우+약간)'고 응답했으며,

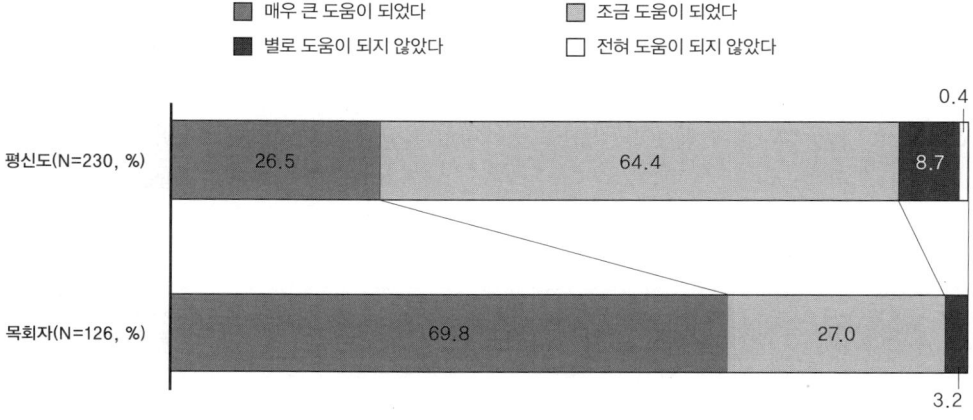

〈그림 14〉 제자훈련의 신앙생활 도움 여부(제자훈련 경험자)

그 가운데 26.5퍼센트는 '매우 큰 도움이 되었다'고 응답했다. 목회자는 평신도보다도 높은 96.8퍼센트가 '도움이 되었다(매우+약간)'고 응답했으며, 그 중 '매우 도움이 되었다'고 응답한 목회자는 69.8퍼센트로 10명 중 7명가량으로 나타나 목회자의 만족도가 더 높게 나타났다.

제자훈련이 신앙생활에 '매우 도움이 되었다'는 응답은 평신도의 경우 젊은층보다는 50대와 60대 이상 고연령층에서, 제자훈련 기간이 오래될수록, 그리고 신앙생활 기간이 10~20년 미만과 30년 이상 된 경우 더 높은 특성을 보였다. 또 직분별로는 직분이 없는 사람들보다 직분이 있는 사람들의 만족도가 훨씬(10퍼센트포인트가량) 높았다. 제자훈련 장소별로는 유의미한 차이를 보이지 않았다. 따라서 평신도의 경우 연령이 높고 직분이 있는 경우 더 만족도가 높고, 젊은 무직분자들의 만족도는 낮다고 볼 수 있다. 이것은 신앙의 연조가 오래될수록 제자훈련의 필요성과 의미를 깊이 인식하기 때문에 그만큼 만족도가 높다고 해석할 수도 있지만, 다르게 보면 제자훈련이 전통적인 방식의 신앙관을 가진 사람들에게는 만족도가 높지만 새로운 신앙관을 가진 젊은층에게는 그다지 설득력이 높지 않다고 해석될 수도 있는 대목이다.

목회자의 경우 '매우 도움이 되었다'는 응답은 40대 이하 젊은층에서, 소그룹 방식보다 일대일 방식으로 훈련받은 층에서 더 높았다. 반면 평신도와 마찬가지로 제자훈련 장소별로는 큰 차이를 보이지 않았다.

4-1) 제자훈련이 신앙생활에 도움이 된 내용

제자훈련이 '도움이 되었다'고 응답한 사람(평신도 209명, 목회자 122명)을 대상으로 어떤 점에서 도움이 되었는지 주관식으로 질문했다. 그 결과 평신도는 '신앙생활이 돈독해짐'(19.6퍼센트), '성경말씀 실천'(10.0퍼센트), '하나님의 사랑에 대한 깨달음'(8.1퍼센트) 등의 순으로 응답해, 전도나 삶의 구체적인 변화보다는 넓은 범주에서 신앙생활 전반에 도움이 되었다는 응답이 많았다. 목회자의 경우 '성경말씀 실천'(13.1퍼센트), '말씀 중심의 신앙'(11.5퍼센트), '영적 성장을 이룸'(8.2퍼센트), '목회하는 데 도움'(4.9퍼센트) 등의 순으로 말씀 중심의 생활을 실천하는 데 도움이 되었다는 응답이 지배적이며, 특히 목회하는 데 도움이 되었다는 응답이 상위권에 올라 눈에 띈다.

〈표 6〉 제자훈련이 신앙생활에 도움이 된 내용(평신도: 4사례 이상, 목회자: 3사례 이상)

평신도 (N=209)	%
신앙생활이 돈독해짐	19.6
성경말씀 실천/삶 속에 신앙을 실천	10.0
하나님의 사랑에 대한 깨달음	8.1
영적 성장을 이루는 것	5.3
성경공부	5.3
삶의 변화	5.3
전도를 잘하는 것	3.8
예수님을 닮아 가는 것	3.3
삶의 우선순위를 알게 되는 것	3.3
가치관, 인생관, 철학 형성	2.9
진실된 삶	2.4
정신 수양	1.9
다양한 의견 교류	1.9
선한 마음을 이끌어 주는 것	1.9
마음의 안정, 평안	1.9
모름/무응답	7.2

목회자 (N=122)	%
성경말씀 실천/삶 속에 신앙을 실천	13.1
하나님 말씀 중심의 신앙	11.5
영적 성장을 이루는 것	8.2
목회자 리더 역할에 대한 도움	4.9
성경공부	4.1
복음 제자 양성	3.3
삶의 변화	3.3
체계적인 훈련	3.3
인간의 삶 속에서의 믿음	2.5
희생적인 삶	2.5
삶의 의미를 알게 되는 것	2.5
없음/무응답	9.0

4-2) 제자훈련이 신앙생활에 도움이 되지 않은 이유

이번에는 제자훈련이 도움이 되지 않았다는 사람(평신도 21명, 목회자 4명)을 대상으로 도움이 되지 않았던 이유 역시 주관식으로 물었다. 그 결과 평신도는 '늘 들어 온 내용이다/내용이 식상하다'(2명), '현실에서 실천하기 힘든 부분이 많다'(2명), '공감이 가지 않는다'(2명) 등의 내용으로 응답했다. 목회자의 경우 '예수님보다 리더/교회에 집중하게 된다'(1명), '강의 위주라서 그때뿐이다'(1명) 등으로 응답했다. 사례수는 적지만 참고할 만한 내용이라고 생각된다.

<표 7> 제자훈련이 신앙생활에 도움이 되지 않은 이유

평신도 (N=21)	사례수
늘 들어 온 내용이다/ 내용이 식상하다	2
현실 생활 속에서 실천하기 힘든 부분이 많다	2
공감이 가지 않는다	2
자유로움이 배제된 신앙의 강요가 느껴진다	2
어렵다	2
감동이 없다	1
내용이 별로다	1
힘들다	1
관심이 없는 분야다	1
기억에 남는 것이 없다	1
꾸준하지 못했다	1
믿음이 없다	1
내용이 도움이 되지 않는다	1
지도자들의 모범 생활이 부족하다	1

목회자 (N=4)	사례수
예수님보다 리더, 교회에 집중하게 됨	1
강의 위주로 진행하여 그때뿐인 것 같다	1

5) 제자훈련 후 나타난 변화

제자훈련 후 개인적으로 가장 크게 나타난 변화가 무엇인지 복수 응답으로 질문했다. 그 결과 평신도들은 '성경말씀을 더 많이 알게 되었다'를 54.8퍼센트로 가장 많이 꼽았고, 그 다음으로 '삶의 의미를 깨달았다' 47.0퍼센트, '하나님을 더 가깝게 느꼈다' 36.1퍼센트, '이웃과 사회에 대한 관심이 커졌다' 33.9퍼센트, '인격이 변화되었다 27.8퍼센트 등의 순으로 응답해 성경말씀에 대한 이해도가 높아진 점을 가장 큰 변화로 꼽았다. 이것은 제자훈련의 내용에서 성경공부가 큰 비중을 차지하기 때문인 것으로 해석되는데, 이것이 인격적인 변화나 이웃과 사회에 대한 관심으로 연결되는 변화는 많이 경험하지 못했다고 볼 수 있다.

반면 목회자들은 '하나님을 더 가깝게 느꼈다'를 71.4퍼센트로 가장 많이 꼽아 평신도(36.1퍼센트)와 큰 인식 차이를 보였다. 또 제자훈련을 통해 '신학 공부/목회자로서의 소명을 발견했다'는 응답이 39.7퍼센트로 나타나 5명 중 2명 정도의 목회자는 제자훈련 경험이 현재 목회의 길을 결정하는 데 큰 영향을 미친 것으로 드러났다. 이것은 목회자로서의 헌신이라는 측면에서는 긍정적으로 볼 수도 있으나 제자훈련의 목적이 평신도의 제자화에 있다면 평신도로서 자신의 삶의 영역에서 제자다운 삶을 살기보다 목회자로 헌신하도록 했다는 점에서 반드시 긍정적으로만 평가하기는 어려운 부분이다.

제자훈련 후 나타난 변화에 대해 제자훈련 단체별로 약간씩 상이한 결과를 보이는데, 평신도의 경우 교회에서 제자훈련을 받은 경우 전체 응답과 비슷한 순위를 보이는 반면, 학생선교단체 출신은 '삶의 의미를 깨달았다'(57.1퍼센트)에서, 기독교 단체 출신은 '인격이 변화되었다'(48.7퍼센트)에서 더 높은 응답률을 보였다. 학생선교단체 출신들의 경우 '전도를 잘하게 되었다'는 응답이 전혀 없었다는 점도 특징이다. 또한 훈련 방식별로도 차이를 보이는데, 일대일 방식으로 훈련받은 경우 소그룹 방식보다 '인격이 변화되었다'는 응답이 높으나, '이웃과 사회에 대한 관심이 커졌다'는 응답은 소그룹 방식 그룹에서 더 높았다. 단순화하기는 어렵지만, 일대일 방식의 경우 개인에 대한 영향이 더 크고, 소그룹 방식의 경우 집단 모임이기 때문에 사회성에 더 큰 영향을 미치는 것으로 해석될 수 있다. 또 '교회/선교단체를 더 잘 섬기게 되었다'는 응답은 교회에서 훈련받은 경우가 다른 경우보다 응답률이 높게 나와 교회에서 제자훈련을 하는 경우 교회에 대한 헌신을 더 강조하는 것으로 추정된다.

목회자의 경우 '신학 공부/목회자로서의 소명을 발견했다'는 응답은 계층별로 차이를

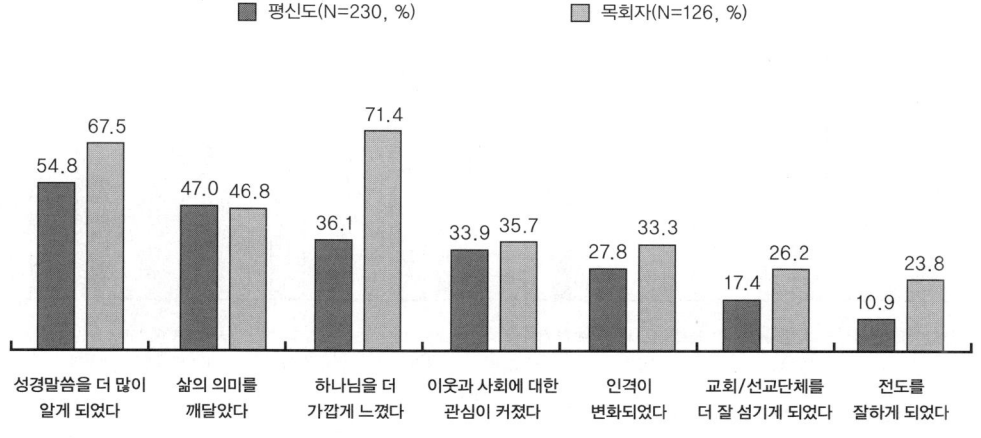

〈그림 15〉 제자훈련 후 나타난 변화(제자훈련 경험자)

보이는데, 50대 연령층에서, 신학교보다는 일반대 졸업자층에서, 학생선교단체 경험자층에서, 일대일보다 소그룹 방식 훈련층에서 상대적으로 더 높았다. 그리고 현재 제자훈련을 시행하는 목회자에게서 변화에 대한 응답이 전체적으로 더 높게 나와 스스로 변화의 경험을 인식하는 목회자들이 제자훈련을 많이 실시하고 있다고 볼 수 있다.

6) 제자훈련 후 개인적 변화 정도(항목별)

이번에는 제자훈련 후 일어난 개인적인 변화를 더 상세하게 파악하기 위해 7개의 항목을 제시하여 질문했다. 이에 대해 지금까지 살아오면서 제자훈련의 결과로 각각에 대해 얼마나 변화가 있었다고 생각하는지 '매우 그렇다' '약간 그렇다' '별로 그렇지 않다' '전혀 그렇지 않다' 등 4점 척도로 응답하도록 했다. 먼저 평신도의 경우 '그렇다'(매우+약간)는 비율을 보면 '개인 경건생활에 충실' 90.0퍼센트, '가정에 더 충실' 89.6퍼센트, '교회 활동에 적극적으로 참여' 86.5퍼센트, '사회봉사에 참여' 85.7퍼센트, '학교/직장 생활에 충실' 83.9퍼센트, '사회정의에 관심' 73.0퍼센트, '시민단체 활동에 참여' 58.3퍼센트 등의 순으로 나타났다. 그리고 목회자의 경우에는 '개인 경건생활에 충실' 99.2퍼센트, '가정에 더 충실' 97.6퍼센트, '목회자로서의 소명을 발견' 93.7퍼센트, '사회정의에 관심' 74.6퍼센트, '사회봉사에

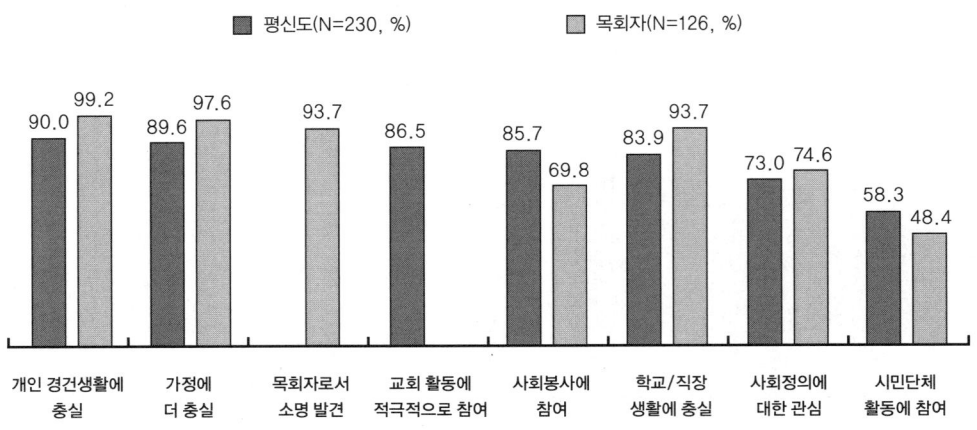

〈그림 16〉 제자훈련의 결과[항목별 '그렇다'(매우+약간) 비율, 제자훈련 경험자]

• '교회 활동에 적극적으로 참여' 항목은 평신도에게만, '목회자로서 소명 발견'은 목회자에게만 각각 질문했음.

참여' 69.8퍼센트, '시민단체 활동에 참여' 48.4퍼센트 등의 순으로 나타났다.

이것으로 볼 때, 평신도와 목회자 모두 제자훈련 후의 변화는 개인과 가정 그리고 교회 활동에 가장 큰 영향을 미쳤으며 사회 활동과 관련해서는 상대적으로 영향이 적은 것을 알 수 있다. 특히 목회자들은 개인과 가정에 대한 변화와 목회자로서의 소명에는 큰 영향을 받았지만, 사회 활동에 대해서는 평신도보다 영향을 적게 받은 것으로 나타났다는 점이 매우 특이하다. 목회자들이 제자훈련의 영향으로 주로 개인적인 차원에서 변화를 경험했다면 성도들에게 제자훈련을 실시할 때도 이러한 점을 더 강조하고 사회적인 차원에 대해서는 상대적으로 덜 강조할 가능성이 있다. 이것은 신앙의 균형이나 복음의 공공성 차원에서 매우 우려되는 부분이다.

각 속성별 변화 정도는 제자훈련을 받은 장소별로 약간씩 상이한데, 평신도의 경우 대체로 교회와 기독교 단체에서 훈련받은 이들이 선교단체 출신들보다 변화 긍정률이 상대적으로 더 높은 경향을 보인다.

5. 제자훈련을 받지 않은 사람들의 인식

1) 제자훈련을 받지 않은 이유

이번에는 제자훈련을 받아 보지 못한 개신교인들(평신도 230명, 목회자 179명)의 제자훈련에 대한 인식을 파악하기 위한 내용을 살펴보겠다. 먼저 제자훈련을 받지 않은 이유에 대해 평신도의 경우 '필요성을 못 느껴서'가 46.5퍼센트로 가장 높았고, 다음으로 '시간이 없었다' 26.1퍼센트, '기회가 없었다' 18.7퍼센트, '부정적 이미지가 있어서' 7.0퍼센트 등의 순으로 나타나 대체로 제자훈련에 대한 부정적 인식보다는 필요성/시간적 문제가 가장 큰 이유로 나타났다. 목회자의 경우 평신도와 달리 '기회가 없었다'는 이유(37.4퍼센트)가 가장 높았는데, 목회자 역시 제자훈련의 부정적 인식이 크게 작용하지는 않았다. 평신도 중에서 제자훈련을 받지 않은 이유로 '제자훈련에 대해 부정적 이미지가 있어서'라는 응답은 60대 이상 고연령층, 대학원졸 이상 고학력자, 그리고 교회 중직자층에서 상대적으로 높은 경향을 보였다.

<그림 17> 제자훈련을 받지 않은 이유(제자훈련 비경험자)

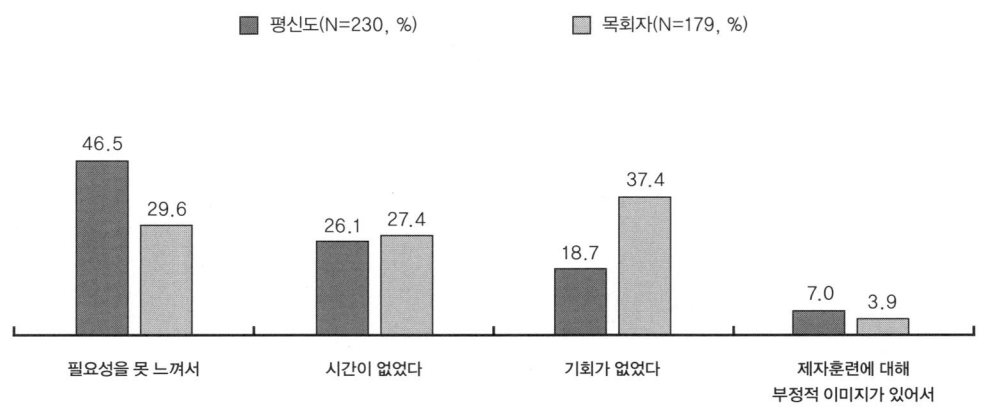

2) 제자훈련을 받은 이들과 받지 않은 이들의 차이 인식

제자훈련을 받지 않은 사람들을 대상으로 주변에 제자훈련을 받은 사람들이 받지 않은 사람들과 삶이나 생각, 인식 등에서 차이가 있다고 생각하는지 알아보았다. 그 결과 평신도의 경우 '차이가 있다(매우+약간)' 50.0퍼센트, '차이가 없다(매우+약간)' 50.0퍼센트로 긍정과 부정 의견이 반반으로 나뉘었다. 반면 제자훈련을 받지 않은 목회자의 경우 '차이가 있다(매우+약간)' 38.0퍼센트, '차이가 없다(매우+약간)' 62.0퍼센트로 제자훈련을 받은 사람과 받지 않은 사람들의 삶에 차이가 없다는 인식이 더 높아 평신도들과 다소 인식의 격차를 보였다.

두 그룹간 '차이가 있다'는 인식은 평신도의 경우 30-40대층과 학력이 높을수록 높은 경향을 보인 반면, '차이가 없다'는 인식은 20대와 60대 이상 층과 학력이 낮을수록 높은 특성을 보인다. 반면 목회자의 경우 연령이 낮을수록 '차이가 있다'는 인식이 강하며, 현재 교회에서 제자훈련 프로그램을 운영하는 목회자의 경우 '차이가 있다'는 인식(63.3퍼센트)이 매우 높게 나타났다. 목회자 자신은 제자훈련을 받아 보지 않았지만 교회에서 제자훈련을 시행하는 경우 차이를 더 크게 인식하는 것이다.

<그림 18> 제자훈련을 받은 사람과 받지 않은 사람의 차이 인식(제자훈련 비경험자)

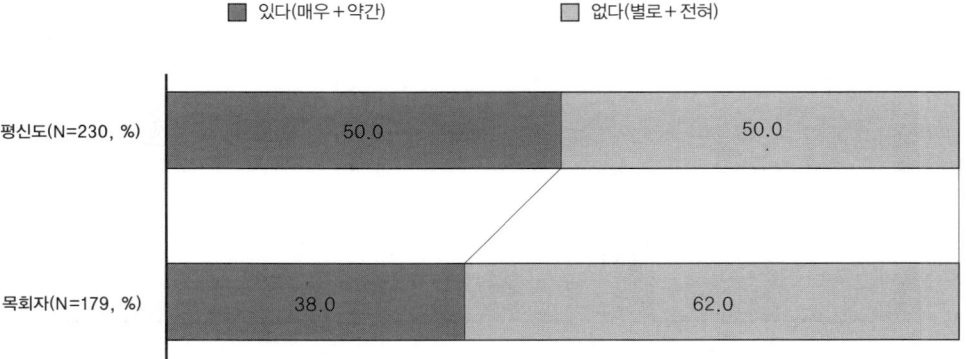

3) 가장 크게 차이 나는 부분

제자훈련 경험자와 비경험자 간의 삶이나 인식에 '차이가 있다'고 생각하는 응답자(평신도 115명, 목회자 68명)를 대상으로 어떤 점에서 차이가 있는지 1순위와 2순위로 질문했다. 그 결과 평신도의 경우 1순위 기준으로 '교회 헌신도'가 33.0퍼센트로 가장 높았고, 그다음 '개인 경건생활' 27.0퍼센트, '성경 지식' 22.6퍼센트 등의 순으로 나타나 일반 평신도 사이에 제자훈련의 긍정적인 효과는 곧 '교회 헌신도'라는 인식이 어느 정도 형성되어 있는 것을 알 수 있다. 제자훈련을 받지 않은 목회자의 경우 역시 1순위 기준으로 '교회 헌신도'(29.4퍼센트)와 '개인 경건생활'(27.9퍼센트)을 가장 많이 꼽았다. 목회자와 평신도 모두 '이웃에 대한 배려와 섬김' '사회·정치 참여의식' '봉사단체 참여' 그리고 '전도'에 대해서는 차이가 별로 없는 것으로 인식했다. 따라서 앞의 질문과 함께 볼 때, 제자훈련을 받지 않은 사람들은 제자훈련을 받은 사람과 받지 않은 사람이 크게 '차이가 있다'고 생각하지 않으며, 차이가 있는 부분은 주로 '교회 헌신도'와 '개인 경건생활'이라고 생각한다는 사실을 알 수 있다.

제자훈련 경험자와 비경험자 두 그룹간에 가장 크게 차이 나는 부분으로 '교회 헌신도'를 지적한 평신도는 40대 연령층에서, 학력이 높을수록, 교회 직분이 높을수록 많은 특성을 보였다. 한편 '교회 헌신도'를 지적한 목회자는 평신도와 비슷하게 40대 연령층에서, 특

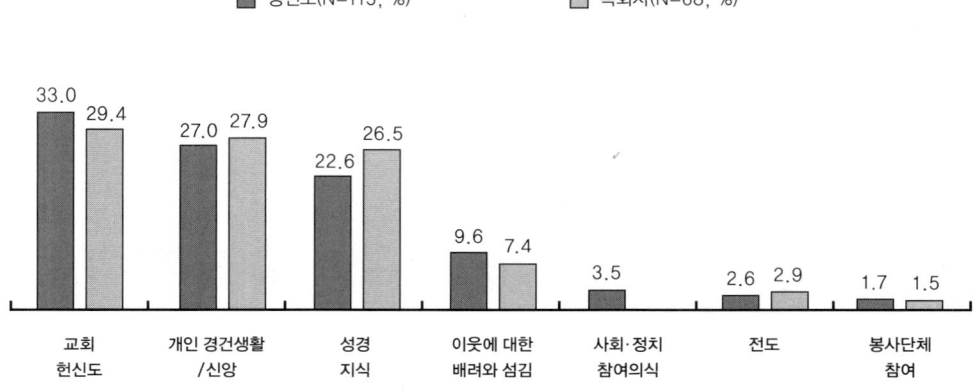

〈그림 19〉 가장 크게 차이 나는 부분(1순위, '차이가 있다'고 생각하는 응답자 대상)

히 현재 교회에서 제자훈련 프로그램을 운영하는 목회자층에서 높은 응답률(47.4퍼센트)을 보여, 이들이 인식하는 제자훈련 경험자들의 차이점은 주로 '교회 헌신도'라는 것을 알 수 있다.

4) 향후 제자훈련을 받을 의향

제자훈련 비경험자들을 대상으로 향후 제자훈련을 받을 의향이 있는지 물었다. 그 결과 평신도는 '있다(매우+약간)' 40.0퍼센트, '없다(별로+전혀)' 60.0퍼센트로 5명 중 3명 정도가 의향이 없다는 의견을 보여, 전반적으로 제자훈련에 대해 관심도가 높지 않음을 알 수 있었다. 한편 제자훈련 경험이 없는 목회자들의 경우 향후 제자훈련에 대해 의향이 '있다(매우+약간)' 26.3퍼센트, '없다(별로+전혀)' 73.2퍼센트로 평신도보다 의향률이 더 낮은 것으로 나타났다. 현재 제자훈련 프로그램을 운영하는 목회자의 경우도 36.7퍼센트의 비교적 낮은 의향률을 보였다.

평신도의 경우 제자훈련 의향률은 성별, 지역별, 신앙생활 기간별, 교회 직분별 차이가 크지 않았으며, 연령별로 30대와 50대 층에서 다소 높고, 학력이 높을수록 높은 특징을 보였다. 목회자는 서울 지역보다 인천/경기 지역에서 상대적으로 의향률이 높았고, 그 밖의 응답자 특성별로 큰 차이를 보이지 않았다.

<그림 20> 향후 제자훈련을 받을 의향(제자훈련 비경험자)

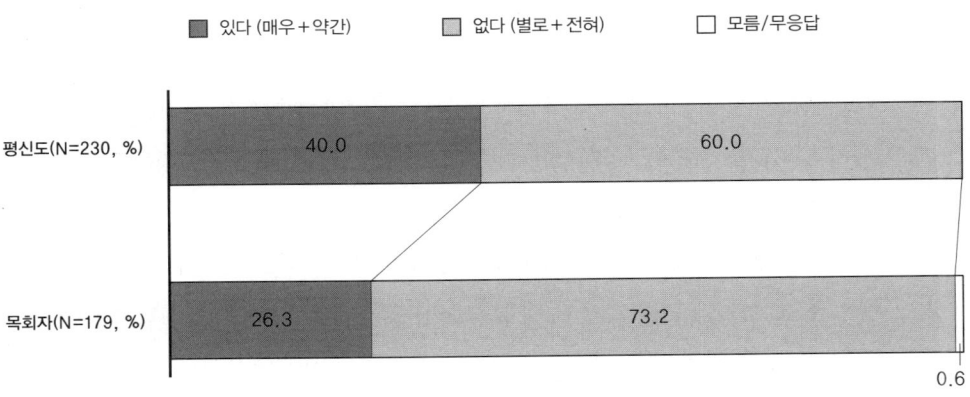

6. 제자훈련에 대한 평가 및 기대

1) 제자훈련의 부정적 측면 평가

전체 응답자를 대상으로 제자훈련의 부정적인 측면 몇 가지를 제시하고 각각에 대해 '매우 그렇다' '약간 그렇다' '별로 그렇지 않다' '전혀 그렇지 않다' 등 4점 척도로 질문했다. 먼저 평신도의 경우 '그렇다'(매우+약간)는 비율을 보면, '교회나 선교단체 내부 활동에 치우쳐 있다' 76.3퍼센트, '지식적인 훈련에 치우쳐 있다' 70.0퍼센트, '영적인 엘리트 의식을 키운다' 66.1퍼센트, '리더에게 지나치게 의존한다' 66.1퍼센트, '목회자의 권위가 지나치게 강조된다' 60.7퍼센트, '목회자의 권위를 존중하지 않는다' 24.3퍼센트의 순으로 나타났다.

반면 목회자의 경우 '지식적인 훈련에 치우쳐 있다' 75.4퍼센트, '교회나 선교단체 내부 활동에 치우쳐 있다' 64.6퍼센트, '영적인 엘리트 의식을 키운다' 63.9퍼센트, '리더에게 지나치게 의존한다' 61.6퍼센트, '양적 성장에 치우쳐 있다' 51.5퍼센트, '목회자의 권위가 지나치게 강조된다' 38.4퍼센트, '목회자의 권위를 존중하지 않는다' 29.5퍼센트의 순으로 나타났다. 목회자의 경우 대체로 목회자의 권위 문제 또는 교회 내부 활동의 치우침 등과 같은 목회자 자신과 관련이 있는 항목에 대해 평신도와 비교해 그다지 부정적으로 평가하지 않는 경향을 보였다. '지식적인 훈련에 치우쳐 있다'는 항목을 제외하고는 전체적으로 평신도 그룹이 목회자 그룹보다 부정적인 인식이 약간 높은 것으로 나타났다.

이에 대해 제자훈련 경험 여부에 따라 차이가 있었다. 부정적인 평가에 대해 비경험자들은 '교회나 선교단체 내부 활동에 치우쳐 있다' '리더에게 지나치게 의존한다' '목회자의 권위가 지나치게 강조된다'에 대해 동의율이 높았고, '목회자의 권위를 존중하지 않는다'와 '영적인 엘리트 의식을 키운다' '지식적인 훈련에 치우쳐 있다'에 대해서는 경험자들의 동의율이 더 높았다.

제자훈련 단체별로는 대체로 기독교 단체 출신자들의 부정적인 인식이 다른 곳 출신자들보다 다소 높았다. 단 '리더에게 지나치게 의존한다'라는 항목에서는 선교단체 출신자들이 가장 높은 부정적 인식(85.7퍼센트)을 갖고 있었다. 목회자에 대한 부정적인 인식은, 전체적으로 평신도나 목회자나 상관없이 '교회에서' 제자훈련을 받은 사람들의 경우 다른 그룹보다 상대적으로 낮은 것으로 나타났다.

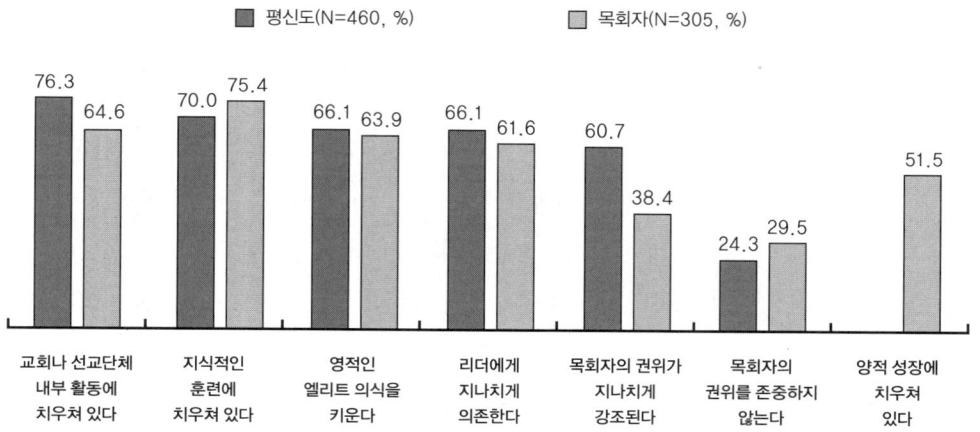

〈그림 21〉 제자훈련의 부정적 측면 평가(항목별, '그렇다' 비율)

- '양적 성장에 치우쳐 있다' 항목은 목회자에게만 질문했음.

2) 교회에서의 제자훈련 필요성

교회에서 제자훈련을 하는 것이 얼마나 필요하다고 생각하는지 질문했다. 그 결과 평신도들은 '필요하다(매우+약간)' 71.7퍼센트, '필요하지 않다(별로+전혀)' 28.3퍼센트로 10명 중 7명가량이 필요성을 인정하는 것으로 나타났다. 반면 목회자는 '필요하다(매우+약간)' 82.6퍼센트, '필요하지 않다(별로+전혀)' 17.0퍼센트로 평신도보다 약간 더 필요성을 느끼는 것으로 나타났다.

제자훈련의 필요성은 평신도의 경우 제자훈련 경험자(90.0퍼센트)가 비경험자(53.5퍼센트)보다 훨씬 더 강하게 인식했고, 학력과 비례해 '대학원졸 이상'이 가장 강하게 인식했다. 20대와 신앙생활이 10년 미만인 경우에는 필요성에 대한 인식이 낮았다. 목회자의 경우 교회 규모가 작을수록, 서울보다 인천/경기 지역에서 제자훈련의 필요성을 더 크게 느끼고 있었으며, 평신도와 비슷하게 제자훈련 경험자(96.0퍼센트)가 비경험자(73.2퍼센트)보다 훨씬 높은 필요성을 느꼈다. 현재 제자훈련을 시행하는 목회자들은 99.1퍼센트가 필요성을 인식했지만, 시행하지 않는 목회자들은 73.9퍼센트만이 필요성을 인식하고 있었다.

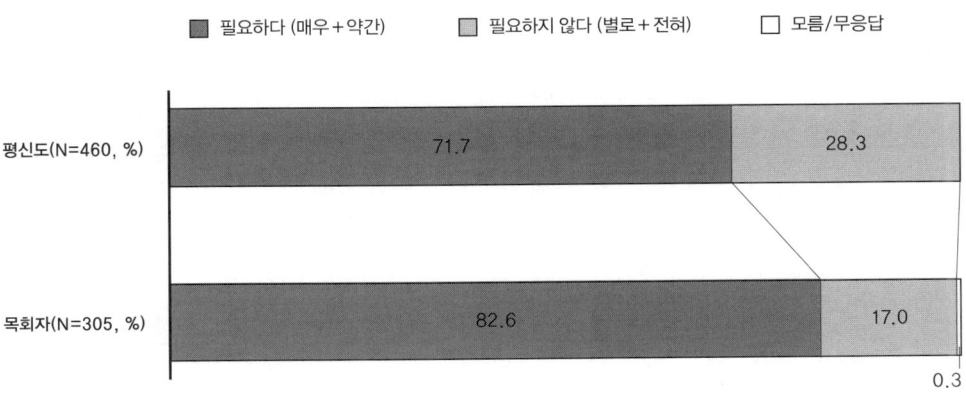

〈그림 22〉 교회에서의 제자훈련 필요성

3) 새로운 제자훈련 요청

새로운 제자훈련으로 어떤 것을 원하는지 주관식으로 질문했는데, 평신도의 경우 '성경공부'(7.6퍼센트)와 '성경말씀 실천'(7.0퍼센트)이 비슷하게 가장 높고, 그다음으로 '나눔을 통해 삶을 돌아볼 수 있는 것' 5.7퍼센트, '진정성 있는 신앙을 위한 훈련' 2.2퍼센트 등의 순으로, 성경공부 자체와 삶의 적용/실천 측면의 훈련에 대한 의견이 높았다. 목회자의 경우 '성경말씀 실천'이 12.5퍼센트로 가장 높고, 그다음 '영적 성장' 5.6퍼센트, '하나님/말씀 중심의 신앙' 3.0퍼센트, '실질적인 삶의 도움이 되는 훈련' 3.0퍼센트 등의 순으로, 성경공부보다 삶에서의 적용/실천적인 훈련에 대한 요구가 높았다.

〈표 8〉 새로운 제자훈련 아이디어(평신도: 5사례 이상, 목회자: 3사례 이상)

평신도 (N=460)	%	목회자 (N=305)	%
성경공부	7.6	성경말씀 실천/삶 속에 신앙을 실천	12.5
성경말씀 실천/삶 속에 신앙을 실천	7.0	영적 성장을 이루는 것	5.6
나눔을 통해 삶을 돌아볼 수 있는 것	5.7	하나님 말씀 중심의 신앙	3.0
진정성 있는 신앙을 위한 훈련	2.2	실질적인 삶의 도움이 되는 훈련	3.0
영적 성장을 이루는 것	2.0	전도를 잘하는 것	2.0
전도를 잘하는 것	1.7	삶의 변화	1.6
하나님 말씀 중심의 신앙	1.5	성경공부	1.3
자발적인 참여로 이루어졌으면 한다	1.5	인간의 삶 속에서의 믿음	1.3
다양한 관점의 공부	1.3	나눔을 통해 삶을 돌아볼 수 있는 것	1.3
평등	1.3	신앙과 삶의 균형 잡힌 훈련	1.3
신앙생활이 돈독해짐	1.1	봉사를 삶으로 생활하는 것	1.0
(성도와 성도, 목회자와의) 관계 개선	1.1	희생적인 삶	1.0
희생적인 삶	1.1	본보기가 되는 삶	1.0
삶의 변화	1.1	소그룹 훈련	1.0
지역 형편에 맞는 훈련	1.1		
모름/무응답	43.0	없음/무응답	48.9

4) 새로운 제자훈련 모델(안)의 필요성

이번에는 새로운 제자훈련 모델을 설명한 후 이에 대한 필요성을 질문했다. 즉 직장이나 학교에서 돈과 경제, 윤리와 도덕성, 인간관계, 직장생활, 사회생활 등 일반적 삶과 연관된 교육훈련이 얼마나 필요한지 질문한 결과, 일반 성도는 '필요하다(매우+약간)' 85.2퍼센트, '필요하지 않다(별로+전혀)' 14.8퍼센트였고, 목회자는 '필요하다(매우+약간)' 92.1퍼센트, '필요하지 않다(별로+전혀)' 7.9퍼센트로 두 그룹 모두 대부분의 응답자가 필요하다는 의견을 나타냈다.

이것은 앞에서 교회 안에서 제자훈련의 필요성에 대한 일반적인 질문을 했을 때, 평신도 71.7퍼센트, 목회자 82.6퍼센트의 동의율에 비해 각각 10퍼센트포인트가량 더 높은 동의율을 보인 것이다. 그리고 제자훈련 의향이 없다고 응답한 사람들 중에서는 일반적인 제자훈련의 필요성에 대해 29.0퍼센트만 동의했는데, 새로운 제자훈련에 대해서는 67.4퍼센트가 동의했다. 또한 목회자 중에서도 제자훈련 비경험자의 91.1퍼센트와 현재 제자훈련을 시행하지 않는 목회자의 89.9퍼센트가 필요성에 동의해, 목회자와 평신도 모두 새로운 제자훈련의 필요성에 대한 인식을 매우 강하게 드러냈다.

새로운 모델의 제자훈련 프로그램이 '매우 필요하다'는 의견은 평신도의 경우 50대 이상 장년층에서, 제자훈련 경험자층에서, 일대일 방식보다 소그룹 방식 경험자층에서, 대학

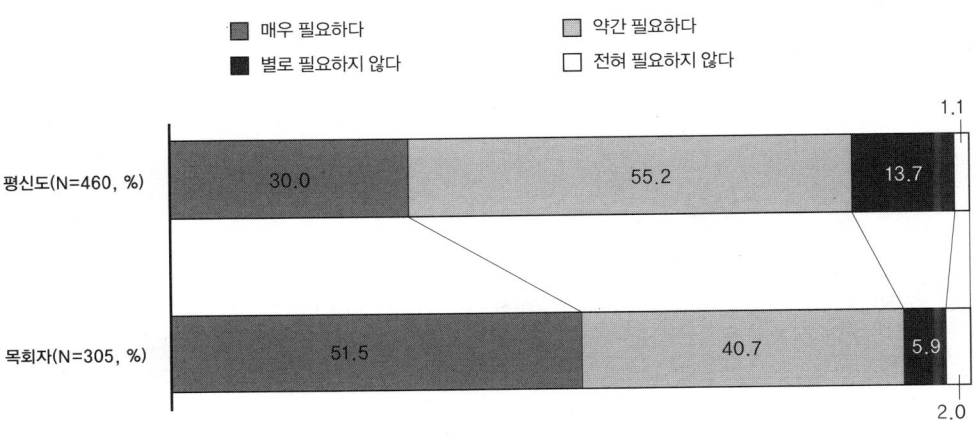

〈그림 23〉 새로운 제자훈련 모델(안)의 필요성(모델 제시 후)

생 때 장기간 훈련받은 층에서 각각 높은 경향을 보였다. 목회자의 경우 '매우 필요하다'는 의견은 평신도와 달리 저연령층에서, 교회 규모가 클수록, 제자훈련 경험자층에서, 대학생 때 장기간 훈련받은 목회자일수록 높은 경향을 보였다. 두 그룹 모두 제자훈련을 받아 본 경우 새로운 제자훈련에 대한 필요가 더 절실하다는 사실은 기존의 제자훈련이 가진 한계를 보여 주는 방증이라고 할 수 있다.

5) 새로운 제자훈련 모델(안) 관련 받고 싶은 교육

새로운 제자훈련 주제로 몇 가지를 제시한 후 가장 받고 싶은 것이 무엇인지 질문한 결과, 1순위 기준으로 평신도는 '윤리와 도덕성'(32.4퍼센트)과 '인간관계'(32.2퍼센트)를 비슷하게 많이 선호했고, 그다음 '돈과 경제' 15.7퍼센트, '사회의식' 10.4퍼센트, '일터생활' 8.9퍼센트 등의 순으로 선호했다. 목회자의 경우 평신도과 달리 '인간관계'(37.7퍼센트)를 가장 선호했으며, 그다음 '윤리와 도덕성' 26.2퍼센트, '사회의식' 11.5퍼센트, '돈과 경제' 4.6퍼센트 등의 순으로 나타났다. 전반적으로 사회의식과 일터생활 등의 영역은 상대적으로 낮은 선호도를 보였다. 두 그룹 모두 인간관계에 깊은 관심을 나타낸 것은 현대인들이 교회 안이나 밖에서 인관관계로 인한 어려움을 많이 겪고 있는 것을 반영한 것으로 이해된다.

평신도의 경우 '인간관계' 교육을 선호하는 계층은 20대와 60대 연령층, 교회와 기독교 단체에서 제자훈련을 받은 사람, 교회 중직자층에서 각각 많은 경향을 보였고, '윤리와 도

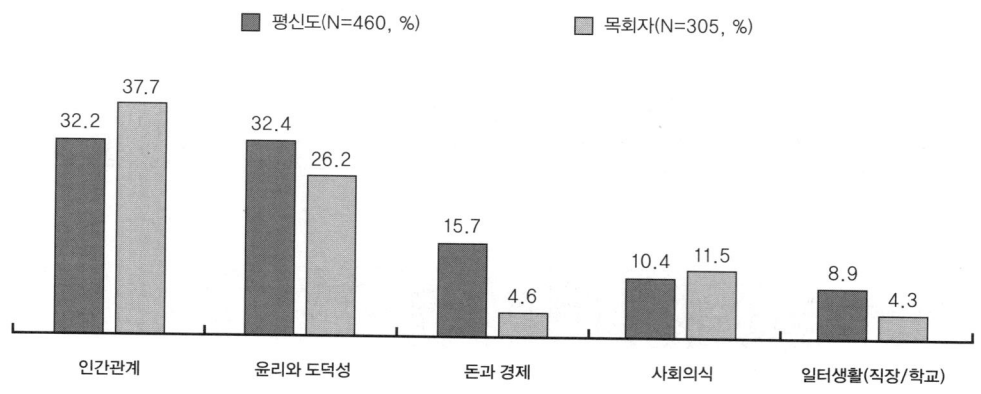

〈그림 24〉 새로운 제자훈련 모델(안) 관련 받고 싶은 교육(1순위 기준)

덕성'을 선호하는 이들은 각각 30대 연령층, 학생선교단체에서 제자훈련을 받은 사람들에서 많은 것으로 나타났다. 특히 제자훈련을 받고 싶다고 의향을 밝힌 층에서 '인간관계'보다 '윤리와 도덕성'을 더 선호하는 것으로 조사되었다. 목회자의 경우 '인간관계' 교육은 연령이 높을수록 많이 선호했으며, 교회와 기독교 단체에서 제자훈련을 받은 경우, 제자훈련 시기가 늦을수록 선호도가 높은 경향을 보였다. 반면 '윤리와 도덕성'을 선호하는 목회자는 제자훈련 경험층, 학생선교단체 출신층, 제자훈련 시기가 젊을 때일수록 많았다. 현재 제자훈련 프로그램을 운영하는 그룹과 그렇지 않은 그룹 간에는 큰 차이가 보이지 않았다.

7. 일반적인 신앙생활과 윤리의식

1) 신앙생활을 하는 이유(평신도)

마지막으로 일반적인 신앙생활과 윤리의식에서 제자훈련 경험자와 비경험자가 차이가 있는지 알아보기 위해 여러 가지 질문을 했다. 먼저 평신도들을 대상으로 현재 신앙생활을 하는 가장 큰 이유가 무엇인지에 대해 질문했는데, '마음의 평안을 위해서'가 48.9퍼센트로 절반 가까이 됐고, 그다음 '구원과 영생을 위해서' 35.4퍼센트, '건강/재물/성공 등 축

〈그림 25〉 신앙생활을 하는 이유(평신도)

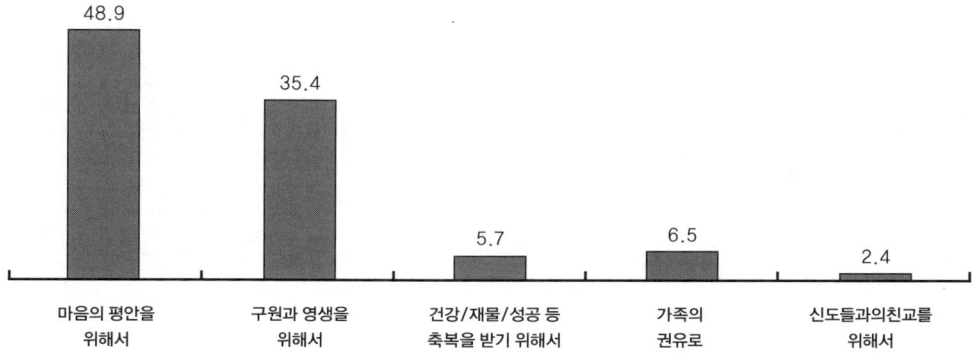

복을 받기 위해서' 5.7퍼센트 등의 순으로 나타났다. 전체적으로 구원과 영생과 같은 종교적인 목적보다는 마음의 평안 목적이 더 큰 것으로 보인다.

이에 대해 특성별로 상이한 결과를 보이는데, 제자훈련 경험자는 '구원과 영생을 위해서'를, 비경험자는 '마음의 평안을 위해서'를 각각 1위로 꼽았으며, 교회에서 제자훈련을 받은 사람은 '구원과 영생'을, 학생선교단체와 기독교 단체 출신자들은 '마음의 평안'을 각각 1위로 꼽았다. 또 제자훈련 기간과 신앙생활 기간이 길수록 '구원과 영생'을, 기간이 짧을수록 '마음의 평안'을 각각 높게 꼽았다. 특히 앞으로 제자훈련을 받을 의향이 있는 그룹이 의향이 없는 그룹보다 '구원과 영생' 비율이 더 높은 특성을 보였다.

2) 일반적인 종교 관련 인식(평신도)

다음으로 일반적 종교의식과 관련해 몇 가지 항목을 제시하고 각 항목에 대해 '그렇다' '아니다'로 대답하게 했는데, 각각의 '그렇다' 비율을 보면 다음과 같다. 앞으로 '이 세상에 종말이 온다' 44.6퍼센트, '기독교뿐 아니라 여러 종교에도 구원이 있다' 40.9퍼센트, '명절이나 조상이 돌아가신 날에는 제사를 지내야 한다' 29.1퍼센트, '궁합이 나쁘면 결혼하지 않는 것이 좋다' 21.7퍼센트, '사람은 죽으면 동물이나 사람으로 다시 태어난다' 13.7퍼센트 등으로 조사되었다.

<그림 26> 일반적인 종교 관련 인식(평신도, 항목별, '그렇다' 비율)

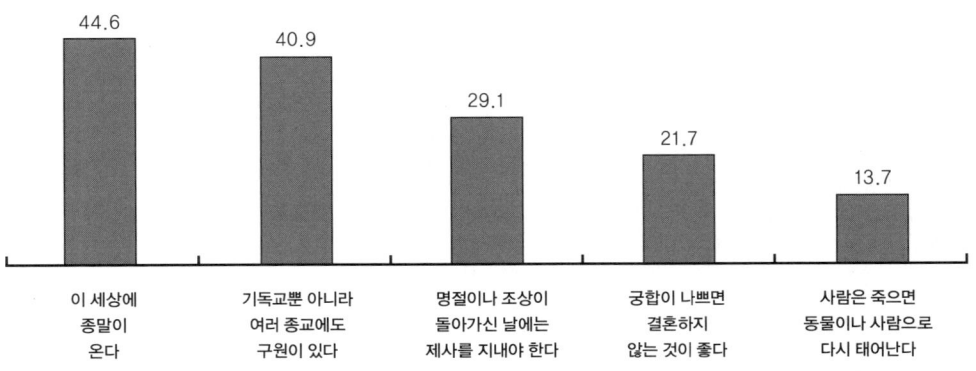

제자훈련 경험자와 비경험자를 비교했을 때 샤머니즘/유교적인 인식에서는 두 그룹간 차이가 없는 것으로 나타났으며, 종말론/종교다원론 등에서는 제자훈련 경험자들이 비경험자들보다 기독교적 인식을 더 갖고 있는 것으로 나타났다. 그러나 불교의 윤회설의 경우 제자훈련 경험자들이 비경험자들보다 오히려 더 수용적인 것으로 드러났다.

또 제자훈련 단체별로 보면, 종말론/종교다원론의 경우 대체로 교회에서 훈련받은 층에서 보다 기독교적인 인식을 지니고 있었으며, 샤머니즘/유교적 인식은 기독교 단체 출신 층에서 가장 높았다. 훈련 방식별로는 일대일 방식보다 소그룹 방식 경험자들이 대체로 약간 더 기독교적인 인식을 갖고 있었다.

3) 일반적인 기독교 관련 인식

이번에는 그리스도인으로서 일상생활과 관련해 어떤 생각과 생활을 하는지 살펴보았는데, 8개의 항목(목회자는 6개 항목)을 제시하고 각각에 대해 '그렇다' '아니다'로 응답을 받았다. 평신도의 경우 각 항목별로 대체로 60퍼센트 이상의 긍정적인 인식을 지니고 있었는데, 그 중 가장 자신 없어 하는 부분은 '성경의 원리에 따라 돈을 사용'(54.1퍼센트)하는 문제였다. '그리스도인의 정치 참여'에 대해서도 절반 정도(48.3퍼센트)만이 긍정적인 인식을 갖고 있었다. 그밖에 교회생활과 관련해 '교회에 얽매이기보다 자신이 옳다고 생각하는 것을 믿고 실천하면 된다'(67.8퍼센트), '헌금은 교회 밖으로도 할 수 있다'(72.6퍼센트), '목회자와 평신도는 동등하다'(73.0퍼센트)는 인식 등이 60퍼센트 이상으로 나타나, 기존 교회 제도권 내의 관습을 벗어나려는 인식이 어느 정도 형성되어 있는 것으로 보인다. 목회자의 경우 대체로 평신도보다 좀더 기독교적인 생활을 하는 것으로 응답했는데, 특히 '헌금의 교회 밖 사용 문제'(71.8퍼센트)나 '목회자와 평신도가 동등하다'는 인식(87.2퍼센트)에 있어 평신도와 비슷하거나 오히려 더 높은 것으로 나타나 주목할 만하다.

이에 대해 제자훈련 경험자와 비경험자 간의 항목별 차이가 있는지 알아보았다. 차이가 30포인트퍼센트 안팎으로 크게 나는 항목은 '나는 교회 안에서 진정한 삶의 의미를 찾았다' '그리스도인으로서 구별된 삶을 살고 있다' '성경의 원리에 따라 돈을 사용한다' '정치 참여도 그리스도인의 의무 중 하나다'로, 제자훈련 경험자들의 동의율이 훨씬 높았다. 따라서 대체로 제자훈련 경험자 그룹이 비경험자 그룹보다 더 기독교적인 인식과 삶을 살고

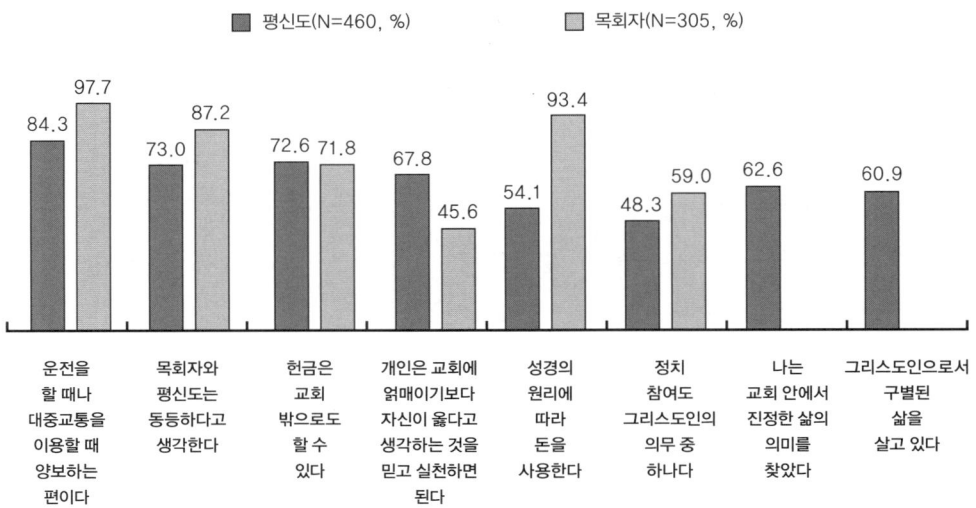

<그림 27> 일반적인 기독교 관련 인식(항목별, '그렇다' 비율)

- '나는 교회 안에서 진정한 삶의 의미를 찾았다' '그리스도인으로서 구별된 삶을 살고 있다'는 평신도에게만 질문했음.

있는 것으로 볼 수 있다. 반면에 다른 항목들에서는 차이가 크지 않았는데, 헌금 문제나 목회자와의 동등함 인식에서 제자훈련 경험자들이 다소 더 개방적인 것으로 나타났다. 그러나 목회자의 경우 경험자 그룹과 비경험자 그룹 간에 항목별로 유의미한 차이를 보이지 않았다.

제자훈련을 받은 단체별로 보면, 교회에서 훈련받은 사람들은 '그리스도인으로서 구별된 삶을 살고 있다'에서 가장 높았고, 학생선교단체 출신자들은 '그리스도인의 정치 참여', '헌금의 교회 밖 사용', '목회자와 평신도가 동등하다'는 인식 측면에서 가장 높은 응답률을 보였다. 학생선교단체 출신자들의 인식이 다른 두 그룹과 어떻게 차이가 나는지 알 수 있는 대목이다.

4) 기독교 사회 이슈에 대한 인식

최근 교계에서 이슈화되고 있는 동성애(동성애에 대해 찬성한다), 목회자 납세(목회자도 세금을 내야 한다), 교회 세습 문제(교회 세습은 바람직하지 않다) 등 3가지 항목에 대해 각각 의

견을 물었다. 그 결과 평신도의 경우 '동성애 찬성' 16.5퍼센트, '목회자 납세 찬성' 75.4퍼센트, '교회 세습 반대' 78.5퍼센트 등으로 조사되었다. 반면 목회자의 경우 '동성애 찬성' 1.3퍼센트, '목회자 납세 찬성' 58.7퍼센트, '교회 세습 반대' 63.9퍼센트로 각각 나타났다. 목회자의 경우 동성애에 대해 평신도와 달리 거의 모두 반대(97.4퍼센트)하고 있었으며, 목회자 납세는 평신도보다는 낮지만 과반수가 찬성하는 것으로 나타났고, 교회 세습도 3명 중 2명 가까이 반대하는 것으로 나타났다.

이에 대해 제자훈련 경험자들은 동성애에 대한 찬성률이 높고, 목회자 납세, 교회 세습

<그림 28> 기독교 사회 이슈에 대한 인식

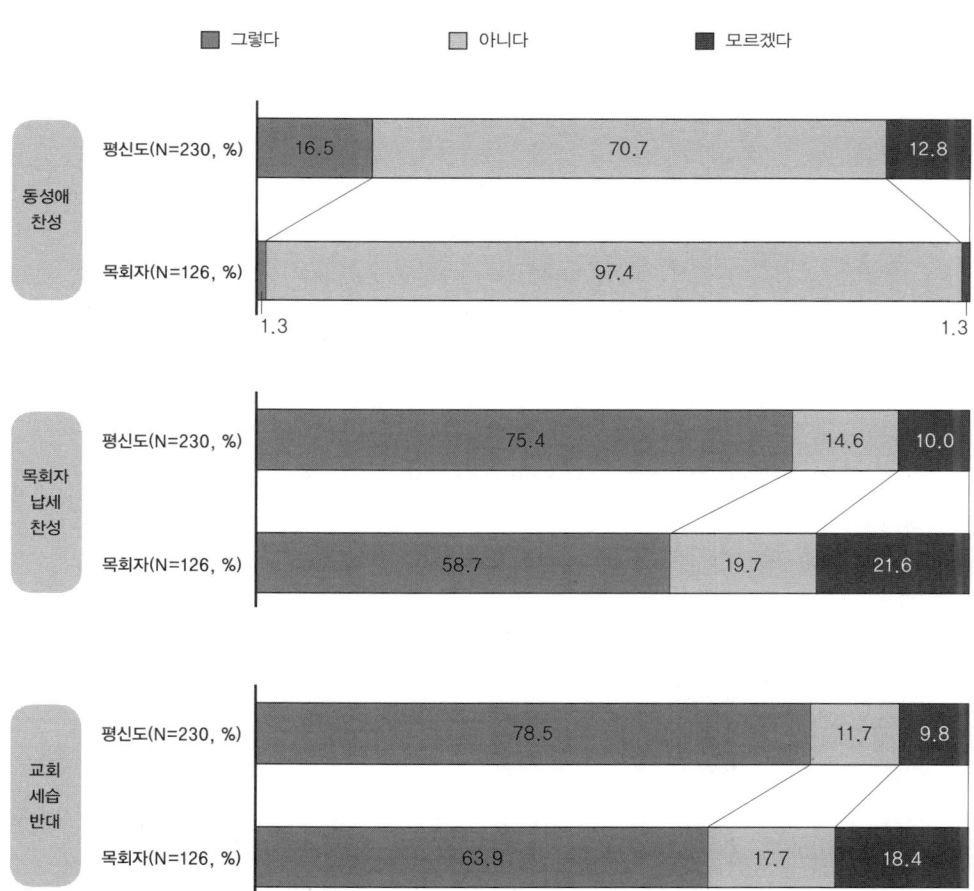

반대에는 동의율이 더 낮았다. 사실 동성애 문제의 경우 연령별 변수 영향이 매우 큰 이슈인데, 이 조사 결과에서도 연령이 낮을수록 동성애에 찬성하는 비율이 매우 커지는 것을 알 수 있다. 목회자 납세 문제 역시 연령별 변수 영향력이 큰데, 동성애와 반대로 연령이 높을수록 세금을 내야 한다는 찬성 의견이 높은 경향을 보였다. 교회 세습 역시 연령이 높을수록 세습에 반대하는 의견이 높아지는 특성을 보였다. 따라서 제자훈련 경험자와 비경험자 사이의 차이는 크지 않은 것을 알 수 있다.

5) 일반적인 윤리의식

일반적인 윤리와 관련된 내용에 대해 개신교인들이 어떻게 생각하는지 5개 항목을 제시하고 각각에 대해 '해서는 안 된다' '상황에 따라 할 수 있다' '해도 무방하다' 등 3가지로 응답하게 했다. 각각의 항목의 수용도를 알아보기 위해 '상황에 따라 할 수 있다'와 '해도 무방하다'를 합친 비율을 살펴보면, 평신도의 경우 '음주' 79.8퍼센트, '이혼' 76.7퍼센트, '혼전 성관계' 62.4퍼센트, '낙태' 61.5퍼센트, '흡연' 56.5퍼센트 등으로 나타났다. 목회자의 경우 평신도보다 훨씬 엄격하여 비율이 낮아지지만 이혼 수용도는 44.6퍼센트로 비교적 높게 나타났고, 혼전 성관계의 경우도 10명 중 1명 정도(9.6퍼센트)는 인정하는 것으로 조사되었다. 다른 항목에 비해 이혼 수용도가 높은 것은 실제로 목회자 중에서도 이혼하는 경우가 적지 않기 때문에 이러한 경험이 의식에 영향을 미친 것으로 해석된다.

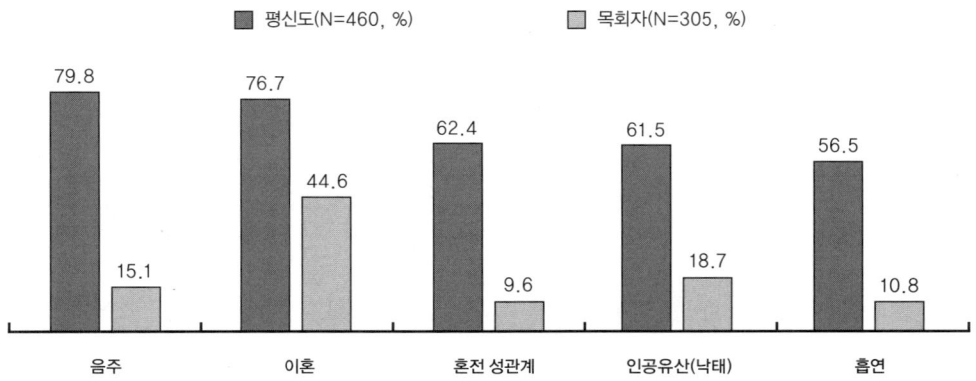

〈그림 29〉 일반적인 윤리의식('상황에 따라 할 수 있다'+'해도 무방하다' 비율)

이에 대해 제자훈련 경험자와 비경험자 사이에 윤리의식의 차이가 나타났다. 5개 항목 모두에 걸쳐 제자훈련 경험자 그룹이 비경험자 그룹보다 수용도가 낮게 나타나, 제자훈련 경험자들의 윤리의식이 상대적으로 더 강한 것으로 보였다. 또한 제자훈련 단체별로도 차이를 보이는데, 교회에서 훈련받은 그룹보다 학생선교단체나 기독교 단체에서 훈련받은 그룹이 보다 윤리의식이 강한 것으로 나타났다. 그러나 윤리의식이 강하다는 것은 다른 표현으로 보수적이라는 것을 의미하고 또 실제 경험과는 다를 수 있다는 점도 감안해야 하기 때문에, 이런 의식의 차이를 긍정적으로만 평가할 수는 없을 것이다.

6) 주요 분야별 관심도

이번에는 평소 신앙생활 및 일상생활 몇 가지 분야에 대해 얼마나 관심이 있는지 질문했다. 먼저 신앙생활에 대한 관심도(매우+약간)를 살펴보면, 평신도의 경우 '개인 경건생활' 89.1퍼센트, '성경공부' 77.4퍼센트, '전도' 61.1퍼센트 등으로 조사되었다. 반면 목회자의 경우 세 항목 중에서 '개인 경건생활'만 질문했는데, 관심도 100퍼센트를 보였다.

3가지 신앙생활에 대해 제자훈련 경험자와 비경험자의 관심도는 큰 차이를 보이는데, 경험자가 비경험자에 비해 3가지 모두에서 큰 차이로 높은 관심도를 보였고 특히 전도에 대해서는 두 배 정도 높은 관심을 나타냈다. 제자훈련 단체별로는 기독교 단체, 교회, 학생선교단체 출신자 순으로 높은 관심도를 나타냈다. 제자훈련 방식별로는 개인 경건생활은 소그룹 방식 훈련자층에서, 전도는 일대일 방식 훈련자층에서 각각 상대적으로 높았다.

다음으로 5가지 항목의 일상생활에 대해 관심도(매우+약간)를 질문했는데, 그 결과 '다른 사람을 도와주는 것' 87.4퍼센트, '환경 문제' 85.0퍼센트, '이웃 관계' 80.7퍼센트, '사회봉사' 80.9퍼센트, '정치 문제' 68.5퍼센트 등의 순으로 나타나 대체로 전체적으로 높은 관심도를 보였다. 특히 '타인을 도와주는 것'과 '환경 문제'에 관심이 높은 반면 정치 문제 관심도는 상대적으로 떨어지는 것으로 나타났다. 목회자는 '다른 사람을 도와주는 것' 99.7퍼센트, '환경 문제' 94.1퍼센트, '이웃 관계' 98.7퍼센트, '사회봉사' 99.3퍼센트, '정치 문제' 67.5퍼센트 등의 순으로 평신도와 동일한 순서를 보였는데, 전체적으로 평신도보다 더 높은 관심도를 보였다.

앞에서의 신앙생활과 비슷하게 평신도의 경우 제자훈련 경험자층이 비경험자층보다

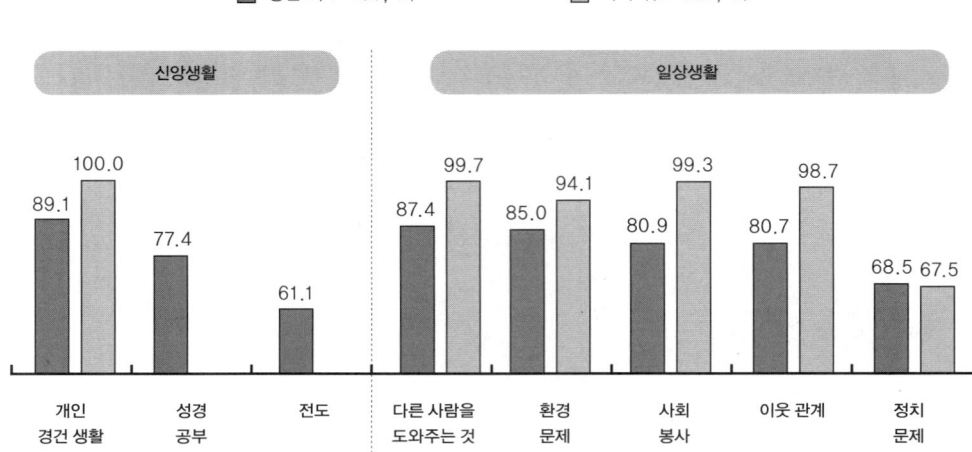

〈그림 30〉 주요 분야별 관심도['관심 있다'(매우＋약간) 비율]

5가지 전 항목에 대해 더 높은 관심도를 보였다. 제자훈련 경험자들은 대체로 90퍼센트 정도의 높은 관심을 나타냈으나 정치 문제에 대해서는 70.9퍼센트로 제자훈련 비경험자들과 큰 차이가 없었다. 제자훈련 장소별로 대체로 큰 차이를 보이지 않는 가운데 정치 문제에 있어서만 학생선교단체 출신층에서 상대적으로 높은 관심도를 보였다.

7) 참여하는 모임

개신교인들의 대외적인 활동 범위를 파악하기 위해 기독교 모임 여부를 떠나 현재 참여하고 있는 모임이 어디 어디인지 중복으로 질문했다. 그 결과 평신도의 경우 '기독교 단체'가 41.1퍼센트로 가장 높고, 그다음 '지역 모임' 38.0퍼센트, '자원봉사단체' 32.4퍼센트, '교회 밖의 신앙 모임' 22.8퍼센트, '시민단체' 11.7퍼센트 등의 순으로 나타났고, '없다'는 응답도 30.9퍼센트에 달해 외부 단체 활동이 그다지 활발하지 않은 것으로 나왔다. 반면 목회자의 경우 '기독교 단체' 45.2퍼센트, '지역 모임' 39.3퍼센트, '교회 밖의 신앙 모임' 30.5퍼센트, '자원봉사단체' 22.6퍼센트 등의 순이었는데, 평신도보다 기독교 관련 모임 비율이 더 높았다. 반면 '없다'는 응답은 평신도보다 약간 낮은 25.9퍼센트였다.

현재 참여하는 모임으로 '기독교 단체' 응답은 제자훈련 경험자와 비경험자 층에서 확

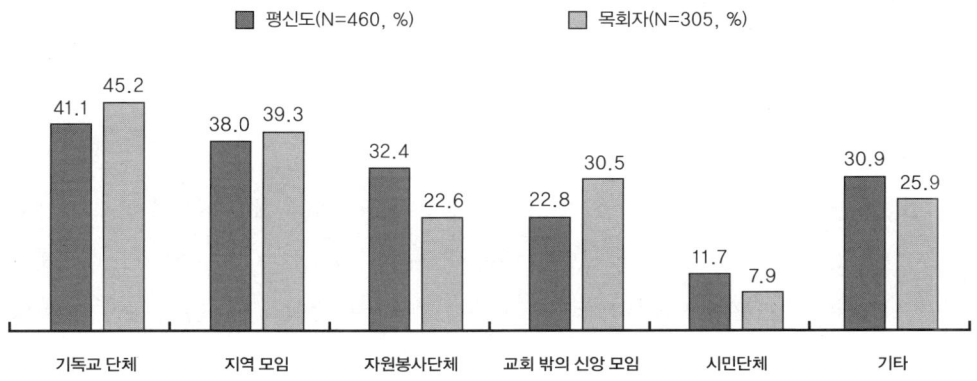

〈그림 31〉 참여하는 모임

연하게 차이를 보이는데, 경험자층의 활동률이 88.7퍼센트인데 반해 비경험자층은 49.6퍼센트이며, 모임별로 경험자층의 활동률이 훨씬 높게 나타났다. 제자훈련 장소별 활동률을 보면 교회 출신자보다 학생선교단체나 기독교 단체 출신자층의 활동률이 약간 더 높았으며, 이 두 그룹에서 특히 시민단체 활동률이 높았다. 연령별로 기독교 단체는 40대층에서, 시민단체는 30대층에서 각각 활동률이 상대적으로 높았다. 목회자의 경우 평신도와 비슷하게 제자훈련 경험자층이 비경험자층보다 각 모임별로 활동률이 모두 높게 나타났다. 특히 '기독교 단체' 활동 목회자는 교회 규모가 클수록 상대적으로 많은 것으로 나타났다.

III.
결론 및 제언

조사 결과를 정리하면 다음과 같다. 먼저 일반 성도들 중 제자훈련을 받은 비율을 확인하기는 어려웠으나 제자훈련을 받은 경우 대개 교회에서 3-4년 정도 선교단체에서 출판한 교재를 사용해 남성 목회자로부터 받은 것으로 나타났다. 목회자들의 경우 41.3퍼센트가 제자훈련을 받았고, 34.8퍼센트가 교회에서 제자훈련을 시행하고 있었다. 제자훈련은 일대일 방식보다는 소그룹 방식이 훨씬 많았고, 결혼 이후 청장년 시기에 받은 경우가 3분의 1을 넘었다. 이를 보면 한국 교회의 제자훈련이 초창기에는 대학 캠퍼스를 중심으로 학생선교단체에서 많이 이루어졌지만 최근에는 교회로 확산되어 사람들이 주로 대학 졸업 후 교회에서 제자훈련을 많이 받는다는 것을 알 수 있다.

그리고 일반 성도들의 경우 주로 삶 속에서 신앙을 실천하는 법을 배우기 위해 제자훈련을 받았고, 제자훈련의 의미를 성도를 양육해 영적인 성숙을 이루는 것으로 이해하고 있었다. 그러나 제자훈련으로부터 받은 도움은 신앙생활이 돈독해졌다는 내용이 가장 많았고, 제자훈련 후 나타난 변화에 대해서도 성경말씀을 더 많이 알게 되었다고 답함으로써 신앙의 실천이라는 당초의 목표가 달성되었다고 평가하기는 어려웠다. 제자훈련 후 나타난 개인적인 변화 항목에서 개인 경건생활과 가정생활에 대한 충실이 가장 높게 나온 것도 이를 뒷받침한다.

이번 조사 결과를 보면, 설문 항목에 따라 제자훈련을 받은 단체별로 의식의 차이가 있는 것을 알 수 있다. 그러나 그 차이가 뚜렷한 일관성을 가지는 것은 아니기 때문에 특정 단체에서 받은 제자훈련이 더 긍정적이라고 평가하기는 어렵다. 대체적인 경향은 학생선교단체에서 제자훈련을 받은 경우 제자화 자체에 더 초점을 맞춘 결과가 나타나는 반면, 교회에서 받은 경우 성경공부의 성격이 더 강하고 교회에 대한 헌신이 강조되는 것으로 볼 수 있다. 그러나 제자훈련 이후의 변화에 대해 학생선교단체 출신자들은 상대적으로 큰 변화가 없다고 응답했다. 이에 대해서는 더 깊이 있는 연구가 필요하다고 판단되며, 각 단체별 지도자나 활동가들이 자신의 사역에 조사 결과를 참고하기 바란다.

제자훈련을 받지 않은 사람들이 훈련을 받지 않은 이유를 제자훈련에 대한 부정적인 인식 때문보다는 필요성을 느끼지 못해서나 시간이 없어서 등으로 응답했는데, 이들은 제자훈련 경험자와 비경험자의 차이가 교회 헌신도와 개인 경건생활에서 가장 크게 나타난다고 응답해 실제 삶에서 큰 차이를 느끼지 못하는 것으로 나타났다. 이것은 한국 교회의 제자훈련이 주로 교회 활성화를 통해 평신도를 능동적으로 만들어 개교회에서 봉사하게 하는 수준의 제자도에 머물러 있다는 교계의 비판이 사실임을 보여 주는 조사 결과다.[3] 이들은 향후 제자훈련을 받을 의향도 높지 않게 나왔다. 이것은 목회자들의 경우에도 크게 다르지 않았다.

제자훈련의 부정적인 측면에 대해서는 교회나 선교단체 내부 활동에 치우쳐 있다는 점이 가장 높게 나와, 제자훈련이 평신도를 제자화해 제자의 삶을 살게 하기 위해 이루어지기보다 자신이 속한 교회나 단체를 위한 일꾼을 만들고 있다는 인식을 드러냈다. 따라서 제자훈련을 받지 않은 사람들의 경우 제자훈련이 교회에서 필요하다는 데 대해 크게 동의하지 않았다. 그러나 실제 삶과 연관된 새로운 제자훈련에 대해서는 매우 높은 관심을 나타냈다. 특히 제자훈련을 받지 않았거나 향후 제자훈련을 받을 의향이 없다고 응답한 사람들에게서조차 높은 관심을 받은 것에 주목할 필요가 있다.

종교 관련 의식이나 사회 이슈에 대한 의식에서 제자훈련 경험은 어느 정도 차이를 나타냈지만, 뚜렷한 차이라고 말하기는 어렵다고 판단된다. 샤머니즘, 유교, 불교적인 내용에 대해 차이가 없거나 오히려 제자훈련 경험자들이 더 수용적인 것으로 나타났기 때문이다. 이번 조사 결과로 단정하기는 어렵지만, 제자훈련이 기존의 기독교적인 사고를 강화하기는 하지만 혼합종교적인 사고를 단절시킬 정도로 영향이 크지는 않은 것으로 볼 수 있다. 특히 사회적인 이슈에 대해서는 오히려 보수적인 성향을 드러내기도 하는 점은 제자훈련의 성과를 긍정적으로 평가하기 어렵게 하는 대목이다.

한 가지 긍정적인 가능성은 제자훈련 경험자들이 대외 활동에서 보다 적극적이라는 점이다. 전체적으로 대외 활동 자체가 활발하지는 않지만, 제자훈련 비경험자들에 비해 뚜렷하게 많은 활동을 하고 있었다. 이것은 기독교 단체뿐만 아니라 지역 모임이나 자원봉사단체, 시민단체에 대해서도 마찬가지다. 그리고 앞에서 살펴본 바와 같이 실제 삶과 관련된 새로운 제자훈련에 대해 높은 관심을 가지고 있다는 점을 고려하면 교회 밖 세상, 곧 사회에 대한 이슈들을 포함해 보다 다양한 영역에 대해 훈련할 수 있는 교재를 개발하는 것이 매우 시급하다고 여겨진다. 이런 조사 결과를 바탕으로 현재 제자훈련이 가지는 한계를 극복하고 그리스도인들이 자신의 삶의 영역에서 올바른 신앙을 실천하는 데 도움을 줄 수 있는 보다 통전적인 제자훈련이 될 수 있기를 기대한다.

---

3 이학준, "삼위일체의 제자도를 찾아서"(「목회와 신학」, 2013년 6월호)를 보라.

하나님나라의 제자도
오늘날 우리는 무엇을 잃어버렸나

송인규(합동신학대학원대학교 은퇴교수, 한국교회탐구센터 소장)

서론
I. 하나님나라와 제자도
II. 예수 그리스도의 제자도/제자훈련
III. 한국 교회에서의 제자훈련

서론

한국 교회와 연관해 제자훈련을 생각하노라면, 거기에는 바캉스를 치른 뒤의 어지럽고 을씨년스러운 해변이나 경기장만 덩그러니 남아 있는 월드컵 경기 이후의 도시 풍경이 이미지로 떠오른다. 이것은 제자훈련에 대한 한국 교회의 반응을 짧게라도 일별해 보면 얼마든지 이해가 되는 일이다. 한국 교회는 네비게이토선교회 등 대학생 선교단체를 통해 제자훈련이 소개된 초기(1960-1970년대)에는 제자훈련에 대해 거부 반응을 표했지만, 훈련받은 대학생들의 남다른 패기와 열정, 선교단체 출신 목회자들의 독특한 목회 방식과 열매로 인해 급기야 관심을 보이기 시작했다(1970-1980년대). 특히 사랑의교회를 통한 옥한흠 목사의 줄기찬 강조 덕분에 제자훈련을 염두에 두지 않고는 목회를 말하기가 힘들 정도로 상황이 바뀌었다(1980-1990년대).

그러나 21세기로 접어들면서 제자훈련에 대한 열광과 예찬의 분위기는 다른 모든 목회 프로그램이 그랬듯 점차 수그러들기 시작했다. 이것은 근본적으로 개신교회에 대한 기독교 안팎의 부정적인 눈초리 때문에도 그랬고, 전통적 교회 사역에 대한 식상감(食傷感) 때문이기도 했다. 약 10여 년 전부터는 제자훈련을 강조하던 교회의 목회자나 교회 이름에 '제자'라는 단어를 채택한 교회의 목회자들이 이런저런 구설수에 휘말리는 사태가 발생했는데, 그로 인해 사람들이 모든 책임을 '제자훈련'에 뒤집어씌우는 경향이 발생했다. 제자훈련을 그렇게 강조하던 교회의 목회자나 그리스도인이 저 정도밖에 안 된다니, 당연히 '제자훈련'에 무슨 문제가 있는 것 아니겠냐는 식의 추정을 한 것이다. 이제는 꽤 많은 사역자들이 '제자훈련'을 지난 시대의 한물간 무용지물로 여긴다. 더군다나 새로운 시대의 그리스도인들은 제자훈련에 대해 가타부타의 반응조차 나타내지 않는다.

그러니 어찌 제자훈련을 언급하며 쓸쓸한 해변이나 텅 빈 경기장의 이미지를 떠올리지 않을 수 있겠는가!

이런 변화는 내 마음속에 상반된 감정을 일으킨다. 한편으로 나는 제자훈련에 대한 오늘날의 이런 부정적 추세가 어느 정도 타당하다고 생각한다. 제자훈련을 (의도했든 아니든) 교회 성장의 수단으로 활용한 과거의 목회 전략에 큰 모순과 결함이 있다고 보기 때문이다. 그러나 동시에 다른 한편으로 나는 이 시대의 제자훈련 거부 반응에 대해 상당히 불편하고 안타까운 마음이 드는 것을 숨길 수가 없다. 마치 목욕물을 버리다가 아기까지 내치는 격이 아닐까 싶은 것이다.

바로 여기에 제자훈련의 핵심 가치에 대한 나의 견해가 있다. 예수님이 2년 6개월(혹은 3년 정도)에 걸쳐 시행하신 제자훈련에는 오고 오는 시대의 그리스도인들과 교회가 반드시 본받고 적용해야 할 보편적 진리가 있다는 것이다. 비록 한국 교회가 그 핵심적인 가르침의 본질을 외면하고 어느 한 면만 부각시켜 교회 성장의 도구로 사용한 것은 잘못한 일이지만, 그렇다고 해서 그 가르침 전체를 거부하는 것은 바람직하지 않다고 하겠다. 요는 과연 그런 보편적 진리가 있는지 여부와, 또 그런 것이 있다면 그 구체적 내용이 무엇이냐는 것이다.

나는 이것 때문에 이 글을 쓴다. 우선 I장에서는 하나님나라와 제자도 개념을 연접시켜 보았다. 다시 말해, 제자도와 제자훈련이 하나님나라 의식 가운데 이루어진다는 것이 무엇인지 밝히고자 했다.

II장은 제자도와 제자도에 관한 본격적 연구라고 할 수 있다. 나는 이곳에서 제자도나 제자훈련의 내용을 밝히는 데 필요한 여러 가지 이론적 규명 작업에 힘을 쏟았다. 그리고 뒤쪽에서는 예수 그리스도께서 제자를 선발하고 훈련시키신 의도/목적을 찾는 일에 집중했다. 나는 예수님이 제자훈련을 시도하신 의도가 세 가지 항목과 연관된다—제자들로 하여금 ① 하나님과의 관계, ② 신자끼리의 관계, ③ 세상과의 관계에서 성숙을 꾀하도록 하는 데 존재한다—고 보았다. 동시에 이 세 가지 항목이 제자훈련 커리큘럼의 뼈대가 된다는 것을 강조했다.

III장에서는 한국 교회의 제자훈련을 논한다. 먼저 한국 교회에 제자훈련이 유입된 경위를 짧은 역사적 스케치로 살펴보았다. 그리고 한국 교회의 제자훈련에 어떤 문제점이 야기되었는지, 그 원인이 무엇인지, 또 어떻게 돌파구를 마련할 수 있을지 설명했다. 끝으로 '보충적 유념 사항'을 통해 제자도나 제자훈련과 관련해 잊지 말아야 할 점을 기술했다.

I.
하나님나라와 제자도

1. 하나님나라에 부합한 제자도

예수 그리스도께서 의중에 두신 제자도와 제자훈련은 그 자체로서 충분한 의의를 갖거나 신학적 진공 상태에서도 얼마든 펼쳐질 수 있는 유의 목회 갱신 프로그램 정도가 아니다. 오히려 하나님의 전(全) 포괄적이고 원대한 계획과 뜻에 줄기차게 착념하는, 다시 말해 인류의 초기까지 거슬러 올라가고 온 세상의 운명까지 망라하는 제자도만이 온전한 의미의 제자도라 할 수 있을 것이다. 이렇게 제자도가 제대로 방향을 잡아 갈 수 있게 해 주는 신학적 원리가 있으니, 곧 '하나님나라'다.

1) 예수 그리스도와 하나님나라

예수님은 제자를 부르시기 전에 먼저 하나님나라를 외치심으로써 공생애 사역을 시작하셨다(마 4:17; 막 1:14-15).

> ¹⁴요한이 잡힌 후 예수께서 갈릴리에 오셔서 하나님의 복음을 전파하여 ¹⁵이르시되, "때가 찼고 **하나님의 나라가 가까이 왔으니 회개하고 복음을 믿으라!**" 하시더라. (막 1:14-15)

예수 그리스도의 천국(하나님나라) 전파는 듣는 자들의 전이해(前理解, preunderstanding)를 접촉점으로 하여 이루어진 것이다. 하나님나라에 대한 당시 이스라엘 백성의 전이해는 세 가지 요소로 구성되어 있었다.

첫째, 구약의 가르침이다. 하나님은 온 세상을 다스리시지만(왕하 19:15; 시 22:28; 렘 10:7), 다윗의 자손을 통한(삼하 7:12-13) 하나님나라의 통치(대하 13:8)에 관심을 쏟으셨다. 그러나 다윗 왕가는 아들 솔로몬 대부터 산산이 부서지기 시작했고(왕상 11:9-13), 드디어 주전 586년 바벨론의 느부갓네살 왕에게 패해 급기야는 사직(社稷)조차 끊기고 말았다

(렘 24:8-9). 그리하여 유다의 패망을 전후해, 선지자들은 다윗 왕국의 비전을 메시아 왕국의 실현에서 찾게 되었다(사 9:6-7; 35:4-5; 렘 33:15-16; 단 2:44; 7:13-14).

둘째, 중간기(inter-testamental period)**의 종교적·정치적 상황이다.** 구약과 신약 사이 약 400년의 기간은 이스라엘 백성에게 일종의 암흑기였다. 종교적으로는 선지자 말라기 이후 계시가 끊겨 묵시 문학이 횡행했고, 정치적으로는 페르시아와 희랍에 이어 계속 로마의 속국으로 남아 있던 우울하고 답답한 시절이었다.

이 중간기에 랍비들은 이스라엘 각 개인이 하나님의 왕적 통치를 받아들일 의무가 있다고 가르쳤고, 이 의무를 가리켜 "하나님나라의 멍에를 지다"라고 했다. 이 말은 하나님을 자신의 왕과 주인으로 인정하고 율법에 계시된 하나님의 뜻을 받아들인다는 의미였다. 하나님나라의 멍에를 지는 것이 하나님 통치의 현재적 측면이라면, 이스라엘 백성들은 하나님의 통치가 온전히 실현될 미래를 기다리고 있었다. 이 미래적 완성의 내용은 여러 가지 형태로 설명되었지만, 많은 유대인들은 민족적 해방(1단계)과 우주적 변혁(2단계)을 함께 받아들였다.

셋째, 세례 요한의 천국 선포가 있었다. 예수님이 공생애 사역을 시작하기 얼마 전부터 세례 요한은 광야에 외치는 자의 소리로서 주의 길을 예비했다.

> ¹그 때에 세례 요한이 이르러 유대 광야에서 전파하여 말하되, ²"회개하라! **천국**이 가까이 왔느니라!" 하였으니. (마 3:1-2)

이처럼 당시 이스라엘 백성은 '하나님나라'와 관련해 전이해를 견지하고 있었고, 예수님은 이것을 접촉점으로 하여 하나님나라를 선포하셨다.

2) 하나님나라의 특징적 면모

예수님이 선포하신 하나님나라는 그 본질이 일차적으로 "하나님의 통치/다스림"[1]에 있다.

---

1 George Eldon Ladd, "Kingdom of Christ, God, Heaven", *Evangelical Dictionary of Theology*, 2nd ed., ed. Walter A. Elwell (Grand Rapids, Michigan: Baker Academic, 2001), p. 657.

그런데 하나님의 통치/다스림은 세 가지 면에서 매우 특징적인 면모를 드러낸다.

첫째, 하나님나라는 시간적 측면에서 볼 때 현재성과 미래성을 함께 나타낸다. 다시 말해서 하나님의 통치는 예수 그리스도 당시의 사람들 입장에서 볼 때 '이미' 이루어진 바임과 동시에 '아직 아닌' 것으로 묘사된다.

그러나 내가 하나님의 성령을 힘입어 귀신을 쫓아내는 것이면 **하나님의 나라가 이미 너희에게 임하였느니라**[현재적 측면]. (마 12:28)

내가 너희에게 이르노니, "내가 이제부터 **하나님의 나라가 임할 때까지** 포도나무에서 난 것은 다시 마시지 아니하리라" 하시고[미래적 측면]. (눅 22:18)

이런 이중적 양상은 바울 당시에도 마찬가지였다.

그가 우리를 흑암의 권세에서 건져 내사 그의 사랑의 **아들의 나라로 옮기셨으니**[현재적 측면]. (골 1:13)

주께서 나를 모든 악한 일에서 건져내시고 또 **그의 천국에 들어가도록** 구원하시리니 그에게 영광이 세세 무궁토록 있을지어다! 아멘![미래적 측면] (딤후 4:18)

하나님나라의 '이미'와 '아직 아니'는 오늘날의 그리스도인들에게도 그대로 해당된다. 우리는 하나님의 통치가 예수 그리스도의 생애·죽음·부활, 성령 강림, 신약적 교회의 수립을 통해 실현된 것을 알고 있다. 또 하나님의 통치는 2016년 현재도 교회와 전 피조계에 미치고 있다[현재적 측면]. 그러나 그런 하나님의 통치는 언젠가 그리스도께서 재림하셔서 만물을 새롭게 하실 때 완전히 이루어질 것이다[미래적 측면].

이런 점에서 하나님나라는 현재적 측면과 미래적 측면을 함께 현시하고 있다.

둘째, 하나님나라는 성격상 영적인 것이기도 하고 일상적인 것이기도 하다. 하나님의 통치는 왕 되신 하나님께서 인간의 구원과 관련해서든 자연세계의 평범한 일상에 대해서든 친히 다스림을 베푸시는 일이다. 그렇기 때문에 하나님의 다스림은 어떤 경우 영적 사안에 집중해 나타나기도 하고 또 어떤 경우 세상의 일상적인 사태와 연관되기도 한다.

우선 하나님나라가 영적 성격을 띠는 경우부터 살펴보자.

²⁵낙타가 바늘귀로 나가는 것이 부자가 **하나님의 나라에 들어가는 것**보다 쉬우니라 하시니 ²⁶제자들이 매우 놀라 서로 말하되, "그런즉 누가 **구원을 얻을 수 있는가**?" 하니. (막 10:25-26)
예수께서 대답하시되 진실로 진실로 네게 이르노니 사람이 **물과 성령으로 나지** 아니하면 **하나님의 나라에 들어갈 수 없느니라.** (요 3:5)

이상의 구절에서는 '구원을 받는 일'이나 '물과 성령으로 거듭 나는 일'을 하나님의 통치[하나님나라]와 연관시킴으로써 하나님나라가 영적인 성격의 것임을 말한다.
그러나 하나님나라는 어떤 경우 특별히 영적이랄 것 없는 일상적이고 비(非)구원적인 성격을 나타내기도 한다.²

¹³**주의 나라**는 영원한 나라이니 **주의 통치**는 대대에 이르리이다. ¹⁴여호와께서는 **모든 넘어지는 자들**을 붙드시며 **비굴한 자들**을 일으키시는도다. ¹⁵**모든 사람**의 눈이 주를 앙망하오니 주는 때를 따라 그들에게 먹을 것을 주시며 ¹⁶손을 펴사 모든 생물의 소원을 만족하게 하시나이다. (시 145:13-16)
일곱째 천사가 나팔을 불매 하늘에 큰 음성들이 나서 이르되, "**세상 나라**가 우리 주와 **그의 그리스도의 나라**가 되어 그가 세세토록 왕노릇하시리로다" 하니. (계 11:15)

하나님의 통치는 모든 인간뿐 아니라 모든 생물과도 연관되고 심지어 그들의 먹이 활동까지 다스리시는 것(시 145:15)으로 말한다. 세상 나라는 정치·문화적 집합체인데(계 11:15)

---

2   필자의 주장에 대해 혹자는 "**하나님의 나라는 먹는 것과 마시는 것이 아니요 오직 성령 안에 있는 의와 평강과 희락이라**"(롬 14:17)는 구절을 내세우며, 하나님나라는 자연적이고 일상적인 활동과는 아무 상관이 없다고 이의를 제기할지 모르겠다. 그러나 이 구절에서의 "먹는 것과 마시는 것"은 '하나님과 무관하게 먹고 마시는 것'을 의미하지, 먹고 마시는 행위 자체를 문제로 삼고 있지 않다. 만일 '먹고 마시는 것' 자체가 하나님의 다스림과 연관될 수 없다면 어떻게 "먹든지 마시든지 무엇을 하든지 다 하나님의 영광을 위하여 하라"(고전 10:31)고 권면할 수 있겠는가? 그러므로 우리는 먹고 마시는 일상적 활동 역시 하나님나라와 연관된다고 얼마든 주장할 수 있다.

하나님의 다스림은 이런 세속적 활동까지 포함한다.

이처럼 하나님나라는 영적인 것이기도 하고 일상적인 것이기도 하다.

셋째, 하나님나라는 교회를 중심으로 하되 교회뿐 아니라 온 세상을 포괄한다. 하나님 나라가 교회와 똑같지는 않지만 이 둘은 구성원과 형성에 있어 공통성을 나타내기도 한다. 이 두 실체에의 영입—즉 천국의 시민이 되는 것과 교회[그리스도의 몸]의 지체가 되는 것—은 동일한 중생에 의해 이루어진다.[3] 따라서 예수 그리스도의 몸에 속하지 않으면서 하나님나라에 들어가 있을 수는 없다. 동시에 교회는 천국의 세력을 현시하는 가장 중요하면서도 유일한 가시적 기관이다. 천국의 열쇠가 맡겨진 것이 교회요(마 16:18-19), 교회만이 그리스도의 몸이며(엡 1:23; 골 1:18), 교회를 통해 하나님의 각종 지혜가 알려지도록(엡 3:10) 정하셨다.

하나님나라가 이처럼 교회와 떼려야 뗄 수 없는 관계를 견지하고 있지만, 그 범위에 있어서는 훨씬 더 넓다. "하나님나라는 이 세상에 나타나는 바 그리스도 안에서의 신적 구속 활동의 총화이지만 교회는 예수 그리스도에게 속한 이들의 모임이다."[4] 비록 하나님나라의 왕이신 그리스도께서 교회의 머리이신 그리스도와 동일하지만, 왕으로서의 권세 행사는 머리로서의 권세 행사보다 그 범위가 훨씬 크다. 더 구체적으로 말하면, 하나님나라는 하나님의 다스림이 나타나는 인간 활동의 제(諸)영역—정치·사회 분야, 과학과 예술 등 문화 영역, 기업 활동과 경제 행위 등—을 망라한다.

하나님나라는 이처럼 세 가지 특징—① 이미 이루어졌지만 아직 완성되지 않았고, ② 영적이면서도 일상적인 성격을 지녔으며, ③ 교회를 중심으로 하되 교회를 뛰어넘는다—을 지닌다.

3) 하나님나라 의식에 입각한 제자도

하나님나라는 교회를 중심으로 하되 종국적으로 세상에서의 실현을 목표로 삼는다. 그러

3　Louis Berkhof, *Systematic Theology* (Edinburgh: The Banner of Truth Trust, 1958), p. 569.

4　Herman Ridderbos, "Kingdom of God, Kingdom of Heaven", *New Bible Dictionary*, 3rd ed., eds. I. Howard Marshall *et al* (Leicester, England: Inter-Varsity Press, 1996), p. 649.

므로 우리는 하나님나라의 실현에 있어 교회와 세상 어느 한쪽으로만 치우치지 말고 균형과 조화를 유지해야 할 것이다. 그러나 교회의 역사를 보면 이런 균형 잡힌 모습보다는 어느 한쪽으로의 편향 현상이 더 빈번했다. 서구의 한 신학자는 이런 형편을 다음과 같이 묘사한다.

한편으로 당신은 교회의 부르심만을 전적으로 강조하는 경향을 목도한다. 이 관점의 사람들은, 교회에 미래가 있으려면 교회는 점점 더 하나님나라와 세상 사이의 전환 장소인 중간지대가 되어야 한다고 말한다. 그것은 예수 그리스도를 위한 영혼 구원과 교회의 확장을 위해 좀더 전도 사역에 관심을 쏟아야 한다는 뜻만이 아니다. 이런 면에서 교회가 지금껏 해 온 일이 감명 깊을 수 있지만, 동시에 **교회에 자기중심성이라는 징표가 나타났다는** 뜻도 된다. 그러면서 **교회의 주목이 세상에 대해서가 아니고 자기 자신에게 집중되고 있다**. 교회가 사회의 갱신을 위해 복음의 결과들에 대해 신경을 쓰는 것이 아니고 오히려 세상 가운데 자기를 보존하고 보전하는 일에 더 신경을 썼던 것이다[강조는 인용자의 것].[5]

그러나 그 반대의 경우도 있다.

그러나 나의 조국과 세상의 다른 일각에는 다른 목소리와 다른 발화(發話) 내용도 있다. 그들이 말하고 주장하는 것은 조금 전의 견해와 정반대인 것으로 여겨진다. 그들은 말하기를, 오늘날 교회의 진짜 위협은 교회가 세상을 잠재적인 하나님나라로 보지 못하는 일이 아니고, 세상과 교회 사이의 경계를 말소해 버리는 일이라는 것이다. 오늘날 많은 이들이 보는 바로는, 교회가 하나님 백성으로서의 유일성을 버리고, 신마르크스 사상의 영향을 받아 자신의 메시지를 새로운 종류의 사회 복음으로 적응시키려는 진짜 위험에 처해 있다는 것이다.[6]

---

[5] Herman Ridderbos, *Church, World, Kingdom* (Potchefstroom, South Africa: IAC-pamphlets, 1979), p. 6.
[6] 같은 책, p. 7.

그러면 한국의 경우에는 어떨까? 필자가 보기에는 첫 번째 편향 현상이 한국의 실정을 잘 반영하고 있다고 본다. 대체로 한국 교회는 교회 자체를 키우는 데만 총력을 기울이고 세상의 모든 영역에 하나님의 통치가 나타나도록 하는 데는 매우 소극적이었다.

우리는 바로 이런 한국 교회의 현실을 직시하는 가운데 제자도와 제자훈련을 논해야 할 것이다. 만일 우리가 하나님나라의 총체적 성격과 전 포괄적 범위를 잃어버린 채 제자도를 운운한다면, 그 제자도는 그리스도의 의도나 하나님의 뜻과 무관하게 개교회 성장주의의 수단으로 전락할 것이다. 그러므로 제자도의 내용 확립 이전에 **하나님나라 의식**(kingdom of God consciousness)이 선행되어야 한다.

이러한 하나님나라 의식에 대해 스나이더(Howard A. Snyder)는 매우 적실한 설명을 제공한다.[7]

1. **하나님나라 의식은 하나님 통치의 최종 완성에 대한 확고한 희망 가운데 살고 일하는 것을 뜻한다.**
2. **하나님나라를 이해하는 것은 '거룩한' 것과 '세속적'인 것 사이의 선이 지워지는 것을 뜻한다.** 하나님나라는 사회의 세속화나 종교적 관심사의 거룩화가 아니고 만물이 하나님의 주권적 영역 가운데 있고, 따라서 하나님 관심 영역 가운데 있다는 뜻이다.
3. **하나님나라 의식은 사역이라는 것이 교회 활동보다 훨씬 넓다는 뜻이다.** 하나님 통치의 의미를 이해하는 그리스도인들은 그들이 교회 사역이 아닌 천국 사역 가운데 있음을 알고 있다.
4. **하나님나라의 관점에서는 정의에 대한 관심과 복음 전도적 증거가 필연적으로 연접된다.** 성경적으로 이해할 때 하나님나라를 의식하는 것은 이 두 가지 중대한 관심 사이의 긴장을 풀어 준다.
5. **성경적으로 말해 하나님나라의 실재란 우리가 성령을 통해 현재 하나님나라의 첫 열매들을 경험한다는 뜻이다.**

---

7 Howard A. Snyder, *Models of the Kingdom* (Nashville, TN: Abingdon Press, 1991), pp. 154-155.

이 다섯 가지 사항 가운데에서 필자는 특히 2, 3, 4항목을 강조하고 싶다. 그렇다면 하나님나라 의식에 입각한 제자도는 최소한 다음과 같은 이상(ideal)을 지향한다고 볼 수 있다.

첫째, 제자도와 제자훈련의 의의를 소속 공동체의 발전과 흥성에만 두지 않고 항시 하나님나라에의 기여 여부와 정도에서 찾는다. 즉 제자훈련의 실시와 실행을 통해 자신의 교회나 선교단체가 얼마나 탄탄히 발전했는가, 얼마나 사람들의 관심과 주목의 대상이 되었는가, 눈에 보이는 실적이 어떠한가 등에 집착하지 않고, 오히려 제자훈련을 받은 이들이 얼마나 더 하나님의 다스림을 받게 되었는지(또 받고자 하는지)—그리하여 얼마나 더 하나님을 기쁘시게 하는 제자들이 되었는지—에 마음을 쏟는다는 말이다. 자기 교회의 사역 발전이나 단체의 활성화를 앞세우는 사역자는 하나님나라를 먼저 구하는 것이 아니다. 반대로 하나님나라를 찾는 마음 자세가 자연스레 작동하려면 평소 우리의 활동과 사역을 늘 하나님의 관점에서 조망하는 일이 습성화되어야 한다.

둘째, 제자도의 함양과 실천을 교회생활에만 국한시키지 말고 자신이 참여하는 삶의 모든 영역과 연관시켜야 한다. 많은 그리스도인들이 목회자의 주도 아래 교회에서 제자훈련을 받기 때문에, 은연중에 제자도를 영적 활동이나 교회생활에서만 필요한 것으로 잘못 생각한다. 그러나 하나님나라는 교회뿐 아니라 우리가 관여하는 모든 영역—가정, 학교, 회사 등—또한 포괄하므로 그러한 삶의 구석구석까지 하나님의 다스림을 받아야 한다. 물론 이 말이 교회를 도외시하거나 건너뛰어도 좋다는 것은 아니다. 사실 교회는 하나님나라가 실현되는 중심 기관이기 때문에 교회를 빼놓고 하나님나라를 운운할 수는 없다. 단지 교회의 울타리를 벗어나서는 하나님나라와 아무 상관없이 생활하는 식의 제자도를 탈피해야 한다는 말이다.

셋째, 제자훈련의 목표는 정해진 프로그램을 통해 특정 분야의 기능인을 만드는 데 있지 않고 하나님나라의 가치관을 실현할 줄 아는 인물을 키우는 데 있다. 종종 제자훈련 프로그램은 평신도들을 특정 사역에 투입하기 위한 목회적 전략으로 각광받는다. 그리하여 목회자나 사역자는 각종 훈련 프로그램을 수립하고 그것을 운영해 필요한 사역을 수행하는 데만 혈안이 되기 쉽다. 그러나 하나님나라를 의식하는 제자도와 제자훈련은 전기한 식의 실용주의적 책략을 지지할 수 없다. 하나님은 효과적 기능과 실적의 달성보다 하나님나라의 가치와 이상을 실현할 줄 아는 (아니면 최소한 실현하고자 힘쓰는) 인물에 더 관심을 가지신다. 그러므로 제자훈련가들이 비록 프로그램의 수립과 작동을 배제할 수는 없지만, 그것들은 하나님나라의 가치를 실현하는 인물—하나님과의 관계, 공동체와의 관계, 세상과의 관계에서 하나님의 다스림을 추구하는 제자—을 배출하는 데 기여할 때만 소임을 다하는 것으로 알아야 한다.

넷째, **제자훈련이 그 의도한 목표를 달성하려면 지식이나 정보 전달 위주의 학습 방식에서 벗어나 전인격적 변화와 삶에서의 실천을 겨냥해야 한다.** 교회의 현장에서 실시되는 다양한 제자훈련이 어떤 내용을 배우고 깨우치고 복습하는 식으로 전개되는지 대략 알고 있다. 숙제가 있고, 암송할 성경구절을 배당받고, 책을 읽고 독후감을 써 내고 하는 것이 전형적인 예다. 이런 제자훈련의 학습 방식에 일리가 없는 것은 아니지만, 동시에 이처럼 피상적인 수준의 주지주의(主知主義)적 학습관이 끼치는 피해도 만만치 않다. 오히려 하나님나라의 제자도는 그 최종적 목표를 인격적 변화와 실천적 삶의 구현에서 찾는다. 비록 이런 목표 달성의 과정 가운데 '공부'하는 일이 포함되어야 하지만, 그렇다고 해서 그처럼 얄팍한 학교 공부식의 접근이 합당한 제자훈련이라고 여기는 것 또한 큰 오산이다.

이 네 가지 사항을 마음에 되새기며 제자훈련에 임하는 것이 하나님나라를 의식하는 제자도이다.

II.
예수 그리스도의 제자도/제자훈련

1. 제자 및 연관어들 의미 규명

1) 기본 출발
우선 우리에게 제일 먼저 필요한 것은 '제자' '제자도' '제자 삼기' '제자훈련' 등의 용어가 무엇을 뜻하는지 밝히는 일이다. '제자'는 이런 단어들의 핵심이거나 출발이기 때문에 이 단어부터 의미 규명이 되어야 한다. 그러나 개념 설명이나 의미 분석을 하기 위해 고생해 본 이라면 잘 알겠지만, 매우 평범해 보이는 단어나 용어의 정의가 가장 힘든 법이다. 이것은 '제자'의 경우에도 고스라니 적용된다. 따라서 필자는 사전의 도움을 받아 '제자'에 대한 한시적 정의(working definition)를 마련하고, 거기에서 제자에 관한 논의를 시작하려고 한다.

우리말 사전은 '제자'(弟子)를 다음과 같이 정의한다.[8]

① 지식이나 덕을 갖춘 사람으로부터 가르침을 받는 사람.
② 「기독」 예수의 가르침을 받아 그의 뒤를 따르는 사람.

또 옥스퍼드사전[9]은 단어 'disciple'이 '배우다'라는 뜻의 라틴어 동사 *discere*와 '배우는 자'인 명사 *discipulus*에서 유래한 것으로 밝히며, 네 가지 항목으로 풀이한다.

① 예수의 생애 가운데 그를 개인적으로 추종하던 이들: 특히 열두 사도.
② (일반적) 종교적이거나 다른 방면에서의 스승을 개인적으로 추종하는 이.
③ 다른 사람의 모범이나 교훈을 좇는 이: 사상·예술·행동 방면의 지도자를 신봉하는 이.
④ 학생, 생도.

이제 필자는 위의 사전적 정의에 기초해 일단 '제자'는 "예수 그리스도[10]를 개인적으로

---

8 '제자', 『고려대 한국어대사전: ㅈ~ㅎ』, 고려대학교 민족문화연구원 국어사전편찬실 편(고려대학교 민족문화연구원, 2009), p. 5571.
9 'disciple', *The New Shorter Oxford English Dictionary*, Vol. 1: *A-M*, ed. Lesley Brown (Oxford: Clarendon Press, 1993), p. 685.
10 물론 제자가 꼭 예수 그리스도의 추종자만을 지칭하는 것은 아니다. 예수 그리스도 당시만 해도 이미 세례 요한의 제자(마 9:14; 막 2:18; 눅 5:33; 요 1:35; 3:25)와 바리새인의 제자(마 22:16; 막 2:18; 눅 5:33)가 있었고, 심지어 모세의 제자(요 9:28)까지도 언급된다. 그러나 이 글은 예수 그리스도에 관한 것이므로, '제자'를 예수 그리스도의 제자에만 국한해 논지를 펼칠 것이다.

믿고 좇던 추종자들로서, 후에 열두 명으로 집약된다"라고 정하겠다. 그렇다면 '제자도' (discipleship)는 "제자로서의 상태/신분(state)"[11]을 말하는데, 부연해서 설명하면 "제자를 제자답게 만들어 주는 특징적 조건/면모들"이라고 할 수 있겠다.

마찬가지로 '제자 삼다'(make disciples)는 "어떤 대상으로 하여금 예수 그리스도의 제자가 되게 하다"라는 뜻이 되고, '제자훈련'(discipleship training)은 "예수의 제자다운 특징적 조건/면모 들이 계발되도록 할 요량으로 신앙적·교육적 단련 과정을 제공하는 일"이라고 설명할 수 있을 것이다.

2) 전문적 논의

'제자'의 의미가 복잡해지는 이유는 그것의 외연(外延, extension)이 일정하지 않기 때문이다. 즉 이 개념이 적용될 수 있는 인물의 범위나 지칭 대상이 통일되어 있지 않다는 말이다. 이 점을 이해하기 위해 필자는 전문가들의 연구 결과—'제자'의 타입/모델을 분류하거나 이와 관련해 단서를 제공한 것—를 종합적으로 소개하려고 한다.

첫째, 거주 상황에 따라 두 종류의 제자로 구분한다. 한 부류는 예수님의 메시지를 받아들이되 자신의 거주지에 머물면서 생활하던 이들[아리마대 요셉(막 15:42-47), 삭개오(눅 19:8-9), 나사로(요 11:1, 11) 등]이고, 또 한 부류는 본격적 의미에서 모든 것을 버리고 예수님을 따르던 이들[글로바(눅 24:18), 요셉과 맛디아(행 1:23), 막달라 마리아·요안나·수산나(눅 8:2-3), 야고보의 어머니 마리아와 살로메(막 15:40-41) 등]인데 물론 열두 제자는 전형적으로 이 그룹에 속한다.[12]

어떤 학자는 이 두 부류에 대해 '정착형' 제자들(sedentary disciples)과 '순회형' 제자들(itinerant disciples)이라는 명칭을 부여한다.

누가는 자신의 기사에서 대충 정착형과 순회형이라 묘사할 수 있는 두 가지 모델의 제자도를 채택한다. **정착형 모델**은 누가복음 10:39의 마리아나 8:35의 귀신 들린 상태에서 치유받

---

11 Lesley Brown, ed., "discipleship", 같은 책.
12 G. 로핑크, 『예수는 어떤 공동체를 원했나?: 그리스도 신앙의 사회적 차원』, 정한교 역(분도출판사, 1985), pp. 59-62.

은 거라사의 광인으로 예시할 수 있다.…

순회형 모델에 대해서는 좀더 세부적인 탐구가 필요하다. 누가는 예수가…끊임없이 이동 상태인 것으로 묘사한다. 사도행전 10:38을 약간 변형하면 "그가 두루 다니시며 선한 일을 행하시고 고치셨다"는 사실이 예시된다. 누가복음 4:43에서는 마가가 다른 가까운 마을(towns, 1:38)이라고 한 것을 좀더 포괄적 표현인 '다른 동네들(cities)'로 고쳤다[강조는 인용자의 것].[13]

필자가 이 글에서 관심을 가지는 대상은 후자다.

둘째, 예수 그리스도에 대한 관계의 깊이에 따라 세 종류의 제자를 대별할 수도 있다. 이 구분법은 근본적으로 브루스(A. B. Bruce)의 설명에서 힌트를 얻은 것이다. 브루스는 열두 제자와 예수님 사이에 형성된 교제를 그 친밀도에 따라 세 단계로 나눌 수 있다고 주장한다.

첫 번째 단계에서 열두 제자는 예수님을 그리스도로 믿는 단순한 신자였으며, 가끔씩 적절한 시기에, 특히 축제 기간에 예수님의 동반자로 나타나곤 했다.…

두 번째 단계에서는 열두 제자와 예수님의 관계가 좀더 깊어져서, 이들이 그분을 계속해서 가까이서 모시는 모습이 나타난다. 아울러 자신들의 세속적인 직업을 전적으로 혹은 적어도 일정 기간 포기하는 양상이 나타난다.…

열두 제자가 제자직의 **세 번째 단계**, 즉 최종적이고 최고의 단계에 들어서게 되는 것은 바로 선생 되신 예수께서 그분의 추종자 무리 가운데서 열두 명을 특별히 택하셨을 때였다. 즉 사도직의 위대한 사역을 위해 훈련받은 '선택된 소수 집단'을 구성했을 때다. 이 중요한 사건은 필시 사도단에 속하게 된 열두 제자 모두가 상당 기간 주님 곁에서 지내고 난 뒤에야 비로소 일어났을 것이다[강조는 인용자의 것].[14]

---

13 Brian E. Beck, *Christian Character in the Gospel of Luke* (London: Epworth Press, 1989), p. 95.
14 A. B. 브루스, 『열두 제자의 훈련』, 안교성·박은재 역(크리스천다이제스트, 2009), pp. 24-25.

그런데 같은 제자들의 모습을 묘사하는 이런 세 단계는 서로 다른 종류의 제자들을 지칭하는 단서로도 사용될 수 있다. 누가가 제시하는 복음서의 한 곳을 보면 '제자들'과 관련해 세 가지 서로 다른 지칭 대상이 등장한다.

[12]이 때에 예수께서 기도하시러 산으로 가사 밤이 새도록 하나님께 기도하시고 [13]밝으매 그 **제자들**[B]을 부르사 그 중에서 **열둘**[A]을 택하여 사도라 칭하셨으니 [14]곧 베드로라고도 이름을 주신 시몬과 그의 동생 안드레와 야고보와 요한과 빌립과 바돌로매와 [15]마태와 도마와 알패오의 아들 야고보와 셀롯이라는 시몬과 [16]야고보의 아들 유다와 예수를 파는 자 될 가룟 유다라. [17]예수께서 그들과 함께 내려오사 평지에 서시니 **그 제자의 많은 무리**[C]와 예수의 말씀도 듣고 병 고침을 받으려고 유대 사방과 예루살렘과 두로와 시돈의 해안으로부터 온 많은 백성도 있더라. (눅 6:12-17)

상기 본문을 보면 세 종류의 대상이 제자로 지칭되고 있음을 알 수 있다.

[A] 사도라고도 불리는 열두 명의 그룹.[15]
[B] 열둘보다 수효가 많은—열둘을 선발해 내기에 충분한—더 큰 범위의 헌신자들.
[C] 평지에 있던 큰 무리의 추종자 집단.

그런데 B의 경우, 이들이 열둘보다 큰 제자군(群)이라는 점은 명확하지만 이들의 신원/정체에 대해서는 이렇다 할 설명이 없다. 그러나 후에 70명을 파송한 사건(눅 10:1)을 생각해 볼 때 B가 이들을 포함하는 것으로 추정할 수 있다.[16]

---

15 본문에는 이들을 가리켜 '제자'라고 칭하는 구체적 언급이 없으나 그 후에는 다시금 '제자'라고 불리기도 한다 (눅 8:1; 9:1; 18:3).

16 "예수의 부름을 받은 대상[B를 뜻함] 가운데에는 그를 규칙적으로 좇고 그의 가르침에 헌신한 이들의 그룹이 있었다. 여기에는 최소한 70명이 포함된다고 할 수 있으니, 왜냐하면 이 정도 수효의 제자들이 전도 사역에 파송을 받기 때문이다(눅 10:1, 17). 그뒤 그리스도의 승천 직후에는 120명의 신자들이 예루살렘에서 기다리며 예배하고 있었다(행 1:15)"[Kenneth L. Barker, ed., *Zondervan NIV Study Bible*, rev. ed. (Grand Rapids, Michigan: Zondervan, 2002), p. 1581, notes on Mk 6:13].

그렇다면 누가는 예수 그리스도와의 친밀성 혹은 밀접성의 각도에서 세 종류의 '제자'를 언급한 셈이다. 이들을 지칭 범위에서 보면 다음과 같은 도표가 작성된다.

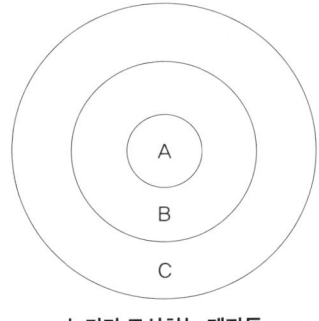

A: 12사도.
B: 최소 70명의 사역자.
C: 수효를 알 수 없는 큰 무리.

누가가 묘사하는 제자들

A, B, C 어느 그룹/집단에 대해서도 '제자'라는 용어를 쓸 수 있지만, 지칭 범위는 그 그룹의 구성원들이 예수 그리스도와 맺는 친밀함 정도에 따라 차이를 나타낸다. A는 그리스도와 더불어 매우 친밀한 관계를 유지하는 제자들이었고, B는 그다음으로 친밀성을 보유한 제자들이었으며, C는 세 그룹 중 가장 친밀도가 떨어지는 관계의 제자들이었다고 할 수 있다.

필자가 이 글에서 초점을 맞추고 있는 대상은 A와 B다.

셋째, 복음서가 묘사하거나 그리스도인들이 의도하는 용례에 따라 다섯 가지 모델을 찾아 볼 수 있다. 제자도 전문가이며 신약학자인 윌킨스(Michael J. Wilkins)는 제자가 누구이고 제자도가 무엇인지 설명하는 이론들을 종합해 볼 때 다섯 가지 모델이 드러난다고 주장한다. 그는 각각의 모델이 나름대로의 타당성을 가지고 있지만, 동시에 전적으로 합당하지도 않다고 본다. 윌킨스가 제시하는 내용은 다음과 같다.[17]

모델 1: 제자는 위대한 스승을 따르는 학생이다.
→ 이 모델은 너무 일반적이라서 성경의 개념을 밝히는 데 크게 도움이 되지 않는다.

---

17 마이클 윌킨스, 『제자도 신학: 주님의 뒤를 따르는 제자도』, 황영철 역(국제제자훈련원, 2015), pp. 30-40.

모델 2: 제자란 헌신된 그리스인으로서 예수님을 따르고 제자도에 대한 예수님의 철저한 요구에 순종하기로 결심한 신자다.

→ 그리스도인을 제자와 일반 신자로 나누는 것은 부적절한 성경 해석—특정 대상에 대한 구원에의 초대(마 19:16-22; 눅 14:25-33 등)를 신자에게 주는 헌신의 도전으로 오해한 것—에 기인한다.

모델 3: 제자란 평신도 중에서 부름을 받아 사역자가 된 사람이다.

→ 모델 2가 갖는 문제점에 부가해 제자로서의 열둘과 사도로서의 열둘을 구별하지 못한다는 약점이 있다.

모델 4: 제자란 예수님에 대한 믿음으로 회심한 사람이고, 제자도는 회심 이후의 성장 과정에 관한 것이다.

→ 지상명령(Great Commission, 마 28:19-20) 가운데 "제자를 삼으라"는 명령을 단지 비신자들에 대한 회심으로만 해석함으로써[18] 후속하는 분사 '세례를 줌' 그리고 '가르침'과 분리하는 우를 범한다.

모델 5: 제자란 회심할 때 제자도의 삶으로 들어온 참된 신자인데, 제자도에서의 성장은 이 새로운 삶의 자연적 귀결이다.

→ 이 모델은 모델 2, 3이 지닌 약점을 보유할 뿐만 아니라 또 다른 문제점—회심은 했지만 영적 미성숙에 처한 다수의 신자들에 대해 납득이 가는 조치를 취하기 힘들다는 점—을 노정(露呈)한다.

윌킨스는 이러한 모델들이 합당한 해석학적 원칙을 충분히 고려하지 않은 가운데 형성된 것으로 판정하면서, '제자' '제자도' '제자 삼기'라는 용어를 제대로 정의하려면 "① 그 용어들이 1세기의 일반적인 문맥에서는 어떻게 사용되었는가? ② 성경적 문맥에서는 어떻게 사용되었는가? ③ 오늘날 그 용어들은 어떻게 사용되는가?"[19]라는 세 가지 범주를 명심

---

18 마이클 윌킨스에 의하면, "제자를 삼으라"는 명령은 "아직 사죄를 받지 못한 사람들에게 복음 메시지를 선포하는 것"[회심]뿐(같은 책, p. 272) 아니라 "또한 제자로서의 성장 과정—그 성장 과정 가운데에는 '세례를 주고 가르치는' 책임도 들어 있는데—에 오르는 것"[제자도]까지도(p. 274) 포함한다.

19 같은 책, p. 47.

해야 한다고 강조한다.

이런 탐구를 통해 윌킨스는 다음과 같은 진술을 결론으로 제공한다. "예수님의 제자란 영생을 얻기 위해 예수님에게로 와서, 예수님을 구주와 하나님이라고 시인하고, 그분을 따르는 삶을 시작한 사람"[20]이다. 또 "**제자도**는 제자로서의 지속적인 성장 과정이고, **제자 삼기**는 제자들이 서로 도와서 제자로 성장해 가야 할 책임을 함축한다.…이와 같이 예수님의 제자로 부름 받은 모든 사람은 주님이신 예수 그리스도를 닮아 가는 과정, **제자도**의 과정 중에 있다. 각각의 제자는 또한 다른 제자들이 성장해 가도록 돕는 일, 즉 **제자 삼기**의 책임을 지고 있다."[21]

필자는 제자 및 연관어에 대한 윌킨스의 분석이 상당한 공신력을 갖는다고 생각한다. 그렇다면 그의 정의 내용을 다시 한 번 정리해 소개하는 것이 좋겠다.

제자: 영생을 얻기 위해 예수님에게로 와서, 예수님을 구주와 하나님이라고 시인하고, 그분을 따르는 삶을 시작한 사람.

제자도: 제자로서의 지속적인 성장 과정.

제자 삼기: 제자들이 서로 도와서 함께 성장해 가도록 돕는 일.

제자훈련:[22] 제자로서의 지속적인 성장을 도모하기 위해 제자도의 함양에 필요한 목회적·교육적 단련 과정을 제공하는 일.

2. '제자'와 관련된 질문들

제자 및 연관어들을 정의했다고 해서 '제자'와 관련된 모든 궁금증이 해소된 것은 아니다. 그 가운데 자주 부상하는 질문은 다음과 같은 것들이다.

---

20 같은 책, pp. 50, 51
21 같은 책, pp. 52-53.
22 윌킨스는 '제자훈련'에 대해 별도의 정의를 제시하지 않는다. 이 정의는 '제자' '제자도' '제자 삼기'에 대한 윌킨스의 정의를 참작해 필자가 내린 것이다.

질문 1: 제자가 되려면 가족, 직업, 재물 등 모든 것을 버려야 하는가.
질문 2: 왜 서신 부분에는 '제자'라는 용어/명칭이 나타나지 않는가.
질문 3: 반면 왜 사도행전에는 '제자'라는 용어/명칭이 지속적으로 사용되는가.

이 질문들은 실상 그 답변이 함께 어우러져 있다. 그러나 어쨌든 별도의 질문으로 구성된 만큼 답변 또한 별도로 제공하는 것이 타당하다고 생각한다.

1) 제자가 되려면 가족, 직업, 재물 등 모든 것을 버려야 하는가
아래 소개하는 성경구절들에 의하면, 예수 그리스도를 따르기 위해서는, 즉 예수 그리스도의 제자가 되기 위해서는 무언가 버려야 한다고 강하게 시사하는 것으로 여겨진다.

[18]갈릴리 해변에 다니시다가 두 형제 곧 베드로라 하는 시몬과 그의 형제 안드레가 바다에 그물 던지는 것을 보시니 그들은 어부라. [19]말씀하시되, "**나를 따라오라. 내가 너희를 사람을 낚는 어부가 되게 하리라**" 하시니 [20]**그들이 곧 그물을 버려두고 예수를 따르니라**. [21]거기서 더 가시다가 다른 두 형제 곧 세베대의 아들 야고보와 그의 형제 요한이 그의 아버지 세베대와 함께 배에서 그물 깁는 것을 보시고 부르시니 [22]**그들이 곧 배와 아버지를 버려두고 예수를 따르니라**. (마 4:18-22)

예수께서 그곳을 떠나 지나가시다가 마태라 하는 사람이 세관에 앉아 있는 것을 보시고 이르시되, "**나를 따르라!**" 하시니 **일어나 따르니라**. (마 9:9)

베드로가 여짜와 이르되, "보소서, **우리가 모든 것을 버리고 주를 따랐나이다.**" (막 10:28)

[10]세베대의 아들로서 시몬의 동업자인 야고보와 요한도 놀랐음이라. 예수께서 시몬에게 이르시되, "무서워하지 말라. 이제 후로는 네가 사람을 취하리라" 하시니 [11]**그들이 배들을 육지에 대고 모든 것을 버려두고 예수를 따르니라**. (눅 5:10-11)

> ²⁶무릇 내게 오는 자가 자기 부모와 처자와 형제와 자매와 더욱이 자기 목숨까지 미워하지 아니하면 능히 내 제자가 되지 못하고 ²⁷누구든지 자기 십자가를 지고 나를 따르지 않는 자도 능히 내 제자가 되지 못하리라.… ³³이와 같이 너희 중의 누구든지 자기의 모든 소유를 버리지 아니하면 능히 내 제자가 되지 못하리라. (눅 14:26-27, 33)

우선 예수님의 제자가 되려면 자기 십자가를 지고 자기 목숨까지 미워해야 한다(눅 14:26-27). 또 자기 가족을 떠나지 않으면 그의 제자가 될 수 없다(마 4:22; 눅 14:26). 뿐만 아니라 자신의 직업을 포기해야 한다(마 4:20, 22; 9:9; 눅 5:10). 그리고 자기의 모든 소유물 또한 포기해야 할 대상이 된다(마 4:22; 눅 5:11; 14:33). 이러한 전적 포기의 조건을 강조하기 위해 "모든 것을 버리고"(막 10:28; 눅 5:11) 주님을 따른 것으로 나타나 있다.

그렇다면 '오늘날에도 예수 그리스도의 제자가 되기 위해서는 우리의 모든 것—대표적으로 가족, 직업, 재물—을 버려야 한다'는 주장에 대해 우리는 어떻게 반응해야 하는가? 이런 주장은 두 가지 면에서 우리에게 어려움을 가져온다. 첫째, 상기 주장의 타당성 여부에 관해 누구든 납득할 수 있는 해석학적 원칙을 제시해야 하는데, 그렇지 못하다는 것이다. 둘째, 그리스도인 가운데에는 상기 주장의 타당성을 받아들여 제자로서 순종적인 삶을 산다고 확언하는 이들이 있는데, 이들이 자신과 다른 그리스도인들을 공격하거나 비난하는 수가 발생하기 때문이다.[23] 물론 첫 번째 어려움을 능란히 처리할 수 있는 해석학적 원칙이 마련될 수 있다면, 두 번째 어려움 또한 같이 해결될 수 있을 것이다. 문제는 그런 해석학적 원칙이 무엇이냐는 것이다.[24]

2) 왜 서신 부분에는 '제자'라는 용어/명칭이 나타나지 않는가

첫째 사항과 맞물려 필자가 곧바로 직면한 또 하나의 질문은 학문적 관점에서도 훨씬 더 묵직하고 수수께끼 같은 사안이었다. 복음서에서는 그토록 수없이 등장하던 '제자'라는 말

---

23 필자는 과거 IVF 사역자로 일하던 중 이런 이들로부터 몇 번의 도전을 받곤 했다[참고. 송인규, "제자도와 제자훈련 커리큘럼", 『주는 영이시라』, 은퇴기념논총 출판위원회 편저(합동신학대학원출판부, 2009), pp. 426-427].
24 이런 해석학적 원칙은 '질문 2'에 대한 답변 마련 과정에서 자연스레 밝혀질 것이다.

이 서신 부분에서는 그저 출현의 빈도가 희박한 게 아니라 아예 그 자취조차 찾을 수 없으니, 참으로 불가사의한 일이 아닐 수 없다. 필자는 이런 이유를 설명하기 위해 제시된 세 가지 이론을 선보이고 그 부적합성을 지적하려고 한다. 그러고 나서 끝으로 가장 설득력 있고 타당성을 갖춘 것으로 여겨지는 네 번째 입장을 소개할 생각이다. 우선 필자가 판정하기에 충분한 설명이라고 할 수 없는 이론부터 제시한다.

첫째 이론: 제자라는 용어가 희랍 사회에서 일으키는 오해 때문에 서신부의 저자들은 그 명칭의 사용을 피했다. 이런 입장을 표명하는 이들은 기독교가 확장되어 희랍 사회에 소개되었을 때 제자라는 용어가 일으킬 수 있는 오해에 초점을 맞춘다. 그 내용은 다음과 같다.

제자에 대한 헬라어 단어는 **마데테스**(mathētēs)인데 '배우는 이'라는 뜻이다. 따라서 제자란 가르침을 받는 이, 즉 배우는 이다. **제자**라는 단어는 복음서에 232회, 사도행전에 27회로 도합 259회 나타난다. 그러나 신약의 서신에는 단 한 번도 나타나지 않는다.···**제자라는 단어의 급작스런 사용 중지는, 아마도 그것이 희랍 사회에서는 철학자나 수사학자들에게 세상의 지혜를 배우는 사람이라는 독특한 의미를 나타냈기 때문일 것이다**[마지막 강조는 인용자의 것].[25]

어떤 학자는 이러한 희랍적 풍토를 팔레스타인의 기독교 상황과 대조하며 설명한다. 즉 팔레스타인 지역의 그리스도인 사이에서는 스승에게 배운다는 의미의 '제자'라는 용어가 자연스러웠지만 희랍 사회에서는 그렇지 않았다는 것이다.

요한복음은 마데테스(μαθητής)를 이런 의미[제자가 된다 함은 스승의 말에 착념하는 것이라는 생각—인용자 주]로 이해하는 데 있어 참으로 도움을 준다. (랍비 아래) **탈미드**/마데테스 (תַּלְמִיד/μαθητής)의 표지(mark)가 자기 스승으로부터 들은 바에 착념해야 하는 것이듯, 예수

---

25 Carl Wilson, *With Christ in the School of Disciple Building: A Study of Christ's Method of Building Disciples* (Grand Rapids, Michigan: Zondervan Publishing House, 1976), p. 51.

께 속한 마데타이(μαθηταί, '마데테스'의 복수)의 표지는 그의 말씀 안에 거하는 것(8:31)이다. 이 점에 있어 탈미드(תַּלְמִיד, 제자)는 전혀 개인적인 교통이 없이 몇 세대를 건너뛰어도 영적 교분을 수립할 수 있다. 초대 공동체에는 제자에 대한 이런 용법이 전수되었다. 이것은 성령의 임재와 활동이 예수님과 항구적이고 직접적인 교통을 보장한다는 사실에 비추어 볼 때 얼마든지 가능한 일이다. 사도행전은 이 점—제자도와 성령의 소유 사이에 연관이 있다는 것—에 있어서도 요한복음과 일치한다[요 14:15-17; 15:26-27 및 행 9:17[27]; 13:52; 19:1-2[성령이 없는 마데타이(μαθηταί)는 참된 마데타이(μαθηταί)가 아님]; 21:4]. 다른 한편으로, **희랍의 공동체가 마데테스(μαθητής)의 이런 의미를 전수하기는 쉽지 않았으니, 그 이유인즉 기독교가 단지 철학 운동에 불과하다는 생각을 일으킬 수 있기 때문이었다. 제자라는 단어가 희랍 세계에 파고들지 못한 것과 또 초대 기독교에서 제자 혹은 그리스도인을 마데테스(μαθητής)로 지칭하는 일이 급락한 것은 바로 이 때문인 것으로 여겨진다**[강조는 인용자의 것].²⁶

이상의 견해에 대해서는 두 가지 반박이 가능하다. ① **희랍 세계에서는 제자에 대한 이해가 다양했으므로 그 용어가 어느 한쪽으로 오해받을 것을 염려할 필요가 없었다.** 만일 희랍 세계에서 '제자'라는 용어가 어떤 한 가지 특정한 의미만을 확보하고 있었다면—또 그것이 참된 그리스도인의 의미를 왜곡하는 것이었다면—우리는 제자란 단어의 사용을 삼가지 않을 수 없었을 것이다.

그러나 사실상 희랍 세계에서는 '제자'가 매우 다양한 의미로 사용되었다.²⁷ 우선 제자라는 말이 사용되는 영역에 있어 그것이 꼭 철학에만 국한되지 않았다. 철학이나 위대한 사상은 말할 것도 없고 심지어 신비 종교들을 포함한 종교적 교훈과도 연관되었다. 또 제자의 주된 활동 또한 단순한 지식 추구에서 시작해 스승과 정신적 교류를 꾀하거나 스승에게 인격적 영향을 받는 일이 있는가 하면, 어떤 경우에는 한 걸음 더 나아가 종교적 결단

---

26 Karl Heinrich Rengstorf, "μαθητής", *Theological Dictionary of the New Testament*, Vol. IV: *L-N*, ed. Gerhard Kittel, trans. and ed. Geoffrey W. Bromiley (Grand Rapids, Michigan: Wm. B. Eerdmans Publishing Company, 1967), p. 459.
27 마이클 윌킨스, 같은 책, pp. 103-106.

이나 모방이 핵심인 경우도 있었다.

이처럼 제자라는 용어가 등장하는 영역과 활동이 다양했기 때문에 기독교에서 '제자'라는 용어를 쓴다고 해도 그것이 일방적 피해를 입을 가능성은 거의 없었다고 보아야 할 것이다.

② 사도행전에 빈번히 등장하는 '제자'의 용례로 보아 이 용어는 희랍 사회에 문젯거리가 될 만한 오해를 일으키지 않았음이 확실하다.[28] 사도행전에서는 복음이 전파된 희랍 지역의 신자들에 대해 '제자'란 용어를 거침없이 사용한다. 이미 희랍화된 소아시아 지방의 여러 도시[비시디아 안디옥(행 13:52; 14:22), 이고니온(행 14:22), 루스드라(행 14:20, 22; 16:1), 더베(행 14:21), 에베소(행 19:1, 9, 30; 20:1, 30)]나 지역[갈라디아(행 18:23), 브루기아(행 18:23)]의 신자들을 가리켜 제자라는 용어가 사용되었다. 또 희랍의 중심부인 아가야의 신자들 또한 '제자들'로 불렸다(행 18:27).

만일 이 용어가 희랍 사회 내에서 물의를 일으키거나 오해를 초래했다면, 초대교회는 '제자'라는 용어를 쓰지 않았을 것이고 누가 또한 사도행전에 교회의 발전상을 기술하면서 '제자'라는 명칭을 채택하지 않았을 것이다. 그런데 상기한 바와 같은 정반대 현상이 목격되는 것은 '제자'라는 용어가 희랍 사회에서 아무 문제를 일으키지 않았다는 강력한 증거가 된다.

이상의 두 가지 반박이 타당하다면, '제자'라는 용어가 사라진 이유를 희랍 사회에서의 문제 야기 가능성에서 찾는 이론은 설 자리를 잃게 된다.

둘째 이론: 제자라는 단어는 개인에 대한 지칭어일 뿐이므로 신앙 공동체인 교회를 가리키는 데 부적합했기 때문에 탈락되었다는 것이다. 어떤 기독교 지도자는 이 점을 다음과 같이 설명한다.

상당히 놀라운 일이지만 서신부에서는 이 단어[제자]가 발견되지 않는다. 그 이유는 서신들이 그리스도인들을 교회라는 집단적 기능체(corporate capacity)—그리하여 그런 집단의 지체들, 또 하나님의 '성도들' 혹은 '성별된 이들'—로 부르기 때문이다. **제자는 개인적 관계**

---

28 같은 책, p. 418.

(individual relationship)를 표시하는 단어인데, 비록 이 단어가 거의 사용되고 있지는 않지만 그럼에도 불구하고 그리스도와 각 개개 영혼 사이에 존재하는 관계를 표시하는 데 있어서는…아직도 효용가치가 있다[강조는 인용자의 것].[29]

사도행전에서 '제자'가 단수로 사용될 때는 개개인을 지칭하는 것이 사실이다. '아나니아'(행 9:10), '사울'(행 9:26), '다비다'(행 9:36, 여제자), '디모데'(행 16:1), '나손'(행 21:16) 등 다섯 경우가 이에 속한다. 그러나 복수로 사용될 때에는 그저 개개인의 합을 나타내기보다는 "부활 이후의 신앙 공동체"[30]를 묘사하는 것으로 볼 수 있다. 윌킨스 역시 비슷한 주장을 한다.

사도행전에서 이 용어[제자]가 맨 처음 사용된 문맥을 보면, 누가는 **제자들**이 구별되는 믿음의 공동체로 연합되었다는 것을 표시한다. "제자가 더 많아진" 것을 주목한 후에 누가는 그들이 "제자들의 회중[congregation, 행 6:2 NASB; 플레도스 톤 마데톤(plēthos tōn mathētōn)]"으로 함께 모였다고 묘사한다. 여기에서 **회중**으로 번역된 단어 플레도스(plēthos)는…(문자적으로 하면) "충만한 회중"이라는 의미다.…사도행전 6:2에서 플레도스(plēthos)를 '제자들'과 연관함으로써 누가는 이제 "제자들의 회중"이라는 표현을 "믿는 자들의 회중"[행 4:32 ("믿는 무리", 개역개정)], '회중'[행 6:5; 15:12, 30('무리', 개역개정)], '교회'(행 5:11; 7:38; 8:1 등)와 동일한 의미로 사용한다.[31]

신약학자인 브루스 역시 "도시의 에클레시아(ἐκκλησία)는 또 플레도스(πλῆθος)로도 불리고, 그 구성원의 견지에서는 '제자들'(6:1; 9:19, 38; 11:26; 14:22; 18:23, 27; 20:1 등), '믿는 이들'(2:44; 4:32), '형제들'(15:1, 3, 32-33, 36, 40; 16:2, 40 등)로도 지칭이 된다"[32]고 함으로써

---

29 G. Campbell Morgan, *Discipleship* (Grand Rapids, Michigan: Baker Book House, 1973), pp. 11-12.
30 Robert P. Meye, "Disciple", *The International Standard Bible Encyclopedia*, Vol. One: *A-D*, rev. ed., eds. Geoffrey W. Bromiley *et al* (Grand Rapids, Michigan: William B. Eerdmans Publishing Company, 1979), p. 948.
31 마이클 윌킨스, 같은 책, pp. 377-378.

'제자들'이 교회를 지칭하는 것으로 말한다.

이상의 내용으로 보건대 '제자'가 개인적인 지칭어로만 사용되기 때문에 서신부에 등장하지 않는다는 견해는 거의 지지받기 힘들다.

셋째 이론: 제자라는 명칭은 그리스도의 승천 이후 그리스도인들이 누리는 영적 실상을 표현하는 데 역부족이었기 때문에 다른 용어로 대치되었다는 것이다. 19세기 말과 20세기 초에 활약한 신학자 윌리엄 샌데이(William Sanday, 1843-1920)는 '제자들'이 '형제들'과 '성도들'로 대치되었기 때문에 더 이상 등장하지 않는다고 말한다.

> 마데테스(μαθητής)가 공관복음에서는 160회, 요한복음에서는 78회, 사도행전에서는 28회[한 번은 마데트리아(μαθήτρια)]나 나타나지만, 다른 책들에서는 전혀 나타나지 않는다는 것이 뚜렷한 통계적 사실이다. 이런 변화의 이유는 명백하다. 예수님의 생애 동안에는 제자들이 그와의 관계 때문에 그런 이름[제자들-인용자 주]으로 불렸다. 그가 지상을 떠난 후 그들에게 주어진 이름은 각각 서로에 대한 관계[아델포이(ἀδέλφοι, 형제들)] 및 사회에 대한 관계[하기오이(ἅγιοι, 성도들)]를 표시하는 것이었다[강조는 인용자의 것].³³

윌킨스는 이 점을 보완해 다음과 같이 설명한다.

> 제자라는 용어가 나타나지 않는 현상에 대해 널리 받아들여지는 한 설명은, 부활 이후의 상황에 더 어울리는 다른 용어들이 기독교 공동체 내에서 **제자라는 말을 대체했다는 것이** 다. 사도행전에서는 제자가 여전히 예수님에 대한 신자의 관계를 표시하는 중요한 용어였지만, 그것은 다른 용어로 전이되기 시작했다. 이 다른 용어들이 신자가 부활한 주님과 맺는 관계, 서로에 대해서 맺는 관계, 사회에 대해서 맺는 관계를 더 적절하게 **표현했다는 것이다.** 부활한 주님과의 새로운 관계를 표시하는 용어가 자연스럽게 신자들[*hoi pisteuontes*(호이 피스튜온테스), 행 5:14; *hoi pistoi*(호이 피스토이), 행 10:45]이 되었다. 사도행전에서 부활한 주

---

32 F. F. Bruce, *The Acts of the Apostles: Greek Text with Introduction and Commentary*, 3rd and enlarged ed. (Grand Rapids, Michigan: William B. Eerdmans Publishing Company, 1990), p. 62.

33 William Sanday, *Inspiration* (London: Longman, Green, and Co., 1903), p. 289, n. 1.

님과의 관계를 묘사하는 다른 용어로는 "그 도를 따르는 사람들"(예를 들면 행 9:2), 그리고 "그리스도인"(행 11:26; 26:28)이 있다. 또한 제자들 서로의 관계를 표시하는 단어들이 매우 뚜렷해진다. 특히 **형제들**과 **자매들**[adelphoi(아델포이), adelphē(아델페)]이라는 단어가 새로운 공동체의 영적 가족을 표현했다(예를 들면 행 1:15-16). 사도행전 21:16 이후부터 마데테스(mathētēs)가 사용되지 않고, 대신 공동체에 속한 사람을 표시하기 위해 **형제들**이라는 단어가 사용되기 시작한다(예를 들면 행 21:7, 17, 20; 28:14-21). 신자의 거룩한 부르심과 그들의 사회에 대한 관계를 표시하는 표현은 **성도들**[hoi hagioi(호이 하기오이), 행 9:13, 32, 41; 26:10]이었다[명칭들 이외의 강조는 인용자의 것].[34]

윌킨스의 설명에 의하면, 그리스도의 승천 이후 제자들에게는 세 가지 관계—주님과의 관계, 상호 관계, 사회에 대한 관계—가 새로 형성되었고, 이에 따라 각각 '신자/그리스도인'[주님과의 관계], '형제/자매'[상호 관계], '성도'[사회 관계]라는 새로운 명칭이 등장했다는 것이다. 결국 '제자'라는 용어는 과거의 역사에 묻히고 이제 이 세 가지 종류의 명칭이 부상한 것이다.

비록 샌데이와 윌킨스의 설명이 한편으로 일리가 없는 것은 아니지만, 다른 한편으로는 비판의 소지 또한 지니고 있다. 두 가지 사항을 언급하면 다음과 같다.

① **새로운 명칭으로 제시된 세 가지 가운데 어떤 것은 전혀 새롭지 않다.** 필자가 염두에 둔 것은 상호 관계를 지칭하는 표현, '형제/자매'에 대한 것이다. '형제/자매'라는 명칭은 그리스도의 승천 이후 새로 등장한 것이 아니라 이미 공생애 동안에도—심지어 그 근원은 구약까지 거슬러 올라간다(참고. 렘 22:18)—사용되었다.[35] 예수님은 이미 공생애 당시에 "누구든지 하늘에 계신 내 아버지의 뜻대로 하는 자가 내 **형제**요 **자매**요 어머니이니라"(마 12:50)고 하셨다. 예수 그리스도와 복음을 위해 육신의 형제자매를 버린 이들(막 10:29)은 "현세에 있어 집과 **형제**와 **자매**와 어머니와 자식과 전토를 백 배나 받되"(막 10:30)라고 하셨는데, 후자에 언급된 형제와 자매는 육친적 의미가 아니라 영적 혈연관계에서의 형제

---

34 마이클 윌킨스, 같은 책, pp. 421-422.
35 송인규, 『성경은 공동체에 대해 무엇을 말하는가?』(IVP, 1996), pp. 47-48.

와 자매를 뜻한다.

또 예수님은 제자들을 가리켜 '내 형제'(마 28:10; 요 20:17)라고 부르시기도 했다(참고. 히 2:11). 이처럼 그들이 그리스도의 형제이기 때문에 서로서로도 형제가 된 것이다(마 23:8; 눅 22:32).

이런 내용을 볼 때 '형제/자매'가 그리스도의 승천 이후에 등장한 명칭이라고 하는 것은 사실에 배치된다.

② **새로운 용어의 등장이 꼭 기존의 용어를 대치한다는 뜻은 아니다.** 어떤 용어나 명칭의 지속적 사용 여부가 새로운 용어의 등장 여부에 달린 것은 아니다. 실상 이 두 가지는 무관하다. 즉 새로운 용어가 출현했다고 해도 기존의 용어가 현재 의미상 유효성을 발휘한다면 그 용어는 살아남을 것이요, 새로운 용어가 출현하지 않았더라도 기존의 용어가 의미상 유효성을 상실하면 그 용어는 사용 현장에서 사라질 것이다.

구체적인 예를 들어 보자. '형제' '자매'라는 용어는 그 의미가 공생애 동안에도 유효했고 그리스도의 승천 이후에도 유효했기 때문에 지금껏 살아남게 되었다. 그러나 '제자'의 경우에는 사정이 전혀 달랐다. 그리스도의 승천 이후에는 '제자'에 담긴 독특한 문화적 의미[36]가 그대로 견지될 수 없었기 때문에, 이 용어는 결국 성경 문서에서 사라지게 된 것이다. 이렇듯 '제자'라는 용어의 사용 중단은 다른 새로운 용어—'신자' '그리스도인' '성도'—의 등장과는 하등 상관이 없는 일이었다. 만일 '제자' 역시 의미상 유효성을 견지했다면 그리스도의 승천 이후에도 이 용어는 얼마든지 신앙 공동체 내에서 사용되었을 것이다.

이상의 내용에 의거해 볼 때, 새로운 용어의 등장이 '제자'라는 명칭을 대치했다는 설명은 언뜻 보기와 달리 그리 큰 설득력이 없음을 알 수 있다.

그렇다면 무엇인가? 왜 '제자'라는 용어는 서신부에서 단 한 번도 모습을 드러내지 않는 것일까? 필자는 이 질문에 대한 가장 설득력 있는 답변을 소개하려고 한다.

넷째 이론: 예수님 당시의 스승-제자 관계에 있어 본질적·핵심적으로 중요하던 신체적 근접성이 그리스도의 승천 이후 그 의미를 상실했기 때문이다. 신약학자 호손(Gerald F.

---

[36] 이것은 예수 그리스도의 공생애 당시 스승-제자 관계에 핵심적으로 존재하는 '신체적 근접성'(physical proximity)을 말하는 것인데, 이에 대해서는 잠시 후에 상설될 것이다.

Hawthorne)은 예수님 당시의 스승-제자 관계가 '신체적 근접성'(physical proximity/adjacency)을 본질적 특성으로 하고 있었다고 말한다.

> …제자가 된다는 말의 의미 가운데에는 제자가 스승에게 신체적으로 바짝 붙어 있는 것도 포함되어 있었다.…
>
> 제자라는 단어에 내재되어 있는 신체적 근접성(physical adjacency)이라는 개념은 구체적으로 예수님과 함께한 무리에게도 적용되었다. 그의 제자가 되고자 하는 사람이 누구이든, 그 대상에 대해 그토록 철저한 요구 사항이 부과된 것은 바로 이 개념 때문이었다. 예수님은 떠돌이 선생(itinerant rabbi)으로서 항시 이동 상태에 계셨다. 그의 제자가 된다는 것은 문자적으로 그를 좇는 자가 되어야 했다. ['좇다'(to follow)라는 동사는 복음서에 80회 가량 나타나는데, 모두 다 지상의 예수님과 그 동료들 사이의 관계에 대해 묘사하고 있음을 주목하라. 이 단어는 제자라는 말과 동의어가 되었다.] 그러므로 **모든 제자들은 엄밀한 의미에서 그의 직업(막 1:18-19)과 부모(막 10:29), 모든 것(막 10:28)을 떠나야 했고**, 자기 십자가를 지고 심지어 죽음에까지 나아가야 했다(마 10:38).…
>
> 놀랍게도 '제자'란 단어는 복음서와 사도행전 이외에는 단 한 번도 신약성경에 등장하지 않는다. 또 '좇다'라는 동사—제자에 대한 동의어로 복음서에서 빈번히 사용된 단어—역시 복음서와 사도행전을 제외하고는 꼭 두 번만 나타나고(계 14:4; 19:14), 그것도 부활하신 주님과 그의 신봉자들 사이의 관계를 묘사하는 데만 사용된다는 사실 또한 교훈적이다. 그리하여 서신서의 기자들은 '제자' 및 '좇다'라는 단어의 의미에서, **새로운 시대에는 더 이상 가능하지 않은 사제지간의 관계를 발견했기 때문에**, 그 단어들을 그들의 어휘에서 제외시킨 것이었다. 그것은 **지상 사역 시 예수님의 제자들에 대한 요구 사항들—직업을 버리고 부모를 떠나는 것**—이 일반적 원리로 둔갑해, 이제 승귀하신 하늘의 주님이신 그분을 믿는 이들에게도 해당되는 것처럼 잘못될 것을 우려한 때문이었다[강조는 인용자의 것].[37]

---

[37] Gerald F. Hawthorne, "Disciple", *The Zondervan Pictorial Encyclopedia of the Bible*, Vol. 2: *D-F*, ed. Merrill C. Tenney (Grand Rapids, Michigan: Zondervan Publishing House, 1980), p. 130.

호손의 설명은 다음과 같이 여섯 가지 항목의 진술로 정리할 수 있다.

① 예수 그리스도께서 공생애 사역을 하실 때에는 스승-제자 관계가 신체적 근접성의 특징을 띠고 있었다.
② 따라서 그의 친밀한 제자가 된다는 것은 그를 가까이 모시고 바짝 뒤쫓는 것을 의미한다.
③ 그런데 그렇게 신체적 근접성을 유지하려면 제자들은 자기의 모든 것-가족, 직업, 소유물-을 버려야 했다.
④ 그러다가 예수 그리스도께서 죽은 자 가운데서 부활하시고 승천해 하나님 우편에 앉게 되자, 그를 신체적으로 좇는다는 말-이것이 그의 '제자'가 된다는 뜻인데-은 의미를 상실하게 되었다.
⑤ 이처럼 새로운 시대에는 그리스도의 추종자들이 천상의 주님을 좇는 것이므로 예전처럼 '제자'로 불릴 수 없게 되었다.
⑥ 그러므로 서신 부분에는 '제자'라는 용어가 등장하지 않는다.

그래서 베드로는 공생애 시절과 달리 아내를 데리고서도 사역을 수행할 수 있었다. 이 점은 바울이 고린도인들에게 보낸 편지 내용 가운데 반영되어 있다.

우리가 다른 사도들과 주의 형제들과 **게바와 같이 믿음의 자매 된 아내를 데리고 다닐 권리가 없겠느냐**? (고전 9:5)

베드로가 아내와 더불어 가정생활을 영위하면서 예수님의 부르심에 충실할 수 있었다면, 바울이 고린도전서를 기록한 시기[아마도 주후 55년경]에는 이미 공생애 당시의 스승-제자 연관 형식인 '신체적 근접성'이 의미를 잃었다고 보아야 한다. 그리스도께서 승천하신 후에는 천상의 주님을 좇는 것이기 때문에 과거처럼 신체적 근접성이 요구되지 않았고, 따라서 예수 그리스도의 제자가 되기 위해 꼭 가정, 직업, 재물을 버려야 할 필요가 없었던 것이다.

바로 이 설명은 이 글의 앞에서 제기된 '**질문 1. 제자가 되려면 가족, 직업, 재물 등 모든 것을 버려야 하는가**'에 대한 충분한 답변을 제공한다. 이 질문에 대한 답변은 한편으로는 '예!'이고 또 다른 한편으로는 '아니오!'다. 즉 예수님 당시의 제자들은 지상의 주님을 따르는 것이었기 때문에 가족, 직업, 재물 등 모든 것을 버려야 했다. 그러나 그리스도의 승천 이후에는 천상의 주님을 따르는 것이므로, 신체적 근접성은 아무 의미를 발휘하지 못한다.

따라서 그리스도의 제자가 되기 위해 반드시 가족, 직업, 재물을 포기해야 하는 것은 아니라는 말이다.[38] 이것이 바로 '질문 1'에 요구되는 '해석학적 원칙'이다.

3) 반면 왜 사도행전에는 '제자'라는 용어/명칭이 지속적으로 사용되는가

마지막으로 다루어야 할 질문은 '제자'라는 용어/명칭의 사도행전 등장에 관한 것이다. 만일 '제자'의 본질적·핵심적 특성이 신체적 근접성이고, 또 그것 때문에 서신부에서 그 용어가 자취를 감춘 것이라면, 의당 '제자'는 사도행전에도 나타나지 않아야 한다. 왜냐하면 사도행전 역시 1장 전반부를 제외하면 그리스도 승천 이후의 신자들의 상황을 묘사하고 있기 때문이다. 그러나 '제자'라는 단어가 사도행전에만 28회나 언급되었다는 것은 통계적 사실이다.

누가는 왜 사도행전이 분명 그리스도 승천 이후의 기록인데도 불구하고 믿는 이들에 대해 '제자'라는 용어를 쓴 것일까? 누가 역시 공생애 시절 그리스도를 좇은 것과 승천 이후 그리스도를 좇은 것 사이에 신체적 근접성의 각도에서 볼 때 천양지차가 있음을 몰랐을 리 없다. 결국 누가는 그리스도의 승천 전후로 하여 믿는 자들에게 그리스도를 좇는 양태에 있어 큰 변화가 생겼다는 것을 알고 있었음에도 불구하고, 동시에 제자도에 있어 그리스도의 승천 전후에 연속성 또한 존재함을 강조하고자 했던 것이다. 그리고 그런 제자도의 연속성은 두 권의 책, 곧 누가복음[1권]과 사도행전[2권]을 통해 현시되어야 했다.

그렇다면 누가는 사도행전 기록에도 '제자'라는 명칭/용어를 채택함으로써 어떤 내용

---

38 물론 오늘날에도 어떤 그리스도인들은 결혼을 하지 않을 수도 있고[주를 위해 독신으로 지냄(마 19:12; 고전 7:7)], 직업을 갖지 않을 수도 있으며[소위 전임 사역자들이 여기에 해당됨(눅 10:7; 고전 9:14; 딤전 5:18)], 재물을 포기하는 수도 있다[자발적 빈곤 (참고. 눅 18:22)]. 그러나 이런 희생이나 헌신은 예외적이라고 할 수 있고, 오히려 대부분의 그리스도인은 가족, 직업, 재물을 보유한 채 주님의 제자가 된다.

의 연속성을 부각시키고자 했는가? 필자는 적어도 세 가지 사항이 연관되었다고 생각한다.

첫째, 예수님은 승천 전후 모두 동일한 스승으로서 공생애 당시에도 승천 후에도 변함 없이 제자들을 가르치고 계시다는 점이다. 예수님은 공생애 당시나 승천 후에나 변함없이 우리의 스승이시다(마 11:29; 엡 4:21). 비록 승천 후에는 공생애 당시처럼 지상의 스승으로서 신체적·지리적으로 근접한 가운데 제자들을 가르치시지 않지만, 그는 여전히 스승으로서—비록 천상의 스승이시기는 하지만(참고. 행 3:21; 7:55-56; 9:3-6; 26:19)—성령의 활동[39] 과 말씀(특히 복음서)의 내용(참고. 요 14:26; 16:13)을 통해 제자들을 가르치고 계신 것이다.

둘째, 예수님은 공생애 당시에도 제자들을 부르셨고 승천 이후에도 제자들이 출현할 것을 기대하셨다는 점이다. 예수님은 공생애 당시에 "자기가 원하는 자들" 가운데서 일부를 제자로 삼으셨다(막 3:13-14). 동시에 그는 승천하시기 얼마 전에 "그러므로 너희는 가서 모든 민족을 제자를 삼"(마 28:19)이라고 하심으로써, 승천 후에도 제자들이 양성되기를 원하셨다.

바로 이 대위임령(Great Commission)에 나타난 바 "제자를 삼으라"는 명령이 누가로 하여금 '제자'라는 명칭/용어를 계속 사용하도록 만들었을 것으로 추측된다.[40] 폴 헬름(Paul Helm)은 이와 연관해 부연 설명을 제공한다.

> 그리스도께서는 승천 시에 처음 제자들에게 명하여 "모든 족속으로 제자를 삼"(마 28:19)으로 라고 하셨다. 그렇기 때문에 사도행전은 그리스도를 고백한 신자들(6:1, 2, 7; 9:36; 11:26)을 묘사하는 데 있어서도 '제자'라는 용어를 사용하고 있는 것이다. 비록 그들이 그리스도 자신에 의해 직접 부르심을 받지는 않았지만, 그 제자들은 그리스도의 영에 의해, 또 첫 제자들이 전한 메시지를 통해 부르심을 받았다. 후대에 부르심을 받은 제자들이 비록 첫 제자들만큼 특권을 누리지는(그리스도를 목격하고 가까이 지내는 등—인용자 주) 못했지만, 첫 제자들에 비해 결코 열등한 것은 아니었다.[41]

---

39 "오히려 성령은 제자들이 지상에 살던 예수님과 누리던 제자도 관계를 승천한 예수님과의 제자도 관계로 옮겨 갈 수 있도록 한다"(마이클 윌킨스, 같은 책, p. 391).

40 Alfred Plummer, "Disciple", *Dictionary of the Apostolic Church*, Vol. 1: *Aaron-Lystra*, ed. James Hastings (Edinbrug: T. & T. Clark, 1915), p. 303.

셋째, 예수님은 승천 전이나 후나 동일하게 제자들의 공동체가 형성되기를 바라셨다는 점이다. 예수님이 열두 제자를 택하셨을 때 그의 의도는 다분히 구원사적인 것이었고, 그 가운데에는 하나님의 공동체를 예시하려는 목표가 담겨 있었다.

열두 제자를 부름에 있어 예수님이 자기 자신의 사역과 그들의 사역을 신적 구원 계획 및 그런 계획의 목적인 바 하나님의 공동체로의 준비에 맞추어 정하시는 것이 눈에 띈다.…그들을 선택할 때 과거 지향적 전망과 미래 지향적 전망 양자에 동일한 결의가 표명되었으니, 과거는 '고대 이스라엘'의 형성이고 그와 동시에 미래는 '최종 형태의 메시아 공동체'를 의미한다.[42]

물론 이 열두 명의 집단이 항구적인 형태로 작용한 것은 아니었지만, 어쨌든 예수 그리스도(및 하나님)의 구원사적 의도를 반영하는 데 이런 식의 공동체적 면모가 중요한 역할을 감당했다고 할 수 있다. 후에 이 제자 공동체는 교회 공동체의 토대와 모관이 된다. 이에 대한 설명을 들어 보자.

누가에 의하면, 초대교회의 구성원들은 제자들로 알려졌다(행 6:1 및 그 이후 빈번하게). 이것은 다음과 같은 두 가지 사실을 명백히 밝혀 준다. 첫째, 예수님의 지상적 제자들이 교회의 핵을 형성했다는 사실이다. 둘째, 예수님과 지상적 제자들 사이에 존재하던 관계의 패턴이 부활하신 주님과 교회의 구성원들 사이에 존재하는 관계를 성립시키는 요인으로 작용했다는 사실이다.[43]

---

41 Paul Helm, "Disciple," *Baker Encyclopedia of the Bible*, Vol. 1: *A-I*, ed. Walter A. Elwell (Grand Rapids, Michigan: Baker Book House, 1988), p. 630.
42 Karl Heinrich Rengstorf, "δώδεκα," *Theological Dictionary of the New Testament*, Vol. II: *Δ-H*, ed. Gerhard Kittel, trans. and ed. Geoffrey W. Bromiley (Grand Rapids, Michigan: Wm. B. Eerdmans Publishing Company, 1967), p. 326.
43 I. Howard Marshall, "Disciple," *New Bible Dictionary*, 3rd ed., eds. I. Howard Marshall *et al* (Leicester, England: Inter-Varsity Press, 1996), p. 278.

이처럼 예수님은 자신의 승천 전후에 스승으로서 가르치고 계시고, 승천 이후에도 공생애 당시처럼 제자들이 출현할 것을 기대하시며, 또 승천 전이나 후나 제자들의 공동체가 형성되기를 바라셨다. 누가는 이 점을 익히 알고 있었기 때문에 비록 승천 후에는 '제자'의 본질적·핵심적 특징인 '신체적 근접성'이 그 의미를 행사하지 못함에도 불구하고 계속해 '제자'라는 용어/명칭을 사용한 것이다.

3. 예수님이 후대에도 실행/재현되기 원하신 제자도와 제자훈련

우리는 신약성경, 특히 복음서를 읽으면서 예수님이 제자들을 부르시고 가르치시고 하나의 팀으로 훈련하신 내용에 접한다. 그러면서 "야, 이 점은 제자도/제자훈련에서 아주 의미심장한 사항인데…오늘날에도 꼭 실현되어야 할 것 같아"라고 중얼거린다. 아니면 "이 내용은 굉장히 중요하긴 하지만 현재 상황에 그대로 적용하긴 어려울 거야"라고 판정을 내리기도 한다.

그런가 하면 어떤 때는 오늘날의 목회 실정으로부터 출발해 혹시 예수님이 제자들을 가르치거나 훈련하실 때 주력하신 어떤 내용이 모종의 사역적 힌트나 단서를 제공하지는 않을까 찾기도 한다. 그것은 제직 선발의 원리일 수도 있고 초신자 양육 프로그램일 수도 있으며, 전도 훈련이나 소그룹 사역, 아니면 평신도 활용 방안에 관한 것일 수도 있다.

1) 제자도와 제자훈련: 일시적인 것과 규범적인 것[44]

이렇게 성경에서 출발해 목회적 적용으로 나아가든 우리의 처지에서 출발해 성경의 내용을 찾아가든, 우리는 예수님이 가르치고 훈련하신 항목들 가운데 어떤 것이 규범적(規範的, normative) 성격의 교훈인지를 은연중에 탐구하고 있는 것이다. 즉 예수님의 가르침(교훈),

---

44 마이클 윌킨스는 이와 관련해 세 가지 서로 다른 범주의 제자도 교훈을 언급한다. 첫째 범주는 예수님의 지상 사역에만 해당되는 교훈이고, 둘째 범주는 교회의 기초가 되는 지도자직과 연관해 열둘에게만 특별히 내린 지침을 말하며, 셋째 범주는 오순절 이전과 이후의 모든 제자들에게 적용되어야 하는 교훈이다(『제자도 신학』, pp. 384-390). 그러나 필자는 범주를 좀더 단순화해 두 가지만 구분했다.

의도와 목표, 교육적 전략, 전달/의사소통 방식, 훈련 체계 등에서 어떤 것은 일시적 성격의 항목이라서 오늘날 우리와는 별 상관이 없고, 반대로 어떤 것은 규범성을 가졌기 때문에 오고 오는 세대의 모든 그리스도인이 항시 착념해야 하는 것인지 판정 작업을 수행하고 있다는 말이다.

이 점을 이해하기 위해 구체적인 예를 들어 보자.

(A)
- 예수 그리스도의 제자가 되려면 가족과 직업을 포기해야 한다(눅 5:11).
- 그리스도인의 사명에는 정기적인 축사(逐邪) 활동이 포함된다(마 10:8).
- 복음 전도자들은 여성 신자들의 재정적 지원을 받아야 한다(눅 8:2-3).

(B)
- 제자훈련은 열두 명 정도의 단위로 이루어져야 한다(막 3:14-15).
- 일꾼에게는 탁발(托鉢)식의 전도 훈련이 필요하다(눅 10:1-16).
- 그리스도인은 그릇된 종교 관행과 싸울 때 폭력에 호소할 수 있다(요 2:13-17).

(C)
- 우리는 모든 족속으로 제자를 삼고 삼위의 이름으로 세례를 베풀며 예수님이 명하신 바를 가르쳐 지키게 해야 한다(마 28:19-20).
- 그리스도인은 자기를 부인하고 날마다 자기 십자가를 지고 주님을 따라야 한다(눅 9:23).
- 우리가 제자라면 마땅히 서로 사랑해야 한다(요 13:34-35).

상기한 항목 가운데 (A)에 속하는 것들은 확실히 일시적인 내용이라서 오늘날 우리에게 표준으로 작용하지 않는다. 이와 정반대로 (C)에 속하는 사항들은 보편적 규범에 해당하므로 오늘날에도 그대로 따라야 한다. (B)에 속한 사안들은 일시적인 것인지 규범적인 것인지 확정 여부를 결정하기가 쉽지 않은 [의견이 둘로 나누어지는] 것들이다.

이처럼 제자도나 제자훈련과 연관해 예수님의 교훈과 행습 가운데 어떤 것이 일시적/비규범적이고 어떤 것이 항구적/규범적인지를 분별하는 일이 필요하다.

필자는 (C)의 항목에 해당하는 세 가지 중요한 사안을 제시할 수 있다고 생각한다.

(C1) **제자훈련의 방법론/전략**(methods/strategy of discipleship training)
(C2) **제자도의 본질적 특성**(essential qualities of discipleship)
(C3) **제자 선발의 목적/의도**(purpose/intention of selecting a disciple group)

이제 이것을 하나씩 검토해 보자.

2) 첫째 사안: 제자훈련의 방법론/전략

예수님이 제자들을 뽑고 훈련하실 때 어떤 방법론적 원칙이나 기본 전략 같은 것이 있었을까? 그에 대해 여러 사람들이 고개를 끄덕이며 수긍하는 태도를 보인다. 그런데 그렇게 긍정적인 반응을 표하는 이들에게 구체적인 내용이 무엇이냐고 물으면, 답변은 다양하게 나타난다. 어떤 이는 '열둘'이라는 수효에 초점을 맞추는가 하면[45] 또 어떤 이는 소그룹이라는 교육 혹은 훈련 환경에 역점을 둔다.[46] 그러나 필자는 이런 소소한 사항들 말고 공생애 사역 전체를 망라하는 단계적 발전 양상이나 전략적 훈련 체계를 찾고 있다.

칼 윌슨의 7단계

이런 방면의 연구자로서 먼저 칼 윌슨(Carl Wilson)을 언급하지 않을 수 없다. 그는 예수님이 제자들을 세워 나가시는 전체 과정이 **일곱 단계**로 이루어졌다고 설명한다.[47]

---

45 김활란, 마경일, 김동길 공역 편, 『열두 제자』(이대출판부, 1963), p. 7. 물론 이 안내서에는 이 그룹이 8-16명 사이이기만 하면 괜찮다고 되어 있다.

46 Gareth Weldon Icenogle, *Biblical Foundations for Small Group Ministry: An Integral Approach* (Downers Grove, Illinois: InterVarsity Press, 1994), pp. 203-213.

47 Carl Wilson, *With Christ in the School of Disciple Building*, pp. 63-66.

교체된 생명과 전 세계적 도전 제7단계: 고난주간 이후	예수님은 자신의 십자가, 부활, 성령 강림 사건을 통해 제자들이 그리스도와 연합한 생명의 충족성 및 그 안에 거하는 법을 배우도록 하셨고, 하나님나라가 이스라엘에만 국한된 것이 아니고 전 세계적인 것임을 깨닫게 하셨다.
참여와 위임 제6단계: 70명의 파송	예수님은 이 단계에서 제자들이 어떻게 서로 사이에, 기존의 종교 체제에 대해, 거짓 교사들에 대해, 함께하려 들지 않는 국외자에 대해, 절대적 외부인에 대해 반응해야 하는지 가르치셨고, 70인을 파송함으로써 위임의 중요성과 방식을 일깨우셨다.
재평가 및 결별 제5단계: 오병이어 기적 이후	예수님은 제자들이 이 세상의 가치와 사고방식을 버리고 영생과 하늘에 속한 가치를 추구하도록 가르치셨는데, 이로써 그들은 세상과의 결별뿐 아니라 세상으로부터의 핍박 또한 각오해야 했다.
리더십 계발 및 하나님의 통치 제4단계: 열두 제자 임명	예수님은 제자들이 지도자로서의 역할을 다할 수 있도록 권세를 부여하시고, 하나님나라의 복됨, 내적 의, 대적자, 성장 원리 등을 가르치셨다.
사역 훈련 및 은택의 인식 제3단계: 전도 사역	예수님은 제자들이 "사람 낚는 어부"로 훈련받도록 하기 위해 자신의 사역을 통해 죄인에 대한 사랑, 사죄의 능력, 질병과 귀신에 대한 다스림 등을 예시해 주셨다.
계몽과 인도 제2단계: 초청 사역	예수님은 그의 추종자들에게 자기가 누구인지를 깨우침으로써 그들이 그를 메시아와 신적 존재로 받아들이도록 인도하셨다.
↑	
회개와 믿음 제1단계: 준비 사역	세례 요한과 예수님은 사람들에게 과거의 삶이 죄된 것임을 인정하고 하나님과 함께하는 새 생명을 받아들이라고 촉구했다. 그들은 이기적이고 죄된 삶에서 돌이켜 하나님을 신뢰함으로써 회심을 경험하게 되었다.

윌슨은 모든 그리스도인이 이런 일곱 단계를 거쳐 제자로 세움을 받는 것은 아닐 수도 있다고 예외적인 경우를 인정하지만,[48] 대부분의 그리스도인들에게는 이 일곱 단계가 해당된다고 주장한다.

로버트 콜만의 8가지 원리

다음으로 소개할 내용은 전도 및 전도학의 대가 로버트 콜만(Robert E. Coleman, 1928-)에서 연유한 것이다. 그는 대위임령에 나타나는 하나님의 계획을 실행하기 위해서는 주님의 모범을 좇아야 한다고 말한다. 그러나 콜만은 주님으로부터 어떤 특정한 방법론을 배우고자 하는 것이 아니라는 점을 강조한다. 오히려 그는 주님의 사역을 떠받치고 있는 **원리**─이것이 방법을 결정하는데─혹은 **전략**에 큰 관심을 표명한다.[49]

그러면 과연 콜만이 의중에 두고 설파하려는 원리들은 무엇인가? 그는 여덟 가지 사항을 그 원리로 제시한다.

① **선택**(selection): 사람들이 그의 방법이었다.

② **교제**(association): 그는 그들과 함께 머물렀다.

③ **성별**(consecration): 그는 순종을 요구했다.

④ **분여**(impartation): 그는 자신을 주었다.

⑤ **예시**(demonstration): 그는 그들에게 어떻게 사는지를 보여 주었다.

⑥ **위임**(delegation): 그는 그들에게 임무를 맡겼다.

⑦ **감독**(supervision): 그는 그들을 계속해서 점검했다.

⑧ **재생**(reproduction): 그는 그들이 재생산하기를 기대했다.

그는 이 여덟 가지 원리가 딱딱 끊어지는 전후 관계의 순서로 현시되지 않을 수도 있다

---

48 같은 책, p. 70.

49 Robert E. Coleman, *The Master Plan of Evangelism* (Old Tappan, New Jersey: Fleming H. Revell Company, 1980), p. 13.

고 말한다.[50] 즉 ①부터 ⑦까지의 원리에 숙달되기 전이라도 ⑧의 원리가 시작될 수 있다는 뜻이다. 그러나 그럼에도 불구하고 이 개요는 그의 방법론에 대한 얼개를 제공하고, 그 계획의 점진적 논리를 드러낸다.

찬다필라의 8가지 자질

예수님의 제자훈련 전략/방도와 관련해 거론하려는 마지막 인물은 인도의 복음주의 지도자 찬다필라(P. T. Chandapilla, 1926-2010)다. 찬다필라는 대학생 사역에 몸담은 동안 예수님이 공생애 당시 제자들을 훈련하며 보이신 훈련가로서의 **자질들**을 20년간 지도자 훈련에 적용했다. 그는 지도자 훈련에서 일차적으로 중요한 것은 어떤 방법론이나 사역 원리보다 주님의 인격이라고 거듭해 강조한다.[51] 무엇이 그런 자질들인가? 그는 제자훈련의 예비 단계로서 '성육신'(incarnation)과 '동일시'(identification)를 언급한 후 훈련가의 자질을 여덟 가지로 설명한다.

① **선별**(selectiveness): 수많은 사물이나 사람 중 자신이 원하는 사람(혹은 사물)을 정확하게 선택할 줄 아는 능력.[52]

② **집중**(concentration): 선택받은 집단에 대해 지도자가 집요한 관심을 갖고 목표가 확실히 이루어질 때까지 자신을 완전히 그 집단에게 내주는 능력.[53]

③ **소통**(communicativeness): 지도자가 다른 사람에게 실존적 생활 현장에서 가능한 여러 수단을 동원해 자신이 전달하고자 하는 기본적이고 중요한 메시지를 빠짐없이 효과적으로 전달하는 능력.[54]

④ **투명성**(transparency): 피훈련자들이 훈련가를 철저하게 알 때까지 숨김없이 자신을

---

50 같은 책, p. 19. "실상 모든 단계는 각 원리에 함축되어 있고, 그 모든 원리는 어떤 면에서 첫 단계와 더불어 시작된다."
51 P. T. 찬다필라, 『예수님의 제자훈련』 개정판, 신재구 역(IVP, 2015), pp. 17-18.
52 같은 책, p. 45.
53 같은 책, p. 55.
54 같은 책, p. 64.

완전히 노출시키는 위대한 훈련가의 자질.[55]

⑤ **유용성**(availability): 스스로를 완전히 피훈련자들에게 맡기고 피훈련자들을 신뢰함으로써 그들이 지도자를 완전히 신뢰하도록 하는 능력.[56]

⑥ **현실성**(practicality): 지도자가 자신의 생각이나 개념을 손과 발로 구체화해 피훈련자들이 실제로 지도자의 이상을 경험하고 공유할 수 있게 하는 능력.[57]

⑦ **이해·평가**(appreciation): 위대한 훈련가가 피훈련자들을 개별적으로 면밀히 관찰하고서 그들에 대한 공정한 평가와 정확한 판단을 내리고, 그 결론을 그들에게 전달할 수 있는 능력.[58]

⑧ **일관성**(stickability): 훈련가가 자신이 맡은 훈련의 책임을 끝까지 완수하되, 엄청난 도전과 실망에 부딪히고 또 결과가 확실하지 않더라도 훈련 과정을 충실히 끝마치게 하는 능력.[59]

찬다필라는 이 책의 결론에서 다음과 같이 말한다.

위대한 훈련가의 제자훈련 방식을 따르는 지도자는 반드시 성공한다. 이것이 이 책에서 지금까지 논의한 바의 결론이다. 우리가 이런 주장을 할 수 있는 절대적인 이유는, 이것이 바로 지도자 훈련의 포괄적인 법칙이자 검증된 공식인 예수 그리스도의 방식이기 때문이다. **어떤 기독교 지도자나 선생이든 리더십을 배출하려면 위대한 훈련가인 그리스도의 방식을 따를 수 있으며, 또 따라야 한다. 이 방식은 모든 기독교 지도자가 물려받은 유산이다**[강조는 인용자의 것].[60]

---

55 같은 책, pp. 75-76.
56 같은 책, pp. 87-88.
57 같은 책, p. 98.
58 같은 책, pp. 109-110.
59 같은 책, p. 124.
60 같은 책, p. 137.

지금까지 필자는 제자훈련의 방법론/전략과 관련해 세 사람의 이론을 소개했다.[61]

3) 둘째 사안: 제자도의 본질적 특성

무엇이 예수님의 제자임을 밝혀 주는 근본적 특질이 되겠는가? 어떤 이가 예수님의 제자라고 할 때, 그에게서는 어떤 특성이 필수적으로 발견되겠는가? 이에 대한 답변을 찾는 방식은 대개 네 가지 정도로 정리할 수 있다.

첫째, 복음서에 나타난 제자도 관련 언급 사항들을 종합하는 방식이 있다. 복음서에는 제자와 관련해 "제자가 ~이다" "~하면 제자가 된다"(혹은 "~하지 않으면 제자가 될 수 없다"라고 부정적 형식을 취함)라는 표현이 몇 곳에 등장한다.

> 이에 예수께서 **제자들에게 이르시되 누구든지 나를 따라오려거든 자기를 부인하고 자기 십자가를 지고 나를 따를 것이니라.** (마 16:24)

> **제자가 그 선생보다 높지 못하나 무릇 온전하게 된 자는 그 선생과 같으리라.** (눅 6:40)

> **무릇 내게 오는 자가 자기 부모와 처자와 형제와 자매와 더욱이 자기 목숨까지 미워하지 아니하면 능히 내 제자가 되지 못하고.** (눅 14:26)

> **누구든지 자기 십자가를 지고 나를 따르지 않는 자도 능히 내 제자가 되지 못하리라.** (눅 14:27)

> **이와 같이 너희 중의 누구든지 자기의 모든 소유를 버리지 아니하면 능히 내 제자가 되지 못하리라.** (눅 14:33)

---

61 어떤 이는 이런 방법론이나 전략이 교회 시대 이전의 것이므로 오늘날에는 적용되지 않는다고 할지 모르겠다 [참고. Lawrence O. Richards, *A Practical Theology of Spirituality* (Grand Rapids, Michigan: Academie Books, 1987), pp. 228-229]. 아마 이런 비판은 칼 윌슨의 7단계 접근 방식에 더 맞을지 모르겠다. 그러나 콜만이나 찬다필라의 제자훈련 전략은 주님께서 채택한 원리나 주님의 인격으로부터 도출되는 것이므로 상기한 비판에 크게 저촉받지 않을 것이다. 심지어 칼 윌슨의 제자 세우기 방법론에서조차 오늘날의 제자훈련에 적실한 요소가 있음을 인정해야 한다고 말하는 이도 있다(마이클 윌킨스, 같은 책, pp. 409-410).

그러므로 예수께서 자기를 믿은 유대인들에게 이르시되 **너희가 내 말에 거하면 참 내 제자가 되고.** (요 8:31)

너희가 서로 사랑하면 이로써 모든 사람이 **너희가 내 제자인 줄 알리라.** (요 13:35)

너희가 열매를 많이 맺으면 내 아버지께서 영광을 받으실 것이요 **너희는 내 제자가 되리라.** (요 15:8)

이상의 성경구절 내용에 기초할 때 제자 됨의 특징은 다음 여덟 가지로 정리된다.

① 제자는 자기를 부인해야 [자기 목숨을 미워해야]⁶² 한다(마 16:24; 눅 14:26).
② 제자는 자기 십자가를 지고 예수님을 따라야 한다(마 16:24; 눅 14:27).
③ 제자는 스승을 닮아야 한다(눅 6:40).⁶³
④ 제자는 자기 가족을 미워해야 한다(눅 14:26).
⑤ 제자는 자기의 모든 소유를 버려야 한다(눅 14:33).
⑥ 제자는 예수님의 말씀에 거해야 한다(요 8:31).
⑦ 제자는 서로 사랑해야 한다(요 13:35).
⑧ 제자는 열매를 많이 맺어야 한다(요 15:8).

---

62 "자기를 부인함"은 "자기의 삶에 대한 자신의 뜻을 부인하고 하나님의 뜻을 따르는 일"이다(마이클 윌킨스, 같은 책, p. 315). '미워함'이 '덜 사랑함'을 의미하기 때문에 "자기 목숨을 미워함"은 "자기 목숨조차 우선순위의 첫 자리를 주님께 이양한다"는 뜻이 된다(마이클 윌킨스, 같은 책, pp. 311-312). 그렇다면 "자기를 부인함"은 좀더 포괄적인 개념으로서 "자기 목숨을 미워함"까지도 포함한다고 볼 수 있을 것이다.

63 누가복음 6:40에서 '같이'는 희랍어 호스(ὡς)의 번역으로서 "~과 같이"(as)라는 의미의 부사다. 이 표현은 결국 "본받는 자"[미메테스(μιμητής)], 고전 4:16; 11:1; 엡 5:1; 살전 1:6; 2:14; 히 6:22]와 연결되고(마이클 윌킨스, 같은 책, p. 453), 그리스도인은 궁극적으로 "그리스도를 본받는 자"[고전 11:1; 엡 5:1-2(1절에서는 본받음의 대상이 하나님으로 되어 있으나 2절을 참조하면 결국 그리스도와 연관된다); 살전 1:6]라고 할 수 있다. 결국 '제자'는 "본받는 자"다(Wilhelm Michaelis, "μιμέομαι, μιμητής, συμμιμητής", *Theological Dictionary of the New Testament*, Vol. IV, p. 673).

제자도의 본질적 특성을 이런 식으로 밝힌 대중 저술가로서 윌리엄 맥도날드(William MacDonald)가 있다. 그는 제자도의 조건으로 일곱 가지 사항을 제시한다.[64]

- 예수 그리스도에 대한 최고의 사랑(눅 14:26).
- 자기를 부인함(마 16:24).
- 의도적으로 십자가를 선택함(마 16:24).
- 생애를 바쳐 그리스도를 따름(마 16:24).
- 그리스도를 따르는 모든 이에 대한 뜨거운 사랑(요 13:35).
- 그의 말씀 가운데 확고부동하게 거함(요 8:31).
- 그를 따르기 위해 모든 것을 포기함(눅 14:33).

비록 맥도날드의 제시 항목이 필자의 성경구절 제시 내용과 똑같지는 않지만, 어쨌든 제자도의 본질적 특성을 규명함에 있어 복음서에 나타난 제자도 관련 언급 사항에 착념한다는 것은 기릴 만한 점이다.

둘째, 현재의 사역적 필요나 적실성에 초점을 맞추어 제자도의 특성을 제시하는 경우도 있다. 대표적인 예로 제자훈련 사역자인 코스그로브(Francis M. Cosgrove, Jr)의 안내서가 있다. 그는 제자도의 필수적인 내용으로 열한 가지 사항을 광범위한 성경구절과 함께 제시한다. 그 내용은 다음과 같다.[65]

- 제자는 배우는 자(잠 9:8-10; 마 4:19; 요 6:60-66).
- 예수 그리스도의 주되심(마 6:9-13, 14, 33; 눅 9:23; 요 13:13; 고후 5:15).
- 생활의 순결(고전 6:19-20; 엡 4:22-5:5; 골 3:5-10; 살전 4:3-7; 딛 2:12-14).
- 경건 훈련 및 기도(시 27:4; 42:1-2; 막 1:35; 눅 11:1-4; 살전 5:17-18; 약 1:5-7; 5:16).

---

64 William MacDonald, *True Discipleship* (Kansas City, Kansas: Walterick Publishers, 1975), pp. 6-9.
65 Francis M. Cosgrove, *Essentials of Discipleship* (Colorado Springs, Colorado: NavPress, 1980), pp. 15-16.

- 성경의 중요성(요 8:31; 행 2:24; 17:11; 골 3:16; 딤후 2:15).
- 전도의 우위성(마 28:18-20; 행 1:8; 5:42; 14:21-23; 22:14-15; 롬 1:16; 고전 15:3-4; 살전 2:14).
- 교회와 몸 된 생활(시 122:1; 행 16:5; 고전 12:12-27; 골 1:15-18; 히 10:25).
- 그리스도인끼리의 교제(요 17:22-26; 행 2:44-47; 4:31-33; 엡 4:1-3; 히 10:24; 요일 1:1-3).
- 제자는 섬기는 자(막 10:42-45; 행 6:1-4; 고후 12:15; 빌 2:25-30; 살전 2:8-9).
- 헌금 사역(학 1:6-9; 말 3:10-11; 고전 16:1-2; 고후 8-9장; 몬 1:14).
- 성령의 열매(행 16:1-2; 고전 13:4-7; 갈 5:22-23; 벧전 2:18-23; 벧후 1:5-8).

그런데 왜 제자도에 이 열한 가지 사항이 필수적으로 요구되는지에 대해서는 아무 설명이 없다.

그 이외에도 지난 시대의 예로서 캠벨 모건(G. Campbell Morgan)의 제자도[66]가 있고, 현대적 예로서 제자 핸드북[67]이 있다.

셋째, 제자도의 본질적 특성을 산상수훈의 내용과 연관시키는 방식이 있다. 이 방식에서는 제자도의 특성을 마태복음 5-7장에 수록된 산상수훈의 내용에서 찾는다. 가장 대표적인 사례로서 오늘날의 그리스도인들 사이에 이미 고전으로 자리 잡은 본회퍼(Dietrich Bonhoeffer, 1906-1945)의 작품『나를 따르라』[68]를 들 수 있다.

이 책은 1, 2부로 나뉘어 있는데, 1부가 바로 산상수훈에 대한 해설이다. 그러나 제1부가 단지 산상수훈의 해설만으로 구성된 것은 아니고, 그 해설 내용 전에 이미 "귀중한 은혜"

---

66 G. Campbell Morgan, *Discipleship* (Grand Rapids, Michigan: Baker Book House, 1973). 캠벨 모건 (1863-1945)은 훌륭한 설교자요 성경 교사이지만, 제자도에 대한 서술에 있어서만큼은 약점을 노출하고 있다.
67 Winkie Pratney, *A Handbook for Followers of Jesus* (Minneapolis, Minnesota: Bethany Fellowship, Inc., 1977). 이 책은 열일곱 개 부분으로 구성되어 있고, 각 부분은 "제자의 …"이거나 "제자와 …" 식[예를 들어 "제자의 구원" "제자와 성(性)" 등]으로 제목이 붙여져 있다. 제2부 제3장은 "참된 제자의 표지들"로 되어 있고 일곱 가지 항목이 등장하는데, 왜 이것들이 제자의 표지인지, 왜 일곱 가지인지에 대해서는 아무 설명이 없다.
68 디트리히 본회퍼,『나를 따르라』, 허혁 역(대한기독교서회, 1965). 이 역서의 원제는 *Nachfolge*("나를 따르라") 이고 영어판 번역본은 *The Cost of Discipleship*("제자도의 대가")이라는 제목을 취했다.

"나를 따르라(막 2:14)" "단순한 순종" "제자의 길과 십자가(막 8:31-38)" "제자의 길과 개체(눅 14:26)" 등 제자도에 연관되는 주제나 본문을 다루었다. 또 산상수훈의 해설 후에도 마태복음 10장을 중심으로 한 "사자들"이라는 글이 수록되어 있다.

제2부는 교회의 관점에서 주를 따르는 것이 무엇인지를 설명하는데, 주로 "세례" "그리스도의 몸" "보이는 교회" "성도들" "그리스도의 모습" 등의 주제와 더불어 해설이 진행된다.

제자도의 본질적 특성을 산상수훈에서 찾은 또 다른 경우가 과거[1954-1969년] 중국내지선교부(China Inland Mission)의 대표였던 오스왈드 샌더스(J. Oswald Sanders, 1902-1992)의 작품에 의해 예시된다. 이 책은 본회퍼의 시도와 달리 산상수훈 자체의 해설에만 치중하고 있다.[69]

넷째, 제자도의 본질적 특성을 개별 복음서(및 사도행전)에 대한 학구적 탐구에 의해 밝히는 방식이 있다. 이 방식에 해당하는 제자도의 서술은 두 가지 공통점을 가진다. 우선 이 탐구들은 대체로 전문적이고 학구적 성격을 띠고 있다는 점이다. 또 제자도를 복음서에서의 의미보다 좀더 넓게 이해한다는 점이다. 신약학자 세고비아(Fernando F. Segovia)는 다음과 같이 말한다.

'제자도'라는 용어는 좁은 정의뿐 아니라 보다 광범위한 정의도 용인하는 것이 확실하다. 전자의 의미에서는 제자도를 '스승/제자' 및 그에 동반되거나 그로부터 파생되는 용어(예를 들어 '따름' 혹은 '도상에 있는' 등)의 견지에서 전문적이고 한정적으로 이해해야 한다.…후자의 의미에서는 제자도가 그리스도인의 실존—즉 초기의 그리스도인들이 신자들로서의 자기 이해가 어땠는지[그런 생활 방식이 무엇을 요구하고 함축하고 수반하는지]—이라는 견지에서 좀더 일반적으로 이해될 것이다. 바로 이런 광의적 용법이 전 범위에 걸친 신약 문서에 적용될 것이다.[70]

---

69 오스왈드 샌더스, 『참된 제자의 본분』, 최연신 역(생명의말씀사, 1978). 영어 원본은 *Real Discipleship*으로 1972년에 출간되었다.

70 Fernando F. Segovia, "Introduction: Call and Discipleship: Toward a Re-examination of the Shape and Character of Christian Experience in the New Testament", in *Discipleship in the New Testament*, ed. Fernando F. Segovia (Philadelphia: Fortress Press, 1985), p. 2.

론제네커(Richard N. Longenecker)의 제자도 이해도 크게 다르지 않다.

어떤 경우든 늘 전면에 등장하는 것은 그리스도인의 자기 이해와 실천에 관한 가르침들이다. '제자'와 '제자다/제자가 된다'라는 표현을 썼든지 아니면 '누구를 따르다'라는 표현을 썼든지, 성경이 제시하고자 하는 것은 참된 그리스도인의 실존과 관련된 모방과 모범 또는 본보기라는 개념들 또는 그 실존과 관련된 진술과 권면들이다.[71]

그러면 이제 이런 방식에 의한 제자도 탐구 내용을 살펴보자.

마태복음의 제자도

테렌스 도널드슨(Terence L. Donaldson)은 제자도의 특징을 세 가지 관계로 나누어 제시한다.[72]

- **예수님 및 하나님과의 관계**: 헌신과 희생, 말씀에의 순종.
- **다른 제자들과의 관계**: 사랑, 용서, 작은 자를 보살핌.
- **바깥세상과의 관계**: 선교.

마가복음의 제자도

마가복음에서의 제자도는 근본적으로 "예수를 따름"이라고 이해되는데, 이는 "고난, 핍박 및 십자가를 향한" 역동적 순례(dynamic pilgrimage)다. 그러나 핍박은 겉으로 명료히 드러나기보다 위협의 요소로 배경에 깔려 있고, 순례의 목표 역시 천국이기보다는 예수님 자신이다. "목표로서의 예수님은 고착화되거나 정적(靜的)인 목표가 아니요, 끊임없이 십자가를 향해 사명 속으로—마가에게는 '목표'와 '사명'이 서로 나뉘지 않는데—이동해 간다.

---

71 리처드 N. 론제네커, "들어가는 글", 『신약성경에 나타난 제자도의 유형』, 리처드 N. 론제네커 엮음, 박규태 역 (국제제자훈련원, 2008), p. 21.
72 테렌스 도날드슨, "마태의 서사 전략에 나타난 제자도", 『신약성경에 나타난 제자도의 유형』, pp. 93-97.

그리스도는 이런 이중적 여정에 올라 제자들을 앞서 가신다."[73]

그러나 제자가 되는 것이 그저 그리스도를 닮는다는 뜻은 아니다. 물론 제자는 자신의 십자가를 지고 자기를 부인하고 다른 이를 섬기는 면에서 그리스도를 닮아야 하지만, 그런 닮음이 제자도의 전부일 수는 없으니 그리스도는 그들의 대속물이 되신다는 점에서 유일하기 때문이다.[74] 예수님의 추종자들이 공동체에 들어와 머무는 방편은 믿음이고, 이 공동체의 사명은 병든 자를 고치고 회개를 선포함으로써 사람들의 죄를 다루는 것이다. "제자들의 신분은 고난과 자기 부인의 신분일 뿐 아니라 죄가 용서받고 끝내 승리를 쟁취하게 되는 그런 위치이기도 하다."[75]

누가복음의 제자도

누가복음의 제자도는 누가복음 하나만을 고려할 수도 있고,[76] 누가복음과 사도행전을 한 단위로 묶어 고찰할 수도 있다. 필자는 후자의 방도를 취한 학자의 글을 소개한다.

> 누가복음과 사도행전을 총괄하여 본다면 제자도에 대한 묘사를 다음과 같이 다양하게 묘사할 수 있다. ① 제자도는 다른 모든 것에 대한 충성과 결별하고 예수님에게만 전적 충성을 드리는 것이다(눅 14:26-27).…② 제자도는 예수님의 이름으로 회개하고 세례를 받는 것(행 2:38)—즉 예전의 인연들과 결별하고 새로운 권위에 착념하는 것—이다. ③ 제자도는 저항할 수 없는 권세를 가지신 살아 계신 주님의 뜻과 목적에 복속하고(행 9:1-19; 22:6-16), 하늘에서 본 것(행 26:12-19)에 순종하는 것이다(행 26:12-19).[77]

---

73 Ernest Best, *Following Jesus: Discipleship in the Gospel of Mark* (Sheffield, England: JSOT Press, 1981), pp. 247-248.

74 같은 책, p. 248.

75 C. Clifton Black, *The Disciples according to Mark: Markan Redaction in Current Debate* (Sheffield, England: JSOT Press, 1989), p. 120.

76 대표적인 예가 리처드 론제네커, "날마다 십자가를 지라", 『신약성경에 나타난 제자도의 유형』, pp. 107-148에 있다. 론제네커는 이 글에서 제자도의 내용을 열 가지로 기술한다.

77 Charles H. Talbert, "Discipleship in Luke-Acts", in *Discipleship in the New Testament*, p. 62.

요한복음의 제자도

요한복음의 제자도를 어떤 학자는 관계의 측면 및 행위의 측면에서 설명한다.[78]

- **관계의 측면에서 본 제자도**: 예수님을 믿는다는 것, 예수님을 안다는 것, 예수님과 그분의 사랑 안에 거한다는 것, 그분의 친구로 불린다는 것.
- **행위의 측면에서 본 제자도**: 예수님을 따르는 것, 열매를 맺는 것, 예수님이 분부하신 계명들을 지키는 것, 예수님의 말씀을 지키는 것, 서로 사랑하는 것.

필자는 지금까지 제자도의 본질적 특성을 찾는 데 네 가지 방식―① 복음서에 나타난 제자도 관련 언급 사항들을 종합하는 방식, ② 현재의 사역적 필요나 적실성에 초점을 맞추어 제자도의 특성을 제시하는 방식, ③ 제자도의 본질적 특성을 산상수훈의 내용과 연관시키는 방식, ④ 제자도의 본질적 특성을 개별 복음서(및 사도행전)에 대한 학구적 탐구에 의해 밝히는 방식―이 있음을 설명했다.

그러면 과연 이 가운데 어떤 방식이 가장 바람직한가? 필자는 ①의 방식이 가장 타당하게 여겨진다. 반대로 ②는 가장 자의적이고 독단적인 방식이라 할 수 있다. ③의 방식은 일리는 있으나 너무 좁은 것이 아닌가 하는 생각이 든다. ④는 학문적 연구로서는 흥미로우나 너무 다양한 것이 흠이다. 그러므로 제자도의 본질적 특성을 찾는 길은 ③④의 방도를 참조하되 ①의 방식을 고려하는 것이 최선으로 여겨진다.

4) 셋째 사안: 제자 선발의 목적/의도

예수님은 왜 제자들을 선택/선발하셨는가? 이에 대한 답변은 예수님이 열두 제자를 선발하신 복음서의 기사를 살펴보면 알 수 있다.

미래의 역할을 위한 준비

제자 선발의 이유는 그 **당시의 정황**에서 찾을 수도 있고, 아니면 **제자들의 미래 역할**에서

---

78 멜빈 힐머, "그들은 그를 믿었다", 『신약성경에 나타난 제자도의 유형』, pp. 180-181.

찾을 수도 있다. (물론 양자 모두를 언급하는 것도 가능하다.) 전자에 해당하는 설명은 마태복음의 기사에 나타난다.

> ³⁷이에 제자들에게 이르시되, **"추수할 것은 많되 일꾼이 적으니** ³⁸그러므로 추수하는 주인에게 청하여 '추수할 일꾼들을 보내주소서' 하라" 하시니라. ¹⁰:¹예수께서 **그의 열두 제자를 부르사** 더러운 귀신을 쫓아내며 모든 병과 모든 약한 것을 고치는 권능을 주시니라. (마 9:37-10:1)

위 구절에 의하면 예수님이 일꾼이 부족하다고 말씀하신 다음 바로 열두 제자를 부르신 것으로 되어 있다. 이는 열두 제자를 선발한 목적이 부족한 일꾼의 충원임을 알 수 있다.

그러나 제자 선발의 목적은 미래 지향적으로도 설명된다. 이것은 열두 제자를 선발하며 그들을 가리켜 '사도'라 칭하는 공관복음서의 표현에서 단서를 발견할 수 있다.

> 열두 **사도**의 이름은 이러하니 베드로라 하는 시몬을 비롯하여 그의 형제 안드레와 세베대의 아들 야고보와 그의 형제 요한. (마 10:2)
>
> 이에 열둘—또 그들을 **사도**라 칭하셨는데⁷⁹—을 세우셨으니 이는 자기와 함께 있게 하시고 또 보내사 전도도 하며. (막 3:14)
>
> 밝으매 그 제자들을 부르사 그 중에서 열둘을 택하여 **사도**라 칭하셨으니. (눅 6:13)

윌킨스는 '사도'라는 명칭이 열두 제자의 미래 역할에 대한 예시임을 다음과 같이 밝힌다.

> 열둘의 영적 순례에 대해 정확한 연대를 확정하기는 쉽지 않지만, 열둘의 역할에 대해 복음서에서 볼 수 있는 단서는 그들이 예수님의 제자들(신자)이었을 뿐 아니라 **그분의 사도(사명**

---

79 어떤 사본에는 "또 그들을 사도라 칭하셨는데"라는 표현이 없다. 한글 개역개정판은 이런 사본을 참조한 것이다. 그러나 NIV와 ESV는 다른 사본을 근거로 해 마가복음 3:14에 이런 표현을 넣었다.

을 받은 대리자)가 되기 위한 훈련 과정에 있었다는 것이다. 사도라는 용어는 제자라는 용어와 상당히 다른 의미를 가지며, 사도행전에서는 **초대교회의 지도자들**을 가리킨다. '제자'로서의 열둘은 예수님이 모든 신자에게 이루신 일의 모범이고, '**사도'로서의 열둘은 앞으로 시작될 새로운 운동인 교회 지도자로 특정되었다**[강조는 인용자의 것].[80]

필자는 두 가지 답변 가운데 후자에 더 큰 비중을 둔다. 그렇다면 예수님은 장차 이들을 교회의 지도자[사도]로 세우기 위해 미리 준비시키신 것이라고 할 수 있다.

준비의 세 영역

예수님은 이들이 장차 교회의 지도자가 되도록 하기 위해 어떤 방면/영역으로 준비를 시키셨을까? 다시 말해, 장차 사도의 역할을 제대로 감당하기 위해서는 어떤 면에서의 훈련이 필요했을까? 이 점에서 가장 의미심장한 단초(端初)를 제공하는 것은 제자 선발에 관한 마가복음의 기사 내용이다.

> [13]또 산에 오르사 자기가 원하는 자들을 부르시니 나아온지라. [14]이에 **열둘을 세우셨으니 이는 [그들이] 자기와 함께 있게 하시고 또 보내사** 전도도 하며 [15]귀신을 내쫓는 권능도 가지게 하려 하심이러라. (막 3:13-15)

위 본문에는 제자 선발과 관련해 다른 복음서에는 없는 독특한 내용이 기술되어 있다. 즉 마가복음에는 예수님이 제자들을 선택/선발하신 **목적**이 명시되어 있다. 이것은 위 성경구절에 "열둘을 세우셨으니 이는…"이라는 표현을 보면 금세 알 수 있다. 목적은 일단 두 가지인 것으로 판정된다.

① 자기와 함께 있게 하심.
② 보내사 …하려 하심.

---

80 마이클 윌킨스, 같은 책, p. 157.

이 목적의 첫째 항목은 제자들 각자가 예수 그리스도와 함께 있도록 하려는 것이다. 예수 그리스도와 함께 있으면서 그가 누구인지 알고 깊이 있게 사귀도록 하기 위함이다.

또 다른 항목은 제자들을 보내사 어떤 사명을 감당토록 하시기 위함인 것으로 나타나 있다. 여기에서 '보내다'[81]라는 동사는 **아포스텔로**(ἀποστέλλω)로서 "사명을 띠고 파송하다"라는 뜻이다. 해당 본문의 경우에는 그 사명이 '전도'(14절)와 '귀신 쫓음'(15절)으로 되어 있다.

그런데 여기에서 필자는 예수님이 제자들을 세우신 목적 가운데 또 한 가지 중요한 사항이 있음을 부각시키고자 한다. 비록 이 점이 마가복음 3:14에 또렷이 나타난 것은 아니지만, 그럼에도 불구하고 꼭 밝혀야 할 중요한 항목이다. 그것은 예수님이 자기와 함께 있도록 한 대상에 대한 것이다.

우리말 성경에는 "자기와 함께 있"는 존재가 누구인지 생략되어 있다. 그런데 영어는 우리말이나 헬라어와 달리 주어를 생략하지 않는 언어이기 때문에, 영어 성경에는 함께 있는 주체가 *they*[그들, 곧 제자들]라고 명시되어 있다.[82] 이것은 제자들이 예수님과 함께 있을 때 제자 각 개인이 예수님과 함께 있는다는 뜻도 되지만, 동시에 제자들이 하나의 팀으로서 예수님과 함께 있도록 하셨다는 뜻도 나타낸다. 열두 제자 관련 전문가인 어느 학자는 이렇게 설명한다.

어떤 이들은 제자들을, 이스라엘의 선지자들이 예견한 바 앞으로 새 이스라엘이 될 '**믿는 남은 자**'(believing remnant)로 본다. 이는 **열둘이라는 특별한 집단**이 형성된 것과 잘 맞아떨어진다. 그들은 그런 집단으로서 옛 이스라엘과 대조되는 그룹인데, 하나님이 통치하신다

---

81 마가복음에는 제자들을 어디로 보내는지에 대해 명시적 언급이 없다. 마태복음의 경우에는 예수님이 제자들을 선택한 뒤 "이방인의 길로도 가지 말고 사마리아인의 고을에도 들어가지 말고 오히려 **이스라엘 집의 잃어버린 양**에게로 가라"(10:5-6)고 말씀하시는 것으로 되어 있다. 그러나 후에는 "이 천국 복음이 **모든 민족**에게 증언되기 위하여 **온 세상**에 전파되리니"(마 24:14)라고 하셔서, 제자들의 사역 대상이 이스라엘뿐 아니라 "모든 민족"이고 또 그 사명지가 온 세상임을 알 수 있다. 요한복음에는 제자들이 보냄받은 사명지가 '세상'이라고 명백히 밝혀져 있다(17:18).
82 헬라어의 경우에도 주어가 생략되어 있지만 "함께 있다"를 뜻하는 동사 '**오신**'(ὦσιν)으로 보건대 주어가 3인칭 복수인 '그들'임을 알 수 있다.

는 말의 온전한 의미(implications)는 그들 속에서, 즉 그들이 예수님과 일체가 되는 가운데 실현될 것이었다. 이 견해는 예수님이 **제자 혹은 사도 공동체를 교회**—그 충만한 실상에 도달하는 것은 오직 그의 죽음, 십자가 및 승천 이후일 텐데—**의 기초로 형성하셨다는 시각과** 함께 만난다[강조는 인용자의 것].[83]

그렇다면 우리는 이 구절에서 예수님이 제자를 세우신 목적 가운데 비록 희미하기는 하지만 또 한 가지 항목—그들끼리 하나의 팀/공동체를 구성함—이 있다는 결론에 이른다. 결국 우리는 마가복음에 나타난 제자 임명의 기사에서 세 가지 항목의 목적을 찾아볼 수 있다.

① 예수 그리스도와 함께 있음.
② 제자들끼리 예수님 중심의 공동체[84]를 구성함.

---

83 Robert P. Meye, "Disciple," p. 948.
84 제임스 던 같은 신학자는 "예수님의 공동체"라는 표현을 쓰는 것에 대해 심각한 반론을 제기한다[James D. G. Dunn, *Unity and Diversity in the New Testament: An Inquiry into the Character of Earliest Christianity* (Philadelphia: The Westminster Press, 1977), pp. 104-106]. 그가 그런 반론을 내세우는 근거는 세 가지다. (a) 예수님의 제자가 되는 것은 결코 합당한 의미에서의 공동체라 불릴 수 있는 것에 합세하는 것을 의미하지 않았다. (b) 제자들이 새 이스라엘로서의 역할을 하는 것은 아직 시작되지 않은 바로서 미래에 이루어질 일이었다. (c) 이 운동은 오직 예수님 자신에게만 전적으로 집중되어 의존되어 있었다는 것을 깨닫는 것이 중요하다.
　필자는 던의 주장에 일리가 있음을 부인하지 않지만 그럼에도 불구하고 그의 논변이 다소 과도하게 기울어져 있다고 응수하지 않을 수 없다. (a) 무엇보다 그의 공동체 개념이 지나칠 정도로 엄정하다. 던은 공동체에의 소속 조건이 칼로 자르듯 명료해야 하고, 외부에 대해 배타적이어야 하며, 외부인과 차별화되는 자신들만이 뚜렷한 의식(rituals)이 존재해야 한다고 말한다. 그러면서 예수님의 제자들에게 이런 면모가 없기 때문에 공동체라 불릴 수 없다고 비판한다. 그러나 던은 무슨 근거로 자기 식의 엄정한 면모를 갖추어야만 '공동체'로 불릴 수 있다고 말하는가? 이 점을 입증하지 않는 한 그의 비평은 유보되어야 하고, 그의 비평이 유보되는 한 예수님의 열두 제자는 얼마든지 공동체로 불릴 수 있다.
　(b) 열두 제자들이 미래의 교회에 가서야 비로소 '새 이스라엘'로서의 역할을 감당할 것이고, 공생애 동안에는 단지 그런 새로운 공동체를 상징하는 것이라고 설명하는 것에는 납득이 간다. 그러나 그렇기 때문에 공생애 당시의 열두 제자 무리는 전혀 공동체라 불릴 수 없다고 판정하는 것은 지나친 처사로 여겨진다. 던은 제자들이 운동체(movement)였지 공동체(community)는 아니었다고 말하는데, 이 역시 ① 정의의 문제, ② 이런 정의를 내리는 권위의 문제를 동반하고 있다.
　(c) 열두 제자들이 사역이나 활동에 있어 예수님께만 의존해 있고 별도의 존립 기반을 가지지 않았다는 관찰 역시 어느 정도 타당하다. 그러나 또 필자에게 드는 질문이 있다. "열두 제자의 사역과 활동이 전적으로

③ 세상으로 파송받아 사명을 감당함.

예수님은 이 세 가지 항목의 목적을 달성하기 위해 제자들을 선발하셨다고 할 수 있다.[85]

필자는 이번 제3분단에서 "예수님이 후대에도 실행/재현되기 원하신 제자도와 제자훈련"의 항목으로 세 가지―**제자훈련의 방법론/전략, 제자도의 본질적 특성, 제자 선발의 목적/의도**―를 꼽았다. 이 세 가지는 예수 그리스도 당시에만 적실한 것이 아니고 오늘날과 이 세상 끝까지도 적용되어야 할 사안으로 여겨진다.

그런데 필자는 이 글에서 세 가지 사안 가운데에서도 특히 마지막 항목―제자 선발의 목적/의도―에 집중하고자 한다. 그 이유는 두 가지다. **첫째, 희소성 때문이다.** 앞의 두 가지 항목, 곧 "제자훈련의 방법론/전략"과 "제자도의 본질적 특성"은 비교적 많은 주목을 받아 왔고 탐구도 상당히 많이 된 사안이다. 그에 비해 "제자 선발의 목적/의도"는 매우 중요한 주제임에도 불구하고 지금까지 마땅한 탐구 주제로 부각되지 못했다. 때문에 이 글에서 좀더 심층적으로 다루려고 한다.

둘째, 유용성 또한 간과할 수 없는 이유다. 제자 선발의 목적/의도를 제대로 밝히면 이것이 다른 기독교 탐구 분야에 새로운 빛을 비칠 수 있다. 앞에서 요약했듯, 예수님이 제자를 선발하신 목적/의도를 세 가지 항목―**예수 그리스도와 함께 있음, 제자들끼리 예수님 중심의 공동체를 구성함, 세상으로 파송을 받아 사명을 감당함**―에서 찾을 경우, 이것이 예를 들어 기독교 교육, 특히 커리큘럼의 형성에 시사하는 바는 매우 클 것이다. 바로 이런 유용성 때문에 필자는 마지막 항목의 사안에 초점을 맞추려고 한다.

예수님께 의존되어 있으면 왜 공동체가 될 수 없는가?" 이에 대해 던이 납득할 만한 답변을 할 수 없다면, 우리는 열두 제자들의 예수 의존성을 인정하면서도 그들이 비록 느슨하지만 공동체를 구성하고 있다고 주장할 수 있을 것이다.

이렇듯 던의 반론은 다분히 비판의 소지를 안고 있기 때문에 필자는 신약학자인 거드리[Donald Guthrie, *New Testament Theology* (Leicester, England: Inter-Varsity Press, 1981), pp. 706-710]나 래드[George Eldon Ladd, *A Theology of the New Testament*, rev. ed., ed. Donald A. Hagner (Grand Rapids, Michigan: William B. Eerdmans Publishing Company, 1993), p. 379]와 함께 열두 제자를 하나의 공동체로 인정하고자 한다.

85 이 세 가지 항목은 놀랍게도 마태복음에 나타난 제자도의 특징을 서술한 테렌스 도널드선의 정리 내용과도 정확히 일치한다("마태의 서사 전략에 나타난 제자도", pp. 93-97).

4. 제자훈련의 목적/의도: 세 방면으로 유익

필자는 예수님이 제자들을 선발하고 훈련하시는 목적이 세 가지임을 몇 차례에 걸쳐 밝혔다.

① 예수 그리스도와 함께 있음.
② 제자들끼리 예수님 중심의 공동체를 구성함.
③ 세상으로 파송받아 사명을 감당함.

이러한 삼중 목적은 조금 다른 각도에서 관계 면으로 기술할 수도 있다.

① 예수 그리스도(및 하나님)와의 관계.
② 공동체 내의 상호 관계.
③ 세상과의 관계.

또 이런 목적 및 관계를 그리스도인이 품어야 할 의식의 면에서 다음과 같이 묘사할 수도 있다.

① [하나님으로 말미암은] 임재의식.
② [그리스도인끼리의] 지체의식.
③ [세상에 대한] 선교의식.

그런데 이런 삼중 목적을 올바로 견지하면 기독교 신앙의 몇몇 방면에서 유익을 경험할 수 있다.

1) 제자훈련의 삼중 목적은 개인의 영적 성숙이 이루어져야 할 영역을 밝혀 준다
필자는 여기에서 "존재의 권역(圈域)"(sphere of existence)이라는 개념을 소개하려고 한다.

존재의 권역은 인간이 자신의 실존을 펼쳐 나가면서 직면하는 대상/영역을 의미한다. 그리스도인에게는 보통 이런 권역이 세 가지인데, 곧 '하나님' '교회' '세상'이다. 그리스도인은 종종 이 세 가지 권역과 접하면서—때로는 의식적으로, 때로는 부지중에—다음과 같이 질문한다.

- **나는 하나님 앞에 누구인가?** 나는 하나님과의 관계를 어떻게 수립하고 발전시킬 수 있나?
- **나는 공동체 안에서 누구인가?** 나는 공동체 안에서 다른 지체들과 어떻게 관계를 맺을 수 있나?
- **나는 세상에 대해 누구인가?** 나는 세상과 어떤 관계를 맺으며 지내야 하는가?

그리스도인은 바로 이 세 가지 권역에서 영적 성숙이 이루어져야 한다.

그런데 제자훈련의 삼중 목적은 상기한 존재의 권역과 그대로 일치한다. 이것은 제자훈련의 삼중 목적을 세 가지 관계로 묘사하든 세 가지 의식으로 기술하든 마찬가지다.

	관계	의식	존재의 권역
①	예수 그리스도(및 하나님)와의 관계	임재의식	나는 하나님 앞에 누구인가?
②	공동체 내의 상호 관계	지체의식	나는 공동체 안에서 누구인가?
③	세상과의 관계	선교의식	나는 세상에 대해 누구인가?

이처럼 제자훈련의 삼중 목적을 관계, 의식, 존재의 권역 등 어떤 식으로 설명하든 이것은 우리가 그리스도인 개인으로서 어떤 영역에서 성숙해야 할지를 가르쳐 준다. 위에서 언급한 모든 내용을 성숙의 영역이라는 각도에서 보면 다음과 같은 도식이 가능하다.

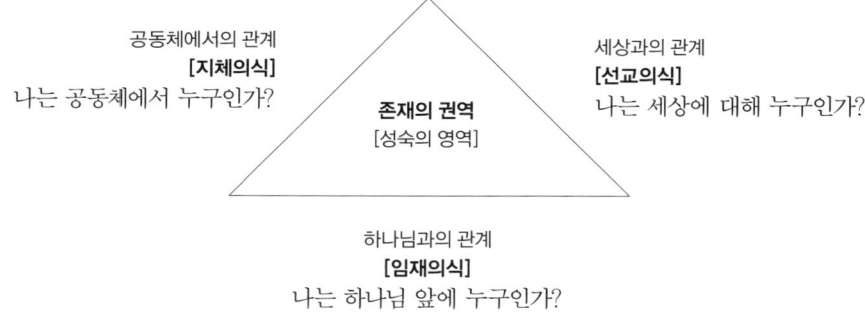

2) 제자훈련의 삼중 목적은 성경 전체의 가르침에 신학적 통일성을 부여해 준다

제자훈련의 삼중 목적은 성경 교훈의 주지(主旨)로도 채택될 수 있다. 그렇다면 우리는 성경의 어떤 부분에서도 삼중 목적을 찾을 수 있고, 실상 이 삼중 목적이 성경 전체를 관통하는 주지라고 결론을 지을 수 있다는 말이다.

이 점을 설명하기 위해 먼저 **예수 그리스도의 대위임령**을 분석해 보자.

[18]예수께서 나아와 말씀하여 이르시되, "**하늘과 땅의 모든 권세를 내게 주셨으니** [19]그러므로 **너희는 가서** 모든 민족을 제자를 삼아 아버지와 아들과 성령의 이름으로 세례를 베풀고 [20]내가 너희에게 분부한 모든 것을 가르쳐 지키게 하라. 볼지어다! **내가 세상 끝날까지 너희와 항상 함께 있으리라**" 하시니라. (마 28:18-20)

대위임령에서 가장 먼저 강조해야 할 것은 모든 족속으로 제자를 삼는 일이 아니라 예수님이 어떤 분이시냐 하는 것이다. 이것이 제자훈련의 첫째 목적과 연관되는데, 그리스도께서는 "하늘과 땅의 모든 권세"를 받으신 분(18절)이며[공간의 주님], 동시에 "세상 끝날까지" 항상 함께 계신 분(20절)으로[시간의 주님] 나타난다.

둘째 목적은 역시 '너희'(19절)라는 2인칭 대명사로 표명되는 제자 공동체에 대한 것이다. 제자들이 받은 대위임령은 제자 각 개인과도 연관되지만, 무엇보다 하나의 팀/그룹/공동체로서 받은 것이다.

셋째 목적은 '가서'(19절)라는 동사에 표현되어 있다. 보통 세상에 대한 사명은 예수님이 '보내시는' 각도에서 묘사되지만, 이곳에서는 오히려 사명을 받은 자가 주체이기 때문에 '가다'로 나타난다.

그렇다면 대위임령에 나타난 제자도의 핵심 역시 제자훈련의 삼중 목적과 긴밀히 연관되어 있음을 알 수 있다.

위 성경구절은 복음서의 것으로서 그리스도의 승천 이전과 연관된다. 그러면 그리스도의 승천 이후에는 어떤가? 대표적인 예로 **예루살렘 교회**를 살펴보면, 예루살렘 교회의 모습도 제자도의 삼중 목적과 상응함을 알 수 있다.

> [43]사람마다 두려워하는데 사도들로 말미암아 기사와 표적이 많이 나타나니 [44]믿는 사람이 다 함께 있어 모든 물건을 서로 통용하고 [45]또 재산과 소유를 팔아 각 사람의 필요를 따라 나눠 주며 [46]날마다 마음을 같이하여 성전에 모이기를 힘쓰고 집에서 떡을 떼며 기쁨과 순전한 마음으로 음식을 먹고 [47]하나님을 찬미하며 또 온 백성에게 칭송을 받으니 주께서 구원 받는 사람을 날마다 더하게 하시니라. (행 2:43-47)

첫째 사항인 하나님과의 관계에 있어서는, "날마다…성전에 모이기를 힘쓰"는 것[하나님께 예배드리고 기도하기 위함](46절)과 "하나님을 찬미하"는 것(47절)이 묘사되어 있다. 이것은 그들이 하나님과의 관계에서 힘쓴 것이 무엇인지를 보여 준다.

둘째 사항은 예루살렘 교회의 공동체적 면모를 드러내는 것인데, '물건의 통용'(44절), '재산의 처분과 필요에 따른 나눔'(45절)이 가장 선명하게 나타난다. 이것은 신앙 공동체 내에서의 상호 관계가 어땠는지를 보여 준다.

셋째 사항은 세상에서의 삶에 대한 것인데, '집에서 떡을 뗌'(46절), '기쁨과 순전한 마음으로 음식을 먹음'(46절), '온 백성에게 칭송을 받음'(47절), '구원받는 사람들이 날마다 더함'(47절) 등으로 표현되어 있다.

이상에서 살펴본 것처럼 예루살렘 교회의 삶 역시 제자도의 삼중 목적이 속속들이 배어 있다고 할 수 있다.

이제 필자는 서신 가운데에서 하나를 택해 제자훈련의 삼중 목적과 연관이 되는지 알아 보려고 한다. 필자가 임의로 택한 서신은 **로마서**다. 로마서 역시 제자도의 삼중 목적과 연관이 있음은, 첫째 항목인 하나님과의 관계가 1-11장의 내용을 이루고, 둘째 항목인 공동체 내 그리스도인끼리의 관계가 12-16장의 대부분을 구성하며, 셋째 항목인 세상과의 관계는 13:1-7[정부] 및 15:8-29[이방인 선교]에 집중되어 있음을 보고 알 수 있다.

이상의 내용을 정리하면 아래 도표와 같다.

이렇듯 제자훈련의 삼중 목적을 주님과의 관계, 그리스도인끼리의 관계, 세상과의 관계로 정리하면, 사복음서와 서신부[사도행전 포함] 사이에 존재하던 구속사적 간극(salvation-historical gap)의 문제가 눈 녹듯이 사라진다. 구속사적 간극은 네 가지 측면으로 설명할 수 있다.

		십자가와 부활	오순절	
요소 / 성구	마가복음 3:13-15	마태복음 28:18-20	사도행전 2:42-47	로마서
첫째 목적: 주님과의 관계	14절. 자기와 함께 있음.	18절. 하늘과 땅의 모든 권세를 받으심. 20절. 세상 끝날까지 너희와 항상 함께함.	46절. 성전에 모임. 47절. 하나님을 찬미.	1-8장 하나님과의 관계 [믿음으로 의롭다함 받음]. 9-11장 유대인들의 하나님과의 관계
둘째 목적: 그리스도인끼리의 관계	14절. (저희가)	19절. '너희' 20절. '너희'	44-45절. 성도 간 소통	12:3 자아상 12:4-20 13:8-10 14:1-23 15:1-7 16:1-24 } 이웃과의 관계
셋째 목적: 세상과의 관계	14절. 보내사	19절. '가서'	46절. 집에서 떡을 뗌. 46절. 기쁨과 순전한 마음으로 음식을 먹음. 47절. 온 백성에게 칭송받음. 구원받는 사람들이 매일 더해짐.	13:1-7 정부와의 관계 15:8-29 이방인 선교

사복음서		서신부[사도행전 포함]
• 그리스도의 지상 사역[구속의 실현]	→	그리스도의 천상 사역[구속의 적용]
• 지리적·문화적 특수성[유대 땅]	→	지리적·문화적 다양성 [온 세상/이방 세계]
• 성령의 특수 역사[오순절 이전]	→	성령의 보편 역사[오순절 이후]
• 새 공동체의 기초 마련[교회[86]의 예고]	→	새 공동체의 실현 [교회의 설립과 발전]

그런데 이러한 간극은 주님과의 관계, 그리스도인끼리의 관계, 세상과의 관계라는 주제/주지(主旨, motif)의 각도에서 보면 형식상으로서는 전혀 문제될 것이 없다. 다시 말해, 제자훈련의 삼중 목적으로 인해 사복음서와 서신부 사이에 긴밀한 연속성이 존재한다고 볼 수 있다는 뜻이다.

그런데 이런 연속성은 심지어 구약까지도 소급될 수 있다. 왜냐하면 구약의 내용도 아래 세 가지 요소로 정리할 수 있기 때문이다.

① 하나님과의 관계: 이스라엘을 구속하고 언약을 맺으신 하나님을 섬겨야 함(출 19:4-6).
② 공동체와의 관계: 이스라엘은 언약 백성으로서 합당한 상호 관계를 유지해야 함(레 19:17-18).
③ 세상과의 관계: 이스라엘은 이방의 빛이 되어야 함(창 12:3; 사 42:6).

이처럼 제자훈련의 삼중 목적은 성경 전체를 관통하는 주지의 역할을 감당한다.

3) 제자훈련의 삼중 목적은 기독교 교육적 커리큘럼 고안에 중요한 뼈대를 제공한다

교회는 언제나 교육적 사명(엡 4:11; 골 1:28; 딤전 4:12-13)과 별도로 존재할 수 없다. 그런

---

86 비록 구약에도 교회가 있었지만(참고. 행 7:38), 유대인과 이방인이 한 몸을 이루게 되는 비밀로서의 교회(엡 2:12-3:4; 골 1:26-27)는 오순절 이후부터 등장한다.

데 교우들을 제대로 가르치려고 하면 교육의 목표를 설정하지 않을 수 없고, 어떤 내용을 가르쳐야 할지 교육 프로그램을 구성하지 않을 수 없다. 후자와 관련된 분야를 보통 교육과정 혹은 커리큘럼이라고 한다.

커리큘럼(curriculum)은 라틴어의 쿠레레(currere, 달리다)라는 동사에서 유래했고, "달림, 코스, 경주용 병거"의 뜻을 가지고 있지만, 실제로는 "학교, 대학 등에서의 공부 코스; 그런 코스를 구성하는 주제들"[87]을 의미하는 것으로 사용된다. 그러나 커리큘럼은 교육과 학습이 이루어지는 전체 과정과 독립적으로 작용하는 것이 아니다. 전문가들은 그 과정을 다음과 같이 도표화한다.[88]

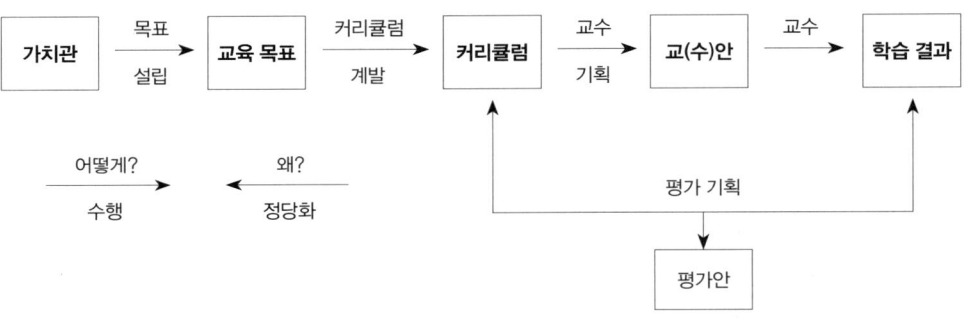

올바른 커리큘럼이 설정되려면 먼저 교육 목표가 무엇인지부터 결정되어야 한다. 커리큘럼이 결정되고 나서도 교(수)안이 작성되어야 하고, 그에 따라 가르쳐야 한다. 물론 커리큘럼은 무엇을 가르쳐야 할지에 대한 것이므로 교육과 학습 과정에서 매우 중요한 위치를 차지한다.

그런데 커리큘럼을 고안하는 데 있어 골똘한 생각을 요하는 것이 바로 범위(scope)의 문제다.

---

87 "curriculum", *The New Shorter Oxford English Dictionary*, Vol. 1, p. 574.
88 George J. Posner and Alan N. Rudnitsky, *Course Design: A Guide to Curriculum Development for Teachers* (New York: Longman, 1978), p. 7.

"커리큘럼의 범위"란 용어는 커리큘럼 가운데 무엇을 취급하는 것이 적합한지를 묘사하는 데 사용된다. 이것은 "커리큘럼의 내용"이라는 용어와 구별되는데, 후자는 커리큘럼 가운데 실제로 취급하는 것과 연관된다. '범위'는 좀더 넓은 용어로서 무엇을 취급**해도 되**는지를 가리키는데, 커리큘럼 가운데 사용될 수 있는 것 이상을 포함한다. '내용'은 좀더 좁은 용어로서, 취급**되고 있는** 바를 지칭한다. 범위는 하나의 '분야'인데, 교회가 교육적 사역을 위해 합당한 경역(境域, purview) 하에 두고 있다는 의미에서의 분야이기도 하고, 또 교회가 커리큘럼의 내용으로 합당하게 도출할 수 있는 자원이 된다는 의미에서의 분야이기도 하다.[89]

그렇다면 '범위'는 커리큘럼이 구성되는 한계를 정해 줌과 동시에 그 내용의 자원도 될 수 있는 일종의 '개념적 틀'(conceptual framework)이라고 할 수 있다. 그런데 이런 '범위'에 대한 구체적 예시 내용이 무척 흥미롭다.

- **하나님 통제하의 인간**에 대한 그리스도인의 경험: 복음에 비쳐 본 실재의 신적 차원.
- **다른 사람과의 관계**에 대한 그리스도인의 경험: 복음에 비쳐 본 실재의 인적 차원.
- **세계 속의 인간**에 대한 그리스도인의 경험: 복음에 비쳐 본 실재의 자연적 차원.[90]

놀랍게도 이 내용은 필자가 제자훈련의 삼중 목적/의도로 도출한 내용과 그대로 일치한다. 이것은 제자훈련의 삼중 목적이 기독교 커리큘럼에서 매우 중요한 '범위'로 작용할 수 있음을 보여 준다.

제자훈련의 삼중 목적이 커리큘럼의 범위로 작용할 때 교육의 구체적 상황에서 어떤 내용을 커리큘럼에 담아야 할지 아이디어를 얻을 수 있다. 만일 제자훈련의 삼중 목적 같은 '틀'이 없으면, 체계적이고 포괄적인 학습 내용을 고안하는 데 매번 애를 먹을 것이다.

---

89 Cooperative Curriculum Project, *The Church's Educational Ministry: A Curriculum Plan* (St. Louis: The Bethany Press, 1965), p. 12의 내용으로서, Howard P. Colson and Raymond M. Rigdon, *Understanding Your Church's Curriculum* (Nashville, Tennessee: Broadman Press, 1969), pp. 46-47에 인용되었다.

90 *The Church's Educational Ministry*, p. 15의 내용으로서, *Understanding Your Church's Curriculum*, p. 47에 인용되었다.

이 점을 이해하기 위해 다음의 설명에 주목하라.

보통 기독교 교육이나 목회적 양육/훈련에 고심하는 지도자들은 예수님이 제자들에게 무엇을 가르치셨는지 알기를 원하고, 자신들도 그 내용을 오늘날의 목회 현장에서 그대로 가르치고 싶어 한다. 그리하여 그들은 전문 서적의 도움을 받아 예수님의 가르침이 대체로 다음과 같은 내용으로 구성되어 있음을 배운다. 이와 연관해 두 가지 예를 살펴보려고 한다. 하나는 예수님의 교훈 내용을 다분히 비체계적이고 느슨한 방식으로 제시한다.[91]

- 메시야적 성취의 시기.
- 하나님나라.
- 성부 하나님.
- 천국의 윤리.
- 예수님의 사명(mission).
- 하나님의 백성.
- 미래.

또 한 가지는 예수님의 가르침을 좀더 체계적이고 조직적으로 표현하려는 시도가 엿보인다.[92]

- 하나님에 대한 교훈(창조주, 아버지 및 왕).
- 천국에 대한 교훈(현재적 측면, 미래적 측면, 비유, 윤리).
- 예수님 자신에 관한 증언(이름, 다른 표현들).
- 그리스도의 사역에 대한 교훈(희생제사, 자발성, 신적 필연성, 마귀에 대한 승리, 회개와 믿음으로만 죽음이 유익을 끼침).

---

91 R. T. France, "Jesus Christ, Life and Teaching of", *New Bible Dictionary*, 3rd ed., pp. 571-575.
92 Donald Guthrie, "Jesus Christ", *The Zondervan Pictorial Encyclopedia of the Bible*, Vol. 3: *H-L* (Grand Rapids, Michigan: Zondervan Publishing House, 1976), pp. 563-572.

- 성령에 대한 교훈(일반적 내용, 요한복음의 내용).

　이상의 모든 내용이 귀중하고 또 중요하지만 실제로 그리스도인들을 가르쳐야 하는 현장 사역자의 관점에서 보면, 이런 내용을 어떻게 조직해서 어떤 이들에게 어떤 형태로 제시해야 할지 막막하기 짝이 없다. 이때 제자훈련의 삼중 목표라는 틀을 가지고 있으면 그리스도께서 가르치신 내용을 체계적으로 정리하는 것뿐 아니라 이 내용을 어떻게 조직해 그리스도인들의 교육과 훈련에 충당할 수 있을지에 대한 아이디어도 얻을 수 있다.

5. 제자훈련 커리큘럼: 예시와 활용

1) 제자훈련 커리큘럼의 예시

이제 필자는 제자훈련의 삼중 목적에 근거해 오늘날의 그리스도인들—주로 대학생부터 장년층에 이르기까지의 20-60대를 겨냥함—에게 필요하다고 여겨지는 표준 형태의 커리큘럼을 예시하려고 한다.

하나님과의 관계

제1과 복음과 구원	제2과 그리스도의 십자가	제3과 그리스도의 부활
제4과 하나님과의 교제	제5과 경건의 시간	제6과 묵상
제7과 기도의 본질	제8과 기도와 응답	제9과 중보기도
제10과 하나님 임재의 실행	제11과 죄와 용서	제12과 믿음의 의미
제13과 하나님나라	제14과 하나님의 소명	제15과 하나님의 인도
제16과 그리스도의 주되심	제17과 청지기의식	제18과 헌신된 삶
제19과 성령 충만	제20과 기독교적 지성	제21과 구약 입문
제22과 신약 입문	제23과 기독교 교리 입문	제24과 개인 성경공부

그리스도인끼리의 관계

제1과 교회의 본질	제2과 지체의식	제3과 조직체로서의 교회
제4과 교회 봉사	제5과 건전한 자아상	제6과 정서적 성숙
제7과 섬김에의 길	제8과 그리스도인의 교제	제9과 형제 사랑
제10과 그리스도인의 용서	제11과 판단, 비판, 평가	제12과 갈등과 해결책
제13과 권면과 상담	제14과 직분과 직분자	제15과 목회자의 권위
제16과 평신도의 중요성	제17과 지교회와 선교단체	제18과 연합과 분립
제19과 교파의 유래	제20과 복음주의적 전통	제21과 기독교 교육 입문
제22과 소그룹 활동	제23과 그룹 성경공부	제24과 그룹 기도회

세상과의 관계

제1과 세상과 세속	제2과 보냄 받은 의식	제3과 기독교 세계관
제4과 학문과 신앙	제5과 예술과 기독 신앙	제6과 우정 전도
제7과 신앙과 변증 활동	제8과 포스트모던 시대의 기독교	제9과 전도와 사회참여
제10과 불신 가정에서의 문제	제11과 이성 교제와 결혼	제12과 부부생활
제13과 자녀교육	제14과 동성애 이슈	제15과 영상 매체의 시대
제16과 컴퓨터와 인공지능	제17과 일, 직업, 직장생활	제18과 빈곤, 경제, 부
제19과 의료윤리의 제이슈	제20과 기독 신앙과 환경 문제	제21과 전쟁, 평화, 핵무기
제22과 타종교와의 관계	제23과 세계를 품은 그리스도인	제24과 자비량 초문화 사역

2) 제자훈련 커리큘럼의 활용

분류에 관한 질문과 응답

필자는 제자도의 훈련 영역/범주를 하나님과의 관계, 그리스도인끼리의 관계, 세상과의 관계로 대별하고, 각 영역마다 필요하다고 생각되는 주제들을 적어 넣었다. 그런데 어떤 이들은 이런 영역/범주의 구분에 대해 이견을 제시한다.

첫째, 어떤 이는 단일한 범주─하나님의 영광─로 충분하지 않은가 질문한다. 이에 대한 필자의 답변은 '아니오'다. 필자가 보기에 이 질문자는 '궁극적 동기'와 '훈련 영역'을 혼동하는 것 같다. 만일 우리가 그리스도인의 행위나 활동의 궁극적 동기를 논하는 것이라면, 재론의 여지없이 그저 '하나님의 영광' 하나로 결론이 났을 것이다. 그러나 지금 우리는 행위에 대한 동기 문제가 아니라 그리스도인의 훈련 영역/범주에 대해 논의하고 있다. 따라서 이미 앞 분단에서 여러 가지 설명과 논거를 마련한 것처럼, 하나님과의 관계, 그리스도인끼리의 관계, 세상과의 관계라는 영역/범주의 구분이 훨씬 더 타당할 것이다.

둘째, 다른 이들은 세 가지 이외에 다른 부가적 영역/범주를 제안한다. 즉 상기한 세 가지 영역/범주에 더해 '자아'라는 범주를 제안하기도 하고, 또 어떤 경우에는 '사탄'을 부가적 범주로 언급하기도 한다. 그러나 이런 추가 범주를 제안하는 것은 별로 전망이 밝지 못하다.

우선 '자아'는 결코 '하나님' '이웃'과 등위의 위상을 확보할 수 있는 범주가 아니다. 예수님이 "네 이웃을 네 자신같이 사랑하라"(마 22:39)고 하셨을 때, '네 자신'은 이웃을 사랑하기 위한 표준으로 제시되어 있지 '이웃'과 대등한 위치의 사랑의 대상으로 나타나 있지 않다. 따라서 '자아'를 또 하나의 범주로 간주하는 것은 바람직한 처사가 아니다.

이것은 '사탄'의 경우도 마찬가지다. 비록 사탄이 귀신의 우두머리고(마 25:41; 계 12:9), 오늘날에도 여전히 신자(벧전 5:8)와 비신자(엡 2:2)들을 미혹하고 있지만, 하나님·교회·세상과 병립할 수 있을 정도의 존재는 아닌 것이다.

셋째, 또 어떤 이들은 어떤 주제가 한 가지 이상의 범주와 연관되는 점을 들어 이런 식의 세 가지 분류법에 의문을 제기한다. 예를 들어 '그리스도인끼리의 관계'에 있는 제1과 "교회의 본질"이 "그리스도의 몸을 이룬 지체들"이라는 점에서는 둘째 범주에 속하겠지만, "그리스도께서 피흘려 값을 치루셨다는 점"에서는 첫째 범주와도 연관되지 않느냐는 것이다. 또 '하나님과의 관계'에 있는 제13과 "하나님나라"는 둘째 및 셋째 범주인 공동체 및 세상과도 연관되지 않느냐고 질문할 수 있다.

이런 질문에는 상당한 일리가 있다. 그러나 어떤 주제가 하나 이상의 범주에 걸리는 것은 예외적인 경우라고 판정할 수 있다. 이런 주제는 제자훈련 담당자(혹은 커리큘럼 작성자)의 재량에 따라 어느 한 범주에 배속시키면 된다. (그것이 현재 커리큘럼의 모습이다.) 그러나 이런 예외적 주제 때문에 세 범주의 분류 자체에 대해서까지 의문을 가질 필요는 없을 것이다.

훈련 시 유념 사항

상기한 커리큘럼을 가지고 실제로 제자훈련을 시행할 때 유념할 사항을 다섯 가지로 언급한다.

첫째, 제자훈련 교재를 어떻게 준비해야 할지 방침과 계획이 수립되어야 한다. 보통 '제자훈련' 하면 사람들은 머릿속으로 그에 부속되는 교재를 떠올린다. 그것은 대개의 경우 제자훈련이 기존의 교재를 사용해 이루어졌기 때문이다. 가장 좋은 길은 제자훈련을 주도하는 이['제자훈련가'라 부르고자 함]가 꾸미는 것이다. 아니면 기존의 교재 가운데 자신이 세운 커리큘럼 내용과 가장 잘 맞은 것을 찾아내야 한다.

문제가 되는 것은 기존의 교재가 적합하지 않고, 제자훈련가 편에서 필요한 교재를 만들 형편이 되지 않을 때다. 이 경우 가장 그럴듯한 대안으로서 제자훈련가가 여러 가지 자료를 참조해 훈련에 맞는 교재를 편집하는 방안이 있다. 참조할 자료는 다양하다. 기존의 성경공부 교재, 소책자, 정기 간행물의 기사, 책의 일부 내용, 적실한 주제를 다룬 전문가의 강의안 등이 그 예다. 비록 힘은 들지만 이런 '짜집기' 교재가 웬만한 훈련 자료보다 월등히 좋을 수도 있다. 무엇보다 제자훈련가가 원하는 내용을 다룰 수 있다는 것이 장점이다.

둘째, 제자훈련의 대상을 확정해야 가르치고 훈련하는 바가 훨씬 더 적실해진다. 제자훈련을 실시하기 전에 대상의 수효가 몇인지, 그(들)가 누구인지 정확히 알아 보아야 한다. 만일 한 사람을 대상으로 제자훈련을 실시한다면 모든 훈련 내용을 그 사람의 특성에 맞게 조정하면 된다.

제자훈련의 대상이 둘에서 다섯 정도면 그들의 연령대, 신앙 연륜, 교육 정도가 어떤지 가능하면 자세히 파악하는 것이 좋다. 만일 이런 조건들을 비슷하게 갖춘 동질 그룹을 훈련 대상으로 선택할 수 있다면, 제자훈련가의 심적 부담이 훨씬 줄어들 것이다. 피훈련자 가운데 어떤 사람이 소외감을 갖거나 따분하게 여길 것을 걱정할 필요가 전혀 없기 때문이다. 반면 그룹의 구성원들이 상기 조건 면에서 다양하다면, 연령대, 신앙 연륜, 교육 정도에 있어 가장 비슷한 이가 많은 쪽을 염두에 두고 교재 준비와 훈련 계획을 수립해야 한다.

제자훈련의 대상이 여섯에서 열 명까지 될 경우에는 그 대상들 중 가장 불리한 조건을 가진 이를 표준으로 삼아 커리큘럼의 내용을 조정하는 수밖에 없다. 훈련받는 이들 가운데 소외를 겪는 이가 있기보다는 지루한 느낌을 갖는 이가 있는 것(물론 이런 이도 없도록 해야 하겠지만)이 그래도 낫기 때문이다. 또 내용이 지나치게 쉽고 평이하다고 느끼는 이에 대해서는 공식적 훈련 이외에 다른 조치—별도의 과제를 부과한다든지 시간을 내 깊은 대화를 한다든지—를 취함으로써 사태의 보완이 가능하기 때문이다.

셋째, 훈련받을 주제를 정할 때 각 영역/범주를 번갈아 하도록 한다. 필자가 제자도의 영역/범주를 셋으로 나누고 각 영역마다 24과씩의 주제를 할당했지만, 실제 훈련 시에 이런 순서를 그대로 지켜야 한다는 뜻은 아니다. 물론 처음 몇 번은 첫째 영역으로 시작해야겠지만, 그렇다고 해서 첫째 영역의 24과 모두를 다룬 후에야 둘째 영역으로 넘어갈 수 있다는 말은 아니다. 오히려 첫 영역의 몇 과만 다룬 후 그 다음 영역으로 넘어가고, 거기서 몇 과를 다룬 후 마지막 영역으로 옮겨가는 것이 더 좋다.

이 방식을 좀더 구체적으로 설명하면 다음과 같다. 제자훈련 프로그램을 처음 시작할 때는 먼저 제1영역[하나님과의 관계]에서 제1-3과를 다루고, 그다음 제2영역[그리스도인끼리의 관계]으로 넘어가 제1-2과를 공부한 후, 끝으로 제3영역[세상과의 관계]의 제1-2과를 살피는 식으로 한다는 말이다. 그러고 나서 다시 제1영역, 제2영역, 제3영역을 돌면서 다음 몇 과씩 취급하면 될 것이다.

이렇게 1, 2, 3영역/범주를 골고루 돌아가며 훈련하는 것이 훈련자나 피훈련자 모두 지루하다는 느낌을 받지 않아서 좋고, 또 피훈련자에게 세 영역 모두를 반복적으로 강조할 수 있어서 좋다. 그러나 처음 시작은 반드시 제1영역/범주인 하나님과의 관계에서 출발하는 것이 바람직하다.

넷째, 훈련받을 대상에 따라 커리큘럼의 내용과 훈련 수준을 조절하는 것이 필요하다. 우리가 훈련해야 할 이들은 여러 면에서 다양한 조건의 소유자들이다. 예를 들어 신앙 수준이 서로 달라 갓 믿은 그리스도인일 수도 있고 신앙 연륜이 꽤 오래된 이일 수도 있으며 심지어 교회의 직분자 후보일 수 있다. 또 훈련 대상의 나이나 교육 정도, 이해력에 있어서도 차이가 날 수 있다. 혹은 현재 사회에서의 활동 분야—학생, 전업주부, 회사원, 의사, 군인, 교사 등—가 상당히 다양할 수 있다.

신앙 수준의 경우에는 두 가지 조치를 취할 수 있다. ① 우선 초신자의 경우에는 위에 열거한 과들을 그대로 거쳐야 하지만, 어느 정도 신앙의 경륜이 있는 이의 경우 만일 그가 그 내용을 제대로 숙지하고 있을 뿐 아니라 그대로 실행하고 있다면, 어떤 과들은 그냥 뛰어넘어도 별 문제가 되지 않는다. ②또 같은 과를 공부하고 훈련하더라고 그 수준을 조절할 수 있다. 예를 들어, 제1영역/범주의 제8과 "기도와 응답"을 다룬다고 할 때 초신자의 경우와 직분자 후보의 경우 성경 본문이나 설명의 수준을 서로 달리하는 것이 좋다는 말이다.

훈련 대상의 나이나 교육 정도 및 이해력을 고려할 때도 비슷한 방침을 취하면 된다. 나이가 지긋하고 교육의 경험이 적으며 이해력이 출중하지 못한 이들일수록 각 영역/범주 내에서 소화하기 힘든 과는 빼는 것이 좋고, 배우는 내용도 한 번의 훈련 분량을 극소화시키고 그 대상에게 익숙한 구체적 실례를 많이 들어 훈련하는 것이 바람직하다. 반대로 젊고 현재 교육의 도상에 있고 이해력이 준비된 피훈련자들의 경우에는, 새로운 개념이나 훈련의 양이 조금 버겁더라도 오히려 이것이 그들의 흥미를 자극할 수도 있기 때문에 장애 요인이 되지 않는다.

사회에서의 활동 분야가 서로 다를 경우 차이가 나는 것은 주로 제3영역/범주인 '세상과의 관계'에서다. 예를 들어, 제자훈련을 받는 이가 전업주부라면 아마도 제4과("학문과 신앙"), 제17과("일, 직업, 직장생활"), 제24과("자비량 초문화 사역") 등의 내용은 별로 적실하다고 느끼지 않을 것이다. 반대로 의사라면 제19과("의료윤리의 제이슈")를 확대해야 할 것이고, 직업군인이라면 제21과("전쟁, 평화, 핵무기")를 확대함과 동시에 "주체사상과 기독교" "군 복음화의 이슈" 등을 추가로 다루어야 할지도 모른다.

이처럼 훈련받을 대상이 누구인지 소상히 파악해야만 가르칠 내용과 수준을 대상에 맞게 조절할 수 있다.

다섯째, 다루어야 할 주제에 따라 제자훈련의 방식이 다르다는 것을 염두에 두어야 한다. 필자는 이 글에서 제자훈련의 방식에 대해서는 이렇다 할 내용을 개진하지 않았다. 그러나 커리큘럼 내용의 효과적 활용을 위해 훈련 방식에 대해 개괄적으로 언급하려고 한다.

제자훈련 커리큘럼의 주제들은 그 훈련 방식에 있어 세 가지 유형이 존재한다.

- 개념 점검.
- 반복적 실행.
- 생활 속 체득.

개념 점검은 제자훈련의 방식에서 가장 간단한 유형에 속한다. 이것은 어떤 주제의 내용을 정확히 이해함으로써 개념 파악을 제대로 하면 학습 목표가 달성되는 성격의 과다. 대표적인 예로서 '하나님과의 관계'에서는 제21과 "구약 입문", 제22과 "신약 입문", 제23과 "기독교 교리 입문"이 있고, '그리스도인끼리의 관계'에서는 제3과 "조직체로서의 교회"가 있으며, '세상과의 관계'에서는 제1과 "세상과 세속"이 있다.

반복적 실행은 개념의 파악만으로는 충분하지 않고 반복되는 정기적·부정기적 훈련에 의해 신앙 습관으로 자리 잡아야 할 성격의 과에 대한 것이다. 전형적인 예로서 '하나님과의 관계' 가운데 제5과 "경건의 시간"이 있다. 처음 훈련받을 때에는 경건의 시간이 무엇이고 왜 경건의 시간을 가져야 하고 어떻게 가져야 하는지에 대한 안내를 받는다. 그러나 그런 개념 파악만으로 이 과의 학습 목표가 달성되는 것은 아니다. 오히려 반복되는 노력과 실패, 다짐과 재다짐의 과정을 겪으면서 말씀과 기도를 통한 하나님과의 사귐이 깊어져야만 소기의 목적이 달성되는 것이기 때문이다.

비슷한 설명이 '세상과의 관계'에 있는 제6과 "우정 전도"에도 해당된다. 우정 전도 역시 첫 출발은 이 전도 방식에 대한 개념의 소개와 전달로 이루어지지만, 그것은 시작에 불과하고 반복된 실습과 훈련을 거쳐서만 우정 전도를 마스터할 수 있게 되기 때문이다.

생활 속 체득은 제자훈련의 방도에서 가장 어려운 유형이라고 할 수 있다. 그 이유는 이 방도와 연관된 과들이 결코 훈련 프로그램에 의해 체득될 수 있는 성격의 것들이 아니기 때문이다.

구체적 예로서 '그리스도인끼리의 관계'에 있는 제12과 "갈등과 해결책"을 생각해 보자. 이 주제를 훈련하는 데 있어, 우선 처음에는 갈등에 대한 분석과 대처 방안을 이론적으로 살피고 설명을 듣는 것이 필요하다. 그러나 이런 개념 이해만 가지고는 원래 이 과가 겨냥한 학습 목표를 이룰 수 없다. 또 이런 과는 무슨 실습을 통해 그 내용을 체득할 수도 없다.[93] 오히려 정작 필요한 것은 우리가 함께 공동체 생활을 하면서 기질과 관점, 이해의 차이 때문에 충돌이나 마찰을 겪다가 천신만고 끝에 하나님의 은혜로 관계가 회복되는 식의 체험

---

93 물론 제자훈련을 받는 이들이 어떤 인위적 상황을 만들어 내 촌극을 하거나 드라마를 연출함으로써 갈등과 그 해결책에 대한 간접체험을 할 수는 있을 것이다. 그러나 이것도 한두 번으로 족하지 계속 시행할 수는 없다. 만일 이런 일을 반복한다면 오히려 학습 효과의 체감 현상이 나타날 것이다.

(아니면 아직 완전히 해결되지 않았더라도 회복을 향해 나아가든지)을 하는 일이다.

그런데 이런 일은 결코 공식화된 제자훈련 프로그램을 통해서는 이루어질 수 없다. 그렇다고 해서 우리가 이런 성격의 과들을 커리큘럼의 내용에서 제외하는 것은 바람직하지 않다. 만일 제자훈련에서 이런 주제가 빠진다면 공동체 생활에서의 영적 성숙은 크게 감소될 것이다. 그러므로 이런 과의 제자훈련은 실생활에서의 체득이 요구된다는 점을 명확히 하는 가운데 커리큘럼에 포함시켜야 할 것이다.

예시된 커리큘럼 활용의 유익한 점

앞에서 예시한 커리큘럼을 제대로 활용하면 제자훈련과 관련해 몇 가지 유익을 얻을 수 있다. 그 유익이 무엇인지 세 가지로 설명한다.

첫째, 이 커리큘럼을 활용하면 온 연령층의 교우들에게 제자훈련을 시킬 수 있다. 보통 제자훈련은 청년이나 장년층의 교우들에게만 해당되는 것으로 잘못 생각하기 쉽다. 그러나 예수님이 의도하신 제자의 선발과 훈련이 세 영역/범주에서의 영적 성숙이라면, 제자훈련의 대상에서 제외되는 그리스도인이란 존재하지 않는 셈이 된다. 그것은 연령의 관점에서 살펴보아도 마찬가지다.

그러므로 필자가 예시한 커리큘럼의 내용을 잘 활용하면 청년층과 장년층은 말할 것도 없고(예시된 시안은 이들을 타깃으로 한 것이다), 어린이들이나 노년층을 위한 제자훈련 커리큘럼 계발도 가능하다. 필자는 결코 유아교육의 전문가도 아니고 노인 사역에 경험이 있는 것도 아니지만, 예를 들어 다음과 같은 내용의 간략한 커리큘럼 구성을 시도할 수 있다.

• 중학생을 위한 제자훈련 커리큘럼

　하나님과의 관계

　제1과 예수님은 어떤 분이에요?　　제2과 무엇을 왜 믿어요?
　제3과 왜 기도하나요?　　　　　　제4과 죄를 지으면 어떻게 하죠?
　제5과 성경은 너무 어려워요　　　 제6과 큐티가 뭐예요?

그리스도인끼리의 관계

제1과 교회 안 가면 안 돼요?   제2과 예배는 왜 드리죠?
제3과 공과 공부가 지루해요   제4과 더 쿨하게 보였으면…
제5과 내 재능을 알아주세요   제6과 꼭 믿는 친구가 필요한가요?

세상과의 관계

제1과 내가 살고 싶은 곳   제2과 부모님이 싫어요
제3과 게임이 최고죠   제4과 대학은 왜 가야 하나요?
제5과 기독교는 미신이라면서요?   제6과 내 친구는 절에 다닌대요

마찬가지로 노년층을 위한 내용도 구성해 볼 수 있다.

• 노년층을 위한 제자훈련 커리큘럼

하나님과의 관계

제1과 기쁜 소식   제2과 하나님과의 교제   제3과 기도
제4과 말씀 묵상   제5과 믿음   제6과 죄와 용서
제7과 구약 입문   제8과 신약 입문   제9과 기독교 교리

그리스도인끼리의 관계

제1과 교회   제2과 교회 봉사   제3과 늙음의 의미
제4과 건강과 질병   제5과 섬김의 길   제6과 형제 사랑
제7과 갈등과 해결책   제8과 그리스도인의 용서   제9과 판단, 비판, 평가

세상과의 관계

제1과 세상과 세속   제2과 보냄 받은 의식   제3과 자녀와의 관계
제4과 은퇴 이후의 삶   제5과 경제생활   제6과 우정 전도
제7과 신앙과 변증 활동   제8과 세계를 품은 그리스도인 제9과 실버 사역

이처럼 필자가 예시한 커리큘럼은 어떤 연령층의 그리스도인에 대해 제자훈련을 실시하든 거기에 필요한 교육적 골격을 제시할 수 있다.

둘째, 필자가 예시한 커리큘럼의 내용은 제자훈련가의 사역 현장이 어디든[지역 교회, 선교단체] 활용할 수 있도록 꾸며졌다. 과거 제자훈련의 내용을 보면 제자훈련이 시행되는 사역 현장이 어디냐에 따라 커리큘럼의 약점이 대두되곤 했다. 예를 들어, 교회의 제자훈련 커리큘럼에는 대체로 선교단체의 사역이나 활동, 사회생활에 대한 내용이 크게 결여되어 있는가 하면, 선교단체의 커리큘럼에는 지역 교회, 교회생활, 목회자 등에 대한 내용이 전무하다고 해도 과언이 아닐 정도로 빈약했다. 이것은 커리큘럼의 내용을 제자훈련이 실시되는 사역지의 필요에만 치우쳐 꾸몄기 때문이다.

필자가 예시한 커리큘럼은 이런 편중성을 교정하는 데 다소나마 도움을 줄 수 있다고 생각한다. 왜냐하면 '그리스도인끼리의 관계'에 교회와 연관된 과들이 꽤 많이 등장해 있고[제1과, 제3과, 제4과, 제14과, 제15과, 제17과], '세상과의 관계' 역시 사회생활과 선교 현장에 관한 과들을 몇 군데에서 다루고 있기 때문이다[제1과, 제2과, 제9과, 제17과, 제18과, 제23과, 제24과]. 물론 완벽하거나 충분히 포괄적이지는 않지만, 대부분의 그리스도인들은 이 정도의 내용만으로도 상당한 도움을 얻는다고 느낄 것이다.

셋째, 제자훈련의 내용과 관련해 균형과 집중이라는 두 마리 토끼를 한꺼번에 잡을 수 있다. 필자가 보기에 대부분의 기독교 커리큘럼은 제2영역/범주인 '공동체' 및 제3영역/범주인 '세상'과 관련해 상당한 취약점을 드러내고 있다. 이런 약점은 앞에서 예시한 커리큘럼 내용으로 어렵지 않게 극복할 수 있을 것이다. 더욱이 이 커리큘럼을 적법하게만 사용하면 제자훈련 프로그램을 통해 하나님과의 관계, 그리스도인끼리의 관계, 세상과의 관계로 구성된 세 영역 어느 하나도 놓치지 않고 균형 잡힌 영적 성숙을 꾀할 수 있다.

이 커리큘럼의 내용이 도움이 되는 것은 위에서 언급한 균형의 면뿐만이 아니다. 동시에 집중 또한 가능하다.[94] 만일 어떤 제자훈련가가 훈련 대상에게서 특정 영역에서의 결격 상태를 발견했다고 하자. 그 경우 제자훈련가는 그 대상에게 결여된 내용이나 영역을 중심

---

94 제자훈련을 사회정의라는 주제와 연관 및 통합시킨 예로서, Waldron Scott, *Bring Forth Justice* (Grand Rapids, Michigan: William B. Eerdmans Publishing Company, 1980), pp. 162-258를 참조하라.

으로 가르치고 훈련할 수 있다. 예를 들어 그 영역이 '공동체'라고 하자. 그렇다면 제자훈련가는 당분간 커리큘럼의 내용 가운데 제2영역/범주를 택해 제자훈련을 실시하면 된다. 그런 결여 영역이 '하나님과의 관계'[제1영역/범주]든 '세상과의 관계'[제3영역/범주]든 마찬가지다.

심지어 어떤 경우에는 한 과의 내용을 더 세분해 제자훈련을 시킬 수도 있다. 예를 들어, 어떤 교우들이 제3영역/범주 가운데 제3과인 "기독교 세계관"에 대해 좀더 심층적으로 배우고 훈련받기 원한다고 하자. 그러면 제자훈련가는 제3과를 더 세부적으로 나누어 훈련을 실시할 수 있다. 다음은 그에 대한 구체적인 예시다.

3-1과: 세계관의 의미
3-2과: 일반 세계관과 기독교 세계관
3-3과: 기독교 세계관—창조
3-4과: 기독교 세계관—타락
3-5과: 기독교 세계관—구속
3-6과: 기독교 세계관의 적용 영역

또 만일 어떤 그리스도인들에게 '동성애' 관련해 세부적 교육과 훈련이 필요한 경우에도 다음과 같은 집중 교육안을 마련할 수 있다.

14-1과: 동성애의 성경적 평가
14-2과: 수정주의자들의 견해
14-3과: 동성애자들에 대한 그리스도인의 태도
14-4과: 동성애와 동성혼
14-5과: 동성혼에 대한 그리스도인의 응수

이렇듯 필자가 예시한 커리큘럼의 내용을 잘 활용하면 제자훈련의 교육 목표와 관련해 균형과 집중을 함께 기할 수 있다.

지금까지 앞에서 예시한 커리큘럼의 내용이 제자훈련을 시행할 때 어떤 면에서 유익을 끼칠 수 있는지 세 가지로 살펴보았다.

III. 한국 교회에서의 제자훈련

1. 제자훈련의 소역사[95]

오늘날 제자훈련은 한국 교회에 널리 알려져 있지만 이런 현상이 원래부터 그런 것은 아니었다. 가령 어떤 이가 1960년대 말의 한국 교회를 찾았다면, 그들의 사역과 활동에서 '제자' '제자훈련' 등의 용어를 거의 듣지 못했을 것이다. 그렇다면 한국 교회 내에는 언제부터 또 어떻게 해서 '제자' '제자훈련' 등의 용어가 활성화된 것일까? 필자는 여기에 몇 단계의 발전―비록 이들 사이에 중첩이 되기는 하지만―이 있었다고 생각한다.

1) 유입 단계: 1960년대 말-1970년대

'제자'와 '제자훈련'이라는 용어가 오늘날처럼 활성화되는 데 있어 개척자적 기여를 한 요인으로서 우리는 네비게이토선교회(Navigators)를 빼놓을 수 없다. 1960년대 초반부터 유강식 선생[96]의 지도력 아래 사역해 온 네비게이토선교회는 '제자 삼기'(disciple-making)를 사역의 골조로 삼았고, 이를 위해 몇 가지 훈련 교재―SCL(*Studies in Christian Living*)과 DFD(*Design for Discipleship*) 등―가 사용되었다. 당시 제자훈련과 관련해 가장 인기를 끈

---

95 이 '소역사'는 "제자도와 제자훈련 커리큘럼", pp. 415-419의 내용을 거의 가감 없이 그대로 옮긴 것이다.
96 불행하게도 유강식 선생은 국제 본부와의 신학적 견해―아마도 교회관에 있어서였을 것이다―때문에 1978년 네비게이토선교회를 사임했다. 그후 그는 서울교회와 제자선교회를 개척해 사역을 계속했다고 들었다.

책은 아마도 『훈련으로 되는 제자』[97]일 것이다. 비록 이 책이 출간된 것은 1980년이지만, 내용 가운데 여러 부분은 이미 그 이전부터 일대일 훈련 자료로 사용되었다. 초창기 네비게이토 사역은 성구 암송, 성경공부, 정기 모임, 수양회 등으로 구성되었는데, 실상 이 모든 것들은 '제자 삼는 일'에 초점이 맞추어져 있었다.

그 당시 한국 교회는 주로 예배 중심의 사역에만 의존하고 있었기 때문에 '제자 삼기'라는 어구 자체가 생경하게 들렸고, 심지어 '이단시'하는 경우까지 발생했다. 그러나 네비게이토 사역에 직·간접으로 연관된 이들[98]에 의해 '제자 삼기'라는 용어와 개념이 점차 교회의 젊은이들 사이에 뿌리를 내리기 시작했다.

2) 보급 단계: 1970년대-1980년대

1970년도 후반에 접어들면서 제자훈련은 네비게이토선교회만의 전유물로 남지 않았다. 여러 대학생 선교단체들은 그들 나름대로의 양육 프로그램을 개발하거나 종전의 것을 보완했다. 대학생성경읽기(UBF, University Bible Fellowship)는 이미 그전부터 일대일 성경공부를 사역의 핵심에 놓고 있었다. 대학생선교회(CCC, Campus Crusade for Christ)는 주로 대형 집회에 초점을 맞추었지만, 그래도 열 권으로 된 성경공부 교재—보통 *Ten Steps*로 불림—가 있어서 개인 및 그룹 양육 교재로 충당했다. 기독학생회(IVF, Inter-Varsity Fellowship)는 제자훈련이라는 용어를 사용하거나 일대일 양육 체계를 따로 발전시키지는 않았지만, 주로 소그룹 활동을 개발해 전도와 양육을 떠맡도록 했다. 조이선교회(JOY Mission)는 1980년대에 이르기까지 몇 단계의 제자훈련 프로그램과 교재를 만들어 냈다. 제자훈련에 대한 한국 교회의 이해와 관심은 이런 대학생 선교단체들의 역할에 힘입은 바 크다.

뿐만 아니라 이 기간에 서울 시내 여러 대학과 청년부에 선교단체식의 제자훈련 프로그램이 자리를 잡기 시작했다. 사실 교인 수가 많은 교회들의 경우 이미 1960년대 후반부터 대학부가 있었지만 그것은 어디까지나 교회의 한 부서에 지나지 않았고, 그 존재 목적

---

97 Walter A. Hendrichsen, *Disciples are Made: Not Born* (Wheaton, Illinois: Victor Books, 1974).
98 이들 가운데에는 네비게이토선교회에 소속되었다가 후에 교회 사역에 뛰어든 이들, 네비게이토선교회에는 참여하지 않았으나 선교회의 일꾼에게 양육받은 이들, 한국 및 미국의 네비게이토 출판부에서 발간한 성경공부 교재 및 제자 삼기 자료들에 힘입어 교회의 젊은이들을 훈련해 본 이들이 포함된다.

도 주로 성가대원과 주일학교 교사를 공급하는 데 있었다. 그러나 1970년도에 들어 새로 시작된 대학부들은 그 성격 자체가 기존의 대학부와 달리 전도와 양육을 위한 목적 중심으로 탈바꿈하게 되었다. 아마 이런 면에서 선봉을 선 것이 1960년대 말의 성도교회일 것이다. 그 이후 1970년대 중반 내수동교회가 그 뒤를 따랐으며, 얼마 후에는 서울침례교회 역시 이런 면모를 드러냈던 것으로 알고 있다.[99]

특히 1980년대 초에 이르러서는 대학생 선교단체 출신의 목회자들이 목회의 길을 걸음으로써 제자훈련이 좀더 대중화되기 시작했다. 물론 이 경우에도 꼭 '제자훈련'이라는 용어를 사용한 것은 아니었지만, 그들의 목회 사역에서 알게 모르게 강조되는 일대일 전도와 양육, 경건의 시간(Quiet Time), 소그룹 활동 등의 프로그램은 결국 제자훈련과 직·간접적으로 연관된 사항들이었다. 대표적인 예로 CCC 출신의 홍정길 목사[당시 남서울교회를 개척]와 하용조 목사[당시 연예인교회를 거쳐 온누리교회를 개척]가 있었고, 고등학생 사역 단체인 YFC(Youth for Christ) 사역의 경험자 이동원 목사[당시 수원의 산상교회를 거쳐 서울침례교회에서 시무]가 있었으며, 선교단체 출신은 아니지만 어쨌든 그런 사역 기술을 발전시킨 옥한흠 목사[성도교회 대학부를 거쳐 미국 유학 후 사랑의교회를 개척]가 있었다.

1970-1980년대에는 상기한 대학생 선교단체들과 선교단체 출신의 목회자들뿐만 아니라 서양(특히 미국) 교회의 영향력도 제자훈련의 확산에 한 몫을 담당했다. 1980년대 초에 서울침례교회에서 제자훈련 관련 세미나가 개최되었는데, 제자훈련에 관한 이런 관심은 미국의 남침례교단(Southern Baptist)과의 유대 관계에 의한 것으로 평가할 수 있다. 이 기간에 제자도에 관한 여러 책이 번역되기도 했는데, 전혀 다른 내용과 스타일의 도서로 세 가지를 언급할 수 있다.[100] 또 네비게이토선교회의 제자 삼는 사역은 좀더 체계화되었고, 그들의 문서 발간을 통해 널리 공표되었다.[101]

---

99 대학부 활동이 이런 식으로 발전한 것은 주로 주도적인 역할을 한 인물과 연관되어 있다. 성도교회에는 당시 옥한흠 전도사가, 내수동교회에는 오정현 간사가 리더십을 발휘했다. 필자의 경험이 주로 합동 측의 몇 교회에만 국한되어 있어 다른 교단이나 교회의 사례에 대해서는 아는 바가 없다.

100 J. 오스왈드 샌더스의 『참된 제자의 본분』은 산상수훈을 강해한 것이다. 데이비드 왓슨, 『제자도』, 문동학 역 (두란노서원, 1987)는 예수님의 부르심을 좇는 일에 연관되는 자세와 활동 등을 기술하고 있다. 후안 카를로스 오르티즈, 『제자입니까?』, 김성웅 역(두란노서원, 1989)는 제자 됨의 핵심을 그리스도의 주되심에 대한 인정과 그리스도인의 영적 성장에서 찾는다.

이 기간이 의미심장한 것은 제자훈련이라는 용어와 개념이 첫 단계에서처럼 청년들 사이에만 퍼진 것이 아니라 교회의 사역자와 목회자들에게까지 영향을 미쳤기 때문이다.

3) 정착 단계: 1980년대 중반-2000년대

한국 교회에 제자훈련의 원리와 실제를 정착시키는 데 가장 큰 기여를 한 개인을 꼽으라면 두말할 나위 없이 옥한흠 목사를 가리킬 것이다. 그는 1978년 사랑의교회를 개척한 이후 2004년 은퇴하기까지 제자훈련을 목회 사역의 근간으로 삼았고, 그 이후에도 국제제자훈련원을 통해 계속해 제자훈련 및 그와 연관된 문서 보급에 힘을 쏟았다.

옥한흠 목사의 사역이 이토록 주효한 데는 최소 두 가지 요인이 맞물려 있다. 첫째, 대학생 선교단체의 방법론을 전통적 목회의 틀 안에 정착시켰다는 점이다. 사실 사랑의교회에서 실시되는 다락방 훈련이 선교단체 전문가의 눈으로 보기에는 대단치 않을지도 모른다. 그러나 그 누구도 제자훈련의 이론과 방법을 목회 사역에 접목시키지는 못했다.

둘째, 제자훈련의 목회적 적용이 가능하다는 것을 구체적 실례를 통해 입증했다는 점이다. 아무리 좋은 이론이나 아이디어라도 사변의 영역이나 탁상공론에만 머물러 있으면 아무도 거기에 귀 기울이지 않을 것이다. 그러나 옥한흠 목사는 지난 25년간 사랑의교회 사역을 통해 제자훈련에 기초한 목회 사역이 가능하고 또 그런 사역이 전통 목회에 비해 유익하다는 것을 여러 가지로 보여 주었다.

앞의 두 단계를 통해 교회 지도자와 목회자들에게도 제자훈련이라는 용어와 개념이 꽤 신선하게 다가왔지만, 이 새로운 방식을 자기 목회 철학의 근간으로 삼도록 자극하지는 못했다. 그러나 이제 옥한흠 목사와 사랑의교회로 인해 목회자들은 큰 인식의 변화와 모험적 시도가 가능하게 되었다. 제자훈련이 평신도를 깨우기 위한 것이라고 하지만, 실상 이런 면에서는 목회자를 깨운 것이었다!

---

101 역시 두 가지만 예로 든다면, LeRoy Eims, *The Lost Art of Disciple Making* (Grand Rapids, Michigan & Colorado Springs, Colorado: Zondervan Publishing House & NavPress, 1978)과 Francis M. Cosgrove, *Essentials of Discipleship* (Colorado Springs, Colorado: NavPress, 1980)이 있다.

2. 제자훈련의 문제점

1) 초기에 대두된 문제점

1960-1970년대 한국 교회의 목회자들 사이에서 심심찮게 회자되던 말은 "제자훈련을 하면 할수록 교회에서 멀어진다"는 우려조의 발언이었다. 왜 그 당시에는 제자훈련을 하면 교회에서 멀어졌을까? 세 가지 맞물린 이유를 찾아볼 수 있다.

첫째, 신학적·성경적 설명의 부족 때문이었다. 당시에는 제자훈련을 주로 복음서의 내용에 기초를 두었는데, 이것이 교회와 상관없는 제자도를 부추기게 되었다. 우리 모두가 알다시피 신약성경에는 '제자'라는 명칭과 용례가 '교회'의 맥락에서 등장하지 않는다. 사실 '제자'라는 표현이 집중적으로 나타나는 사복음서에 '교회'는 두 곳(마 16:18; 18:17)에서만 언급된다. 또 비록 사도행전에 '제자'와 '교회'가 함께 등장하지만, 사도행전에는 복음서와 달리 '제자'에 대한 교훈적 설명—제자 됨의 특징, 제자의 길 등—이 거의 나타나지 않는다. 때문에 제자훈련가는 제자훈련에 관한 여러 원리를 밝히고자 할 때 자연히 복음서에만 집중했고, 교회에 관한 설명과 가르침이 많은 사도행전과 서신 부분에는 거의 신경을 쓰지 않았다. 그 결과 자기도 모르는 사이에 교회론과 연관되지 않은 제자훈련을 논하게 되었고, 이로써 제자훈련의 강조가 교회에 대한 소외를 초래했던 것이다.

둘째, 제자훈련을 행하는 현장이 주로 캠퍼스나 대학생 선교단체였기 때문이다. 제자훈련은 그 사역의 원 출발지가 교회가 아니라 대학생 선교단체였다. 또 그 단체의 사역 현장인 캠퍼스가 제자훈련이 시행되는 본연의 자리였다. 그런 현장에서는 대위임령에 나타난 제자 삼기의 사역에만 집중하면 되지 교회의 본질과 사명을 거론할 필요가 없었다. 초창기 네비게이토선교회만 보더라도 효율적인 재생산을 위해 **회심자**(convert)→ **제자**(disciple)→ **제자양성가**(disciple-maker)의 훈련 과정에만 집중했지 교회의 역할과 위상은 염두에 두지 않았다.

셋째, 제자훈련가가 주로 목회자가 아닌 평신도 지도자였기 때문이다. 만일 제자훈련의 담당자가 교회의 목회자였다면 어떤 식으로든 제자훈련과 교회 사역을 연관시키기 위해 힘썼을 것이다. 교회의 목회자는 아무래도 모든 일을 자기 교회의 사역과 활동이라는 시각에서 조망하기 때문이다. 그런데 초창기 제자훈련 사역의 책임자는 대부분 선교단체 간사나 평신도 지도자들이었다. 아무래도 이들은 교회의 중요성을 목회자만큼 깊이 인식하지 못했다. 그러다 보니 제자의 책임 사항 가운데 하나가 지역 교회에의 참여라고 규정했을 뿐, 제자도나 제자훈련이 교회와 어떻게 근본적으로 연관되어야 하는지에 대해서는 큰 관심을 표명하지 않았다.

이 세 가지 이유가 맞물려 제자훈련의 강조가 교회에 대한 소외를 촉발했던 것이다.

2) 오늘날의 문제점

앞에서 언급한 초기의 문제들은 1980년대를 지나면서 자연스럽게 해결되었다. 무엇보다 과거 선교단체 출신의 제자훈련가들이 목회를 시작하면서 제자훈련의 방법론을 자신의 교회 사역에 접목/적용했기 때문이다. 이제 제자훈련 사역이 일부 선교단체의 전유물이 아니라 목회자가 원하기만 하면 얼마든 교회에서도 실행이 가능한 목회적·교육적 훈련 프로그램이 된 것이다.

최근까지 표출된 문제점들

21세기도 벌써 16년이나 지난 오늘의 관점에서 보면, 이제 제자훈련은 초기와는 다른 종류의 어려움을 안고 있다. 그 어려움을 살펴보면 다음과 같은 것들이 있다.[102]

- 제자도와 관련해 여전히 신학적 조망이나 성찰이 약하다.
- 제자훈련 커리큘럼에 대한 안목이나 아이디어가 크게 결여되어 있다.
- 제자훈련 내용 가운데 공적 제자도(public discipleship)에 대한 가르침이나 훈련이 거의 전무하다.

---

102 한국교회탐구센터는 2015년 11월 수도권 거주 그리스도인 765명(평신도 460명, 목회자 305명)을 대상으로 제자훈련에 관한 설문을 실시했다. 설문 항목 25는 '제자훈련의 부정적인 측면'에 대해 묻고 있는데, 주어진 일곱 가지 항목을 놓고 그 부정적 영향의 정도("매우 그렇다" "약간 그렇다" "별로 그렇지 않다" "전혀 그렇지 않다")를 체크하도록 하는 식이었다. 그런데 가장 많이 지적받은 항목은 평신도의 경우 "교회나 선교단체 내부 활동에 치우쳐 있다"(76.3퍼센트)와 "지식적인 훈련에 치우쳐 있다"(70.0퍼센트)였고, 목회자의 경우에도 두 가지 항목이 가장 많은 지적을 받았지만 순서는 바뀌어 "지식적인 훈련에 치우쳐 있다"(75.4퍼센트)와 "교회나 선교단체 내부 활동에 치우쳐 있다"(64.6퍼센트)로 나타났다. 어쨌든 "교회나 선교단체 내부에 치우쳐 있다"와 "지식적인 훈련에 치우쳐 있다"가 현행 제자훈련의 가장 큰 문제점인 것으로 나타났다[정재영 편, "한국 교회 제자훈련에 대한 평신도 및 목회자 조사 결과 보고서" (주)글로벌리서치, 2015, p. 71].

- 제자훈련이 교회 성장을 위한 수단으로 전락했다.
- 제자도가 제자훈련 프로그램[1:1 양육 프로그램, 전도 훈련 등]으로 환원(축소)되었다.
- 제자훈련가 기계적이고 주입식 위주의 천편일률적인 학습 방식을 채택하고 있다.
- 제자훈련이 정해진 교재의 내용을 숙지하는 것과 단계별 성경공부 과정을 수료하는 것으로 이루어지는 양 착각한다.

이처럼 항목으로는 여러 가지이지만 실상 제자훈련의 문제점은 한 가지 핵심 사안—하나님나라에 부합한 제자도의 부재—으로 집약될 수 있다. 이 시점에서 필자는 이 글의 서두에 소개한 하나님나라의 의식에 입각한 제자도의 이상적인 특성을 다시 한 번 상기하려고 한다.

**첫째, 제자도와 제자훈련의 의의를 소속 공동체의 발전과 흥성에만 두지 않고 항시 하나님나라에의 기여 여부와 정도에서 찾는다.
둘째, 제자도의 함양과 실천을 교회생활에만 국한시키지 말고 자신이 참여하는 삶의 모든 영역과 연관시켜야 한다.
셋째, 제자훈련의 목표는 정해진 프로그램을 통해 특정 분야의 기능인을 만드는 데 있지 않고 하나님나라의 가치관을 실현할 줄 아는 인물을 키우는 데 있다.
넷째, 제자훈련이 그 의도한 목표를 달성하려면 지식이나 정보 전달 위주의 학습 방식에서 벗어나 전인격적 변화와 삶에서의 실천을 겨냥해야 한다.**

바로 이 네 가지 특징이 하나님나라의 의식에 입각한 제자도가 어떤 모습인지 보여 주고 있다. 안타깝게도 현재 한국 교회가 가르치고 제공하는 제자도와 제자훈련은 앞에서 언급한 것처럼 다양한 문제점을 표출하고 있는데, 이것은 실상 하나님나라에 부합한 제자도가 한국 교회에 부재하기 때문이라고 말할 수 있다.

목회자의 의식과 제자훈련

이제 제자훈련의 문제점을 목회자—대체로 목회자가 교회에서 제자훈련을 담당하므로—

의 의식과 연관해 설명하려고 한다. 제자도나 제자훈련과 관련해 목회자의 의식을 세 가지 수준으로 나누어 보고, 각각의 수준이 의미하는 바를 묘사할 것이다.

'피상적 수준'(Level S)은 제자훈련가(목회자)가 제자훈련을 목회 사역의 중요한 프로그램 정도로 인식하는 것을 의미한다. 그는 자신의 목회적 이상을 실현하는 데 여러 가지 기술과 방법론을 도입하고 있는데, 제자훈련은 그 가운데 가장 효과적인 사역 전략으로 간주된다. 그가 제자훈련을 귀히 여기는 것은 이런 까닭이다. 혹 제자훈련이 그런 효과를 발휘하지 않는 것으로 판명이 나든지, 아니면 더 효과적인 사역 방안이 발견되면 언제라도 제자훈련을 물릴 수 있다.

'중도적 수준'(Level I)의 목회자는 제자훈련이 예수 그리스도의 정신을 이어받는다고 생각한다는 점에서 '피상적 수준'과 차별화된다. 예수님은 생애 당시 제자들이 하나님과의

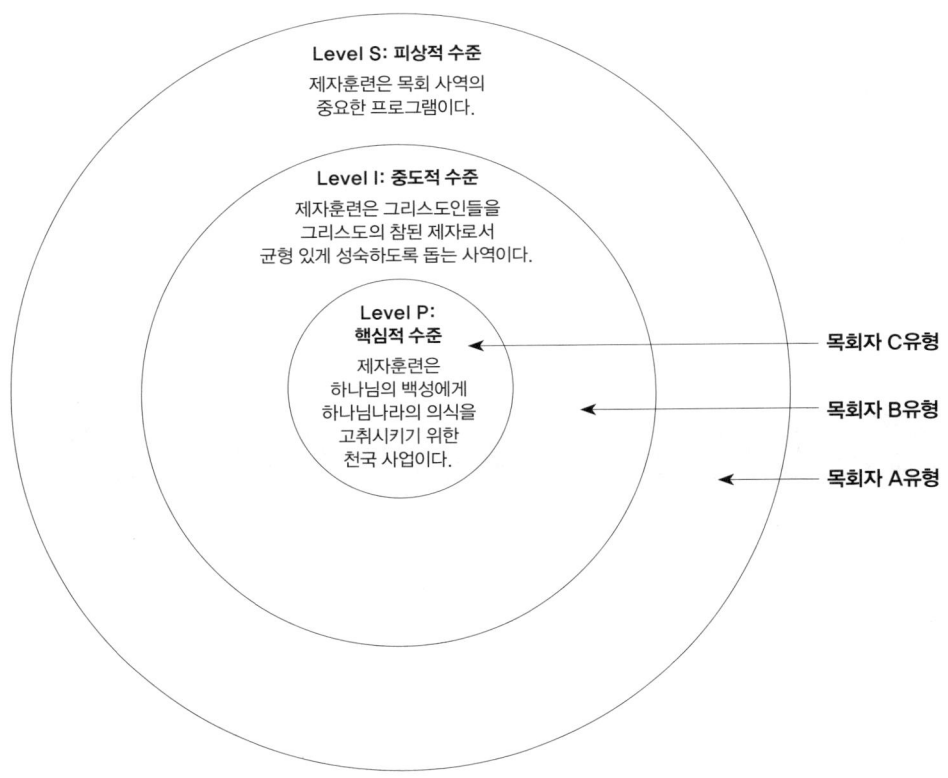

관계(임재의식), 자신들끼리의 관계(지체의식), 세상과의 관계(선교의식)에서 균형 있게 성숙하도록 할 의도와 목적으로 그들을 선발하셨다고 본다. 그러므로 제자훈련은 목회의 맥락과 무관하게 모든 그리스도인들에게 필수적으로 부과되어야 할 신앙 교육적 과제라고 여긴다. 단지 제자훈련[그리스도인들의 전인격적 성숙]의 의의를 부분적으로 목회적 성과에서 확인하고자 한다.

'핵심적 수준'(Level C)에 이른 목회자는 교회를 철두철미하게 하나님나라가 구현되는 현장으로 인식한다. 목회는 뜻이 하늘에서 이루어진 것같이 땅에서도 이루어지도록 하는 중요한 사명이다. 교우들은 하나님나라의 백성들로서 그들에게 하나님나라의 의식을 고취하는 것이 목회자의 주된 임무이다. 따라서 목회자로서의 책임을 강조하기 위해 "내 교회" "내 목회" "내 교인"이라는 표현을 사용하지만, 그렇다고 해서 자신에게 무슨 소유권이나 사역적 '분깃'이 있는 것처럼 내세우지는 않는다. 후자의 의미에서 '내 것'을 주장하는 일은 하나님나라를 무시하고 하나님의 통치에 거스르는 일로 인식된다. 이처럼 하나님의 백성에게 하나님나라의 의식을 고취시키는 사역으로서 제자훈련을 대치할 수 있는 것은 없다고 생각한다.

이 세 가지 수준을 한눈에 알아보기 위해 정리하면 아래 도표와 같다.

목회자 A유형은 제자훈련과 관련된 의식에 있어 피상적 수준(Level S)을 벗어나지 못하고 있다. 그는 자신이 설정한 목회적 발전의 꿈을 성취하기 위해 제자훈련 프로그램을 수단으로 채택했다. **목회자 B유형**은 피상적 수준을 벗어나 현재 중도적 수준(Level I)까지 이

수준 항목	피상적 수준 (Level S)	중도적 수준 (Level I)	핵심적 수준 (Level P)
제자훈련의 초점	자신의 목회 발전.	피훈련자의 신앙적 성숙.	하나님의 나라/통치.
제자훈련에 대한 이해	목회적 성과를 올리기 위한 수단으로서의 전략적 프로그램.	그리스도인들이 하나님과의 관계, 그리스도인끼리의 관계, 세상과의 관계에서 균형 있게 성숙하도록 돕는 사역.	하나님의 백성들에게 하나님나라의 의식을 고취시키는 교육적·목회적 활동.
제자훈련의 더 큰 목표	교회 성장.	제자를 선발하신 예수님의 의도/목적을 오늘의 사역 현장에 구현함.	하나님의 뜻이 하나님 백성의 신앙과 삶 가운데 이루어짐.

르렀다. 비록 그가 제자훈련 프로그램을 설정하고 활용하지만, 이제 그는 제자훈련을 자신의 목회 발전이나 '성공'의 수단으로 간주하지 않고 교우들의 전인격적 성숙을 꾀하는 사역의 방도로 생각한다. 가장 바람직한 것은 **목회자 C유형**이다. 그는 하나님나라를 위해 제자훈련 사역을 수행한다. 그의 관심은 하나님의 다스림이 그리스도인들(하나님의 백성들) 사이에 구현되는 것이다. 그 역시 교회에 제자훈련 프로그램을 개설했고, 제자훈련 커리큘럼의 내용을 통해 교우들의 전인격적이고 균형 잡힌 성숙을 목표로 내세우지만, 그 모든 것은 뜻이 하늘에서 이루어진 것처럼 땅에서 이루어지도록 하려는 하나님나라를 향한 열망 때문이다.

그러면 한국 교회의 목회자들은 이 세 가지 유형 가운데 어디에 속할까? 두렵건대 필자는 대부분의 목회자들이 A유형의 의식 수준을 벗어나지 못하고 있다고 생각한다. 물론 여기저기에 목회자 B유형에 속한 인물, 더 나아가 C유형의 인물이 전혀 없다고는 단언하지 못할 것이다. 그러나 대부분의 목회자는 목회자 A유형과 같을 것이다. (심지어 목회자 B유형조차 많지 않을 것으로 생각된다.)

그러면 왜 한국 교회에는 목회자 A유형이 가장 많은 것일까? 왜 하나님나라의 의식에 부합한 제자훈련가로서의 목회자(곧 목회자 C유형)는 그토록 희귀한 것일까? 이에 대한 탐구가 다음 소분단에서 이루어질 것이다.

목회자 A유형을 양산하는 한국 교회의 목회 구조

이제 우리는 제자훈련의 문제점을 유발하는 진원지에 다다랐다. 이 근원 때문에 하나님나라의 의식에 입각한 제자도가 펼쳐지지 않고, 대부분의 목회자들이 목회자 A유형처럼 피상적 수준에 주저앉게 된 것이다. 그런데 이 진원지는 딴 곳이 아니라 바로 제도적 교회 자체다.

교회 자체가 하나님나라 의식에 입각한 제자훈련을 방해하는 원인이 되었다는 말을 이해하기 위해, 다음과 같은 사항을 질문해 보자. 만일 어떤 이가 제자훈련을 시행하고자 할 때 어떤 사역적 환경이 하나님나라 의식에 입각한 제자훈련을 방해하는 가장 심한 장애 요인으로 작용할지 판정해 보자.

환경 1: 교회 내에서 시행하는 제자훈련 프로그램.
환경 2: 대학생 선교단체가 자기 단체의 리더를 양성하기 위해 캠퍼스 내에서 실시하는 제자훈련.
환경 3: 어떤 선교단체 내에 상설된 제자훈련 프로그램[예를 들어 예수전도단의 제자훈련학교(Discipleship Training School, DTS)가 외부인에게 훈련 프로그램을 제공하는 경우].

이상의 세 가지 환경 가운데 어느 것이 가장 하나님나라 의식에 부합한 제자훈련을 실현하기 어렵게 만들까? 두말할 나위 없이 답은 환경 1, 즉 교회 내에서 시행하는 제자훈련 프로그램이다. 그러면 왜 교회 내에서 시행하는 제자훈련 프로그램이 다른 어떤 곳에서 시행하는 것보다 하나님나라 의식을 함양하지 못하게 만드는 것일까? 거기에는 다섯 가지 요인이 존재한다.

첫째, 교회의 존재 의의를 하나님나라와 분리해서 생각하기 때문이다. 요즈음은 과거에 비해 '하나님나라'라는 표현이 좀더 빈번하게 그리스도인들의 대화에 등장한다. 하나님나라의 핵심 개념은 '하나님의 다스림'이고, 이런 하나님의 다스림은 종교적 영역뿐 아니라 우리 삶의 모든 분야—가정, 학교, 직장 및 사회—에서도 이루어져야 한다는 식의 가르침이 이제 낯설지 않다는 말이다.

그런데 한 가지 놀라운 아이러니는 정작 교회가 하나님의 다스림을 받아야 한다는 생각은 거의 하지 않는다는 사실이다. 교회 역시 하나님의 다스림을 받는 것이 마땅하고 또 그래야 참다운 교회가 되겠건만, 이상하게도 교회를 하나님나라의 시각에서 조망하는 일은 거론조차 되지 않았다.

교회가 하나님의 다스림을 거부하면, 마치 닻이 풀린 선박이 방황하는 것처럼 올바른 방향을 잡을 수가 없다. 인간 누군가의 소유인 것처럼 전락해('내' 교회) 온갖 인본주의적 목표와 가치관에 침투당한다. 결국 교회의 주인은 하나님이 아닌 인간 경영자(주로 목회자)로 탈바꿈한다.

둘째, 목회자의 의식 가운데 한국식 목회 사역 구도가 깊이 침투해 있기 때문이다. 목회자는 대체로 주일 중심의 사역 패턴에 익숙해 있어 주일 예배, 교회 기관/부서, 주일학교 등의 사역 구조를 매우 중요하게 여긴다. 그리고 주일 예배에서 설교가 차지하는 비중이

상당히 크기 때문에 설교 또한 우선순위가 매우 높은 사안이다. 이런 사역들과 활동에 비하면 제자훈련 프로그램은 목회자 편에서 볼 때에도 우선순위가 떨어진다. 이것은 제자훈련을 귀하게 여기는 목회자들의 경우에도 마찬가지다. 그러니 어찌 그런 목회 환경 속에서 하나님나라 의식에 부합하는 제자도와 제자훈련을 강조할 수 있겠는가!

셋째, 한국 교회의 호칭 문화 때문에 하나님나라 의식에 부합한 제자도가 빛을 볼 수 없었다. 한국 교회 내에 '호칭 문화'는 우리가 흔히 생각하는 것보다 훨씬 더 깊이 뿌리를 내리고 있다.[103] 보통 우리는 나이가 들면 아무리 친해도 상대방의 이름을 부르지 않고 상대방의 성(姓)에 직분을 붙여 호칭으로 삼는다. 일반 사회에서는 김 사장, 박 회장, 노 팀장, 신 계장 등의 형식을 취하고, 교회에서는 박 목사, 강 장로, 이 권사, 손 집사, 최 전도사 등의 형태를 지닌다. 사람들이 항시 호칭을 사용해 자신을 소개하고 상대방을 부르고 관계를 맺기 때문에, 우리는 은연중에 호칭이 자신의 가치인 것처럼 착각하게 된다.

뿐만 아니라 어떤 호칭으로 불리느냐에 따라 그 대상은 자기도 모르는 사이에 자신의 정체를 되새기고 그 호칭에 합당한 모습을 갖추고자 부심하기도 한다(물론 어떤 이들은 호칭만 향유하고 그에 상응하는 내적 자질의 함양에는 신경조차 쓰지 않는다). 아마도 이것이 호칭 문화가 가져다주는 제한적인 유익이라 할 수 있을 것이다.

그런데 교회에서 통용되고 인정받는 호칭은 목사, 선교사, 장로, 권사, 집사, 전도사까지다. '제자'는 결코 이런 호칭들의 범주에 끼지 못한다. 따라서 이런 직분자들에게 제자 의식이 함양될 기회는 매우 적다. 다행히 대학생이나 젊은이의 경우에는 사정이 좀 다르다고 할 수 있다. 왜냐하면 이들은 아직까지 교회 직분을 가지고 있지 않아서 그런 호칭으로 불리지 않기 때문이다. 그런 대상에게 '제자' 의식을 심어 주는 것은 직분자들에게 하는 것보다 그래도 난관이 적다는 말이다.

그러나 지금 우리는 직분자를 포함한 장년층의 제자훈련을 다루는 것이므로, 이런 호칭 문화의 장벽 아래 난감함을 금치 못하고 있다. 호칭 문화의 벽이 높은 한 제자도와 제자훈련이 하나님나라의 중요한 일로 부각되기는 힘들 것이다.

넷째, 한국 교회의 직분적 위계질서는 '제자'의 개념이 들어올 틈을 허락하지 않는다.

---

[103] 송인규, 『분별력 2: 삶의 모든 영역을 하나님의 통치 아래 살아가는 길』(부흥과개혁사, 2014), pp. 235-242.

보통 제자훈련을 전문적으로 시행하는 선교단체에서는 그리스도인의 신분을 '제자'에 맞추어 다음과 같은 발전 단계를 예시한다.

그러나 한국의 그리스도인이 교회에 참여하는 순간 그는 다른 종류의 거대한 직분적 위계질서에 자신을 맡기는 셈이 된다. 그리하여 세례를 받은 후부터 직분자로 자리 잡을 때까지의 길이 정해져 있다. 그 패턴은 다음과 같다.

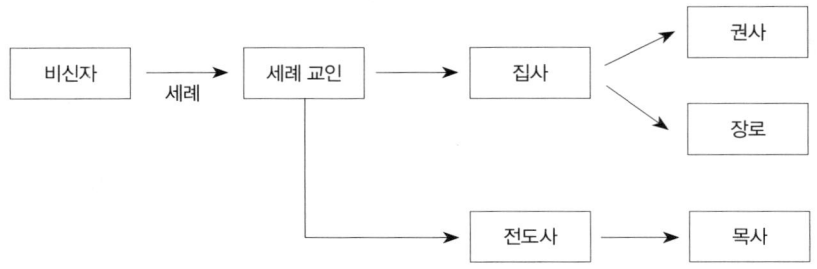

세례 교인은 어느 정도의 나이가 되면 집사로 임명을 받고, 남성의 경우에는 후에 장로로, 여성의 경우에는 권사로 추대받는다. 일부 그리스도인들은 목회자로서의 소명을 받아 전도사를 거쳐 목사가 된다. 이렇게 촘촘히 짜인 직분적 위계질서 가운데 '제자'란 용어와 명칭이 개입될 여지는 거의 없다.

다섯째, 평신도 지도자들은 시간 사용의 문제 때문에 '제자도'나 '제자훈련'에 우선순위를 부여하지 않는다. 대부분의 평신도 지도자들은 제자훈련을 받기 오래전부터 교회의 직분자로서 교회 사역에 이모저모로 참여한다. 그들은 예배 참석, 교회 각 부서에서의 봉사, 각종 행정 모임에의 관여 등으로 항시 시간에 쫓긴다. 그러므로 목회자가 이들을 대상으로 제자훈련을 실시할 때 이들의 가장 큰 부담은 시간 투자에 대한 것이다. 과거에 참여하거나 수행해 온 여러 활동에 덧붙여 제자훈련을 받는 것이기 때문에 시간과 관련한 중압감이 상당히 크다고 할 수 있다.

목회자가 제자훈련을 워낙 강조하고, 또 어떤 경우에는 장로나 권사 직분을 부여받기 위한 필수 과정으로 정해 놓기 때문에 할 수 없이 참석하는 것이지, 자발적이거나 기꺼운 마음으로 임하는 경우가 드물다. 그들에게는 제자훈련이 또 하나의 번거롭고 부담되는 프로그램에 불과하다. 그러니 어떻게 그들에게 하나님나라 의식에 입각한 제자훈련을 운운할 수 있겠는가!

이런 다섯 가지 이유 때문에 제자훈련이 제도적 교회의 목회적 구조 안에서 하나님나라 의식 가운데 시행되기를 바라는 것은 지나치다고 할 정도로 무리한 일이다.

돌파 시도

그러면 이대로 주저앉아 '길들여진' 형태의 제자훈련으로 만족해야 한단 말인가? 그럴 수는 없다. 비록 한국 교회의 목회 현장에 하나님나라 의식으로 충일한 제자훈련을 실시한다는 것이 첩첩산중에 갇혀 도시에의 공략을 꾀해야 하는 것처럼 난감한 일이기는 하지만, 그렇다고 해서 해결의 실마리조차 언급할 수 없을 정도는 아니다. 우리 편에서 전력투구가 필요한 바를 세 가지 방면으로 언급한다.

첫째, **제자훈련가인 목회자 자신의 내면을 지속적으로 돌아보고 시정해 나가야 한다.** 목회자는 항시 무엇이 자신의 내면을 사로잡고 있는지 점검하고 수시로 회개와 돌이킴을 실행해야 한다. 이것은 특히 교회 경영이나 목회 활동에 있어서 그렇다. 이미 여러 차례 지적했듯이 적지 않은 수의 목회자들이 교회를 자기 꿈의 실현 대상으로 간주하고, 또 교회 성장을 자기 목회의 최고 목표로 설정하고 있다. 이런 정신 상태로는 하나님나라 의식에 입각한 제자도가 얼마나 중요한지 도저히 원숙한 이해가 불가능하다.

그러므로 목회자는 자신을 하나님나라의 청지기로 간주해야 한다. 교회는 하나님나라를 현시하기 위해 맡겨진 기관이요, 교우들은 하나님나라의 백성이며, 교회 사역은 어디까지나 하나님나라의 현시를 위한 천국 사업이다. 목회자는 하나님나라와 별도로 자기 왕국을 세우는 존재가 아니므로, 오직 하나님의 뜻을 받들어 하나님의 통치가 실현되는 데 최고의 관심을 기울여야 한다. 이것을 위해 매일 매일(아니 심지어 순간순간) 기도해야 한다.

둘째, **교회 내 제자훈련 프로그램의 실시가 하나님나라의 실현으로부터 흘러나오도록 의식의 흐름을 정비해야 한다.** 목회자가 하나님 앞에서 바짝 긴장하지 않으면 제자훈련 프로그램과 관련한 그의 의식은 다음과 같은 순서로 흐르게 마련이다.

이런 의식의 흐름을 정상화하기 위해서는 제자훈련 프로그램이 하나님나라를 실현하려는 의지로부터 출발되어야 한다. 그 의식의 흐름은 아래와 같다.

목회자는 이처럼 하나님나라 의식에 입각한 제자도와 연관해 예배 인도, 설교, 심방, 각 부서 활동, 제직회, 교회당 건축 등을 고려해야 한다.

셋째, 교우들로 하여금 교회생활이 하나님나라를 구현하는 제자의 삶 가운데 일부임을 깨우치도록 해야 한다. 종종 목회자들이 저지르는—비록 의도적인 것은 아니지만—실수는 교회 활동이 제자가 지향해야 할 삶의 전부라는 인상을 주는 일이다. 이것은 하나님나라가 삶의 영역과 연관된다는 기본적인 사실을 망각하거나 부인하는 처사다. 오히려 하나님나라는 교회를 넘어 온 세상과 전 피조계까지 포괄하는 것임을 가르쳐야 한다. 그러므로 하나님나라를 지향하는 제자들의 안목은 언제나 교회 이상이어야 한다.

이 면에서 제자훈련 커리큘럼이 갖는 중요성은 아무리 강조해도 지나치지 않다. 만일 목회자가 예수님이 제자들을 선발하신 의도/목적을 놓치지 않는다면, 그의 제자훈련 내용에는 하나님과의 관계와 공동체에서의 관계(혹은 그리스도인끼리의 관계)뿐 아니라 세상과의 관계 또한 포함될 것이기 때문이다. 세상과의 관계를 다루는 다양한 주제들에 접하다 보면 그리스도인들은 자연히 제자의 삶에 대한 폭 넓은 인식과 관점을 획득하게 될 것이다.

그러므로 목회자는 교우들의 신앙적 성숙이 세 가지 영역에서 골고루 일어나도록 일깨우고 가르쳐야 한다. 교우들 각자가 어떻게 해서든 하나님과의 깊은 관계를 이루어 나가도록 독려해야 한다. 교회생활에 있어서도 그리스도인끼리의 관계가 자라나는 일에 큰 비중을 두어야 하고, 직분자의 역할, 예배 참석, 교회 봉사 등이 하나님나라의 실현과 어떻게 연관되는지 숙지하고 있어야 한다. 무엇보다 교우들이 가정, 학교, 직장, 일반 사회 속에서 하나님나라의 가치관을 발현하는 인물로 우뚝 서도록 훈련시켜야 한다.

물론 한국 교회에서 시행하는 제자훈련의 고질적 문제점들이 하루아침에 불식되지는 않을 것이다. 그럼에도 불구하고 상기한 방면으로 끈질기게 노력한다면, 하나님나라 의식에 입각한 제자도의 시행에 조금이라도 더 빛이 비치지 않을까 기대해 본다.

3. 보충적 유념 사항

이제 네 가지 유념 사항을 덧붙임으로써 이 글을 마감하려고 한다.

1) 제자도와 제자훈련은 목회적 선택의 문제가 아니라 하나님나라의 필수 시행 사안이다

필자가 이 글을 통해 밝힌 형태의 제자도/제자훈련—하나님나라 의식에 부합한 제자도와 제자훈련—은 결코 선택의 문제가 아니다. 조금 각도를 바꾸어 설명하면, 지금 제시한 제자도/제자훈련과 관련해 우리에게는 선택의 자유가 주어지지 않았다는 말이다.

이토록 강경하고 부담을 주는 식으로 말하는 이유는 무엇인가? 그것은 무엇보다 하나님나라와 제자도/제자훈련을 함께 말하신 예수님 때문이다. 예수님은 사역 초기부터 하나님나라를 말씀하셨고(마 4:17), 하나님나라의 실현을 기도로 가르치셨다(마 6:10). 주님은 또 제자들을 선발하고 훈련하심에 있어 무엇이 제자도의 목표인지 비록 암시적으로나마 마가를 통해 가르쳐 주셨다(막 3:13-15).

주님은 또 교회의 중요성을 가르치셨고(마 16:18), 하나님나라가 실현되는 중요한 기관이라고 힌트를 주셨다(마 16:19). 교회는 후에 제자들의 공동체로 인식되었다(행 5:11 및 6:7; 11:26; 14:27).

그렇다면 오늘날 교회는 제자들의 공동체로서 하나님나라가 실현되는 중요한 기관이므

로, 그리스도인들에게 하나님나라 의식에 입각한 제자도가 무엇인지 가르치고 그것의 실현을 위해 제자훈련을 실시해야 한다. 이런 사명과 책임에서 제외되는 교회와 그리스도인은 존재하지 않는다.

따라서 필자는 제자도와 제자훈련이 목회자나 그리스도인 마음대로 취사선택할 수 있는 자유로운 사안이 아니라고 주장하는 것이다.

2) 제자훈련에서 가장 중요한 것은 제자훈련가가 누구냐 하는 것이다

우리는 제자훈련이 제대로 성사되려면 피훈련자가 순종적이어야 하고 신실해야 한다는 반복된 경험담에 접한다. 뿐만 아니라 사람들의 필요를 제대로 채울 수 있도록 적실하고 알차게 꾸며진 제자훈련 교재 또한 필수적이란 이야기도 많이 듣는다. 그러나 그 모든 조건이 충족되어도 자격을 갖춘 제자훈련가가 부재한다면 결코 기대한 대로의 제자훈련은 이루어지지 않을 것이다.

이것은 특히 교회의 맥락에서 제자훈련을 실시하고자 할 때 더욱 절실히 느껴지는 바다. 왜냐하면 전기했듯, 현재 한국 교회의 목회적 구조는 하나님나라 의식에 부합한 제자훈련을 실시하기에 상당히 저해가 되는 요인들을 지니고 있기 때문이다. 이런 사역 환경에서 자신이 의도한 하나님나라의 제자훈련을 밀고 나가려면 여러 가지 면에서 자격이 갖춰져 있어야만 한다는 것이다.

무엇이 그 자격 조건일까? 이미 앞에서 직·간접으로 설명했듯, 최소 세 가지 항목을 빠뜨릴 수 없다. 우선 하나님나라의 정신으로 가득 차 있어야 한다. 지금 우리는 하나님나라 의식에 부합한 제자도를 말하고 있는데, 그 훈련의 담당자에게 하나님나라 의식이 결여되거나 불충분하다면 결코 제대로 된 훈련을 기대할 수 없을 것이다.

또 제자훈련 커리큘럼에 대한 개인의 소신과 지식 및 안목이 요구된다. 이는 제자훈련가라면 예수님의 제자 선발이 어떤 의도/목적에서 이루어졌는지를 이해함과 동시에 하나님의 백성들을 전인격적으로 훈련시키는 일의 중요함을 자각하고 있어야 하기 때문이다. 그 외에 교회의 생리에 대한 숙지와 교회 사역의 경험도 빼놓을 수 없다. 한국 교회의 목회적 구조가 하나님나라의 제자훈련을 실시하기 힘들게 만드는 만큼, 그 실정을 몸소 겪고 그에 대해 자기 나름대로의 판단이 선 자만이 그 난관을 뚫을 수 있을 것이기 때문이다.

물론 이 세 가지 자격 조건을 충족시킬 인물을 찾기란 쉽지 않을 것이다. 그러므로 필자가 제안하는 바는 이 글을 접하는 당신 자신이 바로 그런 자격자가 되기 위해 힘쓰라는 것이다. 특히 당신이 목회자라면, 결국 조만간 제자훈련가가 되어야(아니면 제자훈련을 담당하는 사역자를 기용하되 그를 계속 관리해야) 한다. 그러므로 지금까지 준비하고 준비하고 있어야 한다는 말이다.

3) 제자훈련을 제대로 실시하고자 하면 교회 성장이나 활동의 둔화를 목도할 수 있다

하나님나라 실현의 목표와 교회 성장의 목표가 항시 충돌을 일으키는 것은 아니다. 그러나 어떤 결정적 순간에 이르면 '하나님나라의 실현'과 '교회 성장'이라는 두 주인을 한꺼번에 섬길 수 없게 될 것이다. 그런데 전자를 중히 여겨 후자의 위상을 낮출 경우 목회자는 교회의 성장이나 활동이 둔화되는 것을 목도할 가능성이 생긴다.

이런 현상이 제자훈련과 관련해서도 발생할 수 있을까? 그렇다! 하나님나라 의식에 부합한 제자도는 하나님나라를 교회에만 국한시키지 않고 세상(가정, 학교, 직장, 사회)과도 연관시킨다. 즉 하나님나라를 추구하는 이들은 교회뿐만 아니라 삶의 현장 또한 하나님의 다스림을 받아야 한다고 주장한다. 이것은 자연스럽게 교회는 하나님나라에 있어 일부분이며, 교회에의 참여나 활동은 전체 신앙생활의 부분에 불과하다는 가르침과 인식으로 이어진다.

만일 목회자가 교회 성장이나 교회의 활성화에만 눈이 멀어 있다면, 그는 교회에 참여하는 것만이 신앙생활의 전부인 것처럼 강조하지 않을 수 없다. 그러나 하나님의 다스림이 참으로 우리 삶의 모든 영역에 미친다는 것을 인정하고 확신하는 목회자라면, 그의 제자훈련 내용 가운데에는 하나님과의 관계, 공동체와의 관계(신자끼리의 관계), 세상과의 관계에 대한 가르침이 골고루 균형 있게 등장할 것이다. 그리스도의 제자들은 교회생활에서만이 아니라 세상의 모든 영역(가정, 학교, 직장, 사회)에서도 하나님나라의 가치관을 현시해야 할 것이다. 목회자는 성도들에게 교회 활동이 중요한 것처럼 가정에서의 삶과 직장생활 또한 중요하다고 가르쳐야 한다.

그런데 이렇듯 가정과 직장을 중요시하고 그런 영역에서의 참여 또한 하나님나라의 실현에 필요하다고 강조하면, 실상 목회자로서는 매우 불리한 발언을 하는 셈이 된다. 왜냐

하면 가정이나 직장을 중요시하면 할수록 그 영역에 대한 시간과 정력의 투자가 뒤따르게 마련이고, 시간의 제약 가운데 살아가는 오늘날의 그리스도인들로서는 다른 영역—이 경우에는 교회생활—에 소요하는 시간을 줄여야 하기 때문이다. 이것이 하나님나라 의식에 입각한 제자도/제자훈련을 강조하는 목회자들이 치러야 할 대가다.

4) 제자훈련가는 목회적·시대적 변천에 따라 커리큘럼 내용을 점검·조정해야 한다

하나님나라 의식에 입각한 제자훈련을 실시하는 데 제자훈련 커리큘럼이 얼마나 중요한지는 이미 여러 차례 예시하고 주장한 바와 같다. 제자훈련 커리큘럼 내용을 올바로 수립하고 적절히만 활용하면, 교인들의 전인격적 성숙을 유도할 수 있을 뿐만 아니라 하나님·공동체·세상의 영역을 골고루 아우르는 가운데 조화와 균형 또한 유지할 수 있음을 밝혔다.

그런데 제자훈련가가 한 가지 생각할 점은 커리큘럼의 주제들이 붙박이처럼 고착화될 필요가 없다는 사실이다. 각 주제는 처음 커리큘럼을 작성할 때 훈련받을 교우들의 상황을 감안해 꾸며진 것으로, 만일 그 내용이 교우들의 필요를 채우기에 부적합하다고 판명되면 얼마든지 다른 주제나 과로 대치할 수 있다. 다시 말해, 커리큘럼의 내용을 사람에게 맞추어야지 사람을 커리큘럼의 내용에 맞추려는 것은 주객이 전도된 극단적 사례라 할 수 있다.

따라서 제자훈련가는 정기적·부정기적으로 커리큘럼의 점검 작업을 시도해야 한다. 2-3년에 한 번씩 정기적으로 할 수도 있고, 그와 병행해 필요가 발생할 때마다 부정기적으로 시도할 수도 있다. 여기에서 말하는 '필요'는 여러 가지다. 어떤 경우에는 교우들의 생활 상황이 많이 바뀌어 조정이 요구될 수도 있다. 또 어떤 경우에는 교회 내에 과거와 달리 초신자들이 대거 유입되었기 때문일 수도 있다. 또는 시대가 크게 바뀌어 전에는 생각하지도 않았던 새로운 이슈들이 부상된 까닭일 수도 있다. 이런 다양한 변화에 대해 제자훈련가 편에서 능동적이고 순발력 있게 대처하려면, 제자훈련 커리큘럼의 조정이나 보완 작업은 필수불가결한 일이다.

물론 그럼에도 불구하고 제자훈련 커리큘럼의 뼈대인 세 가지 영역—하나님과의 관계, 신자끼리의 관계, 세상과의 관계—은 바뀔 수가 없고 바뀌어야 할 이유도 없다. 그러나 그 각 영역을 채우는 주제들은 얼마든지 추가·확장·합병·탈락 등이 가능하다는 말이다.

이상 네 가지 유념 사항을 제시함으로써 하나님나라의 제자도에 관한 글을 마친다. 이 글이 참된 제자도/제자훈련의 실상이 무엇이고, 어떻게 하면 한국 교회에 그런 제자훈련을 정착할 수 있을지 고민하는 이들에게 조금이라도 도움이 되기를 바란다.

참고문헌

1. 단행본

송인규, 『성경은 공동체에 대해 무엇을 말하는가?』(IVP, 1996).
_____, 『분별력 2: 삶의 모든 영역을 하나님의 통치 아래 살아가는 길』(부흥과개혁사, 2014).

데이빗 왓슨, 『제자도』, 문동학 역(두란노서원, 1987).
디이트리히 본회퍼, 『나를 따르라』, 허혁 역(대한기독교서회, 1965).
G. 로핑크, 『예수는 어떤 공동체를 원했나?: 그리스도 신앙의 사회적 차원』, 정한교 역(분도출판사, 1985).
마이클 윌킨스, 『제자도 신학: 주님의 뒤를 따르는 제자도』, 황영철 역(국제제자훈련원, 2015).
A. B. 브루스, 『열두 제자의 훈련』, 안교성·박은재 역(크리스천다이제스트, 2009).
제이 오스왈드 샌더스, 『참된 제자의 본분』, 최연신 역(생명의말씀사, 1978).
P. T. 찬다필라, 『예수님의 제자훈련』 개정판, 신재구 역(IVP, 2015).
후안 카를로스 오르티즈, 『제자입니까?』, 김성웅 역(두란노서원, 1989).

Barker, Kenneth L., ed., *Zondervan NIV Study Bible*, rev. ed. (Grand Rapids, Michigan: Zondervan, 2002).
Beck, Brian E., *Christian Character in the Gospel of Luke* (London: Epworth Press, 1989).
Berkhof, Louis, *Systematic Theology* (Edinburgh: The Banner of Truth Trust, 1958).
Best, Ernest, *Following Jesus: Discipleship in the Gospel of Mark* (Sheffield, England: JSOT Press, 1981).
Black, C. Clifton, *The Disciples according to Mark: Markan Redaction in Current Debate* (Sheffield, England: JSOT Press, 1989).
Bruce, F. F. *The Acts of the Apostles: Greek Text with Introduction and Commentary*, 3rd and enlarged ed. (Grand Rapids, Michigan: William B. Eerdmans Publishing Company, 1990).
Coleman, Robert E., *The Master Plan of Evangelism* (Old Tappan, New Jersey: Fleming H. Revell Company, 1980).
Colson, Howard P. and Raymond M. Rigdon, *Understanding Your Church's Curriculum* (Nashville, Tennessee: Broadman Press, 1969).
Cooperative Curriculum Project, *The Church's Educational Ministry: A Curriculum Plan* (St. Louis: The Bethany Press, 1965).
Cosgrove, Francis M., *Essentials of Discipleship* (Colorado Springs, Colorado: NavPress, 1980).
Dunn, James D. G., *Unity and Diversity in the New Testament: An Inquiry into the Character of Earliest Christianity* (Philadelphia: The Westminster Press, 1977).

Eims, LeRoy, *The Lost Art of Disciple Making* (Grand Rapids, Michigan & Colorado Springs, Colorado: Zondervan Publishing House & NavPress, 1978).

Guthrie, Donald, *New Testament Theology* (Leicester, England: Inter-Varsity Press, 1981).

Hendrichsen, Walter A., *Disciples are Made: Not Born* (Wheaton, Illinois: Victor Books, 1974).

Icenogle, Gareth Weldon, *Biblical Foundations for Small Group Ministry: An Integral Approach* (Downers Grove, Illinois: InterVarsity Press, 1994).

Ladd, George Eldon, *A Theology of the New Testament*, rev. ed., ed. Donald A. Hagner (Grand Rapids, Michigan: William B. Eerdmans Publishing Company, 1993).

MacDonald, William, *True Discipleship* (Kansas City, Kansas: Walterick Publishers, 1975).

Morgan, G. Campbell, *Discipleship* (Grand Rapids, Michigan: Baker Book House, 1973).

Posner, George J. and Alan N. Rudnitsky, *Course Design: A Guide to Curriculum Development for Teachers* (New York: Longman, 1978).

Pratney, Winkie, *A Handbook for Followers of Jesus* (Minneapolis, Minnesota: Bethany Fellowship, Inc., 1977).

Richards, Lawrence O., *A Practical Theology of Spirituality* (Grand Rapids, Michigan: Academie Books, 1987).

Sanday, William, *Inspiration* (London: Longman, Green, and Co., 1903).

Scott, Waldron, *Bring Forth Justice* (Grand Rapids, Michigan: William B. Eerdmans Publishing Company, 1980).

Snyder, Howard A., *Models of the Kingdom* (Nashville, TN: Abingdon Press, 1991).

Wilson, Carl, *With Christ in the School of Disciple Building: A Study of Christ's Method of Building Disciples* (Grand Rapids, Michigan: Zondervan Publishing House, 1976).

2. 단행본 내의 일부 논문/기사

송인규, "제자도와 제자훈련 커리큘럼", 『주는 영이시라』, 은퇴기념논총 출판위원회 편저(합동신학대학원출판부, 2009), pp. 414-455.

리처드 N. 론제네커, "날마다 십자가를 지라", 『신약성경에 나타난 제자도의 유형』, 리처드 N. 론제네커 엮음, 박규태 역(국제제자훈련원, 2008), pp. 105-152.

_____, "들어가는 글", 『신약성경에 나타난 제자도의 유형』, pp. 15-25.

멜빈 힐머, "그들은 그를 믿었다", 『신약성경에 나타난 제자도의 유형』, pp. 153-192.

테렌스 도널드슨, "마태의 서사 전략에 나타난 제자도", 『신약성경에 나타난 제자도의 유형』, pp. 67-103.

Segovia, Fernando F., "Introduction: Call and Discipleship: Toward a Re-examination of the Shape and Character of Christian Experience in the New Testament", in *Discipleship in the New Testament*, ed. Fernando F. Segovia (Philadelphia: Fortress Press, 1985), pp. 1-23.

Talbert, Charles H., "Discipleship in Luke-Acts", in *Discipleship in the New Testament*, pp. 62-75.

3. 팸플릿 및 소책자

김활란, 마경일, 김동길 공역 편,『열두 제자』(이대출판부, 1963).

Ridderbos, Herman, *Church, World, Kingdom* (Potchefstroom, South Africa: IAC-pamphlets, 1979).

4. 기타 미간행 자료

정재영 편, "한국 교회 제자훈련에 대한 평신도 및 목회자 조사 결과 보고서"((주)글로벌리서치, 2015).

5. 사전

"제자",『고려대 한국어대사전: ㅈ~ㅎ』, 고려대학교 민족문화연구원 국어사전편찬실 편(고려대학교 민족문화연구원, 2009), pp. 5571.

"curriculum", *The New Shorter Oxford English Dictionary*, Vol. 1: *A-M*, ed. Lesley Brown (Oxford: Clarendon Press, 1993), p, 574.

"disciple", *The New Shorter Oxford English Dictionary*, Vol. 1, p. 685.

France, R. T., "Jesus Christ, Life and Teaching of", *New Bible Dictionary*, 3rd ed., eds. I. Howard Marshall et al (Leicester, England: Inter-Varsity Press, 1996), pp. 563-575.

Guthrie, Donald, "Jesus Christ", *The Zondervan Pictorial Encyclopedia of the Bible*, Vol. 3: H-L (Grand Rapids, Michigan: Zondervan Publishing House, 1976), pp. 497-583.

Hawthorne, Gerald F., "Disciple", *The Zondervan Pictorial Encyclopedia of the Bible*, Vol. 2: *D-F*, ed. Merrill C. Tenney (Grand Rapids, Michigan: Zondervan Publishing House, 1980), pp. 129-131.

Helm, Paul, "Disciple", *Baker Encyclopedia of the Bible*, Vol. 1: *A-I*, ed. Walter A. Elwell (Grand Rapids, Michigan: Baker Book House, 1988), pp. 629-631.

Ladd, Geroge, Eldon, "Kingdom of Christ, God, Heaven", *Evangelical Dictionary of Theology*, 2nd ed., ed. Walter A. Elwell (Grand Rapids, Michigan: Baker Academic, 2001), pp. 657-661.

Marshall, I. Howard, "Disciple", *New Bible Dictionary*, 3rd ed., pp. 277-278.

Meye, Robert P., "Disciple", *The International Standard Bible Encyclopedia*, Vol. One: *A-D*, rev. ed., eds. Geoffrey W. Bromiley et al (Grand Rapids, Michigan: William B. Eerdmans Publishing Company, 1979), pp. 947-948.

Michaelis, Wilhelm, "μιμέομαι, μιμητής, συμμιμητής", *Theological Dictionary of the New Testament*, Vol. IV, pp. 659-674.

Plummer, Alfred, "Disciple", *Dictionary of the Apostolic Church*, Vol. 1: *Aaron-Lystra*, ed. James Hastings (Edinburgh: T. & T. Clark, 1915), pp. 302-303.

Rengstorf, K. H., "δώδεκα", *Theological Dictionary of the New Testament*, Vol. IV: *D-H*, ed. Gerhard Kittel, trans. and ed., Geoffrey W. Bromiley (Grand Rapids, Michigan: Wm. B. Eerdmans Publishing Company, 1967), pp. 321-328.

Ridderbos, Herman, "Kingdom of God, King of Heaven", *New Bible Dictionary*, 3rd ed., pp. 647-650.

한국 교회 제자훈련에 대한 사회학적 검토

정재영(실천신학대학원대학교 종교사회학 교수)

서론
I. 한국 교회 제자훈련의 특성
II. 제자훈련의 성과와 한계
III. 공동체성의 균형을 위하여
IV. 나가는 말

서론

한국 교계에서 제자훈련이 시작된 지 50여 년이 되었다. 1960년대 중반에 대학생 선교단체를 중심으로 시작된 제자훈련은 1970년대 말부터 지역 교회에 접목되기 시작했고, 그 이후 한국 교회에 지대한 영향을 미쳤다. 1960년대까지 지속된 교리와 성경을 앞세운 강의식 전달 방식으로 경직된 한국의 교회 교육에 일대 변화를 일으킨 것이다. 이때부터 복음주의를 표방하는 선교단체들에 의해 소개된 제자훈련은 지역 교회의 청년과 성인 교육에 새로운 자극을 주기 시작했다. 그리고 대학 시절 선교단체에서 제자훈련을 받은 학생들이 졸업 후 신학교에 들어가 목사 안수를 받아 이를 목회에 적용하면서 1980년대는 '제자화'에 기초한 목회가 하나의 모델로 제시될 정도였다.

당시는 한국 교회가 양적으로 크게 성장하던 시기였는데, 많은 목회자들이 '제자훈련을 통한 교회 부흥'에 관심을 가졌고, 실제로 제자훈련이 교회의 양적 성장에 일정 정도 기여했다고 볼 수 있다. 그러나 이후 양적 성장 중심의 목회에 대한 반성이 일어나고 제자훈련의 대명사로 여겨지는 사랑의교회를 비롯해 제자훈련을 교회 기치로 삼아 교회 이름을 아예 제자교회로 정한 교회, 그리고 교회뿐만 아니라 제자훈련 프로그램인 D.T.S.(Discipleship Training School)를 운영하는 선교단체와 관련된 여러 가지 문제가 제기되면서 제자훈련에 대한 보다 세밀한 평가가 요구되었다. 이것이 한 개인이나 소수의 문제라고 치부하기에는 한국 교회에서 갖는 무게감이 너무나 크기 때문이다. 이러한 여파로 총신대학교 신학대학원에 개설된 제자훈련 관련 과목의 수강생이 갈수록 줄어들다가 최근 결국 폐강된 일도 있다.

사실 한국 교회에서 제자훈련의 역사는 훨씬 더 오래되었다고 볼 수 있다. 비록 제자훈련이라는 용어는 쓰지 않았지만 전래 초기 이 땅의 그리스도인들 사이에서는 성경의 가르침을 따라 자신의 죄를 회개하고 기득권을 내려놓는 일들이 잇달아 벌어졌다. 스스로 제자의 길을 걷고자 선언하고 이행하는 일이 연이어 일어났던 것이다. 뿐만 아니라 당시 사회를 지배하던 신분제도와 남녀차별을 종식시키며 사회 변혁 세력으로 여겨지기도 했다. 이런 모든 일이 당시의 그리스도인들이 참된 제자의 길을 걷고자 노력한 결과였다고 볼 수 있다. 그러나 오늘날 한국 교회는 사회를 이끌어 가기는커녕 비난과 지탄의 대상이 되었으며 최소한의 상식조차 통하지 않는 집단처럼 여겨진다. 자신들만의 왕국을 만들어 놓고 세력화하는 데에만 관심을 가지고 있을 뿐 사회에서 소외된 사람들에게 관심을 갖고 사회의 아픔에 동참하며 삶의 여건을 개선하기 위해 노력하는 모습은 좀처럼 찾아보기 힘들기 때문이다.

물론 이런 한국 교회의 문제와 위기 상황의 원인이 제자훈련에만 있다고 볼 수는 없다. 또 제자훈련 자체가 방금 말한 바와 같이, 아주 폭넓은 개념이기 때문에 지금의 상황을 제자훈련의 실패로 단정하는 것은 매우 섣부른 판단일 뿐만 아니라 모호한 평가가 될 수밖에 없다. 따라서 이 글에서는 이런 제자훈련의 성과를 종합적으로 평가함으로써 이에 대한 대안을 마련하는 데 도움을 주기 위해 한국 교회의 제자훈련을 종교사회학의 관점에서 검토하고자 한다. 이를 위해 한국 교회에서 제자훈련이 갖는 의미를 개괄적으로 살펴보고 제자훈련의 성과와 한계를 논의할 것이다. 하나의 글로 제자훈련을 제대로 평가하는 것은 무리일 수밖에 없지만, 이 책의 다른 글과 함께 읽는다면 한국 교회의 제자훈련에 대해 어느 정도 종합적인 평가를 할 수 있으리라 기대한다.

I.
한국 교회 제자훈련의 특성

1. 제자훈련과 소그룹 운동

앞에서 언급한 대로 제자훈련을 폭넓게 정의하면 그리스도인을 양육하고 교육하고자 하는 모든 과정이 될 수 있겠지만, 이 글에서는 논의의 집중을 위해 하나의 프로그램이나 커리큘럼이 되어 한국 교회에서 운영되는 제자훈련에 국한하려고 한다. 이런 의미의 제자훈련은 한국 교회의 소그룹 운동과 밀접한 관계가 있다. 한국 교회의 소그룹 운동은 초창기에 제자훈련의 형태로 시작되었기 때문이다. 여기서 '훈련'이라는 말 속에는 의도가 담겨 있다. 전통 교회에서는 훈련이라는 말보다 교육이라는 말을 사용해 왔다. 그래서 한동안 훈련이라는 말 자체에 기존 교회들이 강한 거부 반응을 보이기도 했다. 이 '제자훈련'이라는 말에는 기성 교회에 자리 잡고 있는 교육 방법을 불신하는 색채가 다소 깔렸고, 좀더 적극적으로 현실에 어울리는 교육 방법이 필요하다고 주장하는 강한 의지가 들어 있다.[1]

이와 같이 당시 기독교 교육에 대한 반성이 제자훈련의 도입을 촉진시켰다. 그동안 한국 교회는 교인 수의 증가에 집착한 나머지 교인에 대한 교육을 등한시한 경향이 강했다. 심지어 사람을 많이 불러 모을 수 있는 것이라면 그 내용과 방법이 무엇이든 별로 개의치 않는 실용주의 경향이 교회의 혼란과 저질화를 초래했다는 비판도 나오고 있다. 그나마 신학교나 교회에서 신학 개념과 교리주의에 중점을 두었을 뿐 평신도에 대한 전인 교육은 매우 빈약했다는 것이다. 이에 1980년대부터 한국 교회는 교회 안에서 평신도의 역할에 대한 재인식과 함께 평신도 교육과 훈련에 대해 관심을 갖기 시작했고, 이것이 소그룹을 통해 이루어졌다. 소그룹을 통한 신앙 공동체 중심의 교육 이론은 종래의 교회 교육이 학교식 지식 전달 체계에 기초한 교회학교 중심의 교육 구조가 지닌 제한성에 대한 반성과 함께 극복을 위한 하나의 대안 이론으로 등장했다. 1970년대 한국 교회의 부흥회 시기를 거쳐 1980년대 한국 교회는 제자훈련을 중심으로 한 소그룹 운동의 시기를 맞이한 것이다.

제자훈련이란 익히 알려진 대로 신약성경에서 예수님이 열두 제자를 훈련시킨 것에서 착안한 평신도 훈련을 말한다. 곧 회심을 통해 그리스도인이 된 사람들을 더욱 기독교 정신에 충실한 사람으로 훈련하는 것이다. 제자훈련이라는 말이 실제로 성경에 나오지는 않지만, 예수님이 어부들을 불러 제자로 삼고 그들과 함께 지내면서 가르치신 사실을 그 본보기로 삼고 있다. 교회사에서는 3-4세기경 처음 교회를 찾은 사람들이 세례를 받기까지 2년 또는 3년씩 훈련을 시켰던 '학습학교'를 현대 제자훈련의 초기 형태로 보기도 한다. 종교개혁 이후에는 요리문답 공부가 이를 계승했고, 20세기에 와서 본회퍼(Dietrich Bonhoeffer)가

---

[1] 옥한흠, 『다시 쓰는 평신도를 깨운다』 개정판(국제제자훈련원, 2002), p. 192.

성경의 제자도를 강조하며 다시 제자훈련에 대한 관심이 일어나기 시작했다. 그리고 학생 선교단체에서 시행하던 제자훈련이 1980년대 이후 한국 교회에 소개되어 오늘에 이르고 있다.[2]

여기서 학생선교단체에서 시행하던 제자훈련의 신학 배경이 둘로 나뉜다는 점에 주목할 필요가 있다. '한국대학생선교회'(CCC)와 '네비게이토선교회'가 주로 복음주의 신학에 기초한 제자훈련이라면, '예수전도단'(YWAM)은 오순절 성령운동에 기초한 제자훈련 이론을 형성한다. 앞의 두 선교단체에서 출판된 자료들은 1950년대 복음주의 신학에 기초한 미국의 기독교교육 이론과 거의 일치하는 반면, 1980년대 이후 본격적인 활동을 전개한 예수전도단은 1901년 미국에서 일어난 오순절 성령운동과 1960년대 성령의 은사갱신운동을 일으킨 오순절 신학에 기초하고 있다.[3] 한때 이 단체가 강조하는 '성령세례'라는 용어가 교계에서 크게 논란이 되기도 했다.

한국 교회에서 제자훈련의 출현은 일종의 종파 운동의 특성을 띤다. 트뢸치(Ernst Troeltsch)가 말한 바와 같이, 교회는 대중을 지배하는 조직 형태로서 보편의 원칙을 강조하고 보수성을 가진다. 그러나 종파는 소그룹이고 구성원들 사이의 인격성을 갖는 친교를 목적으로 하며 공동체성을 강조한다.[4] 교회 안의 소그룹은 이미 초대교회와 근대 교회에도 존재했고, 감리교회의 속회와 장로교회의 구역제도를 통해 계속해 존재해 왔다. 뿐만 아니라 감리교회나 장로교회 자체가 처음에는 하나의 종파 운동으로서 공동체성을 지닌 소규모 집단으로 시작되었다. 그러나 조직화되고 규모가 커지면서 제도로서의 모습을 갖춘 교회에서는 공동체성이 사라지고 종파로서의 생명력을 잃어버리게 된 것이다.

따라서 경직된 구조의 교회는 새로운 소그룹을 통해 교회 안에 새로운 생명력을 불어

---

2 방선기, "제자도와 제자훈련", 「목회와 신학」 2권 6호(1990년 6월), pp. 188-193.
3 고용수, "제자훈련 사역의 기독교교육적 성찰", 「교육교회」 6호(1993년), pp. 32-36.
4 종파는 기존의 교단에 포함되지 않거나 기존의 교단에서 빠져나와 새로운 교파를 형성하려는 작은 규모의 교회 집단을 의미하며, 이들은 기존의 종교 집단으로부터 이단시되는 경우가 많다. 트뢸치는 교회(the church)와 종파(the sect)를 구분하면서, 기존의 정치 및 사회 체제와 타협하고 그것에 순응하는 종교와 사회 조직을 '교회'라고 불렀고, 정신의 순수성을 추구하기 위해 모든 충성을 다하는 사람들의 자원 단체를 '종파'라고 불렀다. Ernst Troeltsch, trans. Olive Wyon, *The Social Teaching of Christian Churches* 1 (New York: Harper & Brothers, 1960), p. 331.

넣기를 원했고, 이에 현대 사회에 적합한 새로운 형태의 소그룹이 등장한 것이다.[5] 특히 한국 교회에서 소그룹 운동의 모태가 된 선교단체들은 기성 교회에 대한 반발감이 있었고, 자신들만의 공동체를 만들려고 하는 움직임이 강했다. 이에 선교단체들은 반교회성을 보인다는 비판을 받고 이단 시비가 일기도 했다.[6] 이렇게 출발한 소그룹 운동은 교회 안에 들어와서도 하나의 종파 운동으로 비춰졌고, 일부 교회에서는 심한 거부감을 나타내기도 했으나[7] 이제는 많은 교회에서 보편화된 실정이다.

대학가의 선교단체를 중심으로 널리 퍼져 있던 소그룹 운동을 처음 교회 안으로 들여온 인물로 사랑의교회 옥한흠 목사가 꼽힌다. 그는 일차로 제자훈련에 관심을 갖고 자신의 목회 전략으로 삼았다. 그는 소그룹 형태의 평신도 훈련이 성경에 나타난 예수님의 방법이자 가장 효과 있는 교육 방법이라고 생각하면서도, 이것이 소외감을 느끼는 현대인들이 소속감을 얻기 위한 노력으로 소그룹 모임에 관심을 갖는 현대의 추세에 영향을 받은 것임을 부인하지 않는다.[8] 그는 단정해서 "제자훈련은 평신도 지도자를 생산하는 일뿐만 아니라 교회 체질을 인격적인 관계 형성에 더 큰 강조점을 두는 유기적인 성격의 그룹으로 다시 바꾸어 놓는 데 그 목적이 있다. 그렇기 때문에 소그룹은 대단히 중요한 가치를 지니는 것으로 보아야 한다"고 말한다.[9] 이러한 교회의 소그룹 운동은 교회 안의 평신도 훈련이 실시될 수 있는 형식을 제공했다. 종종 개인을 대상으로 하는 일대일 훈련의 형식을 취하기도 하지만 대부분의 경우 열 명 내외의 소그룹을 대상으로 이루어진다. 역으로 모든 소그룹 활동이 제자훈련을 하는 것은 아니나, 소그룹 활동이 활성화된 경우 그 내용이 평신도 훈련을 주축으로 하고 있는 것이 한국 교회의 실태라고 할 수 있다.

초기 한국 교회의 소그룹 운동은 대체로 사랑의교회식의 제자훈련 집단과 순복음교회식의 통합 집단으로 대별된다. 이 두 교회는 모두 평신도 개발의 중요성을 인식해 소그룹

---

5 소그룹 운동을 펼치고 있는 한 교회 지도자는 자신이 트뢸치의 이론에 영향을 받았다고 책에 적고 있다. 장학일, 『교회의 체질을 바꿔라: 밴드 공동체 만들기』(대한기독교서회, 1998), pp. 111-113.
6 정덕통, "제자훈련에 관한 소고", 「목회」 132호(1987년 8월), p. 313; 고직한, "교회가 본 선교단체 제자훈련의 약점과 강점", 「목회와 신학」 7호(1995년), p. 65.
7 "한국 교회 제자훈련, 이대로 좋은가", 「목회」 157호(1989년 9월), p. 43.
8 옥한흠, 같은 책, pp. 242-244.
9 같은 책, p. 244.

활동을 전개시켜 왔으나, 그 내용에서는 상당한 차이점을 갖고 있다. 순복음교회의 조용기 목사는 강력한 카리스마와 설교를 통해 부흥회식으로 청중을 끌어 모으며, 이렇게 모은 청중을 강력한 구역 조직으로 묶는다. 이것은 지금까지 한국 교회 대부분의 지도자들이 지향했던 방식이다. 반면 사랑의교회 옥한흠 목사의 방법은 "소그룹을 중심으로 평신도들을 육성하여 전 교인을 제자화하여 하나의 작은 목회자를 만드는 것"이다.[10] 곧 순복음교회의 소그룹은 교회 지도자의 지도력이 전달되는 창구로서 이용되는 것이고, 여기서 평신도는 성직자를 보조하는 역할을 담당하며, 소그룹이 존재하지만 교회 전체의 구조는 여전히 피라미드형을 지향한다.[11] 교회 조직은 전체로 보아 교인을 관리하기 위한 목적으로 작용하며,[12] 교구 사이의 경쟁 메커니즘이 큰 역할을 한다.[13] 반면에 사랑의교회의 소그룹은 평신도들이 담임 목사에게 직접 훈련을 받아 소그룹 모임의 지도자가 되며, 실제로 담임 목사의 교회 운영을 분담하는 작은 목사의 역할을 함으로써 연결망 구조에 가까운 특성을 보여 준다.

옥한흠 목사는 이러한 제자훈련을 소개하고 보급하기 위해 세미나를 기획했고, 이를 전담할 기관으로 1986년 설립된 국제제자훈련원은 제자훈련 지도자 세미나인 일명 CAL세미나를 현재까지 정기적으로 개최하고 있다. 국제제자훈련원은 최근 100기 세미나를 개최하면서 99기까지 CAL세미나를 수료한 사역자가 국내 1만 8,482명(65회), 미주 2,225명(21회), 일본 521명(8회), 브라질 777명(4회), 대만 118명(1회) 등 총 2만 2,123명이며, 수료생 중에는 아시아·아메리카·유럽·아프리카·오세아니아 등 2,083명의 외국인도 포함돼 있다고 밝혔다. 물론 이 과정을 수료한 사역자들이 모두 제자훈련을 실시하고 있다고 단정할

---

10 이중표, "제자훈련이 한국 교회에 끼친 영향", 국제제자훈련원(엮음), 『제자훈련, 영적 부흥과 갱신의 길』(국제제자훈련원, 1999), p. 39.

11 정진홍, "급성장 대형 교회의 현상과 구조: 순복음 중앙교회의 이해를 위한 종교학적 시론", 크리스챤아카데미(엮음), 『한국 교회 성령운동의 현상과 구조: 순복음 중앙교회를 중심으로』(대화, 1981), p. 142의 '교회기구조직표'를 보라.

12 순복음교회에서 소그룹 인도자라 할 수 있는 구역장은 구역의 관리자로 규정되고, 담당 교역자와 성도들 사이의 다리 역할을 하며, 교회 지도자의 교회 운영 방침을 교인들에게 전달한다. 이에 대해서는, 여의도순복음교회 평신도교육연구소, 『작은 목자론』(서울서적, 1994), p. 16를 보라.

13 교회 관계자조차 대교구 사이의 경쟁심이 중요한 활력소가 되고 있음을 부정하지 않는다고 한다. 정진홍, 같은 글, p. 143.

수는 없지만, 상당히 많은 한국 교회에서 제자훈련을 실시하고 있다고 볼 수 있다.

이러한 제자훈련식 소그룹은 현재 거의 모든 한국 교회에 퍼졌다고 해도 과언이 아니다. 제자훈련은 사랑의교회와 같은 예장 합동 교단이나 장로교뿐만 아니라 다른 교단에도 보급되었다. 감리교회인 선한목자교회는 나름의 방식으로 제자훈련을 하고 있는 교회로 널리 알려져 있다. 최근에는 셀 교회, G12, D12, 가정교회 등 매우 다양한 소그룹 모델이 한국 교회에서 운영되고 있는데, 앞에서 말한 바와 같이 특정 모델과 상관없이 제자훈련의 요소가 평신도 또는 지도자 훈련 과정 속에 스며들어 있는 경우가 많다.

2. 제자훈련과 복음주의

제자훈련은 성경에 바탕을 두었다고 강조되고 이른바 복음주의 신학에 기초하고 있다고 이야기된다. 옥한흠 목사는 흔히 '복음주의 4인방'의 한 사람으로 거론되며 한국 교회 복음주의를 대표할 만한 목회자로 여겨졌다. 복음주의란 근본주의자와 현대주의자 사이의 논쟁의 와중에서 발전된 독특한 신학 집단으로서, 오늘날까지 지속되면서 기독교 신앙의 본질이라고 여겨지는 것을 고수하고 있다.[14] 곧 경건주의와 종교개혁 유산의 결합을 반영하는 연대로서 18, 19세기 미국의 대각성 운동 이후에 생겨난 보수 신앙 운동 경향을 가리키는 말이다.

그러나 이 복음주의를 한마디로 정의하기는 매우 어렵다. 복음주의는 스펙트럼이 매우 넓을 뿐만 아니라 사회학의 관점에서 볼 때 어떤 특정한 역사의 운동이나 신학 신조들의 나열 이상의 그 무엇이다. 사회학으로 말하자면, 그것은 광범위한 복음주의 문화권 안에 있는 다양한 하위문화들의 복합 요소로 구성되어 있다고 할 수 있다. 곧 신앙에 대한 공통 개념에 의해서는 서로 연결되지만, 그 강조점에서는 양상이 다른 하위문화체들의 혼합체로 보인다.[15]

1940년대에 미국에서 등장하기 시작한 복음주의는 근본주의의[16] 분리주의 성향을 거

---

14 알리스터 맥그래스, 『복음주의와 기독교의 미래』, 신상길·정성욱 역(한국장로교출판사, 1997), p. 31.

부하고 종교개혁 주류의 입장으로 되돌아가려고 했다. 현대성에 대한 근본주의자들의 저항은 문화에 대한 분리의 태도를 가져왔으나 복음주의는 문화의 중심부에 위치하였으며, 복음을 통해 문화를 변혁하기 위해 그 문화에 참여하는 데 헌신했다. 분리주의 전략은 특정한 일련의 역사 상황에 대응하는 과정에서 나타난 것일 뿐, 근본주의의 본질이 되는 필수 요소는 아니었다. 복음주의는 근본주의와 현대주의의 약점을 극복하면서 하나의 독특한 대안으로 등장했는데, 이들은 종교개혁 주류의 입장을 회복하면서 특히 세상을 부정적으로 보지 않고 문화를 포용하는 입장을 가졌다.[17] 또 복음주의자들은 근본주의가 지나치게 내세지향성과 반지성성을 갖고 있어 교육받은 대중들 사이에서 흥미를 끌지 못했다고 비판하며 영혼의 구원뿐 아니라 문화 변혁에 대해서도 강조했다.[18]

한국의 복음주의 역시 외국의 경우와 마찬가지로 다양한 하위 분파를 갖고 있다. 때로는 개혁주의와 혼동되기도 하고, 심지어는 근본주의와 구분 없이 사용되기도 한다. 그러나

---

15 웨버는 14개의 복음주의 하위문화를 정리하고 있다. 그것은 근본주의 복음주의, 세대주의 복음주의, 보수주의 복음주의, 무교파 복음주의, 개혁파 복음주의, 재세례파 복음주의, 웨슬리파 복음주의, 성결파 복음주의, 오순절파 복음주의, 성령은사파 복음주의, 흑인 복음주의, 진보 복음주의, 급진 복음주의, 전통 복음주의다. 같은 책, pp. 38-39. 그러나 웨버는 다른 책에서 특히 세 가지 신학 전통을 강조한다. 첫째로 초대교회가 영향을 준 신학의 특징은 통합성과 역동성을 갖는 경건한 통찰력이다. 둘째로 재세례파의 생활 방식과 사회에 대한 관심이 복음주의에 영향을 미쳤다. 셋째로 그리스도인의 신앙을 삶의 모든 영역에 적용하려는 개혁주의의 영향이다. 로버트 웨버, 『기독교 사회 운동: 그 본질과 한계』, 박승룡 역(라브리, 1990), pp. 106-108.

16 근본주의는 자신을 현대의 세속화된 세계 및 다른 그리스도인들로부터 스스로를 구분하는 독특한 방식의 생활과 믿음을 가진 집단이다. 근본주의는 그 어느 신앙 집단보다 성경의 영감설과 무오설을 강조하고 전천년왕국설을 신봉한다는 점에서 다른 보수 신앙 집단과 구분된다. 그리고 교리와 신조의 차원을 넘어서 현대 문명에 대한 하나의 대항 체계로서 현대인과 현대 사회에 지대한 영향력을 미치는 세력 혹은 운동으로 인식된다. 이런 근본주의는 현대주의 또는 세속주의의 증대에 대한 반응 곧 이러한 세속화된 사회로부터 자신들은 다르다는 점을 부각시킴으로써 나타난 것이다. 따라서 오늘날 근본주의는 현대성이 멀리 떨어져 있는 곳보다는 전통이 현대성과 만나는 곳에서 가장 흔히 발견된다. 곧 전통의 정통주의가 현대성에 대해 자체를 방어해야 하는 곳에서만 근본주의가 생겨난다. 그렇다면 근본주의자는 현대성이 증대되는 모서리에서 발견될 가능성이 많다. Nancy Tatom Ammerman, *Bible Believers: Fundamentalists in the Modern World* (New Brunswick: Rutgers University Press, 1987), pp. 3, 8.

17 알리스터 맥그래스, 같은 책, p. 39.

18 이런 복음주의 사상은 사실 근대에 들어 새롭게 등장한 것은 아니다. 원래 개신교의 의미 체계가 이런 내용을 담고 있었으나 근본주의에 의해 희석되었던 것이 복음주의의 등장으로 새롭게 부각한 것으로 보는 것이 옳을 것이다. 이와 관련해 박영신은 개신교 윤리 자체가 초월성의 인식 위에 터하고 있음으로 해서 현존 질서의 정당성에 도전할 수 있는 힘을 가지고 있으며, 현실 세계에서의 실천과 참여의 지향성을 의무화한다고 말한다. 박영신, "현대 사회의 구조화와 실존적 참여", 『현대 사회의 구조와 이론』(일지사, 1978), pp. 278-279.

앞에서 살펴본 바와 같이 복음주의는 근본주의와 분명한 차이를 가진다. 한국의 복음주의는 한국 교회가 토착화 신학과 근본주의 신학의 양극단을 체험한 후 이를 극복하고 자신들의 정체성을 발견하려는 노력으로 나타났다. 이런 한국의 복음주의에 대해 한 신학자는 보수 전통주의와 진보 전통주의 사이에 자리를 매긴다.[19] 이들은 한국의 보수주의가 1950년대 이후 지나치게 분리주의, 반지성주의, 폐쇄주의로 흐르는 것에 반발해 신학의 보수주의를 계승하면서도 사회 문화에 대한 그리스도인의 책임을 수행하려는 공동체 형성을 추구한 것이다.[20] 복음주의 운동이 한국 교회 전반으로 확대된 데는 1970년대 이후 복음주의 지도자들과 복음주의 정신에 기초한 교회들의 등장이 큰 몫을 했다. 1970년대 대학생 선교단체에서 활동했던 상당수의 학생 지도자 출신의 교회 지도자들이 세운 이 교회들은 복음주의라는 자의식을 가지고 있었다.

특히 복음주의 선교단체에서 훈련받은 젊은 그리스도인들은 기성 교회가 지나치게 탈정치화하고 보수화되는 것에 거부감을 느끼면서 기독교의 사회 책임을 강조하는 교회들에 모여 들기 시작했다. 그 중에서 사랑의교회는 1960년대까지 한국 교회가 안고 있던 교파주의와 개교회주의, 사회에 대한 책임 결여를 극복하여 새로운 교회상을 제시했다는 점에서 복음주의를 대표할 수 있는 교회로 평가받는다.[21] 곧 한국 교회 근본주의자들이 주장하는 정통 신앙을 그대로 견지하면서도 근본주의자들이 소홀히했던 사회에 대한 책임을 회복하려는 복음주의 신앙 운동을 일으켰다는 것이다.[22] 교회 안으로는 복음주의에 근거한 평신도 운동을 전개했고, 밖으로는 복음주의 연합을 구축해 복음주의 철학과 사상을 한국 교회 전반에 확대해 나갔다. 복음주의 연합 정신은 과거 근본주의 성향의 교회들이 갖고 있는 개교회주의, 교파주의, 분리주의를 극복하고자 한 것이었고, 평신도 운동은 비그리스도인들과 차별성 있는 그리스도인의 생활양식을 보여 주도록 한 것이었다.[23]

---

19 김명룡, "한국 신학의 현황과 과제", 「신앙과 신학」 제3집(1988년), pp. 106-107.
20 박용규, "한국 복음주의의 태동", 「신학지남」 256호(1998년 가을), p. 292.
21 박용규, 『한국 교회를 깨운다』(생명의말씀사, 1998), p. 8.
22 옥한흠 목사 스스로 1974년 로잔 세계복음화국제회의의 선언문을 따오면서 사회에 대한 책임을 강조하고 있다. 이에 대해서는 옥한흠, 같은 책, p. 190를 보라.
23 박용규, "사랑의교회가 한국 복음주의에 끼친 영향: 한국 복음주의 교회 성장의 한 모델로서의 사랑의교회", 「목회와 신학」 10권 11호(1989년 11월), p. 39.

이러한 내용으로 볼 때, 제자훈련은 복음주의 신학의 상징체계를 기반으로 하여 교회 안에서 현대성에 대응하면서 현대인들에게 호소할 수 있는 성경의 원리를 찾는 과정에서 발전된 것이라고 할 수 있다. 사회와의 관계에서 전통 교회들이 보수성을 견지하며 사회에 대한 무관심 또는 방관의 입장을 취할 때 새로운 복음주의 교회들은 사회에 대한 책임을 강조함으로써 기존 교회에 대한 불만족을 보상할 수 있었다. 또한 교육의 관점에서 볼 때, 논리성이 약하고 합리적인 사고를 전제로 하지 않는 전통의 주입식 교회 교육에서 탈피해 소그룹으로 모여 개인의 중요성을 강조하며 인간관계를 돈독히 하고, 단순한 지식 전달이 아닌 지식의 적용 및 실천을 중시하는 소그룹 중심의 새로운 교육 방법은 기존의 교회 교육에 식상한 많은 그리스도인들 특히 젊은 그리스도인들에게 설득력을 가질 수 있었다.

복음주의 운동은 특유의 신앙 풍토를 가지는데, 이것은 여러 가지 교리의 진술이 아니라 성경의 원칙에 근거한 기독교 삶과 사유의 방식을 말한다. 복음주의는 하나님에 대한 지식을 추상의 어떤 것으로 여기기를 거부한다. 대신 하나님에 대한 지식을 심령과 지성을 변혁시킬 수 있는 체험성과 인격성을 가진 것으로 생각한다. 따라서 "그리스도와의 인격 있는 관계"라고 표현되는 개인에게 소유되어 인격화된 신앙에 대한 관심이 강하다.[24] 이런 측면에서 복음주의는 현대인의 삶의 어려움들을 다루는 복음주의 형태의 영성 개발에 주력한다. 종교사회학자 로버트 우스노우(Robert Wuthnow)는 이런 영성이 현대성을 반영한 것이라고 말한다. 현대 복음주의의 영성은 하나님에 대해 힘과 위엄, 권위의 인식을 가지지 않고 현대인들이 경험하는 인간관계를 반영하는 경향이 있다. 하나님을 부모나 친구처럼 경험하는 개인화된 영성이 등장하는 것이다.[25]

또 복음주의는 교육과 교회 운영을 위한 기독교 공동체의 중요성을 깊이 인식하고 있다. 공동체 개념은 그리스도인의 삶에 대한 복음주의 관점에서 본질을 이루는 요소이며, 기독교 신학 작업에 대한 복음주의 입장에서도 매우 중요한 위치를 차지한다. 따라서 복음

---

24 알리스터 맥그래스, 같은 책, pp. 59-60.

25 Robert Wuthnow, *Sharing The Journey: Support Groups and America's New Quest for Community* (New York: Free Press, 1996), p. 230. 이런 면에서 복음주의는 인간 중심이라는 이유로 신학자들 사이에서 비판을 받기도 한다. 이에 대해서는 Robert Letham, "Is Evangelicalism Christian?", *Evangelical Quarterly*, 67권 1호(1995년)를 보라.

주의는 스스로를 좁은 울타리 안에 가두지 않고 누구든지 복음주의라는 이름 아래 모일 수 있도록 초교파성을 갖는다. 그들은 분리주의 입장을 포함한 특정한 교회 질서에 집착하지 않고, 공유하는 교리와 안목에 대한 공통의 헌신을 통해 자연스러운 친밀감을 유지하는 교회 연합 운동의 성격을 갖는다.[26] 이런 움직임 역시 다원화된 현대 사회에서 종교가 생존하기 위한 하나의 방편으로 이해될 수 있다. 물론 교회의 공동체성이나 연합을 강조하는 것은 그 자체로 성경의 원리와 부합하는 것이지만, 세속화된 현대 사회에 대응 또는 적응하기 위해 적용될 수 있는 원리를 추출해 낸 것으로 이해할 수 있다.[27]

II. 제자훈련의 성과와 한계

1. 제자훈련의 긍정적인 성과

앞에서 살펴본 바와 같이, 복음주의에 기초하고 소그룹 운동의 주요 방편으로 활용되어 온 제자훈련에 대한 긍정적인 성과라면 무엇보다 평신도에 대한 새로운 인식이 적용되었다는 점을 들 수 있다. 이전까지 평신도라고 하면 단순히 목회의 대상으로 여겨지며 교회 안에서 부차적이고 수동적인 위치에 있다고 생각했는데, 제자훈련은 그 바탕을 평신도 교회론에 두었기 때문에 새로운 시각으로 평신도를 보기 시작했다. 여기서 교회론이란 "교회란 무엇인가"라는 물음에 대한 대답이라고 할 수 있다. 이것은 교회의 본질과 관련해서 대

---

26 알리스터 맥그래스, 같은 책, pp. 85-90.
27 막스 베버 역시 이런 현상에 대해 종교 단체들이 지나친 경쟁을 억제하기 위해 서로 카르텔을 맺는 것이라고 분석한 바 있으며, 피터 버거도 비슷한 주장을 했다. 이에 대해서는 Max Weber, "The Protestant Sects And The Spirit of Capitalism", *From Max Weber: Essays in Sociology*, Gerth and Mills 엮고 옮김(New York: Oxford University Press, 1958), p. 306와 피터 버거, 『종교와 사회』, 이양구 역(종로서적, 1982), p. 160를 보라.

답될 수 있을 것이다. 그러나 교회의 본질에 대해서는 신학자들 사이에서조차 분명한 합의가 없다. 물론 대체로 합의하는 교회의 특성들을 나열할 수는 있으나, 교회를 보는 관점에 따라 강조점이 달라진다.

교회에 대한 관점은 또 시대에 따라 달라지기도 한다. 시대마다 특정한 역사 상황에서 특정한 교회의 생활과 형식이 나왔고, 역사상 특정한 신학자들이 되돌아보거나 내다보는 교회관이 있었다. 따라서 근본으로부터 교회라는 개념은 주어진 각 시대의 교회 형태에 의존하는 것이다. 한스 큉(Hans Küng)은 교회의 본질이 존재하지만, 그것은 형이상학으로 움직일 수 없는 것이 아니라 항상 변화 가능한 역사 형태로만 나타난다고 말한다.[28] 이런 측면에서 교회론은 끊임없이 변하는 역사 상황에 대한 응답인 동시에 요구인 것이다. 교회론은 교회 자체와 더불어 필연으로 계속되는 변화의 영향을 받고 있으며, 따라서 언제나 새로이 시도되어야 한다. 종교개혁자들이 자신이 처한 시대를 개혁하기 위해 성경을 가지고 모든 것을 시험하고 그 원리를 적용하며 당시의 문제에 답하는 데 전력을 쏟았던 것처럼, 이 시대에는 현재의 상황에 맞는 교회론이 필요한 것이다.

현대 사회의 변화와 함께 새롭게 강조되는 교회론이 바로 평신도 신학과 관련된 교회론인 것이다. 평신도에 대한 새로운 인식은 종교개혁까지 거슬러 올라가지만, 평신도라는 말은 키프리아누스(Cyprian)가 처음 사용했다.[29] 그러나 이 말은 성경에는 나오지 않는다. 성경에서 교회는 "하나님의 백성"으로 묘사되는데, 이 "하나님의 백성"의 헬라어 표현인 라이코스(laikos)와 라오스(laos)에서 오늘날의 '평신도'(laity)라는 말이 파생되었다.[30] 그러나 평신도란 흔히 잘못 이해되는 것처럼, 역사에서 볼 때 성직을 전담하는 교회 지도자의 성직과

---

28 한스 큉, 『교회란 무엇인가?』, 이홍근 역(분도출판사, 1992), p. 17. "교회론이란—교회 자체가 인간을 위한 인간의 것이고, 시간과 세계 안에, 곧 끊임없이 변하는 인간 세계의 반복 없는 현재 안에 존재하는 것인 이상—본질적으로 역사적이라는 것이다. 교회의 본질은…역사 안에 있다. 현실 교회는 비단 역사를 가지고 있을 뿐 아니라 역사가 발생하는 가운데 존재한다. 교회론은 불변하는 형이상학적 존재론적 체계로서 존재하는 것이 아니라 오직 교회사와 교의사와 신학사와의 관계 속에서 본질적으로 역사의 제약을 받는다"고 한스 큉은 말한다. 같은 책, p. 28.
29 이장식, 『기독교사상사』 1권(대한기독교서회, 1977), p. 78. 키프리아누스는 감독 교회를 발전시킨 인물이다. 천주교회는 이를 중시해 성직자 위주의 교회 체계를 발전시켜 평신도의 위치와 역할을 무시하는 근거로 사용해 왔다.
30 이숙종, "평신도를 위한 목회와 교육", 강남대학교 신학대학(엮음), 『한국 교회의 미래와 평신도』(대한기독교서회, 1994), p. 353.

이원 분리로 그 기능을 구분하는 기독교 봉사의 본질 성격에 관한 구분이 아니다.[31] 성직자도 성직의 기능을 수행하는 평신도로서 평신도의 신분을 가졌다고 볼 수 있는 것이다.[32]

신학자들에 따르면, 초대교회 당시에는 오늘날과 같이 성직 계급과 평신도의 이원화 현상을 찾아볼 수 없었다. 그러나 교회가 성장하고 발전해 감에 따라 교회 운영과 조직의 필요성이 대두되어 교회에 감독, 장로, 집사 등이 나타나 세분화된 성직을 수행했다. 이와 같은 성직의 변천 과정에서 교회에 교권제도가 강화되어 성직자와 평신도를 두 계급으로 구분하는 신성불가침의 영역으로 등장했다. 여기에서 초대교회의 공동 목회의 유산과 개념이 무산되었고, 평신도는 교회 운영에서 소외되어 오히려 교회 운영을 독점한 성직자들에게 의존해 피동성을 가진 무기력한 계층으로 전락한 것이다.[33] 교회에서 교권주의 영향으로 성직자와 평신도의 양분화된 현상이 수 세기 동안 지속해 오던 중 16세기 루터의 종교개혁 운동에 의해 '만인사제론'이 주장되었고, 20세기에 들어와 제2차 세계대전 이후 유럽교회, 특히 가톨릭교회를 중심으로 평신도의 중요성과 그 위치를 재해석하려는 새로운 신학 운동이 태동했다.[34]

교회 현장에서 평신도 교회론을 강조하며 평신도 교회론에 기초한 목회 철학을 가지고 목회를 한 대표적인 인물이 바로 제자훈련을 강조한 옥한흠 목사다. 그가 평신도 자각을 위해 1974년에 쓴 『평신도를 깨운다』는 교계 안팎에서 큰 관심을 받았고, 한국 교회 평신도 운동에 관한 필독서가 되었다. 옥한흠 목사는 자신의 교회론을 평신도 교회론으로 규정하고 교회 운영 전략 및 방법을 소그룹 중심의 제자훈련이라고 적고 있다.[35] 그는 20세기에 들어 교회의 가장 큰 각성 중 하나로 평신도 운동을 꼽으면서 그 이유 중 하나는 "급속도로 팽창해 가는 현대 사회 구조 안에서 평신도가 지닌 큰 잠재력을 구체적으로 활용하고자 하는 강한 노력"이라고 지적한다.[36]

---

31 앨빈 린그렌, 『교회개발론』, 박근원 역(대한기독교서회, 1977), p. 188.
32 M. 깁스·T. R. 모튼, 『오늘의 평신도와 교회』, 김성한 역(대한기독교서회, 1979), p. 16.
33 은준관, 『기독교교육 현장론』(대한기독교서회, 1988), p. 239.
34 같은 책, p. 243.
35 옥한흠, 같은 책, 2부를 볼 것.
36 같은 책, pp. 34-35.

옥한흠 목사는 스스로 한스 큉에게 영향을 받았음을 명시하고 있으며, 큉의 평신도 교회론의 적절성을 인정하면서 평신도의 사도직에 대한 소명의식을 일깨워야 함을 강조한다. 곧 "성경적인 교회는 사도적이어야 한다고 했다. 사도적이기 위해서는 평신도를 포함한 전 교회가 사도의 계승자라는 사실을 믿어야 한다"는 것이다.[37] 또한 낙후된 기존의 교회론은 시민으로서의 그리스도인의 역할을 고취시키는 데 심각한 약점을 가지고 있으며, 이런 취약한 교회론으로는 현대 사회를 책임지는 교회가 될 수 없었다.[38] 따라서 그는 "지금 잃어버린 성경적 평신도상을 다시 회복하는 용기와 노력을 필요로 하는 시대에 살고 있다"고 말하며, "다가오는 예측 불허의 세기를 교회가 책임지기 위해서는 평신도를 깨우는 것 외에 다른 길이 없다는 사실을 깊이 인식해야 한다"[39]고 주장한다.

이것은 또한 공동체성이 강조되는 시대의 요구와도 잘 맞는 이념이다. 사회에 모델을 제시해야 할 종교 단체로서의 교회가 오히려 분열의 양상을 보이는 것은 교회가 사회에 대한 역할을 담당하는 데 큰 장애가 될 수밖에 없다. 이를 위해서는 교회의 연합 운동과 함께 교회 안의 성직자와 평신도 사이의 연합이 필요한 것이다. 옥한흠 목사는 "성령을 모시고 있다는 점에서 성직자와 평신도는 전혀 차이가 없다. 성령으로 신령한 제사를 드리는 제사장이라는 점에서도 둘은 구별이 되지 않는다. 따라서 전 교회의 구성원인 평신도는 엄연히 교회의 주체이며 교회라는 공동체 그 자체인 것이다"라고 말했다.[40]

이와 같이 서구 교회에서 20세기 후반부터 시작된 평신도 신학의 필요성에 대한 새로운 인식은, 세속화되어 가는 사회에 대한 교회의 역할에 대해 새로운 자각과 그것을 위한 평신도의 역할이 전략 측면에서 중요하다는 인식에서 비롯되었다. 따라서 이러한 평신도 교회론에 입각한 제자훈련은 교회의 공동체성 회복에 큰 역할을 한다. 성직자와 평신도를 구분해서 평신도를 부수의 위치에 고착시키는 것은 교회의 공동체성을 저해하는 요소가 되기 때문이다. 제자훈련은 종래의 성직자 편중의 교회관으로부터 교회의 전모 곧 교회의 전체성 회복을 위한 교회 혁신 운동의 성격을 나타내는 것이다.[41] 또 성직자 중심의 피라미

---

37 같은 책, pp. 102-103.
38 같은 책, p. 80.
39 같은 책, p. 51.
40 같은 책, p. 41.

드 구조는 사회에 대한 교회의 역할을 담당하기에도 적합하지 않다. 평신도가 성직자와 동등한 위치에서 사회참여를 할 수 있는 연결망 조직으로 바뀔 때 교회는 말 그대로 공동체의 모습을 갖추게 될 것이다.[42]

다원화 전문화된 현대 사회의 다양한 문화와 세계관, 개인의 경험과 가치관의 차이 속에서 이제 지도자 일인 체제의 교회 운영은 그 능력에 한계를 느끼며 전문화와 세분화를 요구받고 있다.[43] 이런 상황에서 교회 안에 절대 다수를 차지하는 평신도들을 방치하는 것은 좋은 방법이 못 된다. 유휴 자원으로 남아 있는 평신도를 동원해 충분히 교회의 활성화를 위한 자원으로 개발, 훈련, 활용할 필요가 있다.[44] 이렇게 함으로써 교회 조직 자체가 더 효율 있게 되는 것이다.[45]

이것은 사회학에서 말하는 무임승차의 문제와 관련된다. 종교에 대한 한 사람의 만족은 자신의 투자와 다른 사람의 투자 모두에 의존하며, 자신의 투자는 자신뿐만 아니라 다른 사람들에게도 이익을 제공하기 때문이다. 소그룹 안에 있는 개인들의 목표는 자신의 이익을 위한 것이지만, 그 목표를 위한 수단은 다른 사람들과의 관계 속에서만 이루어진다. 아야코네(Laurence R. Iannaccone)는 무임승차의 문제를 해결하기 위해서는 구성원에 대한 엄격성을 높여야 한다고 주장한다. "벌과 금지"의 방법을 통해 모임에 대한 헌신이 약한 회원들을 걸러 낼 수 있고, 이에 따라 헌신의 전체 수준을 높이고 평균 참여율을 높임으로써 모임을 더 강하게 할 수 있다는 것이다.[46]

이것이 바로 제자훈련 방법에서 흔히 표현되는 소수 정예 요원을 중심으로 한 배가의 원리와 일맥상통하는 것이다. 회원들에게 강도 높은 헌신을 요구함으로써 집단에 대한 적

---

41 핸드릭 크레머, 같은 책, p. 10.
42 심일섭, "평신도와 한국 교회의 미래", 강남대학교 신학대학(엮음), 『한국 교회의 미래와 평신도』(대한기독교서회, 1994), pp. 164-165.
43 김만배, 『선교 지향적 팀 목회론』(진리와자유, 1999), p. 136.
44 옥한흠, 『다시 쓰는 평신도를 깨운다』 개정판(국제제자훈련원, 2002), pp. 45-46; 김한옥, "현대 목회와 평신도: 전 교인의 목회자화를 위한 교회의 존재 양식", 「신학사상」 제103집(1998), p. 255.
45 이것이 교회 안에서 평신도 훈련을 통한 팀 목회가 중요하게 대두된 이유다. 이숙종, "평신도를 위한 목회와 교육", 강남대학교 신학대학(엮음), 『한국 교회의 미래와 평신도』(대한기독교서회, 1994), p. 269.
46 Laurence R. Iannaccone, "Why Strict Churches Are Strong", *American Journal of Sociology* 99권 5호 (1994년 3월), pp. 1183-1188.

극성이 결여된 회원보다는 적극성을 가진 회원을 중심으로 구성원을 기하급수로 늘일 수 있다는 논리이기 때문이다. 다시 말하면, 교회는 과거의 엄격한 교리 전통을 고수하기보다는 변화하는 사회의 흐름에 맞춰 현대 사회에 적용할 수 있는 성경 전통을 발견하고 이것을 구체화시킨 것이다. 이런 점에서 한국 교회의 제자훈련은 평신도에 대한 진일보한 관점을 목회 현장에서 실천했고, 이를 통해 교회 공동체성의 회복에 일조했다는 점에서 긍정적인 성과를 거두었다고 평가된다.

2. 제자훈련의 한계

1) 공동체성의 문제

제자훈련은 위에서 살펴본 바와 같이 긍정적인 측면을 가지고 있으나 한계 또한 분명하게 드러내고 있다. 그 첫 번째는 역설적으로 제자훈련이 과연 교회의 공동체성을 회복하는 데 적절한 도구가 될 수 있는가 하는 점이다. 평신도를 단순히 목회 대상으로 여기지 않고 함께 동역할 사역자로 인식한 것은 높이 평가되지만, 그것이 온전한 공동체를 세우는 데에는 부족한 점이 있다는 것이다. 제자훈련이 온전한 공동체를 세우는 데 걸림돌이 되는 이유는 그것이 전체 교회 공동체를 염두에 두기보다 헌신된 소수에 집중하기 때문이다.

제자훈련은 흔히 소수 정예 훈련으로 이해된다. 사랑의교회가 모델로 삼은 미국 새들백 교회에서는 훈련받은 15퍼센트의 성도가 교회를 이끌어 간다고 이야기되고, 사랑의교회 출신의 한 목회자는 자신이 목회하는 교회에서 성도의 30퍼센트를 제자화했다고 해서 주목을 받기도 했다. 실제로 대부분의 한국 교회에서 소그룹이 활성화되었다고 하는 경우에도 전체 교인의 3분의 1 정도만 소그룹에 정기적으로 참여할 뿐이다. 특히 제자훈련과 같이 엄격한 훈련을 강조하는 경우에는 참여율이 더 저조하게 마련이다. 이것은 제자훈련에 참여하는 교인들에게는 영적인 엘리트 의식을 심어 주고 참여하지 않는 교인들에게는 패배감과 열등감을 주어 교인들 사이에 위화감을 조장하고 교회의 공동체성을 심각하게 훼손하는 결과를 낳기도 한다.[47]

또한 제자훈련은 일종의 도제 방식의 성격을 띠고 있다. 곧 철저하게 리더를 통해 제자도를 전수받는 형태다. 여기서 문제는, 훌륭한 스승이나 지도자를 통해 배우는 것이 많다는 장점은 있지만, 그런 스승을 찾기가 쉬운 일이 아니라는 점이다. 아무리 2-3년에 걸친 양육과 훈련 과정을 통해 지도자를 세운다고 해도, 그 지도자에게 지나치게 의존하는 것은 오히려 잘못된 내용을 전수받게 될 우려도 있다.[48] 그래서 옥한흠 목사는 생전에 교역자들에게 예수님의 제자를 만들지 않고 자신의 제자를 만든다며 나무라기도 했다고 한다.

제자훈련을 위한 교재조차도 대부분 암기와 지식 전달 중심으로 되어 있어서, 참여자 스스로 자신의 신앙관을 정립하고 기독교적 사고를 계발하며 공동체의 일원으로 성장하기보다는 정해진 과정을 습득하는 데 치중하게 되는 경향이 있다. 이에 따라 삶에 대한 치열한 고민과 신앙을 실천하기 위한 희생과 헌신보다는 지도자를 통해 프로그램을 이수하는 데 더 의미를 두게 된다. 필자가 만난 사랑의교회 출신의 한 그리스도인은 소그룹 안에서 영적인 나눔을 하기보다는 제자훈련조차 그저 리더가 되기 위한 과정으로 전락해 버렸고, 사람들 사이에서는 단지 어느 유명 교회의 리더라는 사실에 대한 자부심이라는 심리적 보상을 주는 것 이상의 역할을 하지 못한다고 말했다. 또한 정작 나누어야 할 이야기는 제3의 비공식적인 그룹을 통해 나누게 돼 소그룹 자체가 형식적인 모임으로 유지될 뿐이라는 것이다.[49]

이와 관련된 또 한 가지 문제는 지도자와 구성원이 지나치게 수직화된 조직은 공동체성을 구현하는 데 오히려 장애가 될 수 있다는 점이다. 공동체는 다양한 생각을 가진 사람들이 모여 서로의 생각을 나누고 조율하면서 스스로의 공동체를 만들어 가야 하는 것인데, 지도자가 다른 참여자들을 가르치고 이끌어 가는 구조에서는 공동체성이 만들어지기 힘들기 때문이다. 이런 점에서 최근 등장한 소그룹 모델에서는 도제 방식의 지도자 개념보다 모임을 인도하는 것으로 지도자의 역할을 국한하며, 가능한 많은 구성원의 참여를 강

---

47 허남기, "한국 교회 제자훈련의 현황과 문제점", 「교육교회」 203호(1993), p. 10.

48 이것은 제자훈련과 관련해 자주 제기되는 문제다. 보기로, 정삼지, "교회 공동체를 통한 제자훈련", 「목회와 신학」 1990년 1월호; 채이석, "목회 본질과 철학으로서의 제자훈련", 「목회와 신학」 2007년 7월호; 이학준, "삼위일체의 제자도를 찾아서", 「목회와 신학」 2013년 6월호; 이강학, "영성 형성 관점에서 본 제자도와 제자훈련", 「목회와 신학」 2013년 6월호 등을 보라.

49 이 내용은 가나안 성도를 인터뷰하는 과정에서 확인한 것이다. 이에 대해서는 정재영, 『교회 안 나가는 그리스도인: 가나안 성도를 어떻게 이해할 것인가?』(IVP, 2015), p. 90를 보라.

조하는 방식으로 운영된다는 점을 참고할 필요가 있다.

2) 양적 성장에 치우침

제자훈련을 하는 교회들은 제자훈련 방식이 전통적인 방식의 목회보다 더 효율적이라고 강조한다. 그것이 곧 배가 또는 증식의 논리다. 제자훈련에서 사용하는 핵심 원리 중 하나인 배가의 원리는 교회에서 전통으로 해 오던 복음 전파 방식의 비효율성과 비생산성을 지적하고 그 대안으로 제시되는 것으로서, 논리는 이렇다. 하루에 1,000명씩 회심시키는 전도자와 1년에 한 사람을 제자로 키우는 사람을 비교해 보면, 1년 후에 앞의 전도자는 36만 5,000명의 사람을 회심시키는 데 비해 제자훈련가는 자기를 포함해 두 명밖에는 얻지 못한다. 2년 후 전도자는 73만 명의 신자를 얻는 데 비해 제자훈련가는 네 명의 제자를 확보하게 된다. 3년째 되는 해에 전도자는 109만 5,000명(36만 5,000명×3)을 회심시키게 되고, 제자훈련을 하는 사람은 8명(2^3)의 제자를 얻게 된다.[50]

초기 몇 년간을 비교해 보면 제자훈련가가 얻게 되는 사람의 숫자는 전도자가 얻는 사람의 숫자와 비교가 안 될 만큼 보잘것없다. 그러나 이런 식으로 계속해 20년 정도가 지나면 제자훈련가가 확보한 제자 수가 전도자가 회심케 한 사람을 능가하고, 그후 제자의 숫자는 폭발적으로 증가한다는 것이다. 따라서 제자훈련 과정은 마치 제화 공장에서 구두를 만들어 내듯 규격화된 제자를 길러 낼 수 있다고 주장된다.[51] 실제로 제자훈련에서는 이러한 증식의 원리가 성경에 기초한 것으로 강조되며, 영적 차이는 차치하고라도 양적 성장이 가능한 것이 제자훈련의 매력이라고 이야기된다. 결국 교회의 양적인 성장에 대한 관심이 강조되는 것이다.

이런 점에서 한국 교회의 제자도는 주로 교회 성장을 위한 제자훈련 프로그램으로 인식되었고, 제자훈련 열풍이 한국 교회 안에 불었던 시기에조차 제자훈련을 통해 그리스도를 따르는 제자들을 '양산'하려는 의도가 깔린 프로그램들이 고안되었다는 비판을 받기도

---

50 방선기, "제자훈련의 핵심 원리", 「목회와 신학」 1990년 7월호.

51 이에 대해서는 월터 헨릭슨, 『훈련으로 되는 제자: 태어나는 것이 아니다』(네비게이토, 1980), pp. 139-141와 리로이 아임스, 『제자 삼는 사역의 기술』(네비게이토, 1981), pp. 71-73를 볼 것.

한다.[52] 사실 제자훈련의 좋은 사례로 알려진 교회들은 대부분 대형 교회다. 시골의 작은 교회가 제자훈련을 잘할 때 주목하기보다는 제자훈련을 통해 양적인 성장을 이룬 교회에 더 관심을 둔다. 제자훈련을 통한 교회 부흥은 곧 양적인 성장을 의미하는 것이다.

그런데 실제로 제자훈련 자체가 양적인 성장에 큰 기여를 했는지는 명확하지 않다. 사랑의교회를 비롯해 제자훈련을 중시하는 몇 교회가 양적인 성장을 이룬 것은 사실이지만 그것을 오로지 제자훈련의 영향만으로 볼 수는 없기 때문이다. 초기 사랑의교회도 옥한흠 목사라는 탁월한 목회자의 설교와 지도력이 제자훈련과 결합되어 종합적으로 양적인 성장에 기여했다고 보는 것이 적절할 것이다. 그리고 제자훈련 후발주자인 교회들은 교회가 양적으로 성장하면서 교회 교육을 체계화하기 위해 제자훈련을 도입한 경우도 많기 때문에 제자훈련을 교회 성장의 독립 요인으로 보기는 어렵다.

교회 성장 자체를 부정적으로 볼 필요는 없으나 양적인 성장을 추구하기 위해 제자훈련을 한다면 본질이 전도된 것이고 제자훈련의 목적 자체가 바람직하다고 보기 어렵다. 사랑의교회의 장점으로 수평 이동에 의한 성장이 아닌 제자훈련을 통한 회심에 의한 성장이 이야기되기도 한다.[53] 그러나 초기 사랑의교회의 성장이 전도를 통한 것이었다고 하더라도 현재 수만 명에 이르는 교인 대부분이 전도를 통해 인도되었다고 보기는 어려울 것이다. 설령 그렇다고 해도 전도는 교회의 여러 사명 중 하나이지 유일한 사명은 아니라는 점에서 교회 성장을 강조하는 것을 제자훈련의 목적이나 성과로 보는 것은 적절하지 않다.

3) 편향된 제자도

이와 같이 양적인 성장에 경도된 제자훈련은 그리스도인들을 세계 변혁적 하나님나라 운동에 헌신하게 하기보다는 지나치게 개교회 중심의 헌신과 충성 운동으로 제한했다는 비판에서 자유롭기 어렵다. 이번 설문조사에서 제자훈련 경험 여부의 차이로 교회 헌신도가 가장 높게 나온 것이 이를 증명한다. 이것은 선교단체 역시 마찬가지다. 과거 선교단체의

---

52 최형근, "바른 교회를 위한 한국 교회의 '선교(전도)' 진단과 대안", 「제20회 바른교회아카데미 연구위원회 세미나 자료집」(2016년 1월 25일), p. 95.

53 이중표, "사랑의교회 제자훈련이 한국 교회에 미친 영향", 「목회와 신학」 1998년 11월호.

제자훈련은 '자기 사람 만들기' 식의 훈련으로, 주일에조차 지역 교회에 출석하지 않고 자체적으로 예배를 드려 갈등을 일으키기도 했다. 소속 단체에 대해서는 매우 강한 충성심을 보이지만, 단체 밖의 사회나 정치·경제 체제에 대해서는 큰 관심을 보이지 않고 탈사회적 활동만 강조했다. 따라서 교회마다 제자 사역 프로그램이 진행되고 있지만, 이것이 과연 하나님나라를 위한 제자들을 목적으로 하는 것인지 아니면 교회 성장이나 자신의 신앙 성장, 심지어는 기독교 왕국(christendom) 형성을 위한 도구들인지 분별해야 한다는 주장이 나오고 있다.[54]

이런 점에서 한국 교회의 제자훈련에서는 신학자들이 제자도에서 중요하게 여기는 순교적 희생의 차원보다 증식과 재생산이 강조되고 있다는 한계를 가진다. 한때 한국 교회에서 제자훈련의 교과서처럼 읽힌 데이비드 왓슨(David Watson)의 『제자도』(*Discipleship*, 두란노)에도 "제자도는 한마디로 세상을 위한 그리스도의 계획"이라고 정의되어 있고 희생과 헌신을 강조하지만, 한국 교회의 제자도에는 이 부분이 결여되어 있다는 것이다.[55] 이것은 사회학에서 말하는 목적 전치 현상과 관련이 있다. 목적 전치란 한 조직이나 단체가 처음 설립되었을 때는 나름대로의 목적을 설정하고 이를 달성하는 것이 가장 중요한 것으로 여겨지지만, 시간이 흐르면서 본래의 목적보다는 조직을 유지하고 존속시키는 것 자체가 더 중요하게 여겨지면서 목적과 수단이 뒤바뀌는 현상을 가리키는 말이다. 이와 마찬가지로, 교회나 선교단체 모두 초기에는 신자들의 제자화를 목적으로 최선의 노력을 기울였지만, 점차 이런 목적의식은 약화되고 회원(교인) 확보와 유지가 가장 중요한 목적이 되어 버린 것이다.

이것은 제자훈련이 지나치게 프로그램화되어 있어 나타나는 문제이기도 하다. 제자훈련을 하나의 과정이나 프로그램으로 만들었기 때문에, 이런 과정을 거친 사람을 제자라고 인정하는 것이 오히려 일생을 통해 이루어 나가야 하는 성화 과정을 소홀히 여기게 하는 경향이 있다. 따라서 진정한 의미의 제자 사역이 아니라 지식을 가르치고 프로그램을 만들고 개인을 위한 영적 경험을 갖는 일 등에 치중함으로써 지적인 사역, 교회를 위한 사역으

---

54 최형근, 같은 글.
55 이강학, 같은 글.

로 변질 혹은 축소되었다는 평가를 받는다.[56] 결국 제자가 없는 제자훈련이 되고 말았다는 것이다. 제자훈련에서 강조되는 개인 경건생활은 신자들의 신앙생활의 기초를 이룬다고 할 수 있지만 단기간에 이룰 수 있는 것이 아니다. 그럼에도 개인 경건생활의 완성을 지나치게 강조하면 매우 좁은 의미의 신앙 훈련에 제한되기 쉽다. 결과적으로 일상생활에서 신앙을 실천하는 부분을 소홀히 하고 그리스도인으로서의 사회적 책임 영역까지 나아가지 못하는 한계를 갖게 되는 것이다.

뿐만 아니라 흔히 제자훈련은 어떤 교단이나 교회에도 적용될 수 있는 훈련 방식으로 프로그램화되었기 때문에 특정 신학에 매이지 않는다는 점이 오히려 제자훈련에 신학이 없다는 비판으로 이어지기도 한다. 제자훈련이 넓은 의미의 복음주의 신학에 기초하고 있다고 이야기는 되지만, 신학적인 지향성보다 하나의 원리나 프로그램으로 받아들여지면서 탈신학화되고 탈역사화되는 것이다. 신학적인 차이나 목회 현장의 차이, 곧 교회 구성원들의 계층적 차이나 교회 주변 환경과 상관없이 적용될 수 있는 원리라는 것은 한편으로 매우 강력해 보이면서도, 이런 차별적인 특성들을 무시하기 때문에 각 교회 공동체가 가지는 독특성을 담아 내지 못하고 역사적인 책임의식도 약화되는 결과를 낳는 것이다.

생전에 옥한흠 목사는 자신이 강남 중산층을 대상으로 제자훈련을 했기 때문에 성공적인 목회를 할 수 있었다는 비판에 대해 서울의 강남이 아니라 시골에서 목회를 했더라도 반드시 제자훈련을 했을 것이라고 강변을 한 적이 있다. 아마도 옥한흠 목사의 제자훈련의 열정과 진정성을 의심하는 사람은 별로 없을 것이다. 그러나 제자훈련을 서울 강남이 아닌 다른 지역에서 한다면, 그 환경과 구성원에 따라 다른 방식과 전략을 적용해야 할 것이다. 최근 교계에서 뜨거운 관심을 일으킨 한 소그룹 모델에서는 모든 내용을 매뉴얼화해 그대로 적용하도록 강조한다고 한다. 심지어 '토씨' 하나 바꾸지 말고 그대로만 해야 한다고 말한다는 것이다. 과연 모든 상황을 매뉴얼화한다는 것이 가능할까? 지역적인 차이, 거주민들의 삶의 경험, 살아온 내력, 그 안에서 겪은 아픔과 슬픔을 무시하고 정해진 절차에 따라서만 진행해도 훈련이 이루어지고 제자가 만들어진다고 하는 논리는 동의하기 어렵다.

---

[56] 박원호, "바른 교회를 위한 한국 교회의 '양육(교육)' 진단과 대안", 「제20회 바른교회아카데미 연구위원회 세미나 자료집」(2016년 1월 25일), p. 73.

여기서 한 가지 생각해 볼 문제는 제자훈련으로 유명한 교회들이 대부분 대도시에 있고, 주로 중산층이 모여 사는 지역에 자리하고 있다는 점이다. 서민층 밀집 지역이나 농어촌 지역에 있는 교회 중에서 제자훈련으로 유명한 교회를 찾기는 쉽지 않다. 이것은 무엇을 의미하는가? 제자훈련이라는 과정이 비교적 긴 기간 많은 시간을 할애해야만 참여할 수 있는 성격을 가지기 때문에 팍팍한 삶의 현장에서 당장 하루 벌어 하루를 먹고 사는 서민층이 참여하기에는 애초에 어려운 한계를 가졌다는 것이다. 자칫 우리 사회 기층민들은 신앙의 성숙을 위한 과정에서마저 체계적으로 배제될 우려가 있는 것이다. 이런 점에서 제자훈련이 시간적으로나 물질적으로 여유 있는 삶을 사는 중산층을 위한 교육 과정이라는 비판으로부터 자유롭기는 어렵다.

4) 신앙의 개인주의화

마지막으로, 제자훈련의 한계와 관련해 신앙의 개인주의화 문제를 말하지 않을 수 없다. 흔히 제자훈련은 개인 경건 훈련을 바탕으로 제자화를 추구하기 때문에 개인의 영적인 성숙에 도움이 되는 것으로 평가된다. 훈련이라는 말 자체가 단순한 주입식 교육을 넘어 개인 인격의 변화를 추구하는 전인적 교육이라는 점에서 강점을 갖는다고 할 수 있다. 문제는 이것이 개인 차원의 훈련에 머문다는 점이다. 변화된 개인이 주변 환경과 사회문제에 관심을 갖고 삶의 모든 영역에서 신앙을 실천하고 변화를 추구하기보다 끊임없이 개인 경건 훈련을 반복하며 대부분의 열정을 교회 안에서의 봉사활동에 치중하기 때문에 사회에 대한 관심으로 확장되지 못하는 것이다.

그동안 한국 교회는 사회의 해체와 도덕성의 위기에 직면해서도 개인의 구원 문제에만 집착할 뿐 교회 밖의 사회문제에는 무관심하고 사회정의에 대해서도 무감각하다는 비판을 받아 왔다. 그 결과 교회의 구성원들에 대해서도 믿음만을 강조하고 신앙인이 되는 일에만 관심을 가져, 기독교의 사랑을 실천하고 생활 속에서 이웃에 대한 책임의식을 갖는 올바른 시민으로 성장하도록 돕지 못했다.[57] 이와 같은 그리스도인들의 자기 정체성 상실은 신앙과 생활의 분리라는 결과를 초래했고, 결국 이 문제는 제자로서와 시민으로서의 그리스도인

---

57 이원규, "공동체성의 위기와 한국 교회의 상생적 책임", 「기독교사상」 35권 1호(1992년 1월), pp. 62-63.

이라고 하는 이중의 의무와 권리를 망각하는 지경에 이르게 되었다는 비판을 받는다.[58]

실제로 초기 제자훈련을 주도했던 대학 선교단체들은 지나치게 현실 문제에 무관심하다는 비판을 많이 받았다. 오순절 계통의 선교단체는 물론 복음주의를 표방하는 선교단체조차 그 신념 체계는 근본주의에 가까울 만큼 보수 성향이 강하고 지나치게 개인의 관점을 강조함으로써, 사회와 역사에 대한 책임과 사명에 대단히 소극적이었다. 제자훈련이 활발하게 일어났던 당시의 정치 상황이 독재 정권 시기여서 '순수' 종교 활동만이 허용되었다는 점을 감안하더라도,[59] 같은 캠퍼스 안의 학생들이 권위주의 정권에 저항하며 피흘리며 쓰러지고 있는 공간 한쪽에서 오로지 찬양에만 힘쓰며 자신들끼리 도취되어 있는 모습의 이런 현실 도피 경향은 같은 그리스도인에게조차 이해하기 어려운 모습으로 비쳤다.

앞에서도 살펴보았듯이, 복음주의를 표방하는 몇몇 교회들은 사회에 대한 교회의 책임을 강조하기도 했다. 실제로 옥한흠 목사는 평소 사회에 대한 교회의 책임을 역설하며 이를 설교에서 강조하기도 했다. 옥한흠 목사의 설교는 다른 한국 교회의 설교자들과 비교해 보아도 사회에 대한 예언자로서의 설교와 사회정의에 대한 설교를 많이 한 것으로 나타난다. "자기 실속만 차리려는 자들은 기독교를 개인화시켜 버"린다고 강조하면서 "기독교는 공적인 책임을 가진 종교라는 것을 기억해야 합니다. 공적인 책임이란, 정의를 외치고 약한 자와 억눌린 자 편에 서서 하나님의 공의를 세우는 데 앞장서는 것을 말합니다. 사회가 도덕적으로 타락했다면 교회가 그 타락의 환부를 끌어안고 치유하기 위해 애써야 한다는 것입니다. 이것이 바로 기독교가 감당해야 할 공적인 책임입니다. 그러나 안타깝게도 얼마나 많은 그리스도인들이 이러한 공적인 책임을 도외시한 채 자기만을 위한 종교에 몰두해 있는지 모릅니다"라고 설교하였다.[60] 또 옥한흠 목사 스스로 복음주의의 사회정의에 대한 관심과 사회참여를 강조한 1974년 로잔 세계복음화국제대회의 선언문을 따와 사회에 대한 책임을 언급하기도 했다.[61]

58　김도일, 『교육인가 신앙 공동체인가?』(한국장로교출판사, 1998), p. 10.
59　고직한, "교회가 본 선교단체 제자훈련의 약점과 강점", 「목회와 신학」 1995년 7호, p. 62.
60　옥한흠, "빛이 어디로 갔는가?", 『우리가 바로 살면 세상은 바뀝니다』(두란노, 1998), p. 14. 이 설교집은 모두 사회에 대한 교회의 역할을 강조한 설교를 모아 책으로 출판한 것이다.
61　이에 대해서는 옥한흠, 같은 책, p. 190를 보라.

이렇게 옥한흠 목사는 생전에 강남의 특성을 극복하기 위한 고단한 윤리 도덕적 감화 설교를 많이 한 것으로 알려져 있다. 그러나 한편으로는 그의 목회가 지역 교회의 한계를 넘지 못했다는 평가도 받는다. 옥한흠 목사는 사회봉사를 강조하고 자비와 애휼 사역을 강조했지만 사회의 불의나 지배 계층의 악행에 대해 도저한 예언자적 질타나 경고성을 발하는 데는 치중하지 않았다는 것이다.[62] 일부에서는 이것을 애초에 복음주의 신학 자체가 가지는 한계로 여기기도 한다. 복음주의는 기독교 복음을 지나치게 개인 관계에 중점을 두기 때문에 세상이라는 인간의 실존 상황 속에서 제기되는 구조적인 문제에 관심을 갖지 못하고 역사적인 책임과 사명에 대단히 소극적이라는 것이다.[63]

여기서 신학적인 논쟁을 할 필요는 없지만 최근 논의되는 진보적 복음주의 입장에서는 이러한 사회 구조적인 문제에도 깊은 관심을 나타내고 참여를 강조하기 때문에 복음주의 신학 자체를 과소평가할 필요는 없을 것이다. 오히려 우리가 주목해야 하는 것은 옥한흠 목사의 목회적 신념이나 강조점이 제자훈련에 그대로 녹아들어 있고 실제로 성과를 내었느냐 하는 것이다. 이 역시 쉽게 판단할 수 있는 문제는 아니지만, 제자훈련 교재에서 다루는 내용이나 CAL세미나에서 강조되는 내용 중 우리 사회의 문제와 관련된 내용을 찾아보기 어렵다는 점이 하나의 반증이 될 수 있을 것이다.

이것은 다시 교회와 종파의 관계에서 조명할 필요가 있다. 앞에서 살펴본 바와 같이 한국 교회의 소그룹 운동이나 제자훈련은 종파 운동의 성격을 띠고 있었는데, 중요한 것은 시간이 지남에 따라 종파는 교회형으로 바뀌게 된다는 것이다. 종파형 교회들은 규모가 커지고 스스로 제도화되면서 점차 교회형으로 바뀌게 된다. 종파에는 대개 사회의 하류층이나 주변부 인물들, 박탈을 경험한 사람들이 참여하지만, 교회에는 주로 사회의 주류 계층이 가입하면서 교회 자체가 기득권층화하게 된다. 따라서 초기에는 종교 정신의 순수성을 추구하기 위해 모든 충성을 다하며 세상과의 구별을 강조하지만, 점차 기존의 정치 및 사회 체제와 타협하고 그것에 순응하게 되는 것이다. 이런 이론은 트뢸치 이전에 막스 베버(Max Weber)에서 출발했고, 리처드 니버(Richard Niebuhr)가 그의 책 『교회 분열의 사회적

---

62 김회권, "옥한흠 목사(1938-2010)의 하늘 길 묵상", 「복음과 상황」 2010년 9월호.
63 고용수, 같은 글, p. 39.

배경』(The Social Sources of Denominationalism, 종로서적)에서 보여 주고자 한 것도 바로 같은 논지의 내용이었다.

　이러한 측면에서 본다면 옥한흠 목사는 스스로 대형 교회를 추구하지 않았고 대형 교회 목회자가 되고자 하지도 않았다고 말했지만, 결국 사랑의교회는 강남을 대표하는 중산층 대형 교회로 성장하며 초기의 종파적 특성이 사라지고 교회형으로 변모하게 되었고, 이에 따라 제자훈련의 정신도 탈색되었다고 해석할 수 있다. 후에 복음주의 학생선교단체에서 제자훈련의 부족함을 보완하기 위해 기독교 세계관 운동이나 하나님나라에 대한 관심을 표출한 것이 이에 대한 방증이다. 존 스토트(John Stott)는 1974년 7월 16-25일 스위스 로잔에서 열린 세계복음화국제대회에서 공포한 로잔언약(Lausanne Covenant)을 해설하며, 하나님나라 사상은 그리스도인의 실천윤리를 보여 주는 것이며, 선교 활동은 사회정의 구현을 포함하는 것이라고 말했다.[64] 옥한흠 목사가 동일하게 이것을 강조하기는 했지만, 제자훈련 안에서는 이러한 하나님나라 사상에 대한 지평을 바라보기 어려웠고, 심지어는 교인 수나 교회 수의 증가를 하나님나라의 확장과 동일시하는 태도를 보이기까지 함에 따라 일군의 청년 복음주의들은 새로운 대안을 찾으려고 했던 것이다.

III.
공동체성의 균형을 위하여

1. 밖으로의 공동체성

이제까지 한국 교회 제자훈련의 성과와 한계를 살펴보았는데, 결국 개인주의 영성과 편향

---

[64] 존 스토트, "선교에 대한 복음주의 입장: 로잔언약 해설", 아더 존스톤 엮음, 『세계 복음화를 위한 투쟁』, 임홍빈 역(성광문화사, 1983), pp. 407-408.

된 공동체성의 극복이 과제라고 할 수 있다. 로버트 우스노우는 공동체의 결여는 그 자체로서도 심각하지만, 공동체와 영성이 얼마나 밀접하게 연결되어 왔나를 생각하면 훨씬 더 심각하다고 말한다. 실제로 많은 관찰자들은 영성이 봉사 공동체의 힘과 지원과 의미 있게 연결되지 않는다면 우리 사회의 도전 속에서 살아남을 수 있을지 의심스럽다고 한다. 영성이 다시는 나오지 않을 개인 속으로 깊이 은거할 것을 우려하는 것이다.

로버트 우스노우는 이러한 영성은 진정한 영성이 아니라고 말한다. 확실히 한 사람의 신앙은 개인의 것이고, 신념의 문제이고, 그 사람의 기본 인생관의 일부인 믿음이지만, 종교 믿음이 개인의 것이고 사사로운 것이라고 말할 때 우리는 믿음이 지닌 공공의 차원을 무시하게 되는 것이다. 특히 현대 사회에서는 다원주의와 상대주의에 의해 개인의 느낌을 고립시키고 소외시키는 사사화된 신앙의 경향이 조장되어 왔다. 그러나 이런 폐쇄적인 종교성의 추구는 그 내부 속성상 공동체 삶을 부정하기 때문에 재생산 자체가 불가능하고, 설사 그들만의 공동체가 존재한다고 하더라도 확장되고 다원화된 현대 사회의 지평에서 어떤 기여도 할 수 없을 것이다.[65]

따라서 그리스도인은 교회 내부 활동만이 아니라 교회 밖 활동도 교회에서 중요하게 여길 수 있어야 한다. 평신도는 자신의 삶의 자리에서 그리스도인으로서의 역할에 충실할 필요가 있다. '작은 목자'라는 개념은 평신도를 동역자로 인정한다는 점에서 높이 평가할 만하나, 자칫 평신도에게 교회 안에서의 활동이 중요하고 사회에서의 활동은 중요하지 않다는 잘못된 인식을 심어 줄 수 있다는 점에서 적절하지 않다. 물론 교회 안에서의 활동이 중요하지 않다고 말하는 것은 아니다. 필요에 따라 그리고 은사에 따라 교회 안과 밖의 영역에서 소명의식을 가지고 최선을 다하는 태도가 필요한 것이다. 이렇게 교회 안팎에서 맡은 바 역할과 책임을 다함으로써 균형 있고 온전한 그리스도인의 삶을 살 수 있다.

이런 점에서 소그룹의 대외 활동은 매우 중요하다. 공동체라고 하는 소그룹 모임이 외부와는 단절된 채 안으로의 결속에만 집중한다면, 일종의 동류 집단이라고 할 수 있는 소

---

65 Robert Wuthnow, *Christianity and Civil Society: The Contemporary Debate* (Pennsylvania: Trinity Press International, 1996), pp. 36-40. 이에 대해서는 로버트 벨라도 같은 입장을 취한다. Robert N. Bellah 외, *Habits of the Heart: Individualism and Commitment in American Life* (Berkeley: University of California Press, 1985), p. 236.

그룹은 '끼리끼리'의 집단으로 전락하고 변질될 것이기 때문이다. 따라서 소그룹 안에서 형성된 공동체성은 소그룹과 교회 밖의 사회에 대한 관심으로 이어지고, 소그룹 구성원들의 사회생활에서는 새로운 규범의 실천이 이행되어야 한다. 교회 소그룹 공동체 안에서 훈련된 그리스도인이라면, 교회 밖에서도 교회의 권위에 지배받아 일반인들과는 다른 더 엄격한 도덕 기준을 따름으로써 일반인들의 삶의 양식과 차별성을 보일 수 있어야 한다.

이런 소그룹의 '밖으로의' 공동체성은 교회 소그룹이 자체 내의 공동체를 이룰 뿐만 아니라 소그룹의 공동체성이 교회 밖의 사회로 나가 사회 안에 구현될 수 있는 '공동체 정신'을 나타낸다. 성경에 입각한 공동체는 구성원들만의 효과 있는 삶을 위한 것이 아니라, 안으로 헌신되고 절제된 삶의 응집을 통해 공동체 밖의 사람들에게도 나누고 베풀 수 있는 여력을 가지게 된다. 따라서 공동체의 삶은 타인을 위한 여력을 가질 수 있는 삶이며 지역사회와 더불어 함께하는 삶이다. 기독교 공동체는 단지 그곳에 모여 집단을 이룬 자들의 이기심을 충족시키기 위해 세워진 기관이 아니라 철저하게 하나님의 뜻을 이루기 위한 목적 아래 세워진 공동체다.[66]

따라서 교회는 성도들 개인만이 아니라 우리 주변의 이웃의 삶의 모습에 관심을 가져야 하고, 그들로 하여금 하나님의 형상대로 살지 못하게 만드는 사회 질서를 바로잡기 위해 노력해야 한다. 그러나 제자훈련을 포함한 대부분의 소그룹 교재에서는 우리 사회의 쟁점들과 관련된 내용을 찾아볼 수 없다. 주로 개인 경건생활이나 교회 안에서의 봉사활동, 그리고 다른 성도들을 제자화하는 내용의 반복인데, 결국 제자화의 목표나 과정이 개교회 울타리를 벗어나지 못하고 있는 것이다. 이번 설문조사에서 새로운 제자훈련 모델을 제시하고 필요성을 물었을 때 동의율이 매우 높게 나온 것을 보면, 현재 시행되고 있는 제자훈련에 대해 성도들이 매우 부족하다고 느낀다는 것을 알 수 있다. 따라서 보다 다양한 삶의 차원과 영역에 대해 제자도를 적용할 수 있는 교재와 커리큘럼 개발이 시급하다고 판단된다.

이러한 필요에 따라 필자가 속한 '목회사회학연구소'에서는 교회와 사회에 대한 연구 주

---

66 교회가 진정한 공동체가 되기 위해 교회 밖으로 관심을 돌려서 활동해야 한다고 주장하는 글로, Walt Kallestad, *Turn Your Church Inside Out: Building A Community For Others* (Minneapolis: Augsburg Fortress, 2001)를 보라.

제들을 바탕으로 교회에서 성도들과 함께 나눌 수 있는 신앙 공동체 훈련 교재를 개발한 바 있다. 총 12과로 구성된 교재의 1부에서는 하나님나라와 교회를 주제로 교회와 사회와 관련된 내용을 다루었고, 2부는 하나님나라의 삶을 주제로 다문화, 정치, 경제, 생태를 다루었다. 마지막 3부는 세상을 변화시키는 그리스도인을 주제로 시민정치, 자살, 직업, 가치 있는 삶을 다루었다.[67] 우리 사회의 모든 문제를 망라한 것은 아니지만, 그리스도인이라면 관심을 가져야 할 기본적인 사회 이슈들을 다루었으므로 이에 대해 관심이 있는 교회라면 참고할 만하다고 생각한다.

2. 소그룹의 사회적 실천

교회의 소그룹은 현대 사회에서 도덕 공동체의 역할을 유지하거나 강화할 만한 중요한 잠재력을 지닌다. 교회 소그룹은 구성원들의 대면 교섭을 통해 형성된 신뢰를 바탕으로 하여 공동체성을 나타낸다. 그것은 일반 사회의 대규모 집단이나 조직에서는 가능하지 않은 친밀한 교섭을 소그룹이 제공하기 때문이다. 이를 통한 구성원들 사이의 신뢰 형성이 공동체 의식을 표출하게 된다고 보는 것이다. 전통의 공동체가 무너진 후 파편화되고 불확실성이 증가된 사회에서 현대인들은 신뢰할 수 있는 관계의 형성을 필요로 하는데, 소그룹 안에서의 친밀한 교섭을 통해 이것이 가능하게 되는 것이다. 이것은 사회에 대해 많은 시사점을 갖는다. 소그룹은 사람들이 서로 교섭하고 신뢰하는 것을 배우면서 시민 조직에 참여하는 데 필요한 인간관계를 계발하고, 지원 집단이나 공동 작업에 필요한 연결망을 발전시키기 때문이다.

이것은 특히 최근에 관심을 끌고 있는 시민 사회에 대한 논의와 관련해 커다란 의미를 갖는다. 시민 사회는 법과 정치의 강제력에 의해서가 아니라 결사의 자유가 적용되는 자원의 영역이고, 이윤과 이기심보다는 헌신에 의해 동기가 부여되는 삶의 영역들과 관련된다. 이런 점을 감안할 때, 공공 영역에서 사람들 사이에 사회 교섭을 증가시키고 도덕성에 대

---

67 이에 대해서는 조성돈 외, 『세상을 사는 그리스도인』(일상과초월, 2014)을 볼 것.

해 동기 부여할 수 있는 집합적인 가치들을 형성하는 것은 매우 중요한 일이다. 바로 이런 측면에서 교회 소그룹이 주목을 받는 것이다. 미국에서는 소그룹이 실제로 많은 점에서 전통적인 시민 결사체로서 기능한다고 보고되고 있다.[68] 이와 같이 교회의 소그룹은 교회 자체를 공동체화할 뿐만 아니라 사회와 접촉점을 만들 수 있는 유용한 수단으로 활용될 수 있다.[69]

그러나 이런 잠재력은 저절로 실현되는 것이 아니다. 그것은 소그룹을 옳은 방향으로 이끌려는 소그룹 운동의 지도자와 참여자의 공동 노력에 달렸다. 앞에서 살펴본 바와 같이, 현재 한국 교회의 소그룹에서는 그것이 명확하게 표출되고 있다고 보기는 어렵다. 소그룹 활동에 대한 참여가 사회 공공 영역으로의 참여로 원활하게 이어지지 못하고 있기 때문이다. 따라서 소그룹의 사회적 실천에 대해서는 교회 차원에서의 적절한 지원이 요구된다. 소그룹이 교회와 사회의 모든 문제를 해결할 수 있는 만병통치약은 아니다. 소그룹을 한다고 해서 저절로 공동체성이 형성되고 사회성이 길러지는 것이 아니다. 소그룹은 하나의 도구에 불과하며, 이를 적절하게 운용하는 것은 교회 및 소그룹 지도자들의 몫이다. 특히 우리나라는 서양과 같은 강력한 개인주의 사회가 아니며 사람들이 이러저러한 사회 연결망 속에서 많은 사람들과 관계를 맺고 있다. 따라서 교회 소그룹이 또 하나의 끼리끼리의 집단이 되지 않고 공공성을 확보하기 위해서는 소그룹의 구성원들이 사회성을 키우고 유지하는 데 지속적인 관심을 불러일으킬 수 있는 교회 차원의 노력이 절실히 요구된다.

교회 소그룹이 사회적 실천의 역할을 감당하기 위해서는 의식의 전환이 선행되어야 한다. 이제까지 한국 개신교는 교회와 사회의 관계에 대해 지나치게 이원론식 사고방식을 견지해 왔다. 곧 교회 안에서의 생활에 일차의 중요성을 부여하고 일상생활의 영역에 대해서는 중요성을 인정하지 않아, "죄악이 가득하고 썩어 없어질 세상"으로 치부해 온 것이 사실

---

[68] 로버트 우스노우, 『기독교와 시민사회: 현대 시민사회에서 기독교인의 역할』, 정재영·이승훈 역(CLC, 2014). 이 책은 Wuthnow, Robert, *Christianity and Civil Society: The Contemporary Debate* (Pennsylvania: Trinity Press International, 1996)를 번역한 것이다.

[69] 교회와 시민사회의 관계에 터하여 교회의 시민사회 참여의 의미를 분석하는 글로, 정재영, "시민사회 참여를 통한 교회 공공성의 회복", 굿미션네트워크 편, 『시민사회 속의 기독교회: NGO를 통한 선교와 교회』(예영커뮤니케이션, 2008)를 보라.

이다. 이런 이원론식 사고는 그리스도인으로서의 사회생활에 올바른 의미를 부여하지 못해 그리스도인들을 분리주의자 또는 배타주의자로 만들어 버린다. 그러나 하나님께서 우리에게 허락한 이 사회는 비록 죄악이 넘쳐난다고 해도 포기하고 방치해야 할 곳이 아니라 똑같이 하나님의 영광이 구현되어야 할 공간이다. 하나님은 교회뿐만 아니라 이 세상 만물의 주님이시기 때문이다. 따라서 교회 안에서의 삶에만 높은 가치를 부여할 것이 아니라 교회 안에서 요구되는 엄격한 윤리 기준을 모든 그리스도인들의 사회생활에도 확대해 적용해야 한다. 교회는 세속 사회의 모든 활동에 대해 기독교의 가치를 부여하고 그리스도인이 따라야 할 윤리적 지침을 마련해 줄 수 있어야 한다. 소그룹 활동 역시 이런 관점에서 전개될 필요가 있다.

이와 함께 소그룹을 통한 사회봉사와 사회 참여 활동도 전개되어야 한다. 그러나 사회봉사에 대한 방법론은 변화될 필요가 있다. 교회의 사회 참여 방법은 제도 차원의 대규모 지원으로부터 스스로 공급할 수 있는 방식으로의 전환이 필요하며, 여기서도 소그룹 활동의 중요성이 확인된다. 대부분의 교회에서는 사회봉사에 대해 교회 차원의 거창한 사업에 몰두하는 경향이 있다. 대형 교회일수록 몇 억 또는 몇십 억 이상의 거대 자금을 동원해 거대한 시설을 설립하여 세간의 이목을 끌 만한 일을 하려고 하는 경우가 많다. 그러나 이런 일은 전체 교회 수준에서 거대 조직을 필요로 하는 일이며, 이 조직 안에서 주요 직책을 맡은 소수의 사람을 중심으로 운영되게 마련이다. 교회 구성원 누구라도 자신의 의사에 따라 참여할 수 있는 일이 아닌 것이다.

생각을 바꾸어 소그룹을 통해 접근한다면, 사회봉사가 반드시 거대 자금이 필요하다거나 대형 교회만 할 수 있는 일이 아니라는 것을 알게 된다. 몇 억의 자금을 지원할 수 있는 하나의 거대 조직보다는 100만 원을 후원할 수 있는 100개의 소그룹 또는 10만 원을 후원할 수 있는 1,000개의 소그룹을 통한 봉사활동이 훨씬 더 효율성과 융통성을 발휘할 수 있다. 뿐만 아니라 보다 더 많은 자발성과 주체성을 가진 개개의 사람들이 직접 활동에 참여할 수 있도록 하는 것이다. 이런 식으로 소그룹 자체가 하나의 선교와 봉사 집단(missional group)으로 활동할 수 있게 된다.[70]

이러한 방법 중 하나는 소그룹이 지역 사회 활동에 참여하는 것이다. 교회 역시 교회가 터하고 있는 지역 사회에서 지방자치단체, 시민단체, 기업, 주민 등과 더불어 지역 사회의 주요한 구성원이다. 교회는 그 지역 사회의 정치·경제·사회 문제와 직접적인 관련을 가진 개인들로 이루어졌으며, 이 사람들을 위해 세워진 기관이다. 그러므로 교회는 그 지역 사회의 문제와 직접적으로 연결되어 있다. 교회 실존의 근거가 바로 지역 사회인 것이다. 따라서 교회와 지역 사회를 분리해서 생각한다는 것은 불가능하다. 교회는 지역 사회 안에서 일어나는 사회문제를 진지하게 다루고 그것을 해결하려는 노력을 해야 할 의무를 가진다. 단순히 사회봉사를 넘어서 지역을 공동체화하고 사회 질서를 변혁하는 데까지 나아가야 한다.

지역 사회 활동을 효과적으로 하기 위해서는 먼저 교회 구성원들의 지역 사회 활동에 대한 인식과 참여 의향을 조사해 지역 사회 활동을 전담할 수 있는 전략팀을 구성할 필요가 있다. 이를 위해서 교회 소그룹을 TF팀으로 활용하는 것이 좋은 방법이 될 것이다. 교회 전체가 지역 사회 활동을 하기는 어렵지만 각종 소그룹이 지역 사회 활동에 참여하면, 보다 자발적이고 적극적인 참여가 가능하게 되어 훨씬 더 많은 효과를 나타낼 수 있다. 이 소그룹 TF팀을 중심으로 지역 사회를 조사하고 직접 실천 주제를 작성하도록 하는 것이 권장된다. 그리고 교회 재정의 일정 부분(대략 10퍼센트 정도)을 지역 사회 활동비로 정하고 소그룹을 지원 대상자와 연결시켜 이들의 필요를 도울 수 있는 책임봉사제를 실시하는 것도 중요한 원칙이 될 것이다.[71]

---

70 이것은 미셔널 교회(missional church) 개념에서 따온 것이다. 미셔널교회운동은 선교학자인 레슬리 뉴비긴 (Lesslie Newbigin)에게 영감을 얻어 시작된 것으로 '보냄받은 교회'로서의 사명을 받은 교회 본질을 회복하고자 하는 운동이다. 이에 대해서는 Alan J. Roxburgh, "The Missional Church", *Theology Matters* 10권 4호 (2004년 9/10월)를 볼 것.

71 노치준의 연구를 참고하여 볼 때, 한국 교회들의 지역 사회 활동비는 대개 개교회 1년 예산 중 5퍼센트에도 미치지 못하는 것으로 추정된다. 이에 대해서는 한국 교회의 재정을 분석한 노치준, 『한국의 교회 조직』(민영사, 1995), 3-4장을 보라.

IV.
결론

몇 년 전 미국 윌로우크릭 교회의 빌 하이벨스(Bill Hybels) 목사가 자체적으로 조사 연구한 결과를 바탕으로 자신의 목회에 대해 "숫자로는 성공을 했는지 몰라도, 예수 그리스도의 참된 제자를 만드는 일에는 실패했다"고 고백한 적이 있다. 조사 결과에 따르면, 십일조를 하고 전도를 하고 봉사를 하는 영적 활동과, 하나님과 이웃을 '진정으로' 사랑하는 영적 성숙함이 궤를 같이하지 않았다는 것이다.[72] 소그룹 활성화와 교회 성장이라는 측면에서 한국 교회 중에서도 이 교회를 모델로 삼았던 교회들이 많았던 만큼 이 사실은 한국 교회와 목회자에게 큰 충격을 안겨 주었다. 미국의 사회학자 로버트 우스노우와 랜디 프래지(Randy Frazee) 목사의 조사와 연구 역시 미국 교회의 셀과 소그룹들은 고립되고 이기적인 집단으로 변질되기 쉽고, 진정한 이웃 사랑이 실현되는 공동체를 제공해 주지 못하고 있음을 보여 준다.[73] 이것은 미국 소그룹의 신앙이 개인주의화된 데서 비롯된 것으로, 개인의 가치와 목적을 포기하지 않는 미국인들이 공동의 목적이라는 구심점을 찾지 못했기 때문에 일어나는 문제다. 현대 사회의 공리주의 특성을 지닌 개인주의 요소가 소그룹 안에서도 그대로 작용하는 것이다.

이런 점에서 볼 때, 제자훈련을 포함한 교회 소그룹 운동은 현대 사회에 대한 대항 문화(counter culture)를 제공하는 것이 아니라 현대 사회의 문화를 반영해 그것에 익숙한 현대인들이 쉽게 소그룹에 들어오도록 스스로를 적응시키는 측면이 강하다. 따라서 소그룹은 일면 사사화된 현대 종교의 특성을 보여 준다고 할 수 있다. 대부분의 한국 교회 소그룹에서 촉진되고 있는 것은 개인주의 영성이다. 주로 말씀 묵상과 기도와 같은 개인 경건생활을 강조한다. 물론 이것은 개인 신앙생활의 기초가 되는 것으로 매우 중요한 요소임이 분

---

72 이에 대해서는, 에릭 안슨·캘리 파킨슨·그렉 L. 호킨스, 『발견』, 김창동 역(국제제자훈련원, 2008)을 보라.
73 이에 대해서는, Robert Wuthnow, *Sharing The Journey: Support Groups and America's New Quest for Community* (New York: Free Press, 1996)와 랜디 프래지, 『21세기 교회 연구: 공동체』, 차성구 역(좋은씨앗, 2003)를 보라.

명하다. 그러나 신앙생활은 종교생활에만 국한되는 것이 아니라 일상생활과 사회생활로 이어져야 한다. 소그룹 안에서 훈련받은 그리스도인은 자신의 일상생활과 직업을 통한 사회생활에서 그리스도인다운 삶을 살 수 있어야 한다. 그러나 현재 한국 교회의 소그룹 활동은 이웃에 대한 관심이나 사회에 대한 책임의식으로 연결되고 있지 못하다.

현대 사회에서 교회가 이러한 공동체의 역할을 감당하기 위해서는 교회 구성원들에게 양심 있는 시민이 되도록, 사회에 대한 프로그램을 세우고 운영하기 위해 주도권을 쥐도록, 정치 문제에 대해 잘 알도록, 그리고 그들의 양심에 따라 지지하거나 반대하도록 격려할 필요가 있다. 하지만 개인의 활동은 보통 그 효과 측면에서 제한을 받기 때문에 사회 안의 특별한 필요들에 관심을 갖는 소그룹을 형성해 참여하고, 사회문제에 대한 조사에 착수하도록 그리고 적절한 행동을 조직하도록 장려되어야 한다. 이런 활동은 전체로서의 교회가 할 수 없는 일들이며 소그룹을 통해서만 가능하다. 이와 함께 그리스도인들은 개인으로서 그들이 관심을 갖거나 선택한 정당, 노동조합 또는 사업협회, 그리고 유사한 운동 단체에 책임감을 갖고 참여하도록 격려받아야 한다. 그리고 가능할 때마다 소그룹과 연계 또는 연합 활동을 전가해야 한다.

현대 사회는 급격한 변화의 과정을 겪고 있다. 현대 사회에서 나타나는 산업 사회에서 정보 사회로, 중앙 집권에서 지방 분권으로, 대표 민주주의에서 참여 민주주의로의 변화는 현대 사회 자체가 대규모의 조직에서 소규모의 집단을 필요로 하는 구조로 바뀌고 있음을 나타낸다. 더욱이 포스트모던의 바람이 불어닥친 현실에서 교회만이 과거의 습속에서 경직된 권위주의 구조를 고집할 수는 없는 것이다. 50년 전 한국 교회에 제자훈련을 도입했을 때의 문제의식을 되살려 교회 스스로 갱신하여 현대 사회에 대해 설득력을 가질 수 있는 구조로 변화하고, 사회에 대해 초월의 가치를 제시할 수 있어야 할 것이다. 또 그리스도인들은 교회 안에서뿐만 아니라 사회에서도 시민으로서의 참여 활동에 적극성을 보여야 할 것이다. 그럼으로써 올바른 신앙인으로서만이 아니라 참여하는 시민으로서의 역할도 수행하게 된다. 이런 상태에서 한국의 기독교는 사사로운 영역에서 벗어나 공공의 마당에서 의미 있는 역할을 감당하게 될 것이다.

거인들에게 배우는 제자훈련
도슨 트로트맨, 옥한흠, 달라스 윌라드의 제자훈련 방법

노종문(전 IVP 편집장)

서론

I. 도슨 트로트맨의 네비게이토 제자훈련 사역

II. 옥한흠 목사의 사랑의교회 제자훈련 사역

III. 달라스 윌라드의 제자훈련 신학과 방법론

IV. 결론

서론

이 글을 통해 우리는 지난 세대의 위대한 제자훈련가 세 사람의 제자훈련을 돌아보며 그들이 생각한 제자훈련의 핵심 내용을 배우고자 한다. 아래에서 살펴볼 세 사람은 당 시대에 가장 훌륭한 제자훈련가 혹은 훈련가들의 멘토로 널리 알려진 인물로, 각 사람의 제자훈련 경험과 이론을 살펴보며 그들의 유산을 통해 교훈과 간접 경험을 얻는 것이 우리의 목적이다. 그리고 이 거인들의 어깨 위에서 우리 시대의 제자훈련 사역이 어떻게 새롭게 희망의 비전을 발견할 수 있을지 생각해 보고자 한다.

첫 번째로 살펴볼 도슨 트로트맨(Dawson Trotman, 1906-1956)은 20세기 제자훈련 운동의 창시자와도 같은 사람이다. 그는 1930년대 초 신학교를 갓 졸업한 20대 후반의 나이에 미국 서부의 한 해변 마을에서 자비량 선교사로 네비게이토선교회(The Navigators, 이하 네비게이토) 사역을 시작했는데, 이 사역은 10여 년 만에 수천 명의 미군을 변화시켰고, 고등학생, 대학생, 여성, 사업가들 사이에서도 활발하게 퍼져 나갔다. 제2차 세계대전 후 이 운동은 100여 개의 나라에 전파되었으며, 이 운동에서 자극과 영향을 받아 미국뿐 아니라 전 세계의 많은 제자훈련 운동이 탄생했다.[1] 우리는 베티 스키너(Betty Lee Skinner)가 쓴 전기를 중심으로 그가 어떻게 제자훈련 사역을 시작하게 되었고, 그의 제자훈련 사역 과

---

[1] 그 영향력은 일찍이 한국에까지 미쳤다. 1953년 한국전쟁 시기에 네비게이토 선교사였던 덕 코자트(Doug Cozart)가 한국에 와서 중공군 포로와 북한군 포로를 대상으로 사역을 벌였는데, 그 결과 중공군 중 1만 4,000명, 북한군 1만 600명이 결신해 성경공부로 양육을 받았다고 한다[베티 스키너, 『도슨 트로트맨』(네비게이토, 2007), p. 495]. Betty Lee Skinner, *Daws: The Story of Dawson Trotman, Founder of the Navigators* (Zondervan, 1974). 전쟁 직후 덕 코자트는 후일 대학생성경읽기선교회(UBF)를 설립하게 되는 이창우를 만나 개인 양육을 하게 된다. Sarah Barry, "UBF World Mission History", http://www.washingtonubf.org/AboutUs/ubf-history.php (2015. 3. 4. 접속).

정에서 그가 발견하고 확신하게 된 원리들이 무엇인지 살펴보고자 한다.[2]

두 번째로 살펴볼 인물은 사랑의교회를 설립한 옥한흠 목사(1938-2010)다. 옥한흠 목사의 제자훈련 사역은 네비게이토의 제자훈련 사역에서 중요한 자극을 받았다. 성도교회 대학부를 처음 담당했던 시기(1971-1975)의 옥한흠 목사는 선교단체에는 학생들이 넘쳐 나는데 교회 대학부는 텅 비어 있는 현실을 안타깝게 여겼다. 그래서 선교단체 사역의 비결을 배우고자 하는 가운데 당시 서울대 신입생이던 방선기를 통해 네비게이토 양육 프로그램을 보게 된다. 그리고 선교단체에는 있지만 교회에는 없는 것 세 가지가 복음, 훈련, 비전임을 깨닫고, 대학부 학생 열두 명을 데리고 3M(Campus Ministry, Business Ministry, World Ministry)의 비전을 품고 제자훈련을 시작한다. 1975년부터는 칼빈 신학교와 웨스트민스터 신학교에서 유학을 하였는데, 우연히 한스 큉(Hans Küng)의 교회론을 접하고[3] 교회의 본질에 대해 새로운 통찰을 얻게 되었다. 지역 교회 안에서 제자훈련 사역을 펼쳐야만 한다는 확신을 가지게 된 그는 1978년 귀국 후 즉시 제자훈련 사역에 중점을 둔 강남은평교회(사랑의교회 전신)를 개척해 제자훈련 중심의 교회 비전을 실행했다. 그리고 얼마 후 사랑의교회는 한국 교회를 대표하는 교회 중 하나로 성장했다. 옥한흠 목사의 제자훈련 경험과 원리에 대해서는 그의 저술 『평신도를 깨운다』와 『옥한흠 목사가 목사에게』를 중심으로 살펴본다.

세 번째로 살펴볼 인물은 많은 목회자들의 멘토이자 철학자였고 제자훈련에 관한 중요한 저술을 남긴 달라스 윌라드(Dallas Willard, 1935-2013)다. 앞의 두 사람이 제자훈련 사역의 대가로서 주목할 만한 결과를 남겼다면, 달라스 윌라드는 목회자의 마음을 가진 철학자로서 성경적 인간관에 기초해 탁월한 제자훈련 체계와 방법론을 세웠다. 그는 1950년대 말 대학을 졸업하고 침례교 목사로 잠시 목회 활동을 한 후, 다시 철학을 공부해 철학 교수가 되었고, 1965년부터 2013년 췌장암으로 소천하기까지 미국 USC(the University of Southern California)의 철학 교수로 학생들을 가르쳤다.[4] 그는 제자훈련과 관련해 묵직한

---

2 베티 스키너, 같은 책.
3 Hans Küng, *Die Kirche* (Herder, 1967), 『교회란 무엇인가』, 이홍근 역(분도출판사, 1978).
4 철학자로서 그는 현상학과 인식론, 심리철학, 논리학, 그리고 에드문트 후설(Edmund Husserl)의 초기 사상을 연구했다.

3부작을 남겼는데,[5] 이 저술들은 대중적으로도 대단한 호평을 받았고, 그로 인해 미국의 주요한 제자훈련 운동의 흐름에 영향을 끼쳤다. 이 글에서는 그의 3부작 중 특히 제자도와 제자훈련을 다루는 『하나님의 모략』을 중심으로 그의 제자훈련 개념을 살펴볼 것이다.

I.
도슨 트로트맨의 네비게이토 제자훈련 사역

도슨 트로트맨이 설립한 네비게이토의 가장 큰 특징은 양육, 곧 제자훈련이었다. 그들의 사역은 당시 대중 전도집회 중심의 사역이 유행하던 미국에서는 보기 드문 일이었고, 유례가 없는 성공을 거두었다. 도슨 트로트맨보다 열두 살 연하인 빌리 그래함(Billy Graham)은 자신의 성공적인 대중 전도 사역의 약점을 보완하기 위해 양육과 관련해 탁월한 성과를 내고 있던 도슨 트로트맨의 네비게이토에 도움을 요청했고(1951년경), "그들 사역의 방향과 정반대인 사역"이었지만 네비게이토 팀은 빌리 그래함의 전도집회의 후속 양육 훈련을 담당하게 된다.[6]

이 글에서 우리가 관심을 가지는 문제는 도슨 트로트맨이 어떤 확신을 갖고 어떤 방법을 활용해 제자훈련 사역을 하였는가다. 도슨 트로트맨의 전기를 쓴 베티 스키너는 도슨 트로트맨의 일생을 연대순으로 서술하며 특히 네비게이토 제자훈련 프로그램이 어떻게 형성되었는지 보여 준다. "수레바퀴 예화"나 "말씀의 손 예화" 등 네비게이토 제자훈련 사역의 핵심 내용은 바로 설립자인 도슨 트로트맨 자신의 개인적인 경험에서 나온 것이다.[7]

---

5   달라스 윌라드, 『하나님의 음성』, 윤종석 역(IVP, 2014), Dallas Willard, *Hearing God: Developing a Conversational Relationship With God* (IVP, 1984, 2012); 『영성훈련』, 엄성옥 역(은성, 1993), *The Spirit of the Disciplines: Understanding How God Changes Lives* (Harper and Row, 1988); 『하나님의 모략』, 윤종석 역(복있는사람 2000), *The Divine Conspiracy: Rediscovering Our Hidden Life in God* (Harper, 1998).

6   베티 스키너, 위의 책, p. 469.

그러므로 아래에서는 네비게이토 양육 프로그램이 처음 형성된 과정을 살펴봄으로써 도슨 트로트맨의 제자훈련의 기본 철학과 방법이 무엇이었는지를 살펴보고자 한다.[8]

1. 네비게이토 제자훈련 프로그램의 형성 과정

도슨 트로트맨은 우수한 성적으로 고등학교를 졸업했으나 대학 진학의 필요성을 느끼지 못하고 한동안 술과 도박으로 세월을 보냈다. 그러던 중 친구의 인도로 기독면려회(CE: Christian Endeavor) 모임에 참여하게 되었다. 그 모임에서 성경구절 암송 대회가 열렸는데, 도슨은 그 대회를 위해 20구절의 성구를 암송하게 된다. 이후로도 그의 방탕한 삶은 계속 되었는데, 어느 날 자신이 암송했던 성경구절을 통해 하나님의 음성을 듣게 되었고, 변화를 받아 새로운 삶을 살게 된다(1926년). 변화된 도슨은 자신이 암송한 성경구절이 힘이 되고 삶의 양식이 되는 것을 느끼고 성경말씀을 매일 한 구절씩 외우려고 노력했다.[9] 그에게는 떨쳐 버리지 못하던 도박과 거짓말과 흡연의 습관이 있었는데, 성경구절 암송을 통해 말씀에 담긴 하나님의 약속을 의지함으로써 그 습관들을 끊는 체험을 하게 된다.[10]

도슨은 성경구절 암송을 하면서, 암송한 말씀이 마음속에 떠오르는 경우 그것을 하나님이 직접 자신에게 하시는 말씀으로 믿고 그 말씀에 즉각적으로 순종하려고 애썼다. 말씀에 대한 순종은 그에게도 훈련이 필요한 일이었고 천성에 맞는 편안한 일은 아니었다고 그는 고백한다.[11] 그러나 말씀에 대한 순종은 그의 경건생활의 중요한 특징이 되었고, 네비게이토 제자훈련의 중심적인 부분이 된다.[12] 그는 평생 동안 노력해 1,000개가 넘는 성경구

---

7 모두 7부로 구성된 전기의 1부는 네비게이토가 시작되기 전까지, 즉 1933년 이전까지의 이야기를 다룬다. 이 이야기 안에 이후 네비게이토 제자훈련 프로그램의 핵심 내용들이 생겨난 이야기가 모두 등장한다.

8 그의 전기를 살펴보는 것은, 나중에 네비게이토 사역의 표준 교과서가 된 『제자 삼는 사역의 기술』(네비게이토, 2009)에서는 좀더 정리되고 도식화된 내용들의 원형을 살펴본다는 장점이 있다. LeRoy Eims, *The Lost Art of Disciple Making* (Zondervan, 1978).

9 베티 스키너, 같은 책, pp. 29-39.

10 같은 책, pp. 40-41.

11 같은 책, p. 51.

절을 암송했고, 그것을 잊지 않기 위해 계속 복습을 했다. 성경말씀을 더 많이 암송하면 할수록 주님께서 사용하실 수 있는 의사소통의 통로가 더 많이 생긴다고 굳게 믿었기 때문이다.[13]

22세가 되던 해[14] 도슨은 기독면려회 안에 전도팀을 만들었는데, 그 팀의 여섯 명의 후배들에게 자신이 하고 있던 성구 암송을 권했다. 이들은 처음 도슨이 과제를 제공할 때는 열심히 암송을 했지만 얼마 후 자발적으로 하도록 하자 곧 암송하던 것을 멈추었다. 이것을 보고 도슨은 훈련의 중요성을 깨달았는데, 인간은 본성적으로 영적인 일에 게으른 경향이 있으며, 붙잡아 주고 자극해 주는 사랑이 있어야 지속해 나갈 힘을 얻게 된다는 점, 또한 방법이 편리해야 끝까지 지속할 수 있다는 점을 인식하게 되었다고 한다.[15]

도슨은 회심하고 1년 후부터 피셔맨클럽(the Fishermen Club)이라는 모임에도 참석했는데, 개인 전도와 기도에 열심을 냈다. 어느 날 그는 피셔맨클럽 모임에서 돌아오는 길에 친구와 함께 나무 아래서 무릎을 꿇고 앉아 "하나님, 잃어버린 영혼에 대한 짐을 느끼게 하소서. 우리가 죽을 때까지 느끼게 될 짐을 얹어 주소서!"라고 기도했다. 그는 또 추천을 받아 읽은 데이비드 브레이너드(David Brainerd), 조지 뮬러(George Muller), 허드슨 테일러(Hudson Taylor) 등 선교사의 전기들과, 건초더미 기도회 이야기 등에 크게 영향을 받아 기도 생활을 했다. 주로 토요일 새벽이나 일요일 새벽에 언덕이나 공원에 나가 기도하곤 했는데, 그 도시에서 안 가 본 곳이 없을 정도였다고 한다.[16]

1928년에는 일대일 만남의 중요성을 깨닫는 경험을 하게 된다. 주일학교 교사가 된 도슨은 분반 공부 시간에 귀를 기울이지 않는 아이들 문제를 두고 간절히 기도했다. 그리고 아이들을 한 명씩 개인적으로 면담하며 대화했는데, 그다음 주에 그 아이들의 태도가 완전히 바뀌었다. 그는 이것을 기도 응답으로 여겼고, 일대일로 만나 권면하는 일의 중요함

---

12 아래 주 19번 "수레바퀴 예화" 참조.
13 같은 책, p. 84.
14 이 해(1928년) 가을에 도슨은 로스앤젤레스 침례 신학교에 등록하였으나 가을에 중퇴하고, 그다음 해에 로스앤젤레스 성경학교(Bible Institute of Los Angeles, 나중에 Biola 대학이 됨)에 입학한다. 같은 책, pp. 56, 67.
15 같은 책, pp. 46-47.
16 같은 책, pp. 45-46.

을 알게 되었다.[17]

또 그는 청년 시절부터 "늘 방법이 있다, 그것을 발견하라"라는 신념을 가지고 꼭 필요한 일이라면 기도하며 그것을 행할 실제적인 방법을 찾아내려고 했다. 청년 시절에는 아이들에게 성경을 가르치면서 성경구절을 빨리 찾을 수 있도록 성경책 페이지에 표시를 하는 방식을 고안했다. 그후 이 방식은 많은 성경책에 적용되었다. 그는 사람들에게 "주님, 아이디어를 주소서"라고 기도한 다음 시도하라고 권하곤 했다.[18]

이런 경험들이 집약되어 유명한 "수레바퀴 예화"(the Wheel)가 탄생했다. 1928년경 도슨은 주일학교와 청소년 클럽에서 아이들에게 성경 암송과 그리스도를 증거하는 삶에 대해 가르치며, 아이들을 쉽게 가르칠 예화가 필요하다고 생각했다. 그래서 그는 "주님 제게 지혜를 주소서"라고 기도했는데, 하나님이 굴러 가는 수레바퀴를 생각나게 해 주셨다. 처음에는 수레바퀴를 그린 후 바퀴살에 말씀, 기도, 증거를 써 넣었다. 그리고 얼마 후 관찰을 통해 사람들이 형식적으로 이 세 가지를 행한다고 해도 매일의 삶에서 그리스도를 드러내지 못하는 것을 보고, '생활에서의 실천'이라는 네 번째 살을 추가했다. 이 '실천'이 나중에 동일한 의미의 '순종'이라는 말로 바뀐다.[19]

1932년경 피셔맨클럽에서 도슨은 미니트맨(Minutemen: 미국 독립전쟁 당시의 민병대 이름)이라는 팀을 구성해 그 팀만을 위한 소그룹 훈련 규칙을 만든다. 구성원들은 함께 그 규칙을 지키기로 약속하고 서로 점검해 주기로 했다. 그 규칙들 중에는 매일 한 시간씩 기도하기, 매일 성경 읽기, 매일 한 사람에게 전도하기, 매일 한 구절 암송하기, 청소년 클럽

---

17 같은 책, p. 52.
18 같은 책, pp. 54-55.
19 같은 책, pp. 59-60. 수레바퀴 예화는 아래의 그림과 같이 제시된다. 도슨의 사후에 '순종'의 살이 '교제'라는 살로 대치되었다. 순종은 그리스도인의 삶 전체에 해당하는 것이며, 수레바퀴 예화에 '교제'라는 중요한 요소가 빠졌다는 점이 지적되었기 때문이다. The Navigators, "The Wheel: History", http://www.navigators.org/Tools/Discipleship%20Resources/Tools/The%20Wheel-History (2016. 3. 4. 접속).

하나 인도하기 등이 포함되었다. 또 하나님과 교제하는 경험을 기록하는 노트를 만들어 매주 모일 때 서로에게 보고하기로 했는데, 이런 형식도 유익하다는 것을 체험했다.[20] 미니트맨 활동을 하던 어느 날, 도슨은 1년 전 자기가 전도해 결신했던 한 사람을 만났는데, 그가 전혀 변화되지 않은 상태임을 알고 충격을 받았다. 그래서 그는 결신자를 얻는 일보다 그리스도 안에서 올바로 성장하도록 돕는 일이 중요하다는 확신을 가지게 되었고, 이 경험은 이후 그가 양육 사역에 초점을 맞추게 되는 계기가 되었다.[21]

이런 활동 가운데 도슨은 지나치게 엄격한 기준으로 훈련을 할 경우 부작용이 생길 수도 있음을 배웠다. 그는 미니트맨에게 요구한 열두 가지 엄격한 기준이 종종 사람들에게 실패감과 죄책감을 갖게 만들고, 전체적으로 부정적인 영향을 끼치고 있음을 발견했다. 그는 외부에서 가해진 훈련의 요구가 내부의 동기와 결합하지 않으면 실패로 끝난다는 점을 배웠다. 그래서 열심을 내야 성취할 수 있는 수준이면서도 지나치게 높지 않아서 보통 정도의 능력을 지닌 사람이라면 성취할 수 있는 수준으로 요구 사항을 낮추어야 한다는 생각을 하게 되었다.[22] 또 단순히 훈련 과제만 부과하는 것이 아니라 개인을 집중적으로 만나는 시간을 가져야만 좀더 견고하게 제자의 삶을 살도록 이끌 수 있다는 결론에 도달했다.[23]

결혼 다음 해인 1933년 6월부터 도슨과 라일라 트로트맨 부부의 네비게이토 사역이 시작된다. 트로트맨 부부는 해군 병사들을 위한 사역을 위해 해변가의 한 마을로 이사했다. 도슨은 낮에는 주유소에서 일하는 등의 생업을 하고 저녁과 주말에는 가정을 개방해 해군 병사들과 친교하며 말씀을 가르쳤다.[24] 그리고 1934년 말부터는 '네비게이토'라는 이름을 짓고 "그리스도를 알고, 그를 알게 하라"(To know Christ and to make Him known)라는 말을 표어로 삼았다. 네비게이토는 예수 그리스도를 구원의 선장으로 모시고, 성경을 지도

---

20 같은 책, pp. 86-90.
21 같은 책, p. 95.
22 그는 시행착오를 통해 경험적으로 이런 건전한 원리를 터득했지만, 현대 교육심리학의 동기와 학습이론 분야에서는 지나친 외적 압박이 성취에서는 역효과를 낳을 수 있다는 이 원리가 알려져 있다. 학습에서의 동기 유발과 동기 저해에 대해 다음을 참조하라. 아니타 울포크, 『교육심리학』 제12판, 김아영 외 역(박학사, 2015), pp. 468-469. Anita Woolfolk, *Educational Psychology* 12/E (Pearson, 2013).
23 베티 스키너, 같은 책, pp. 105-106.
24 같은 책, p. 115.

와 항해력으로, 성령을 나침판으로 삼아 항해하는 사람들이라는 의미를 담고 있었다.[25]

도슨은 사역을 위해 체계적인 성경 암송 프로그램을 만들었다(1935년경). 그리스도인의 삶에 필요한 35개 주요 주제를 정하고 각 주제마다 3개씩 총 105개의 주제별 성경 암송 구절을 선정했다.[26] 그리고 1936년에는 자신의 사역을 평가하며, 가족처럼 친밀한 생활을 하는 선교관 공동체가 제자로서의 삶을 성장시키는 데 이상적인 환경이 되었음을 깨닫고 선교관 중심의 사역을 제자훈련의 중요한 방식으로 삼는다.[27]

선교관 사역은 이후 네비게이토의 중요한 전통이 되었는데, 1930년대 후반 네비게이토 사역 초기에 선교관을 활용한 사역 내용은 다음과 같다. 먼저 매주 토요일에는 새로운 참석자들과 함께 미식축구나 배구, 크로켓, 탁구를 하면서 놀고, 저녁 식사를 함께한 후 편안한 분위기에서 복음을 전하는 시간을 가졌다. 수요일 저녁에는 제자훈련을 받고 있는 사람들을 위해 개인 전도법을 강의했는데, 구원의 교리를 설명하고 전도법을 실습하는 내용이었다. 보통 금요일 저녁에 선교관에 도착한 회원들은 이틀 밤을 함께 자고 주일 아침에 예배를 함께 드렸고, 그 후에는 공원이나 다른 조용한 곳으로 흩어져 개인기도 시간을 가졌다. 일대일 상담도 중요한 요소였는데, 도슨은 각 사람의 필요에 맞추어 일대일 상담을 진행했고 그 사역을 즐겼다. 선교관의 운영을 위한 재정은 외부에 요청하지 않고 믿음으로 하나님이 채워 주실 것을 기대하며 생활했다.[28]

이런 사역을 진행하면서 1936년경에는 장기적으로 중요한 가치가 있는 네비게이토의

---

25 같은 책, pp. 148-149.
26 같은 책, p. 145. 이후 성경 암송 체계는 다음과 같이 발전했다. 새로운 그리스도인을 위해 먼저 4개 구절을 풀어 가르쳐 주고 암송하게 한다(요 5:24 구원의 확신; 고전 10:13 승리의 확신; 요일 1:9 사죄의 확신; 요 16:24 공급의 확신). 그다음에는 12개 구절을 제시한다. 이 구절은 제자훈련을 받을 열망이 있는지를 살펴보는 일종의 테스트 도구로 사용되었다. 그리고 이 12개 구절을 암송한 사람의 경우 36주제 각 3구절씩 모두 108구절을 암송하게 한다. 모든 것을 완료하면 개인 암송을 지속하도록 격려한다. 성경 암송의 여섯 가지 원리는 다음과 같다. ① 시작하라, ② 지속하라, ③ 체계를 가지라, ④ 장·절을 외우라, ⑤ 복습하라, ⑥ 무엇을 외울 것인지 알라. 같은 책, p. 338. 한국어로 출간된 "네비게이토 주제별 성경 암송 시리즈"(네비게이토)는 "그리스도와 새 출발"(5구절), "그리스도와 동행"(8구절), "주제별 성경 암송"(60구절), "제자의 도 8패키지"(242구절), "주제별 성경 암송"(180구절)으로 구성되어 있다.
27 같은 책, p. 153.
28 같은 책, pp. 180-181. 네비게이토 선교관을 담당할 부부 사역자에게 요구하는 내용과 자격은 다음과 같이 정했다. ①가정을 개방해야 함, ② 부부가 사람들의 영적 필요를 채워 주고 영적으로 성장하도록 도울 줄 알아야 함, ③ 기꺼이 자신의 시간과 소유를 희생하려고 해야 함, ④ 본부와 긴밀한 협력을 해야 함. p. 216.

사역 원리가 어느 정도 확립되었다. 그 내용은 수레바퀴 예화, 양육의 중요성, 성경구절 암송, 일대일 만남, 선교관 공동체 생활, 지도자 훈련 등이었다.[29] 이런 훈련의 기본 목표는 "수레바퀴 삶을 열심히 살며, 그 계획을 하나님께서 우리에게 주신 것으로 믿고 끝까지 완수하는 것"이었다.[30]

1938년에 시작된 청소년 사역 두나미스를 통해서는, 군인을 대상으로 했던 네비게이토의 제자훈련이 청소년이나 다른 대상에게도 그대로 적용될 수 있음을 도슨은 확신하게 된다. 두나미스 모임은 찬양, 암송 구절 점검, 매주 훈련 과제 보고, 성경공부, 특강으로 진행했다. 특히 그는 이 사역을 통해 소그룹 훈련의 유익함을 발견했다. 개인에게 일정 수준의 훈련 과제를 요구하면서 그것을 그룹 교제를 통해 서로가 동기 부여가 되도록 결합했다. 그는 이후 이 원리를 제자훈련에 적용해 소그룹을 적극적으로 활용하게 했다. 모든 사람이 자기 수준에 맞는 구체적 과제를 부여받고 실천하게 하면서, 또 같은 과제를 수행하는 그룹원의 격려와 도전을 받도록 하려는 것이었다. 그리고 개인에 따라 훈련에 대한 더 강한 열망이 있는 사람의 경우 더 어려운 과제를 부여했다.[31]

2. 운용 방식과 철학

지금까지는 도슨 트로트맨의 제자훈련 프로그램의 중요한 요소들이 어떻게 그의 개인적인 경험에서 유래했는지 살펴보았다. 아래에서는 이 제자훈련 과정에 대한 좀더 입체적인 이해를 위해 네비게이토 제자훈련의 운용 방식 및 철학과 관련된 중요한 부분을 짚어 보고자 한다.

첫째, 도슨 트로트맨의 훈련에 대해 가장 많이 제기된 두 가지 비판과 그에 대한 도슨

---

29 같은 책, pp. 171-173. 1947년에 네비게이토 사역의 고유한 원리를 정의할 때에는 다음과 같은 내용이 포함되었다. 수레바퀴 예화(말씀, 기도, 순종, 증거), 경건의 시간, 성경구절 암송, 개인 성경공부, 디모데후서 2:2 원리(배가 원리), ABC 성경공부, 본을 보이는 삶, 시간 관리, 다른 사역 단체 돕기, p. 398.

30 같은 책, p. 158.

31 같은 책, p. 207.

의 생각을 살펴보자. 먼저 그는 종종 은혜가 아닌 행위에 기초해 훈련한다는 비판을 받았다. 이에 대한 그의 생각은, 그리스도의 부르심은 훈련과 선한 일을 위한 것이므로 주님이 요구하셨던 것과 같은 것을 기대하는 것은 당연하다고 생각했다. 또 자주 제기된 비판은 능력이 뛰어난 사람에게 더 많은 시간을 투자하는 일종의 영적 엘리트주의라는 비판이었다. 그러나 도슨은 자신의 시간을 영적으로 견고한 충성된 사람들에게 더 많이 투자함으로써 헌신된 주님의 일꾼을 더욱 많이 세우는 것이 전체 사역을 위해 유익하다고 생각했다.[32] 간략히 평가하자면, 전자의 비판은 흔히 접할 수 있는, 훈련이 은혜를 침해할 것이라는 우려인데, 미숙한 훈련가는 개인의 고유한 상황을 신중히 고려하지 않고 일방적으로 지나친 기준을 고집해 은혜를 손상시키는 율법주의적 오류에 빠질 수 있다. 그러나 아래에서도 반복해서 언급하겠지만, 은혜와 훈련이 모순되지 않는 길은 분명 존재한다. 후자의 경우는 선교단체로서의 네비게이토의 비전에 따른 전략적 선택이라고 이해할 수 있다. 지역 교회의 경우에는 지역 교회의 존재 목적에 맞게 사역 영역의 균형이 필요하다.

둘째, 제자훈련에서 도구와 방법론의 위상에 관한 문제에 대해 짚어 보자. 도슨 트로트맨의 제자훈련 방법의 가장 큰 특징은 각 훈련 요소에 대해 매우 구체적인 방법을 제시한다는 점이다. 그는 한편으로는 방법이 절대적인 것은 아니라고 믿었다.[33] 그러나 좋은 방법을 만드는 것이 중요하다고 확신했고, 경험으로 검증된 명료하면서도 효과적인 방법을 개발하기 위해 애를 썼다.[34] 한번은 세세한 수준까지 방법을 만드는 것에 대해 성령님의 역사를 기계적인 것으로 만들어서는 안 된다는 비판을 받았는데, 도슨은 "옳습니다. 그러나 방법이 암송이나 공부나 효과적인 기도에 대한 각 개인의 목표를 이루는 데 도움이 된다면,

---

32 같은 책, pp. 537-538.

33 도슨은 어느 선교사 후보생에게 다음과 같이 조언했다. "당신의 삶에서 성경말씀을 어떤 위치에 두느냐, 성경말씀에 어떤 우선순위를 부여하느냐가 중요합니다. 꼭 네비게이토에서 사용하는 방법을 사용할 필요는 없습니다. 각 사람마다 효과적인 방법이 있게 마련입니다. 어쨌든 당신은 성경을 당신 마음에 품고 성경을 당신 삶에 가지고 있어야 합니다." 같은 책, p. 347.

34 "교재는 단순히 도구임을 기억하십시오. 만약 사용되지 않는다면, 녹이 슬 것입니다. 그러나 꼭 맞도록 만들어졌다면 결국 사용될 것입니다. 그리고 이를 사용하기 위한 더 나은 방법을 찾는 이유는 겉만 번드르한 방법을 고안해 내려는 것이 아니라, 한 형제나 자매가 삶 속에서 힘을 얻고 주님께 대한 헌신이 깊어져서 결국 시험에서 승리하도록 돕기 위한 것입니다. 그렇기 때문에 우리는 가능하면 가장 예리하고 가장 효과적인 도구를 원하는 것입니다." 같은 책, p. 244.

그 사람 안에 일어나는 성령의 역사를 더욱 촉진시킬 것입니다"라고 답했다.[35]

훈련가는 각 도구를 사용하는 이유와 효과적인 방법을 숙지하고 있어야 하며, 그것을 임의로 변경하여 적용할 때 따르는 문제점이나, 반대로 그 프로그램을 기계적으로 적용할 때 발생하는 위험을 인식하고 있어야 한다. 예를 들어, 위에서 제시한 성경 암송 시스템과 함께 네비게이트의 가장 대표적인 도구인 "수레바퀴 예화"와 "말씀의 손 예화"는 훈련생 각 사람이 영적 양식을 균형 있게 섭취하고 있는지, 또 무엇이 필요한지를 파악하는 유용한 도구였다.[36] 프로그램 변경과 관련해서 도슨은 기존에 정립된 훈련 과정이 있을 경우 임의로 과제의 내용을 축소하거나 변경할 경우 이름만 남고 내용이 점점 약화될 수 있다고 경고했다.[37] 또한 기본 훈련 과제들을 수행했는지 여부를 표를 가지고 매주 점검했는데, 이 과정은 훈련생의 내적 동기 수준과 맞지 않을 경우 실패하고 실망하는 부작용을 낳을 수 있다. 그러므로 훈련의 효과를 고려해 훈련생 개개인을 신중하게 살피고 돌봐야 한다.[38]

셋째, 도슨이 자주 사용했던, 직면하게 하는 말과 책망에 대해 생각해 보자. 휘튼 대학을 방문했을 때 도슨은 신입생인 빌리 그래함을 소개받았다. 잠시 대화를 나눈 후 도슨이 갑자기 "오늘 아침 주님께서는 당신에게 어떤 말씀을 보여 주셨습니까?"라는 질문을 던져서 빌리를 당황하게 만들었다. 그 경험을 회고하며 빌리 그래함은 다시는 이런 질문에 대

---

35 같은 책, p. 245.
36 같은 책, p. 268. 말씀의 손 예화는 아래 그림과 같이 성경말씀을 활용하는 다섯 가지 방법을 설명하기 위한 도구다. 훈련생에게는 각각의 방법을 구체적으로 설명해 주어야 한다. 엄지손가락에 표시된 묵상이 모든 것을 한데 묶어 주는 것으로서 가장 중요하고, 그다음으로 암송이 중요함을 그림을 통해 표현하고 있다.

37 같은 책, p. 269.
38 "점검 시스템을 사용하던 사람들은 아마도 매일 반복되는 훈련이 쉽지 않았을 것입니다. 그러나 그들은 악한 육신을 길들이기 위해서는 그런 프로그램이 자기들에게 필요하다는 것을 인정했습니다. 실패하고 중도 하차하는 사람이 생겼습니다. 이 때문에 외부에서 가해진 훈련이 정말 효과가 있는지 돌아보게 되었습니다.…사실 그들에게 주어진 훈련은 이를 다 감당하려는 내적 열망이 없이는 아무런 효과가 없는 것이었습니다. 또한 그리스도를 열정적으로 따르고자 하는 사람들의 경우에, 탁월함에 이르도록 이끌어주는 훈련이 없으면 그들의 잠재력을 최대한으로 계발하지 못한다는 것이 드러나게 되었습니다." 같은 책, p. 159.

답하지 못하는 일이 없어야겠다고 결심했다고 한다.[39] 나중에 완화되기는 했지만, 도슨은 충격적인 효과를 위해 공개적인 자리에서 개인의 경건생활이나 성경 암송에 관해 불쑥 질문을 하고 책망을 해서 사람들을 당황하게 만들곤 했다.[40] 이런 직면하게 하는 말과 책망은 인격적 신뢰 관계가 깊거나 훈련생이 그 말을 받아들일 수 있는 경우에 효과를 발휘했다.

넷째, 도슨은 제자훈련을 통해 성급하게 사역이 확대되고 양적으로 증가하게 만드는 것을 엄중하게 경고했다. 1940년 호놀룰루의 네비게이토 선교관을 방문했을 때, 그는 사역의 규모는 커 가고 있었지만 크게 실망했다. 사람들의 삶 속에서 예수님을 따르는 탁월함을 보고자 열망했는데, 그런 모습이 보이지 않았기 때문이다. 리더는 말씀을 가르치기는 했지만 일대일 훈련은 하지 않고 있었다. 가르치고 과제를 주고, 현장에서 일하도록 코치하는 면이 없었던 것이다.[41] 그는 "철과 진흙이 섞인 한 개 사단 병력"보다는 하나님의 영광에만 헌신된 철과 같은 군사 몇 명이 낫다고 생각했다.[42]

비슷한 이유로 그는 조직을 세우는 것에 대해 매우 부정적이었는데, 효율적인 조직이 지나치게 급격한 성장을 조장하여 각 사람의 삶을 인격적으로 돌보고 도전하는 사역의 밀도를 떨어뜨릴 것이라고 생각했다.[43]

다섯째, 도슨은 제자훈련가로서 본을 보이는 것의 중요성을 잘 인식하고 있었다. 그는 철저히 자신이 실행해 보고 유익함을 경험한 것만을 가르쳤고, 배우는 사람들도 그것을 잘 알고 있었다.[44] 사역을 하면서 자신이 종종 훈련을 지속하지 못하고 실패하는 경험도 했

---

39 같은 책, p. 265.
40 같은 책, p. 331.
41 같은 책, p. 237.
42 같은 책, p. 282.
43 같은 책, p. 285.
44 "사람들은 도슨이 자기가 직접 적용하지 않은 것은 가르치지 않는다는 것을 알고 있었습니다. 왜냐하면 도슨은 세상, 육신, 사탄과 싸우고 있는 그들과 함께 전투에 동참했기 때문입니다. 도슨은 오래전부터 자기가 유혹에 약하다는 것을 알고 있었으며, 훈련의 영역에서 의지력이 약한 것도 알고 있었습니다. 또한 다우닝에게 털어놓은 것처럼, 도슨은 하나님께서 자신에게 주신 지도력은 개인적인 능력이나 거룩함이 뛰어나서 주신 것이 아님을 알고 있었으며, 어떤 형태로든 영적인 열매가 생겼다면 이는 틀림없이 하나님께서 역사하신 결과라는 것을 알고 있었습니다. 도슨은 하나님을 열심히 따랐고, 자기가 만나는 모든 사람들에게 하나님을 따르면서 도움이 되었던 실제적인 방법들을 다 나누어 주었습니다." 같은 책, p. 183.

지만, 그럴 때마다 다시 마음을 고쳐먹고 아침 기도, 성경 암송과 복습, 성경공부를 새롭게 계획하고 실천했다.[45] 도슨은 사람들과 대화할 때 늘 자신이 암송한 성경말씀을 가지고 권면했는데, 사람들은 그 말씀이 생생하고도 지혜롭게 적용되는 것을 느꼈을 뿐 아니라, 도슨의 본대로 살고자 하는 열망을 품게 되었다.[46]

어린 그리스도인에게 "나처럼 행하라"라고 가르치며 본을 보이는 것은, 가르치는 사람에게는 목적을 이룰 수 있는 지렛대를 주고, 배우는 사람에게는 희망을 줍니다. 본을 통해, 배우는 사람은 자기를 가르치는 사람이 평범하며, 자기에게 도달할 수 있는 목표를 가르쳐 주고 있다는 것을 알게 됩니다. 또한 그가 가르치고 있는 바를 먼저 직접 행함으로써 자기에게 본을 보이고 있다는 것을 알게 됩니다. 배우는 사람은 자기도 할 수 있다는 자신감을 얻습니다.[47]

진정한 제자훈련에서 보이는 프로그램은 빙산의 일각에 불과하다. 제자훈련은 대부분 인격적인 만남을 통해 진행되는 것이며, 훈련가는 그 자신이 살아 있는 교과서가 된다. 그러므로 제자훈련은 훈련가와 훈련생이 함께 예수님을 따르기 위해 훈련하는 영적인 동반자의 관계에서 일어나는 것이다.

여섯째, 제자훈련에서 일대일 만남과 소그룹 모임의 조화에 대해 생각해 보자. 종종 이 둘은 서로 보완이 되는 것이라기보다는 선택의 갈래로 여겨지곤 한다. 외부인들에게는 네비게이토 사역의 일대일 훈련이 두드러진 특징으로 드러났다.[48] 도슨은 한 사람이 예수님을 믿기만 하면 그 후에는 성령께서 양육을 책임지실 것이라는 생각에 동의하지 않았다.

---

45 같은 책, p. 157.
46 같은 책, p. 187.
47 같은 책, p. 421.
48 "네비게이토 사이에 이렇게 일대일로 만나서 권면을 해 주는 것은 제자 삼는 사역에 꼭 필요한 요소가 되었으며, 이는 주님의 명령에 순종하는 것이었습니다. 그럼에도 그것은 네비게이토 바깥에서는 흔히 볼 수 없는 일이었고, 그때 이후로도 쉽게 찾아볼 수 없었습니다. 또한 삶에 대한 두려움을 하나님께 순종하고자 하는 마음으로 이겨 낸 이 사람들 사이에서 발견되는 독특한 특징이었으며, 친구 관계를 잃을지도 모르는 위험성이 있었지만 모두 그리스도 안에서 사랑으로 연합되었기 때문에 이렇게 할 수 있었습니다. 이 전통은 그리스도의 견고한 군사들을 세우는 데에 오랫동안 큰 기여를 해 왔습니다." 같은 책, p. 163.

각 사람을 완전한 사람으로 세우기 위해서는 한 사람의 영적 수준을 잘 관찰하고 영적인 필요에 자상하고 깊은 관심을 가져야 하며, 모든 자원을 집중해야 한다고 믿었다.[49] 그는 일대일 사역을 방해할 정도까지 외부 책임을 맡지는 않으려고 했다.[50] 사람들을 일대일로 만날 때, 사람들은 도슨이 자기를 이해하고 진정한 관심을 보인다는 것을 알았다. 그는 각 사람이 하나님께 받은 무한한 잠재력이 있다고 믿고 그것을 계발하려는 열정이 있었으며, 훈련을 요구할 때에도 자신이 실천하며 본을 보이는 것 이상을 요구하지 않았다.[51]

한편으로 제자훈련에서 일대일 사역과 함께 소그룹 사역을 활용하는 것에 대해서는 다음과 같이 말했다.

일대일 사역이 효과가 있다고 해서 이것이 유일한 사역이라고 생각해서는 안 됩니다. 비록 우리의 주된 사역은 일대일 사역이지만 그룹으로 하는 사역도 대단히 중요한 것입니다. 그룹을 통해 여러분은 귀한 교제를 가질 수 있으며, 이런 교제는 단 두 사람만이 있을 때는 누릴 수 없는 것입니다. 그리고 다른 사람들이 주님께 헌신하는 모습을 보는 것과 그들이 주님을 찬양하는 것을 듣는 것은 참으로 도전이 됩니다.…그룹은 또한 여러분의 생활에 균형을 잡아 주며 어느 한 사람만의 제자가 되는 것을 막아 줍니다. 그룹의 멤버들이 서로 격려함으로써 각자가 서로 다른 것을 기여하게 됩니다. 이것이 바로 주님께서 히브리서 10:25을 통하여 모이기를 폐하지 말라고 명하신 한 가지 이유이기도 합니다.…그룹 사역의 유익한 점은 또한 시간을 절약할 수 있다는 것입니다.[52]

그러나 여기서 도슨이 언급하는 소그룹은 일반적으로 친교와 성경공부를 위한 소그룹과는 구별되는, 의도적으로 훈련을 목표로 삼는 소그룹이다. 그는 단순히 성경공부 모임을

---

49 같은 책, pp. 164-165.
50 같은 책, p. 185.
51 같은 책, p. 186. "도슨은 군인이건 민간인이건 간에 자기를 별로 중요한 존재가 아니라고 생각하는 평범한 사람에게서 놀라운 가능성을 볼 줄 알았습니다. 도슨은 지극히 평범한 사람에게도 하나님께서 그 사람을 쓰실 수 있다는 믿음을 갖도록 도와주었으며, 하나님의 종으로서 자신을 준비하는 방법을 알려주었습니다." 같은 책, p. 401.
52 같은 책, p. 439.

운영하는 것과 제자훈련 소그룹을 진행하는 것을 혼동하지 않기를 바랐다.⁵³ 후자는 삶 속에서 성경말씀에 순종하는 생활을 훈련하고자 하는 목표를 공유하며, 헌약한 훈련 내용을 가지고 서로의 삶을 점검하며 상호 격려하는 요소를 지니고 있다는 점에서 일반적인 성경공부 모임과 달랐다. 이러한 제자훈련 소그룹에서는 개인의 삶을 세세히 점검해 주는 인격적 일대일 사역도 반드시 병행되어야 했다.

마지막 일곱째로, 디모데후서 2:2의 원리라고도 불리는 배가 원리에 대해 짚어 보자.⁵⁴ 도슨이 이 원리를 발견하고 네비게이토 제자훈련 사역의 중요한 부분으로 삼은 것은 상대적으로 늦은 시기인 1945년경이다. 그는 많은 모임들에 밀려 일대일 양육이 소홀해지는 것을 보았다. 또 성경을 가르치는 사역의 경우 가장 많이 배우는 사람은 가르치는 사람 자신이며, 그 사역이 제자의 삶을 생산하지는 못한다는 것을 깨달았다. 그래서 그는 단순히 모임을 갖는 것에서 벗어나 "충성된 사람들에게 부탁하는 것"으로 운동의 흐름을 바꾸어야 할 필요를 보았다. 즉 "재생산하는 사람을 생산하는 것"이 필요함을 깨달은 것이다.⁵⁵ 또 1949년부터는 배가의 원리가 "세계 선교의 빠진 고리"이며 "가장 짧은 시간에 가장 효과적인 방법으로 가장 많은 사람에게 도달할 수 있는 열쇠"라고 담대하게 제시하기 시작한다.⁵⁶ 1949년에 행한 한 강의에서 도슨은 배가의 원리를 다음과 같이 설명했다.

우리는 한 체인을 살펴보았습니다. 한 사람이 다른 사람을 돕기 시작할 때까지 평균적으로 6개월이 걸렸습니다. 만약 우리가 이렇게 확장된다면 6개월이 끝날 때마다 각 사람이 새로운 한 사람을 돕기 시작할 것입니다. 1년이 지나면 네 사람이 생기는 것입니다. 2년이 지나면 16명이 생깁니다. 그리고 15년 반이 지나면 우리는 세계 인구에 도달합니다. 20억 이상이 되는 것입니다.…그러나 이 6개월이란 기간을 기계적으로 적용하지는 마십시오. 그러다가는 난처한 상황에 처할 것입니다. 이는 단지 개념일 뿐입니다.…우리는 디모데후서 2:2 원리

---

53 같은 책, p. 438.
54 "또 네가 많은 증인 앞에서 내게 들은 바를 충성된 사람들에게 부탁하라. 그들이 또 다른 사람들을 가르칠 수 있으리라"(딤후 2:2).
55 같은 책, pp. 379-380.
56 같은 책, p. 438.

라는 것이 6개월 동안 한 사람이 다른 사람을 돕도록 하는 것이라고 말하는 것이 아닙니다. 첫 번째 사람을 만나는 데에는 5년이 걸릴 수도 있습니다. 아니면 3개월 만에 만날 수도 있습니다. 따라서 점수를 매기는 일은 그만두십시오. 영적 갓난아이를 성숙하도록 돕는 데에는 6개월 그 이상이 걸립니다. 그리고 영적 할아버지의 도움도 필요합니다. 당신이 돕고 있는 영적 갓난아이들에게 자꾸만 사람을 얻으라고 조급하게 밀어붙여서는 안 됩니다. 먼저 성장이 필요합니다. 약하고 무기력한 사람을 얻으면 무슨 의미가 있겠습니까?…그러므로 걱정하지 마십시오. 단지 기도하십시오 그리고 믿으십시오. 하나님의 때를 기다리십시오. 하나님께 순종하십시오. 하나님께서 추수하게 하실 것입니다.[57]

배가의 원리는 많은 오해와 비판을 받아 왔다.[58] 그러나 이 원리를 제자훈련을 받는 모든 사람에게 기계적으로 적용하지 않고 소수의 사역자 후보생들에게 적용하며, 양적 성장의 욕구나 '20세기 말까지 온 세계를 복음화하자'는 식의 조급한 사역 확장의 환상을 부추기는 용도로 남용하지 않는다면, 그 진가는 변함없이 남을 것이다.

3. 기여와 한계

이 부분을 마무리하며 도슨 트로트맨의 제자훈련에 대한 기여와 한계를 간략하게 평가해 본다. 첫째, 그는 교회가 전도에만 관심을 기울이고 있을 때, 양육과 제자훈련이 교회의 좀더 본질적인 사역이 됨을 드러냈다. 그는 의도적인 훈련을 통해 한 사람이 성경말씀에 순종하는 삶을 효과적으로 배울 수 있음을 체득했고, 그것이 예수님이 주신 '모든 민족을 제자로 삼아 예수님의 말씀을 가르쳐 지키게 하라'는 명령을 성취하는 방법임을 보여 주었다.

둘째, 그는 제자훈련의 실제적인 도구와 방법을 제시했다. 특히 그가 훈련의 중심으로

57　같은 책, p. 443.
58　같은 책, p. 465.

삼았던 성경구절 암송, 수레바퀴 삶 예화, 말씀의 손 예화는 제자훈련의 내용으로서 유익함이 검증되었고, 전 세계 교회에 신속하게 전파되고 활용되었다. 또 일대일 상담과 생활점검 방식, 또 훈련가의 본을 통한 가르침 등의 원리는 성경에 나타난 예수님의 제자훈련 방식을 20세기에 효과적으로 적용해 구현하는 모델이 되었다.

셋째, 그는 제자훈련 사역이 성실하게 수행될 경우 그 어떤 사역보다 결실이 큰 사역임을 보여 주었다. 13년간의 네비게이토의 군 사역을 통해 전쟁 직후 군인의 이미지가 투박하고 거친 사람들에서 성실한 이웃집 청년과 같은 이미지로 바뀌었고, 기독교에 대한 이미지도 유약한 이미지에서 역동적인 이미지로 바뀌었다.[59] 또 네비게이토 사역은 그 자체의 성장 결과가 놀라웠을 뿐 아니라 여러 다른 단체의 제자훈련 프로그램을 낳은 영감의 원천이 되었다.[60] 한국의 경우에도 많은 청년이 네비게이토 제자훈련의 영향을 받았고, 옥한흠 목사의 사랑의교회, 하용조 목사의 온누리교회 등 많은 제자훈련 중심 교회가 탄생했다.[61]

마지막으로 그의 제자훈련을 오늘날 우리의 관점에서 성찰하며 보완할 점을 생각해 보자. 우리는 다만 거인의 어깨 위에 선 난장이처럼, 당시에 거인이 보지 못했던 것을 조금 더 볼 수 있는 자리에 서 있을 뿐이다. 첫째, 도슨 트로트맨은 근본주의적 신학의 한계 안에서 사역을 했다. 그의 가르침은 오늘날 우리가 보기에는 개인 구원론 중심으로 내세지향적·이원론적 성향이 강하고, 그의 성경 적용은 본래 문맥에서 벗어난 문자적 적용이 종종 보인다. 20세기를 통과하며 복음주의 교회는 세계 기독교의 다른 흐름과 상호작용을 통해

---

59 같은 책, pp. 390-391.
60 CCC의 창설자인 빌 브라이트(Bill Bright)는 청년 사업가 시절부터 도슨 트로트맨을 만나 긴밀한 관계를 맺었고(같은 책, pp. 458, 478), CCC 창립 후 도슨 트로트맨은 CCC의 이사가 되어 섬겼다. 캠퍼스 사역 개척 시기에는 네비게이토의 훈련가들을 파송하여 도왔다. IVF의 경우, 1946에는 미국 내 간사들이 도슨 트로트맨의 강의를 듣고 주제별 성구 암송을 시작했고(같은 책, p. 400), 1948년에는 미국 IVF 총무 스테이시 우즈(C. Stacey Woods)의 초대로 스위스 로잔에서 300명의 국제 학생 대표들을 대상으로 말씀을 전했다. 같은 책, p. 426.
61 네비게이토와는 아무 직접적인 관련이 없던 필자도 교회 청년부를 통해 네비게이토 훈련 프로그램과 성경 암송 체계를 소개받고 암송을 하였다. 필자는 신학대학원 시절 고용수 총장과의 개인적인 대화에서 고용수 총장의 신학생 시절 나중에 장신대의 교수가 된 여러 사람들과 함께 기숙사에서 네비게이토식 양육을 받았다는 말을 들었다.

신학적으로 중요한 발전을 이루었다. 예를 들면, 성경신학의 발전을 통해 개인 구원의 복음을 넘어 하나님나라 복음을 수용하게 된 것, 해방신학으로부터 가난한 자들의 목소리에 귀를 기울이는 것이 중요함을 배우게 된 것, 에큐메니컬 진영의 하나님의 선교 개념으로부터 선교에서 하나님의 주권과 선교의 총체적 성격을 배우게 된 것, 종교개혁 이전의 기독교 공동 전통으로부터 영성훈련의 풍부한 유산을 발굴하게 된 것, 기독교 세계관 운동과 사회참여적 복음주의 운동을 통해 이원론을 극복하고 공적 영역에 참여하는 제자도를 추구하게 된 것 등이다. 이런 새로운 발전은 20세기 초에 활동했던 도슨 트로트맨의 제자훈련 내용에는 당연히 반영되지 못한 요소들이다.

둘째, 제자훈련을 통해 양육된 제자의 사역 현장이 다시 제자 양육 사역이 되는 모습이 보이는데, 도슨 트로트맨의 제자훈련은 사회의 다양한 영역에서 각 사람이 자신의 소명을 이루며 예수님의 제자로 살아가도록 세우는 데서 그 결실을 확인하는 운동이 되기보다는, 가장 탁월한 사람들을 전도와 제자 양육 사역자로 키워 내는 방향으로 나갔고, 그런 점에서 사회나 역사의 맥락과는 분리된 제자훈련 운동이 되는 경향을 보였다.

II.
옥한흠 목사의 사랑의교회 제자훈련 사역

선교단체의 제자훈련과 지역 교회의 제자훈련은 같은 용어를 쓰더라도 그 내용과 성격이 다를 수밖에 없다. 제자훈련 사역의 방법론이 네비게이토와 같은 선교단체에서 먼저 효과적으로 개발될 수 있었던 것은, 그 사역의 대상이 고정된 회원이 아니라 항상 외부에서 새롭게 영입되고 또 언제든 떠나갈 회원들이었기 때문이다. 지역 교회에 비해 회원의 출입이 자유로운 선교단체의 특성으로 인해, 선교단체의 경우는 자연스럽게 소수의 정예 멤버들이 중심이 되어 사역을 담당하고, 적정 수준 이상의 기여를 하지 못하는 회원들은 조만간 단체를 떠나게 된다. 결과적으로 선교단체는 지역 교회에 비해 상대적으로 소극적인 회원들을 돌보는 일에 많은 에너지가 들어가지 않는다. 특히 제자훈련 중심의 선교단체의 경우는, 제자훈련에 참여하지 않는 사람은 자연스럽게 그 단체에서 멀어지게 되므로, 사역 전체를 제자훈련 중심으로 운영할 수 있다. 이런 점에서 회원들이 수십 년간 함께 신앙생활을 하는 지역 교회에 선교단체의 제자훈련 프로그램을 그대로 이식하는 것은 어리석은 일이다.

그러므로 제자훈련 사역의 중요성을 발견한 지역 교회 목회자라면, 선교단체 제자훈련의 경험으로부터 드러난 핵심 원리를 수용하면서도 지역 교회의 고유한 특성을 고려해 신중하게 훈련 프로그램을 개발할 것이다. 지역 교회에서 제자훈련 사역을 펼치려 한다면, 선교단체와는 다른 지역 교회의 본질을 심층적으로 규명하고 파악하는 신학적 작업이 필요할 수밖에 없다. 바로 이런 이유로 옥한흠 목사는 지역 교회 제자훈련 사역을 새로운 신학적 기초 위에 세우려고 시도했다. 그에게 그 기초는 교회론이었고, 그중에서도 특히 평신도론이 핵심이 되었다. 각각의 지역 교회는 그 자체로 하나의 온전한 유기적인 그리스도의 몸이므로,[62] 그 몸의 고유한 특성과 상황에 맞게 제자훈련의 원리를 지혜롭게 적용하는 과정이 필요할 수밖에 없다. 그러므로 이 부분에서 우리는 옥한흠 목사가 어떻게 제자훈련을 한국 교회라는 구체적 상황, 특히 사랑의교회라는 지역 교회의 특수한 상황에서 펼쳐갔는지에 주목해 보려고 한다.

1. 평신도를 깨운다

옥한흠 목사의 제자훈련은 한마디로 "평신도를 깨워서" 교회의 "사도적 사명"을 수행하도록 세우는 사역이라고 규정할 수 있다. 그의 제자훈련 신학과 방법을 담은 책, 『평신도를 깨운다』는 모두 5부로 이루어져 있는데, 처음 두 부분을 신학적 기초에 할애해[63] 1부는 평신도론, 2부는 교회론을 담고 있다.[64] 이러한 제자훈련 신학의 심층적 재정립이 있었기에

---

62 로버트 뱅크스, 『바울의 공동체 사상』, 장동수 역(IVP, 2007), p. 86. Robert J. Banks, *Paul's Idea of Community: The Early House Churches in Their Cultural Setting*, Revised Edition (Baker Academic, 1994).
63 옥한흠, 『평신도를 깨운다』 개정2판(국제제자훈련원, 1998).

그의 제자훈련은 단순히 선교단체의 제자훈련을 그대로 복제하지 않고 지역 교회의 상황에 맞추어 완전히 재구성될 수 있었다.

그는 선교단체의 제자훈련을 평신도 훈련이라는 개념으로 맥락화했다. 여기서 '평신도'라는 용어는 '교역자'와 대비되는 개념이다. 교회의 주된 구성원은 평신도이고, 교회에 주어진 본질적인 사명을 수행해야 할 사람들도 평신도다. 교역자의 역할은 그러한 평신도들이 그 사역을 담당하도록 깨우고 가르치고 훈련하는 데 있다.

옥한흠 목사는 핸드릭 크래머(Hendrik Kraemer)의 『평신도 신학』(Theology of the Laity, 아바서원)을 인용하면서, 현대 사회 구조 안에서 평신도의 잠재력을 인식하고 주목한 에큐메니컬 진영의 평신도 운동을 "20세기 교회에 새로운 빛을 던진 운동"으로 높이 평가한다.[65] 그리고 오늘날 한국 교회의 문제는 탁월한 능력과 잠재력을 갖춘 평신도들이 교회 조직을 유지하는 통상적인 봉사활동에만 매여 있으며 교회의 본질적인 사역에 직접 참여하지 못하고 교역자의 보조 역할만을 하는 것이라고 진단한다.[66] 그리고 교역자와 평신도의 역할을 구별하되, 평신도의 위상을 축소하지 않는 것이 중요하다고 말하며, 평신도를 무시하는 교권주의와 교직을 멸시하는 반교권주의의 오류를 피하고 교역자의 역할을 바르게 이해해야 한다고 말한다.[67] 그는 교역자의 역할을 다음과 같이 명료하게 기술한다.

그러므로 교역자의 중요한 역할은 누구를 대신하거나 대표하는 데 있지 않고 평신도가 참 제사장으로서 그 특권을 행사할 수 있도록 그들을 돕고 지도하는 데 있는 것이다.[68]

이러한 인식에 근거해, 옥한흠 목사는 '평신도를 깨워서 교회의 본질적 사명을 감당하게 하는 것'이 바로 이 시대 제자훈련의 중대한 의미라고 이해했다.

---

64 각 부의 구성은 다음과 같다(각 부 제목 옆의 괄호 안 내용은 필자의 추가). 1부: 현대 교회와 평신도(평신도론), 2부: 세상으로 보냄 받은 교회(교회론), 3부: 제자도(성경적 근거), 4부: 제자훈련의 원리와 실제(방법론), 5부: 목회 현장에서 본 가능성(목회 현장 경험의 성찰).
65 같은 책, pp. 34-35.
66 같은 책, p. 45.
67 같은 책, p. 50.
68 같은 책, p. 58.

그렇다면 옥한흠 목사는 교회의 본질적 사명을 무엇으로 이해하는가? 옥한흠 목사는 한스 큉의 교회론을 접하면서 교회의 '사도성'에 대한 큉의 새로운 해석에 감명을 받았다. 그는 한국 교회가 전통적으로 배워 온 교회론은 종교개혁자들의 교회론이었는데, 종교개혁자들은 교회의 개혁과 순수성 회복이라는 긴급한 과제에 몰두하느라 교회가 받은 선교적 사명을 인식하는 부분에서 심각하게 부족한 점이 있음을 알게 되었다.[69] 그런 교회론의 한계를 넘어서기 위해서는 신약성경이 제시하는 교회의 사도성을 재발견해야만 했다.[70] 옥한흠 목사의 경우 이런 한계에 대한 신학적 돌파구를 가톨릭 신학자인 큉에게서 발견한 것이다.

큉은 교회의 사도성을 설명하면서, 사도직의 계승자는 교황이나 다른 어느 개인이 아니라 교회라고 선언한다. 그리고 그 사도직을 계승하게 하시는 분은 성령인데, 교회는 첫째로 사도의 교훈을 계승함으로써, 둘째로, 사도의 사역을 계승함으로써 사도직을 계승하게 된다고 설명했다. 이런 교회론적 인식을 기초로 옥한흠 목사는 '평신도를 깨우는 것'의 의미를 다음과 같이 요약한다.

그러므로 평신도를 깨운다는 것은 바로 그들 각자가 사도의 사역을 물려받은 소명자임을 고백하고 순종하도록 가르치는 일이라 할 수 있다. 사도적 사명은 아직 끝나지 않고 있다. 그것은 세상 끝날까지 남아 있게 될 것이다. 사도적 사역은 완성되지 않고 있다. 그것은 땅 끝까지 모든 사람들을 다 포용하는 일이기 때문이다. 그러므로 교회는 항상 세상 안에 있어야 하고 그 가운데서 사도들처럼 그리스도를 고백하고 증거하고 봉사하지 않으면 안 된다. 이것은 교회의 존재 그 자체를 성경적으로 결정하는 본질적인 사명이다.[71]

---

69 같은 책, p. 82.
70 같은 책, pp. 88 이하.
71 같은 책, p. 102. 그러나 옥한흠 목사는 2부 교회론 부분을 갈무리하는 장인 "9장 교회의 존재 이유"에서 교회의 사명을 선교만으로 이해하는 것도 편협한 생각이라고 말한다. 교회는 선교와 관련이 있는 다른 사역들을 가지고 있으므로 이것을 함께 보지 않으면 교회의 진면목을 바로 볼 수 없다고 짚어 둔다. 그리고 교회의 존재 목적을 예배(찬양, 감사, 기도, 말씀), 세상 구원(복음 전도에 초점), 성도 양육으로 설명한다(같은 책, pp. 104 이하). 이 부분은 그가 선교단체와 지역 교회의 제자훈련의 목적과 성격이 달라질 수 있음을 의식하고, 지역 교회를 좀더 온전하게 바라보도록 안내하는 부분으로 보인다.

2. 제자 개념과 제자훈련의 내용

이제 옥한흠 목사의 제자 개념을 짚어 보자. 먼저 옥한흠 목사는 제자도 개념의 잘못된 사례로서 "본회퍼에게 영향을 받아 제자도를 하나의 과격한 윤리적 모티브로 해석하는 경향"과 일부 선교단체에서 그들이 고안한 "어떤 주형에다 넣어서 찍어 내는 일종의 제품처럼" 이해하는 것, 그리고 제자 삼으라는 명령을 단순히 전도하라는 말씀으로 이해하는 것을 든다.[72] 그에 의하면, 제자훈련의 핵심은 "예수님이 보여 주신 목표와 표준을 놓고 가르쳐 지키게 하는" 것이다.[73] 또 예수님이 제자도를 강조하신 것은 일보다 사람의 변화가 먼저이기 때문이며, 변화된 소수의 사람들을 준비하기 위해 전력을 다하신 것이 예수님의 전략이었다고 말한다.[74] 그는 제자의 개념을 명시적인 문장으로 정의하지 않고 대신 제자 개념에 포함되는 세 가지 요소를 제시한다. 그것은 인격적 위탁자(예수님께 자신을 완전히 맡긴 사람-필자 주), 증인, 종인데 이 세 가지가 진정한 제자를 판별하는 기준이 될 수 있다.[75]

제자훈련이 추구해야 할 목적과 관련해서는 다음과 같이 명시적으로 규정을 내린다. "예수 그리스도의 인격과 삶을 본받는 신자의 자아상을 확립하는 것" 또는 "예수처럼 되고 예수처럼 살기를 원하는 신앙인으로 만드는 것."[76] 이를 위해 예수님께 자신의 삶을 전적으로 위탁하는 것을 가르치고,[77] 재생산하는 자로 세우며,[78] 교회의 '목회적' 사역을 담당하게 해야 한다.[79] 제자훈련의 목적과 관련해 평신도의 사회적 책임에 대해 적절한 강조가 필요하다는 점을 언급하는 다음 내용이 특별히 눈길을 끈다.

---

72 같은 책, p. 121.
73 같은 책, p. 123.
74 같은 책, p. 125.
75 같은 책, pp. 140-141.
76 같은 책, p. 192.
77 같은 책, pp. 149-150.
78 같은 책, p. 174.
79 '목회적' 사역의 내용은 말씀과 기도로 형제들을 세우는 사역, 이웃에게 복음을 전하는 사역, 병자와 상처 입은 자를 영적으로 치유하는 사역이다. 즉 예수님의 사역이었던 전파하고 가르치고 치유하는 사역에 평신도가 참여하도록 하는 것이다. 같은 책, p. 177.

이 자리에서 특별히 지적하고 싶은 사실이 하나 있다. 지난 반세기 동안 복음주의적인 노선을 따르는 많은 교회에서는 제자훈련을 민족 복음화 혹은 세계 복음화라는 틀 속에서만 이해하려는 경향이 대단히 높았다는 것이다. 그래서 제자훈련은 오로지 전도자를 양성하고 교회를 부흥시키는 수단인 것처럼 인식되어 온 것이 사실이다.

그 결과 복음을 큰소리로 외치는 많은 그리스도인들이 사회적인 책임에 대해서는 소극적이거나 냉소적인 태도를 취해 왔다. 그래서 어떻게 되었는가? 불행하게도 한국 교회는 극단적인 보수와 극단적인 진보로 양극화되는 비극을 겪어 왔다. 전자는 내세를 강조하는 일에 후자는 현세를 강조하는 일에 치우쳐 결국은 양쪽 모두 다른 하나를 잃어버리는 과오를 범하고 말았다.

따라서 제자훈련의 뿌리가 보수적인 성향이 강한 복음주의에 있기 때문에 잘못하면 평신도의 사회적 책임에 대해 소극적인 입장을 취할 가능성이 충분히 있다는 것을 염두에 두어야 한다. 진정한 제자훈련은 평신도가 날마다 사회 속에서 성과 속을 따로 구별하지 않고 자신의 삶을 하나님이 기뻐하시는 산 제사로 드리는 제사장으로서의 소명을 분명히 가르치는 것을 중요하게 다루고 있다.[80]

이런 언급을 보면 옥한흠 목사가 제자훈련에서 신자들의 사회적 책임 문제에 대해 균형 잡힌 인식을 가지고 있음을 알 수 있다. 그러나 『평신도를 깨운다』 전체를 통틀어 보아도 이 부분에서 살짝 암시된 것 외에는 제자들이 직업이나 공적 영역이라는 삶의 자리에서 소명을 수행하는 일이 중요하다는 언급이 전혀 나타나지 않는다. 이 점은 옥한흠 목사의 제자훈련이 그리스도인의 사회적 책임을 어떻게 다루었는지를 확인하고자 한 필자로서는 특별히 아쉽게 여겨졌던 부분이다.

다음으로는 지역 교회에서 제자훈련 사역을 시작하는 법에 관한 조언을 살펴보자. 이 부분은 선교단체와 다른 지역 교회의 상황에서 목회자가 어떻게 신중한 태도로 제자훈련 사역을 펼쳐야 하는지를 지혜롭게 제시한다.

---

80 같은 책, pp. 187-188.

먼저 목회자 자신의 목회 철학을 나누어야 한다. 그리고 훈련 대상을 신중하게 선택한다. 기성 교회의 경우 장로들과 권사들부터 시작해야 하며 성급하게 서둘러서는 안 된다. 모든 사람에게 기회를 주지만, 약간 까다로운 지원 자격을 둔다. 첫 그룹은 5-12명으로 시작하고, 가시적 결과가 없어도 3년 정도는 끈기 있게 밀고 나가야 한다. 훈련 중에는 소수의 사람에게 집중해야 하며, 훈련생들도 엄숙히 서약하고 훈련에 집중하게 해야 한다. 첫 제자반이 성공할 수 있도록 정성을 쏟아야 한다.[81]

그러면 옥한흠 목사가 실행했던 제자훈련의 구체적 내용은 무엇인가? 『평신도를 깨운다』에서는 훈련의 내용을 자세히 설명하지 않지만, 옥한흠 목사가 집필한 제자훈련 교재가 그 내용을 잘 드러낸다. 옥한흠 목사의 제자훈련 교재는 제자훈련 3권과 사역훈련 3권으로, 2년 혹은 3년 과정의 내용으로 구성된다. 제자훈련 3권은 모두 32주의 내용을 담고 있는데, 1권 『제자 훈련의 터다지기』에서는 6주간 경건의 시간, 말씀, 기도 등 기본적인 생활 훈련에 집중한다. 2권 『아무도 흔들 수 없는 나의 구원』에서는 14주에 걸쳐 전통적인 주요 교리 주제들을 성경말씀을 통해 공부한다. 3권 『작은 예수가 되라』는 12주 동안 그리스도인의 인격과 삶과 관련된 주제를 다룬다. 성경공부와 병행하며 생활 훈련으로서 경건의 시간, 성구 암송(64구절), 성경 읽기(1년간 1독), 특별 과제의 실천 내용을 매주 점검해 나간다. 제자훈련 과정을 마친 사람들 중에서 '말씀 사역'을 담당할 자질이 있다고 여겨지는 사람은 사역훈련을 받을 수 있다. 사역훈련은 1년 과정으로 각각 성령론, 교회론, 소그룹과 귀납적 성경공부법을 다룬다. 이 두 과정 전체를 네비게이토의 수레바퀴 예화와 비교해 보면, 전도 훈련이 빠졌다는 점이 눈에 띄는데, 전도에 대한 약점을 보완하기 위해 훈련을 마친 훈련생들에게 따로 '전도폭발 훈련'을 받도록 지도한다.[82]

제자훈련에서 교육 과정이나 교재보다 훨씬 더 중요한 요소는 훈련을 진행하는 훈련가다. 그러므로 마지막으로 옥한흠 목사가 훈련가가 갖추어야 할 자질과 태도에 대해 언급한 내용을 살펴보자.

---

81 같은 책, pp. 204 이하 내용을 요약함.
82 같은 책, p. 309.

옥한흠 목사가 제시하는 제자훈련가가 갖추어야 할 네 가지 자질[83]은 다음과 같다. 첫째, 은혜를 아는 사람이다. 제자훈련은 은혜로 하는 것이며, 은혜를 먼저 체험한 사람이 은혜를 나누어 주어야 한다. 둘째, '한 사람 철학'에 미친 사람이다. 한 영혼에 대한 불타는 마음 없이 양적인 성장에만 신경을 쓰면 실패한다. 셋째, 사랑하고 신뢰받는 인격이다. 자신이 자연스럽게 끌리는 사람만 사랑하는 것이 아니라 오히려 호감이 가지 않거나 불편한 사람에게 더욱 사랑을 쏟아부어야 한다. 넷째, 영적 권위와 리더십이 있어야 한다. 하나님의 말씀을 깊이 있게 보며 권위 있게 도전할 수 있어야 한다.

또 옥한흠 목사는 "제자훈련가의 철칙"으로서 다음과 같은 내용을 권고한다.

- 조금이라도 권위주의 냄새를 풍기지 말라. 나의 제자를 만들려 하지 말라.
- 가식하지 말라. 모르면 모른다, 도움이 필요하면 도와 달라고 말하며, 항상 투명하라.
- 가르치는 것 같지 않게 가르치라. 서로의 나눔을 통해 깨달음을 배가하고 귀납법적 공부로 스스로 깨닫게 하라.
- 예와 아니오를 분명히 하라. 돈 거래를 하지 말라.
- 비밀을 절대로 지키라. 상담 내용을 설교에 인용하지 말라.
- (모임을 위한) 과도한 식사 준비를 삼가도록 정확한 원칙을 제시하라.
- 시간을 지키라.
- 영적 기상도를 읽고 변화가 없으면 비상대책을 마련하라(정해진 시간에 함께 기도, 릴레이 금식 기도, 기도원 방문 등).
- 자신이 가진 모든 것을 쏟아부으라.[84]

옥한흠 목사는 지역 교회에 제자훈련 사역을 시작하기 위해서는 지역 교회마다 처한 고유한 상황과 특성을 신중하게 고려해야 한다는 점을 잘 알고 있었기에, 특정한 방법론 자체를 강조하지 않고 오히려 교회론에 대한 깊은 이해를 가지는 것이 중요하다고 여러 번

---

83 옥한흠, 『옥한흠 목사가 목사에게』(은보, 2013), pp 290-314.
84 같은 책, pp. 251-253에서 요약.

강조했다. 그는 또한 교회에서 제자훈련을 잘해도 목회가 실패하는 경우를 보았다고 말하면서, 세 가지 경우를 언급한다.[85] 첫째, 교인들이 설교에 만족하지 못하는 경우, 둘째, 목사가 목회에 자신감이 생겨 외부로 돌기 시작하는 경우, 셋째, 교회가 매너리즘에 빠져 제자훈련이 형식적인 성경공부가 되어 버리는 경우다. 지역 교회의 제자훈련에 대해서는 이런 실제적인 조언이 중요한 역할을 한다.

3. 성도의 사회적 책임에 대한 언급의 부재

마지막으로 옥한흠 목사의 제자훈련에서 나타나지 않는 요소를 한 가지 지적하고 이 부분을 마무리하고자 한다. 위에서도 잠깐 언급했지만, 이 제자훈련 교육 과정에는 제자들의 직업 영역과 공적인 영역에서의 제자도에 대한 적절한 강조가 결여되어 있다. 교회의 존재 이유를 예배, 세상 구원, 성도 양육으로 규정하는 부분에서도 이 점을 찾아보기 어렵다.[86] 그가 언급하는 예배 개념에는 세상 속에서 그리스도인의 직업생활이 예배의 현장이 될 수 있다는 상식적인 개념이 이상하게도 언급되지 않는다.[87] 세상 구원의 항목에서도 "세상을 위한 무거운 책임"[88]을 언급하는 내용 중에도 직업이나 공적 영역에서의 의무가 나타나지 않는다. 양육의 항목에서도 마찬가지다. 이런 내용은 제자훈련이 아닌 설교와 다른 형태의 가르침을 통해 보완되었을 가능성이 있다. 그럼에도 제자훈련과 관련해 성도의 (구제나 봉사와는 구별되는) 사회적 책임에 대한 언급 부재는 옥한흠 목사의 제자훈련 신학이 하나님 나라 신학 혹은 총체적 선교의 개념과 심층에서는 완전히 통합되지 못한 결과라는 생각이 들게 한다.

사랑의교회의 경우 제자훈련을 받은 사람들 중 가장 탁월한 제자들은 사역훈련에 참여하게 된다. 그런데 사역훈련의 목표는 말씀으로 목양하는 평신도 사역자를 기르는 것이

---

85 같은 책, pp. 209-212.
86 옥한흠, 『평신도를 깨운다』, pp. 104 이하.
87 같은 책, p. 110.
88 같은 책, p. 111.

므로, 직업이나 공적인 영역에서 제자도를 살아내야 할 사람들을 위한 의도적인 후속 훈련이 되지는 못한다. 결과적으로 제자훈련의 전반적인 강조점은 교회의 일꾼을 양육하는 것에 머물고, 제자들을 직업 영역과 공적인 영역에 적극적으로 파송하는 일은 주목을 받지 못한다. 이렇게 되면 제자훈련을 받은 평신도들이 교회의 (좁은 의미의) 목양 사역에 다시 투입되어 결과적으로 교회 내부의 활동으로만 시간을 보내며 살아가는 현상이 나타날 수 있다. 훈련받은 선수들을 경기에 내보내지는 않고 훈련 프로그램에 다시 투입해 훈련 참가자만 늘려 가는 현상, 즉 훈련의 무한 루프 현상이 발생하는 것이다. 이것은 '제자훈련의 궁극적 목표가 평신도의 교역자화인가?'라는 근본적인 의문을 불러일으킨다.

III.
달라스 윌라드의 제자훈련 신학과 방법론

세 번째로 살펴볼 인물은 달라스 윌라드다. 앞의 두 인물의 제자훈련과 비교하며 달라스 윌라드를 살펴보려는 이유는, 그가 성경적이며 실천적인 제자훈련 이론을 탁월하게 정립함으로써 실천가들의 경험을 새로운 차원에서 음미하도록 도와주기 때문이다. 특히 그의 책 『하나님의 모략』 8장과 9장은 오늘날 한국 교회의 당면 과제라고 볼 수 있는 '하나님나라 신학과 제자훈련의 통합'과 관련해 중요한 모델을 제시한다. 이 부분은 그의 깊이 있는 성경적-철학적 인간 이해를 바탕으로 제자훈련의 목표, 내용, 내적 역동을 명쾌하게 풀어 내므로 제자훈련가라면 반드시 참고해야 할 부분이다. 이 글에서는 그가 정의하고 설명하는 제자와 제자도 개념, 그리고 제자훈련 방법론을 고찰하고, 이를 통해 앞의 두 거인들의 제자훈련 방법을 보완하고 더 온전하게 만들 수 있는 방향을 모색하려 한다.

1. 윌라드의 제자도 개념

먼저 달라스 윌라드의 제자 개념을 살펴보자. 윌라드는 예수님의 제자를 "그분(예수님)과 함께 있어 그분으로부터 그분처럼 되는 법을 배우는 자"로 정의한다. 이 정의는 제자의 핵심적인 실천으로서 '함께 있는 것'과 '배우는 것' 두 가지를 포함한다.[89] 예수님의 제자가 되려면 그분과 함께 있어야 하고, 또 그분으로부터 배워야 한다.

여기서 당장 떠오르는 것은 '오늘날 우리가 어떻게 예수님과 함께 있을 수 있는가?' 하는 질문이다. 이 질문은 제자훈련의 기초와 관련된 중대한 질문이므로 명료한 확신을 얻을 때까지 철저히 탐구하지 않으면 안 된다. 성경의 분명한 대답은 예수님이 승천하신 후에는 예수님이 실체로서 우리와 함께하시는 방식이 바뀐다는 것이다. 즉 예수님은 제자들에게 앞으로는 지금까지 알았던 가시적 예수님과는 다른, 보혜사 성령님의 임재로서 그들과 함께 있을 것이라고 말씀하셨다(요 14:16). 하나님은 인격이시며 모든 물리적 실체를 초월하시는 존재다. 창조된 물질 우주는 인격이신 하나님께 의존하고 있다. 성령님은 인격적 존재이지만 피조성을 지닌 물질이 아니다. 그러나 어떤 물질보다도 더 실체적으로 우리 안에 임재하신다.[90] 이렇게 인격이신 하나님이 우리와 함께하시면서 우리와 소통하기 위해 최선의 방법으로 선택하신 것이 말씀, 즉 대화다. 그래서 "제자도의 절대적 중심이 되는 것은 성경이다."[91] 그러므로 우리는 성경말씀을 통해 성령님 안에서 예수 그리스도와 지금 함께할 수 있다.

제자는 또한 배우는 자다. 무엇을 배우는가? 스승이 잘하는 것을 배운다. 스승과 같이 되기 위해서다. 예수님의 경우 잘하시는 일은 하나님나라 안에서 사는 것, 하나님나라의 실체를 사람들의 유익을 위해 사용하는 것, 사람들을 하나님나라 안으로 이끄는 것이다.[92] 그러므로 예수님의 제자로서 우리는 하나님나라 안에서 사는 법, 즉 우리의 삶의 자리에

---

89 달라스 윌라드, 『하나님의 모략』, pp. 371-372.
90 "실제적 관점에서 우리 모두가 살아야 할 천국은, 한마디로 예수와 지속적인 교제를 체험하는 것이다. 그분은 역사 속에서, 그리고 이 땅의 실존 속에서 우리가 매일, 매시간, 매순간 만날 수 있는 분이다." 같은 책, p. 377.
91 같은 책, p. 373.
92 같은 책, p. 380.

서 하나님나라의 질서로 살아가는 법을 배워 나간다.

이것은 우리의 "일상의 삶 전체가 제자도의 장"이 된다는 것을 의미한다.[93] 이 점은 앞의 두 제자훈련 프로그램과 구별되는 특징이므로 주목할 필요가 있다. 달라스 윌라드는 다음과 같이 선언한다.

> 예수의 제자란 내 일을 하되 그분이 하시는 것처럼 하는 법을 그분으로부터 배우는 것이다. 신약에는 이것이 예수의 '이름으로' 한다고 표현돼 있다. 자신의 일을 제자도의 일차적 장으로 생각하지 않는 것은, 깨어 있는 시간의 많은 부분 혹은 대부분을 그분과 동행하는 삶에서 자동적으로 제외시키는 것이다.[94]

달라스 윌라드에게는 일상의 삶 전체가 제자도의 장이며, 예수님으로부터 우리는 우리의 모든 삶, 우리의 실제 삶을 살아가는 법을 배워야 한다. 종교적인 사역을 하는 법을 배우는 데 초점이 있는 것이 아니라, 가족과 직장과 공동체를 예수님의 뜻대로 가꾸는 것이 제자의 삶의 내용이다.[95] 예를 들어 직업의 영역을 생각해 보자. 제자의 훈련 과제는 내가 하는 일을 잘하게 되는 것, 즉 예수님이 하시는 것처럼 그 일을 하게 되는 것이다. 일이 제자도 영역의 전부는 아니지만, 그 일을 하는 동안만큼은 다른 모든 종교적 활동보다 중요하게 여기고 몰두해야 한다. 그 일 속에서 천국을 경험해야 한다. 우리의 일의 영역이 제자도에 통합되어야 한다.[96] 이와 유사한 방식으로 우리의 모든 일상의 영역이 제자훈련의 장이 된다.

그렇다면 교역자의 역할은 무엇인가? 교역자는 천국의 특수 사역자들이며, 제자들로 하여금 삶의 모든 영역에서 제자도를 발휘하도록 훈련하는 일을 한다. 이를 위해 교역자는 예수님이 지상 사역에서 행하셨던 세 가지 일, 즉 선포(마 4:23), 현시(menifesting, 마 9:35), 가르침(마 10:7-8)의 일을 담당한다. 예수님은 지상 사역 기간에는 이 세 가지 사역을 주로 실행하고 가르치셨지만, 오늘날에는 성령을 통해 우리 삶의 모든 영역, 모든 주제에 대해

---

93 같은 책, p. 380.
94 같은 책, p. 383.
95 같은 책, pp. 381-382.
96 같은 책, pp. 384-386.

가르치고 계신다.[97]

예수님의 제자가 되려는 사람에게 제시할 수 있는 실제적 단계는 무엇인가? 우리가 제자가 되려면 무엇을 행해야 할까? 또 제자가 되고자 하는 사람에게 어떤 조언을 주어야 할까? 제자가 되기 위해 우리 편에서 할 수 있는 일은, 첫째, 예수님의 제자가 되게 해 달라고 간구하는 것이다. 이 일을 중대하게 여긴다면 이를 위해 몇 시간이나 하루를 따로 떼어 기도하는 시간을 가지는 것이 좋다. 두 번째로, 말씀 안에 머물러야 한다(요 8:31-32). 복음서를 읽고 예수님의 복음을 삶의 중심으로 삼으며 영혼에 예수님의 말씀을 채운다. 그리고 그 말씀대로 실천하려고 시도한다. 이런 과정에서 하나님의 도우심을 구한다. 세 번째로는 의지를 사용하여 평생 예수님의 제자로서 제자의 삶을 살기로 결단해야 한다.[98]

2. 제자훈련의 목표와 내용

이제 다른 사람을 제자 삼는 법에 대해 생각해 보자. 제자 삼기란 "사람들에게 예수와 그 나라에 대해 알려주고, 기도와 인도를 통해 결단을 내리도록 돕는 일"이다.[99] 이 일을 실천하기 위해서는 먼저 자신이 제자가 되어야 한다. 제자란 무엇이며 제자가 되는 방법이 무엇인지 자신의 경험으로 알아야 하고, 예수님과 동역하는 법을 알아야 한다.[100] 그다음으로는 제자 삼겠다는 의지를 품어야 한다. 제자 삼기는 사람들을 예수님이 사신 그 모습대로 살도록 그 지점까지 데려다 놓는 것을 목표로 삼고 의식적으로 노력하는 것이다.[101] 이 일의 중요성을 인식하고 이 일을 행하겠다는 결단을 내려야 한다. 마지막으로, 올바른 방법을 적용해야 한다. 이 방법에 관해서는 아래에서 좀더 자세히 살펴보겠지만, 크게 다음 두 가지로 구성된다.

---

97 같은 책, p. 389.
98 같은 책, pp. 395-400.
99 같은 책, p. 402.
100 같은 책, p. 401.
101 같은 책, p. 404.

첫째, 천국 선포, 현시, 가르침을 통해 천국 생활의 매혹적 비전을 제시하기.

둘째, 삶을 지배하는 신념 체계를 바꾸기.

달라스 윌라드는 제자 삼는 과정의 핵심을 하나님나라의 질서와 삶의 방식을 익히기 위해 기존의 신념(혹은 개념, concept) 체계를 변화시키는 것으로 본다. "이것은 기본적인 일로서 모든 제자 삼는 자의 의식에 흔들리지 않는 목표가 돼야 한다."[102] 여기서 신념 체계란 "현실에 대한 아주 개략적인 모델이나 가정"으로서 사물을 생각하고 해석하는 방식이다. '세계관'과 유사한 개념으로서 생각(mind) 안에 보이지 않게 형성되어 있다. 달라스 윌라드는 이 신념의 변화 없이는 진정한 삶의 변화를 기대할 수 없다고 말한다.[103]

이제 달라스 윌라드가 제시하는 제자훈련의 개념과 방법에 대해 좀더 자세히 살펴보자. 달라스 윌라드는 오늘날 교회의 심각한 문제가 제자도에 대한 분명한 이해가 없고 제자훈련을 실행할 의도적이고 효과적인 방법도 가지지 못한 것이라고 지적한다.[104] 지역 교회와 기독교 단체에서 행하는 수많은 제자훈련 프로그램이 종종 행동 수정 수준에 그치고 인간 문제의 근원이 되는 내면과 성품을 건드리지 못한다는 것이다.[105] 또한 훈련은 정보 전달의 문제가 아니다. 우리는 이미 수많은 설교와 강의를 통해 하나님나라에 대한 넘치는 정보를 지녔지만, 그 내용이 마치 사실이 아닌 것처럼 행동하고 있다. 바로 이 부분이 훈련이 시작되어야 할 지점이다.[106]

---

102 같은 책, p. 410.

103 이처럼 변화를 위해 의지의 결단을 강조하고 신념 체계를 바꾸는 것을 겨냥하는 전략은 그가 구축한 성경적-철학적 인간론에 근거한 것이다. 그는 인간의 중심을 심령(spirit)으로 보는데, 이곳에는 의지(will)가 자리한다. 이 의지는 비전(vision)에 의해 자극을 받는다. 심령은 생각(mind)과 밀접히 연결되어 있으나 구별되는데, 생각 안에는 사고(thought)와 감정(feeling)이 자리하고, 사고는 다시 신념(개념, concept), 이미지, 정보, 사고력으로 구성된다. 우리 속에 있는 신념과 이미지가 바로 악의 요새와 같은 것으로서 변화를 위해 주로 공략해야 할 대상이다. 『마음의 혁신』 개정판, 윤종석 역(복있는사람, 2009), p. 62. Dallas Willard, *Renovation of the Heart: Putting on the Character of Christ* (NavPress, 2002). 또한 그는 변화가 일어나는 패턴을 VIM으로 설명한다. 변화는 심령이 비전(Vision)에 이끌려 의도(Intention)를 품고 결단을 내리며, 방법(Method)을 찾아서 실행함으로 일어난다. 같은 책, pp. 139 이하.

104 달라스 윌라드, 『하나님의 모략』, p. 418.

105 같은 책, p. 420.

106 같은 책, p. 422.

요지는 이것이다. 예수의 모든 말씀을 행하도록 그들을 훈련하는 일은, 한마디로 그들로 하여금 예수를 처음 믿은 결과로 이미 얻은 정보를, 전인격을 다해 믿도록 해 주는 것이다.[107]

제자가 되기로 결심한 처음에는 예수님이 '옳다고' 믿는 단계에 머무를 수 있다. 그것은 예수님이 우리를 구원하신다는 사실을 믿는 것이고, "예수님을 믿는 단계"다. 그러나 그다음 단계에서는 "예수님의 믿음을 믿는 단계"로 나아가야 한다. 다른 말로 하면 "예수에 대한 복음"을 믿는 단계에서 "예수의 복음" 즉 '하나님나라의 도래'를 믿는 단계로 나가야 한다.[108] 이런 변화를 위해 구체적으로 무엇을 할 수 있을까?

달라스 윌라드는 제자훈련의 교육 과정이 추구해야 할 분명한 두 가지 목표를 제시한다.[109] 첫째는 하나님을 사랑하고 기뻐하며 그분의 선하심과 능력을 확신하는 것이다. 이것은 바꾸어 말하면 '어떻게 사랑스러운 대상을 사랑하도록 도울 것인가?' 하는 문제다. 사랑스러운 대상을 사랑하게 도우려면, 훈련가는 훈련생에게 그분이 정말로 사랑스러운 분임을 강력하게 제시해야 한다. 또 훈련생 자신은 하나님께 의도적으로 마음을 두며 하나님을 생각해야 한다. 반대로 타락한 인간은 바른 방식으로 바른 대상에 마음 두기를 거부한다(롬 1:28). 이러한 훈련이 일어나는 세 영역은 바로 창조세계와 예수 그리스도(또는 성경말씀), 그리고 개인의 삶의 여정이다. 이 세 영역에서 찾아오시는 하나님께 마음을 두고 만나고자 간구하고 열심히 추구하면서, 그 만남을 방해하는 잘못된 신념이나 나쁜 경험 등 내면의 장애물이 드러나면 하나씩 직면하여 제거해 나가야 한다.

둘째는 하나님나라에 역행하는 우리의 자동 반응을 제거하는 것이다. 성경적 관점에서 규명해 볼 때, 이런 자동 반응을 일으키는 것은 우리 몸에 뿌리내린 악한 습관이며, 바로 이것이 죄다.[110] 우리는 이 악한 습관(다른 말로는 죄 또는 옛사람)을 자아의 정상적인 일부라고 고집하며 포기하지 않으려고 한다. 그러므로 말씀에 비추어 죄의 정체를 정확히 아는 것이 죄와의 싸움을 효과적으로 치르는 비결이다. 이런 죄와의 싸움은 혼자 하는 것이

---

107 같은 책, p. 424.
108 같은 책, pp. 424-426.
109 같은 책, pp. 427-428.
110 같은 책, p. 455.

아니라, 우리 안에서 우리를 도우시는 성령님의 능력을 의지해서 하는 것이다. 훈련이란 우리 몸을 지배하는 옛 습관을 벗어 버리고 의도적으로 새로운 습관, 하나님나라의 방식에 합당한 습관으로 대치하는 것이다. 이런 싸움에서 예수님의 본과 제자훈련가의 본이 매우 중요하다. 본에 비추어 볼 때, 우리가 당연한 것으로 여기던 옛 습관의 정체가 폭로되고, 변화 가능성에 대한 비전을 가지게 되고, 그 비전이 의욕을 불러일으키기 때문이다.

달라스 윌라드는 이런 훈련의 역동을 좀더 쉽게 그려 볼 수 있도록 "영적 성장의 황금 삼각형"이라는 표를 제시한다.[111]

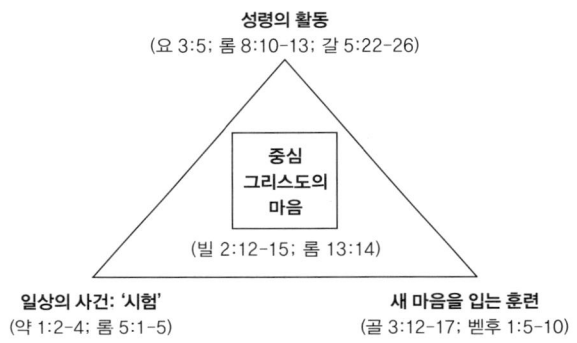

이 그림에서 특히 주목할 부분은 아래쪽의 두 꼭짓점이다. 왼쪽 아래 부분은 일상의 삶에서 일어나는 사건들이다. 이 사건들은 하나님께서 우리에게 하나님나라와 그 복을 베푸시는 장소들로 받아들여야 한다. 이 일상의 삶에서 하나님의 복을 경험하는 일을 포기하면 우리는 하나님나라를 받아들일 지점을 잃어버리고 만다. 이 사건은 다른 말로 '시험'이라고 부르는데, 그 시험의 목적은 성령의 도움심으로 통과하여 상을 얻게 하는 것이다.

오른쪽 아래 부분은 영적인 훈련들이다. 이 훈련은 몸의 악한 습관을 무너뜨리고 새로운 선한 습관을 형성하는 활동을 말한다. 훈련에는 절제를 통한 훈련(고독, 침묵, 금식, 청빈, 금욕, 은밀함, 희생, 관찰)과 행위를 통한 훈련(공부, 예배, 축제, 봉사, 기도, 교제, 고백, 순종)이 있다.[112]

---

111 같은 책, p. 460.

이상의 이론적 이해에 기초해 훈련을 실행하는 실제적 단계를 아래와 같이 구성해 볼 수 있다.[113]

훈련의 목표
- 하나님께 사로잡힌 마음.
- 몸 안에 존재하는 악한 습관 파괴.

훈련의 방법
① **구체적 말씀을 선택해 씨름하라**: 예. 분노하거나 다투지 않기(딤전 2:8).

② **목표를 바르게 인식하라**: 목표는 우리의 존재의 변화이며, 단순히 행동 변화나 규칙 만들기가 아니다. 그저 분노를 참는 것이 아니라 분노할 필요가 없는 존재가 되는 것이다.

③ **신념(세계관) 수준으로 말씀을 파악하라**: 하나님이 인생의 모든 것을 주관하심을 알고 체험하면 분노는 제거된다. 우리는 안전하고, 그 상대는 하나님의 소중한 보배다. 언어폭력은 필요 없다. 내가 올라갈 필요도 없고, 그를 깎아내릴 필요도 없다. 예수님 안에서 나는 이미 안전하다.

④ **다른 말씀들과 연결하라**: "사람의 행위가 여호와를 기쁘시게 하면 그 사람의 원수라도 그와 더불어 화목하게 하시느니라"(잠 16:7). 옛 습관대로 자동 반응하지 않고 하나님을 기쁘시게 하는 행위로 반응하면 원수와 화목하게 되는 결과가 나온다.

⑤ 성경말씀에 대해 설명하고, 모호한 부분은 질문하고, 서로 삶의 경험을 나누라.

⑥ 변화를 훈련할 생활의 구체적인 과제를 정하라.

⑦ 일주일 동안 실천하고 성찰하며 그 내용을 기록하라.

⑧ **기록한 내용을 나누며 서로 피드백을 받으라**. 서로 가르치고 실제적 지혜를 나누라.

⑨ **말씀 순종과 관련 있는 특정한 영적 훈련을 함께 사용하라**: 예. 침묵.

---

112 같은 책, p. 544.
113 같은 책, pp. 481-482에 제시된 내용의 형식을 조금 바꾸는 등 필자가 보완했다.

달라스 윌라드는 예수님을 의지하고, 올바른 지식을 가지고, 올바른 방법을 통해 노력하면 우리가 예수님을 닮은 예수님의 제자로 성숙하게 된다고 강조한다. 이런 성숙은 다음과 같은 다섯 단계로 그려 볼 수 있다.[114]

① 예수님을 구원자로 믿는 단계(요 3:15; 롬 10:9-10; 고전 12:3; 히 11:1).
② 예수님의 제자가 되고 싶은 열망을 품는 단계(요 8:31, 36).
③ 예수님의 말씀을 순종하고 실천하는 훈련 단계(요 14:15, 21).
④ 마음과 영혼 전체의 내적 변화가 가시화되는 단계(갈 5:22, 벧후 1:2-11).
⑤ 천국의 일을 수행하는 능력을 드러내는 단계(요 14:12).

마지막으로 제자훈련을 교회에서 시작하려는 목회자에게 주는 달라스 윌라드의 조언을 살펴보자.[115]

- 제자훈련 초기에는 훈련 과정에 대해 말을 많이 하지 않는다.
- 제시된 교육 과정이 내 삶의 본질임을 확신해야 한다.
- 기도하면서 하나님나라에 매혹된 자, 제자가 될 준비가 된 사람을 찾는다.
- 충분한 시간을 들여 교육 과정을 진행한다.
- 소수의 사람들에게 전력을 다한다.
- 대화와 가르침과 설교 방법을 모두 적극적으로 활용한다.
- 아직 제자훈련을 받고자 하지 않는 그리스도인들을 비판하지 않는다.
- 말보다는 결과를 통해 유익함을 드러낸다.

---

114 같은 책, pp. 483-486.
115 같은 책, pp. 489-490.

3. 평가 및 의의

달라스 윌라드의 제자훈련에 대해 평가한다면, 먼저 그의 제자훈련은 성경적 제자훈련을 위한 확고한 기초를 놓았다는 데 큰 의의가 있다. 그는 하나님나라 신학에 근거한 제자훈련 이론과 방법을 세밀하게 제시했다. 20세기의 제자훈련 운동의 결과로 많은 교회와 교단이 제자훈련을 도입했지만, 성서학자들은 더 구체적인 수준까지 내려가지 않고 실천신학자들은 아직 이 주제에 대해 성경적이면서도 경험적인 이론을 개발하지 못한 영역에서, 달라스 윌라드는 중대한 기여를 했다. 이것이 가능했던 것은 그가 목회자의 마음을 가진 철학자였고, 그 자신이 평생 예수님의 제자로 사는 길을 진지하게 걸었던 사람이기 때문이다.

두 번째로, 그의 제자훈련 이론은 그동안 경험적으로 효과를 알고 있었던 제자훈련의 내부 역동을 명료하게 규명해, 제자훈련이 훈련가의 개인적 노하우에 크게 의존하지 않고 이론에 근거한 실천과 평가가 가능하게 해 주었다. 그는 심리철학 전문가로서 성경에 근거해 인간 영혼에 대한 정교한 모델을 구축함으로써, 훈련가들로 하여금 훈련의 방법과 전략을 돌아볼 수 있는 도구를 제공했다. 특히 심령(spirit)에서 기인하는 의지를 사용해야 한다는 점, 생각(mind)에 자리한 신념(concept)을 바꾸려는 노력이 중요하다는 점, 죄가 몸에 익숙하게 뿌리내린 옛 습관에 불과하며 이것을 적극적으로 벗어 버리는 방법이 바로 영적 훈련임을 잘 설명해 주었다.

세 번째로, 그의 기여로 인해 우리는 전통적인 영성훈련들을 좀더 온전하게 이해하고 제자훈련의 일부로 활용할 수 있게 되었다. 보통 제자훈련으로 2년 정도의 과정을 마치고 나면, 더 이상은 영적 성장과 하나님과 동행하는 삶을 위한 효과적인 도움을 받기가 어려웠다. 그러나 달라스 윌라드의 제자훈련 프로그램은 제자훈련과 영성훈련이 본질적으로 같은 것이며 연속선상에 있다는 것을 보여 주었다. 그러므로 그의 이론에 근거한 제자훈련은 수 년 내에 수료하는 과정이 아니라 평생 예수님과 동행하는 훈련 과정이 될 수 있다.

네 번째로, 그동안 한국 교회의 제자훈련이 대체로 교회 내에서의 사역을 위한 일꾼 양육의 역할을 수행하는 데 그쳤다면, 달라스 윌라드의 제자훈련은 그 훈련의 목적을 직업 영역, 공적 영역, 가정과 개인의 일상의 모든 영역에서 예수님의 가르침을 받으며 예수님과 동행하는 삶으로 규정해야 함을 보여 주었다. 제자는 일상의 모든 사건들 속에서 천국을 경험하는 사람이며, 심지어 시련과 고난 속에서조차 기뻐하고 즐거워할 수 있다. 이렇게 일상 속으로 파송된 제자들이야말로 세상의 소금과 빛의 역할을 감당하는 작은 예수가 될 것이다.

IV. 결론

거인들의 어깨 위에서 제자훈련을 바라보면서 필자는 새로운 풍경을 발견했다. 그것은 나무와 숲에 갇혀 있다가 갑자기 솟아올라 산의 등판을 내려다보며 즐기는 경험이었다. 위대한 제자훈련가들은 복잡한 세상의 파도 속에서도 단 한 가지 일에 몰입할 수 있는 낙관주의자들이었다. 그들 자신이 예수님과 함께하며 예수님이 보여 주시는 천국의 삶을 배우는 일에만 온통 관심을 기울인 제자들이었다. 그들은 제자도라는 강력한 목표에 사로잡혔고, 훈련하고 실험했으며, 기어코 방법을 찾아냈다. 오늘날 우리 교회와 사회가 복음이 주는 희망과 낙관주의를 발견하지 못하는 이유는, 그리스도인의 삶에 제자도가 차지했어야 할 빈 공간이 너무 커졌기 때문이다. 개인들은 목적과 방향을 잃어버렸고, 교회는 생명력을 잃고 지쳐 가며, 사회에서는 어둠의 정사와 권세가 거짓 위세를 떨치며 미혹하고 위협한다. 그러나 하나님이 통치하시는 세계에서 위기란 제자들을 향한 각성의 부름일 뿐이다. 그러므로 우리는 두려움과 혼란의 마음을 다잡고, 다시 "나를 따르라" 하시는 예수님의 부르심과 명령에 응답해야 한다.

> 수고하고 무거운 짐 진 자들아, 다 내게로 오라. 내가 너희를 쉬게 하리라. 나는 마음이 온유하고 겸손하니, 나의 멍에를 메고 내게 배우라. 그리하면 너희 마음이 쉼을 얻으리니, 이는 내 멍에는 쉽고 내 짐은 가벼움이라 하시니라. (마 11:28-30)

제자훈련의 전망과 대안

I. 제자훈련에 대한 반성과 대안 _김명호(일산 대림교회 담임목사)

II. 포스트모던 시대의 제자훈련 _김지방(국민일보 기자)

III. 탈학습이 필요한 제자훈련 _양희송(청어람 ARMC 대표)

IV. 제자훈련의 대안과 미래 _황병구(한빛누리재단 상임이사)

I.
제자훈련에 대한 반성과 대안

김명호(일산 대림교회 담임목사)

1986년 제자훈련 세미나 '평신도를 깨운다'가 처음 시작될 때부터 제자훈련을 지역 교회에 소개하고 이 사역이 정착되도록 섬길 수 있었다. 좋은 멘토의 커다란 우산 아래 소신껏 사역하며 섬길 수 있었던 것은 개인적으로 큰 은혜였고 보람된 경험이었다. 2013년 말 그 동안의 기관 사역을 접고 하나의 지역 교회를 맡아 제자훈련 사역을 현장에서 확인할 수 있는 시간도 가졌다. 30여 년 동안 제자 삼는 사역을 주제로 많은 목회자를 만나고 평신도를 섬기면서, 이 사역을 통해 변화와 성장을 경험하는 모습을 보며 많은 보람도 느끼고 동시에 수없이 많은 실패로 아픔과 좌절도 경험했다. 그동안 나름대로 고민하며 정리해 온 제자훈련에 관한 생각을 정리해 보고자 한다. 구체적인 데이터를 가지고 객관적으로 설명할 수 있는 것은 아니기에 한 개인의 경험에서 나오는 주관적인 소회라고 생각하면 좋을 것 같다.

1. 제자훈련이란 무엇인가

제자훈련에 대해 나누다 보면 제자훈련에 대한 정의가 각자의 입장에 따라 상이한 것을 보게 된다. 어떻게 제자훈련을 이해하느냐에 따라 다양한 반응을 보이기도 한다. 제자훈련을 전도에서부터 교회의 지도자를 세워 가는 과정까지 넓게 생각하는 사람도 있다. 선교 단체에서 제자훈련을 경험한 사람은 신앙 입문 과정에서부터 제자훈련이라고 생각하는 경향이 있다. 반면 지역 교회에서 제자훈련을 경험한 사람들은 깊은 영적 수준과 헌신을 요구하는 집중적인 훈련 과정으로 생각한다. 이렇게 제자훈련을 좁게 정의하는 사람들은 기초 단계의 과정은 양육이라고 하고, 고급 단계의 과정은 제자훈련이라고 구분한다.

제자훈련에 대한 편견도 다양하다. 어떤 사람에게는 제자훈련이 마치 성경공부인 것처럼 오해되기도 한다. 우리 세대는 학창 시절 책 한 권 떼는 것을 매우 중요하게 여겼다. 그래서 제자훈련도 어떤 교재 하나를 선정해 한번 떼는 것으로 생각하는 경우가 많았다. 제자훈련은 성경말씀을 가지고 사람을 세워 가는 일이다. 우리의 인격과 삶을 걸고 함께 말씀 앞에 서서 그 말씀에 순종하는 과정을 경험하는 일이다.

제자훈련을 말하면 그런 것은 강남의 지식층에 해당하는 성도들에게나 먹히는 목회 프로그램이라고 생각하는 사람도 많다. 성경 지식을 머릿속에 넣어 주는 효과적인 프로그램 정도로 치부하는 것이다. 그래서 학력이 낮고 경제 수준이 낮은 지역에서는 제자훈련을 할 수 없다고 생각한다. 제자훈련은 그런 것이 아니다. 신앙생활을 하면서 말씀 앞에 서는 것은 바울과 같은 지식층에만 해당하는 것이 아니다. 베드로와 같은 촌부도 동일하게 주님의 말씀 앞에 서서 반응해야 했다.

그런가 하면 제자훈련을 목회에 접목하는 목회자 가운데 상당히 많은 이들이 그것을 교회가 성장하기 위한 좋은 프로그램이라고 생각한다. 대형 교회로 성장한 몇몇 교회를 모델로 삼아 그런 교회처럼 성장하려면 제자훈련이라는 방법을 따라해야 한다고 생각하는 것이다. 교회의 성장을 위해 제자훈련 프로그램을 도입한 사람은 제자훈련으로 인해 교회가 수적으로 성장할 것을 기대한다. 그래서 제자훈련을 도입했는데 즉각적인 결과가 나타나지 않거나 새로운 변화에 반발해 교회를 떠나는 성도들이 생기게 되면 제자훈련도 별게 아니라고 판단해 포기하고 만다. 그리고 교회가 성장할 수 있는 또 다른 수단을 찾아 세미나를 기웃거린다.

제자훈련이란 마태복음 28:19-20에서 주님께서 명령하신 것을 수행하는 것이다. 지금까지 우리는 '제자 삼으라'는 말을 '복음 전도'와 거의 동일시했다. 그러나 제자 삼으라는 말은 그저 교회를 부흥시키라는 말도 아니고 전도하라는 말도 아니다. 베드로가 제자가 되어 예수님을 따랐던 것처럼, 예수님을 만나 그분을 따라 사는 삶이 무엇인지를 배우고 그분의 주되심을 인정하는 삶을 살아가는 것을 의미한다. 그 일을 위해 전도하고, 제자 공동체의 일원이 되게 하고, 주님이 가르쳐 주신 말씀을 가르쳐 지키게 하는 사역을 하는 것이다. 그러므로 제자훈련은 복음 전도를 포함해 그리스도를 위해 자신의 삶을 헌신하며 그분을 닮아 살아가는 성숙한 자리까지 나아가도록 훈련하는 과정을 포함한다. 단순한 교육이 아니라 훈련을 말하는 것이다.

달라스 윌라드(Dallas Willard)는 훈련의 필요성에 대해 다음과 같이 피력했다. "세상에 중요한 일 치고 훈련 없이 되는 일은 하나도 없다. 그리스도와 함께하는 영적인 삶도 훈련 없이는 안 된다. 다시 말해서 훈련 없이는 삶의 만족감과 품위를 전혀 얻을 수 없다. 그럼에도 불구하고 교회 안에서 일어나는 거의 모든 불상사는 그 불상사를 일으키는 사람들이 훈련되어 있지 않기 때문이다. 훈련이 없다면 무엇으로도 만회할 길이 없다. 은혜와 함께 훈련이 있을 때 우리의 삶은 결실을 맺게 된다. 정작 성경을 많이 읽는다는 그리스도인들도 성경을 모를 때가 너무 많다. 성경을 하나님의 말씀으로 받아들여서 자신의 삶을 개발시키고 변화시킬 수 있는 능력의 말씀으로 받아들이지 않기 때문이다. 왜냐하면 훈련이 되어 있지 않기 때문이다."

이런 의미에서 제자훈련은 성경공부가 아니다. 로버트 콜먼(Robert E. Coleman)이 『주님의 전도계획』(The Master Plan of Evangelism, 생명의말씀사)에서 잘 정리한 바와 같이, 제자훈련은 소수의 사람을 선택하는 데서 시작한다. 그리고 서로의 삶을 내어놓고 교제할 수 있는 공동체 환경 속에서 이루어진다. 지도자가 자신의 삶을 모범으로 보여 주며 삶의 변화를 요구한다. 가르치고 보여 준 후에는 사역을 맡긴다. 또한 지속적으로 삶을 함께 나누면서 평가하고 훈련한다. 훈련받는 사람들에게 예수님 닮은 삶을 요구하며 다시 재생산하는 삶을 요구한다.

제자훈련에서 중요하게 여기는 환경적 요소는 소그룹 공동체. 제자훈련 과정을 1년 동안 마친 수료생에게 무엇이 자신의 삶에 변화를 일으키는 중요한 요소냐고 물었다. "서로 마음을 터놓고 서로를 위해 기도하며 세워 주는 영적 동지들"이라는 대답이 가장 많았다. 특별히 어렵고 힘들 때 서로의 문제를 끌어안고 함께 서로를 위해 기도하는 과정을 통해 영적 변화를 경험하게 되었다는 사람들이 많았다. 제자훈련은 함께 훈련받는 사람들의 다양한 관점과 삶의 반응을 통해 서로 배우고 도전받으며, 힘을 합해 변화를 이끌어 내는 과정이다.

또한 제자훈련에서는 성경을 귀납적으로 살펴보도록 돕고, 깨달은 말씀을 각자의 삶에 적용하고 순종하도록 돕는 일을 중요하게 여긴다. 귀납적 접근을 하는 제자훈련 지도자는 어떤 영적 진리를 설교하기보다는 질문을 통해 훈련받는 사람들이 성경을 보고 스스로 생각할 수 있도록 돕고, 함께 발견하고 결론을 내린 진리 앞에서 자신의 삶에 적용하고 반응하도록 돕는다. 그래서 삶의 변화를 이끌어 낸다. 제자훈련에 실망한 평신도들의 이야기를 들어 보면 훈련을 한다고 하는 목회자가 또 한 번의 설교를 하고 끝나는 경우가 많았다고 한다. 그저 목회자 혼자 가르치고 끝나는 성경공부나 강의를 제자훈련으로 착각하는 목회자가 많은 것 같다.

1970년대 말까지 제자훈련은 선교단체의 전유물이라고 해도 과언이 아니었다. 교회 안에서 이런 시도를 하면 이단으로 몰리기까지 했다. 그런 제자훈련을 지역 교회 안에 접목하고 시도한 첫 번째 결과가 사랑의교회라는 목회 현장이었을 것 같다. 『평신도를 깨운다』라는 책을 통해 제자훈련 사역이 어떻게 지역 교회에 접목될 수 있는지 소개한 옥한흠 목사는 1986년부터 '제자훈련 지도자 세미나'를 통해 이러한 목회 철학을 한국 교회 목회자들과 나누기 시작했고, 그 영향으로 수많은 교회에서 제자훈련을 실시하게 되었다.

제자훈련 사역을 지역 교회 목회자들에게 소개하는 세미나를 운영하며 참석자들이 세미나에 참석한 이후 어떤 변화를 겪는지 유심히 살펴보곤 했다. 정확한 통계는 아니지만 많은 목회자들을 만나 보며 심증적 통계를 내 보았다. 세미나 참석자의 절반 정도는 제자훈련 사역에 대해 흔쾌히 심정적으로 동의하지 못한다. 제자훈련에 대해서 강하게 반론을 펴는 사람도 있지만 교회의 형편이나 전통과 문화 속에서 제자훈련이 어렵겠다고 생각하는 사람들도 있다. 그러니까 성경적으로나 환경적으로 제자훈련에 대해 동의하는 사람이 참석자의 50퍼센트 정도 되었다고 본다.

그런데 나름대로 동의했다고 하더라도 자신이 섬기는 목회 현장에 돌아가 제자훈련을 실시하는 것은 또 다른 문제다. 자신의 목회 현장에 돌아가서는 무엇을 어떻게 해야 할지 막막해 포기하는 사람도 많다. 아마도 제자훈련을 하겠다고 결단을 내린 목회자 가운데 반 정도는 중도에 포기한다고 본다. 그렇다면 실제로 제자훈련 사역을 목회 현장에 시도해 보는 사람은 세미나 참석자의 25퍼센트 정도에 해당할 것이다.

그런데 제자훈련을 접목하고 실시하는 목회자들 가운데 기대했던 열매를 얻는 사역자는 얼마나 될까? 마음먹고 시작한 사람 가운데 반 정도만 된다고 봐도 아마 후하게 계산한 것이라고 생각한다. 그렇다면 세미나에 참석한 사람 가운데 제자훈련의 열매를 보는 사역자는 참석자의 12.5퍼센트 정도라고 볼 수 있다. 어찌 보면 낮은 수치라고 말할 수도 있지만, 지금까지 이렇게 제자훈련을 시작해 좋은 변화를 경험한 교회가 전국적으로 꽤 많이 분포하고 있다.

2. 제자훈련 실패의 원인

제자훈련을 교회에 접목하고 변화를 경험하는 것이 왜 그렇게 힘들까? 여러 목회 현장을 돌아보며 나름대로 유추해 본 몇 가지 이유가 있다.

1) 확고한 목회 철학이 없는 제자훈련

그 첫 번째는 제자훈련이 지역 교회 토양과 잘 맞지 않는 데서 오는 어려움이다. 전통적인 교회의 풍토에서 제자훈련이 싹을 틔우고 뿌리를 내리기가 쉽지 않았다. 오죽하면 옥한흠 목사가 제자훈련 세미나의 첫 강의 제목을 "광인론"이라고 했겠는가? 미치지 않으면 제자훈련을 시작도 못한다는 것이다.

제자훈련을 하려고 하면 장애물이 많다. 제자훈련에 대해 이해하지 못하는 평신도 지도자와 훈련을 거부하는 교회의 전통과 문화가 그것이다. 그러나 그 무엇보다 제자훈련을 가로막는 가장 큰 장애물은 목회자 자신이다. 목회자가 제자훈련을 제대로 감당할 만큼 준비되지 못했기 때문이다. 이런 모든 환경을 넘어서서 제자훈련이 뿌리를 내리려면 미쳤다고 말할 수 있을 만큼 목회 철학이 분명해야 한다. 기존의 목회 패턴에서 포기해야 할 것들이 있고, 다른 유혹에 흔들리지 않는 집중력도 있어야 한다. 제자훈련을 하다가 포기할 수밖에 없는 척박한 목회 풍토를 넘어설 수 있는 뿌리 깊은 목회 철학이 중요하다.

2) 준비되지 못한 지도자가 이끄는 제자훈련

제자훈련을 하겠다고 나선 후 그 열매를 보지 못하고 쉽게 좌절하는 이유 가운데 하나는 목회자 자신이 그 사역을 감당할 만큼 준비되지 못했기 때문이다. 소그룹을 이끌어 본 경험도 없고 성경을 귀납법적으로 연구하고 묵상하는 훈련을 받아 보지도 못한 목회자는 제자훈련을 한다고 하면서도 그저 일방적인 주입식 교육을 하는 데서 벗어나지 못한다. 그저 또 하나의 설교나 일방적인 강의에 머물기 일쑤다. 자신부터 말씀을 통해 삶의 변화를 경험하지 못한 목회자는 늘 해 오던 설교나 교리 공부에 머물기 마련이다.

3) 제자도를 상실한 제자훈련

또 하나의 문제는 제자도를 상실한 껍데기 제자훈련이다. 자신은 제자의 삶을 살지 못하면서 성도들에게는 제자로 살아가라고 가르치는 것이다. 지도자의 인격이 뒷받침되지 않는 메시지는 훈련받는 성도들이 금방 눈치 채게 마련이다. 멀리서는 보지 못하던 모습도 훈련을 하며 가까이 접하면서 목회자의 민낯을 알게 된다. 강단에서 설교하는 메시지와는 다른 지도자의 탐욕과 거짓된 모습을 보고 실망하게 되면 결국 제자훈련 때문에 교회를 떠나게 되기도 한다.

4) 거래적 제자훈련

제자훈련에 실패한 교회에서 보게 되는 공통적인 문제점 중 하나는 제자훈련을 교회의 직분을 받기 위한 하나의 과정으로 생각하도록 만드는 것이다. 교인들과 일종의 거래를 하는 것이다. 우리 교회에서 장로가 되고 안수집사, 권사가 되기 위해서는 반드시 제자훈련을 수료해야 한다고 못 박아 놓은 교회들이 많다. 물론 직분을 받겠다는 욕심을 가진 사람들에게 제자훈련의 기회를 제공한다는 측면에서 좋은 점도 있다. 하지만 직분을 받기 위해 제자훈련을 받는 사람들에게는 그저 과정을 수료해 직분을 받는 것이 목적이 되고 만다. 진지하게 말씀 앞에서 자신의 삶을 돌이켜 보고 변화를 이끌어 낼 수 있는 힘이 없다. 숙제도 부담이고 출석하는 것 자체가 대단한 일이 되고 만다. 이런 경우에는 제자훈련의 본질은 어디론가 사라지고 어떻게든 수료할 수 있는 길을 찾는 꼼수만 남게 된다. 이런 과정을 통해 삶의 변화가 일어날 리 없다. 모양은 있는데 능력을 상실할 수밖에 없는 구조가 되고 만다.

5) 변질된 제자훈련

제자훈련을 통해서 교회가 성장하는 경우도 많이 보았다. 그런데 어느 정도 교회가 성장하게 되면 초심을 잃고 형식만 남게 되는 교회들이 있다. 제자훈련은 한 사람 한 사람에게 집중하는 목회자의 노력이 필요하다. 그런데 교회가 수적으로 성장하고 나면 이런저런 요구들로 목회자가 바빠지게 된다. 외부로부터 집회를 요청받는 횟수도 많아지게 된다. 그런 요청들을 외면하고 목회에 집중하기가 쉽지 않다. 너무 바쁘면 한 사람 철학을 유지하기가 어려워진다. 제자훈련의 본질인 한 사람에게 집중하기 위해서는 이곳저곳에서 요청하는 외부 사역을 지혜롭게 거절할 수 있어야 한다. 외부 사역에 바쁜 목회자는 절대 제자훈련을 제대로 감당할 수 없다. 처음에는 제자훈련을 잘하다가도 약간의 성공에 그만 변질되고 마는 경우를 종종 보게 된다.

옥한흠 목사는 은퇴한 이후에 가진 「디사이플」의 대담에서 자신의 교회론과 목회 현장이 엇박자를 이뤘다고 고백했다. "은퇴 후 저는 제 목회가 자체적으로 자기모순을 갖고 있지 않았나 하는 우려를 합니다. 왜냐하면 교회를 너무 키워 버렸다는 생각 때문입니다. 제 교회론에 부합한 교회는 너무 비대해져 버리면 그 정신을 살리기가 굉장히 어렵다는 것은 숨길 수 없는 사실입니다. 이런 의미에서 제 목회가 교회론과 제자훈련이 엇박자를 이룬 것 같습니다." 비록 옥한흠 목사가 한 사람 철학을 붙잡기 위해 몸부림쳤지만 대형화된 교회의 환경에서 그 철학을 고수하기가 그만큼 어려웠다는 것이다.

6) 성급한 제자훈련

제자훈련을 망치는 또 하나의 문제는 제자훈련에 대한 충분한 비전을 공유하지 못한 상태에서 성급하게 훈련에 임하는 것이다. 이런 경우에는 제자훈련을 하겠다고 광고를 해도 훈련받겠다고 자원하는 사람들이 없다. 자원하는 사람이 없을 때 자칫하면 설득하고 회유하고 협박해서 훈련에 끌어들이게 된다. 훈련받을 준비가 안 된 사람들을 끌어다 앉혀 놓으면 제자훈련의 강도를 유지할 수 없다. 훈련이라는 것은 배운 이론을 자신의 것으로 익히도록 반복하고 강화시키는 과정이다. 그런데 준비가 안 된 사람들은 이 훈련을 감당할 수가 없다. 부대끼고 어려운 상황을 만나면 팔짱을 끼고 물러난다. 그러니 힘든 요구를 할 수 없다. 조금만 강도를 높이면 그만두게 될까 봐 전전긍긍하게 된다.

이런 상황에서는 훈련이 이루어질 수 없다. '다른 것은 다 못해도 좋다. 출석만 해다오. 이렇게 나와 앉아 있는 것만으로도 이 사람은 대단한 일을 하는 것이다'라고 추켜세워 줘야 간신히 훈련을 마칠 수 있다. 이렇게 훈련을 마친 사람들이 자신을 사명자로 알고 사역에 동참할 수는 없다. 훈련을 마치고 직분을 받는다고 해도 명목상의 그리스도인으로 머물게 되기 십상이다.

3. 제자훈련을 정착시키기 위한 대안

그렇다면 제자훈련을 지역 교회에 잘 정착하게 하기 위해 어떻게 하면 좋을까? 다양한 대안이 있겠지만 앞에서 언급한 제자훈련 실패의 원인들을 가지고 온전한 제자훈련으로 이끌 수 있는 몇 가지 방법을 살펴보고자 한다.

1) 제자도의 회복

제자훈련을 지역 교회에 잘 정착하도록 하기 위해서는 지도자부터 진정한 제자도의 회복을 위해 노력해야 한다. 제자도란 예수 그리스도의 제자에게 요구되는 인격과 삶의 기준이다. 성도들을 이끌고 훈련하는 지도자와 훈련받는 성도들에게 기대하는 모습을 말한다. 목회자가 성도들을 교육하고 훈련할 때 어떤 기준과 잣대에 맞춰야 하느냐는 질문에 대한 예수님 자신의 대답이 제자도다.

그런데 제자훈련을 하다 보면 이 기준이 사라지는 경우를 보게 된다. 실제로 우리 주변을 돌아보면 처음에는 순수한 동기를 가지고 제자훈련에 임했던 사역의 동지들이 바로 이 덫에 걸려 힘든 고통의 시간을 보내는 경우도 적지 않게 보게 된다. 제자훈련을 통해 평신도 지도자들이 세워지고 목회의 열매가 가시적으로 드러나기 시작하면서 이런 증상이 나타난다. 성공했다는 인정을 받으면서 얻게 되는 특혜와 영향력 때문에 나타나는 증상이다.

이렇게 자신에게 부여된 힘과 지위를 하나님을 위해 사용하기보다 자신의 영광을 위해 사용하는 순간 본질은 사라지고 껍데기만 남은 제자훈련이 될 가능성이 높다. 아무리 하나님나라를 위한 사역이라는 명분을 걸고 있어도 "절대 권력은 절대 부패한다"는 원칙에서 예외가 되지는 못하는 것 같다. 성공한 지도자에게 섬김의 동기가 사라지면 자신을 통제하고 절제할 수 있는 기능도 따라서 약화된다. 따르는 사람이 많아질수록 주변 사람들의 조언에 귀를 막고 자신의 결정을 하나님의 뜻으로 포장하기 쉽다. 마음대로 교회를 이끌어 가는 독선적인 지도자의 길로 들어선 것이다. 이런 유혹에 빠지지 않기 위해서는 주기적이고 반복적으로 제자도를 붙잡는 시간을 가져야 한다.

제자도는 우리가 지속적으로 가야 할 길을 가도록 만드는 힘이다. 많은 교회 지도자들로 하여금 자칫하면 빠지기 쉬운 함정과 덫으로부터 지켜 주는 보호막이다. 그래서 시대를 초월해 그리스도의 제자들이 붙잡아야 할 변함없는 핵심이다. 제자훈련이라는 프로그램을 실시한다고 해서 제자도를 붙잡고 있는 것이 아니다. 오히려 제자도를 너무 쉽게 생각하고 본질을 외면하고 있는지도 모른다. 그래서 제자도의 본질을 다시 들여다보며 철저하고도 급진적으로 순종할 필요가 있다고 말하는 것이다. 혹시나 이 본질에서 떠나 있지는 않은지, 기준점에서 너무 멀리 벗어나 있지는 않은지 끊임없이 살펴봐야 한다. 리더십만 이야기하다가 진정한 팔로워십(followership)은 사라지고 제자도가 없는 제자훈련을 하고 있지는 않은지 진지하게 되돌아봐야 한다.

2) 제자훈련 네트워크 형성

제자훈련이 강력한 힘을 가지는 것은 하나님의 말씀과 함께 인도자의 삶의 모범이 뒷받침되기 때문이다. 로버트 콜먼은 예수님의 제자훈련의 중요한 원리가 동거의 원리라고 말한다. 예수님과 제자들이 함께 먹고, 자고, 길을 가고, 함께 시간을 보냄으로써 제자훈련이 이루어졌다는 것이다. 네비게이토(Navigators)의 도슨 트로트맨(Dawson Trotman)은 샌디에이고에 머무는 해군 장병들을 자기 집으로 데려가 동거하며 함께 훈련했다. 삶을 나눈 것이다. 성경공부가 아닌 삶으로 제자를 삼은 것이다. 그 결과 하나님나라를 향해 자신의 삶을 드리는 수많은 동지들을 얻을 수 있었다. 진정한 제자훈련은 단순하게 성경의 내용이나 신학적 지식을 가르치는 것이 아니다. 실제 삶을 나눔으로써 이루어진다.

문제는 지도자들의 삶이 완벽하지 않다는 것이다. 사도 바울은 "내가 그리스도를 본받는 자가 된 것같이 너희는 나를 본받는 자가 되라"(고전 11:1)고 했지만, 우리에게는 늘 허물과 실수가 따라다닌다. 그 어느 누구도 자신 있게 나와 같이 되라고 말할 수 있는 사람은 없다. 그럼에도 불구하고 제자 삼는 일은 우리에게 주어진 피할 수 없는 사명이다. 그러므로 제자훈련을 하는 지도자는 우리의 상처 나고 허물이 많은 모습을 있는 그대로 드러내는 정직함이 필요하다. 실수하고 실패했을 때는 솔직하게 인정하고 용서를 구하는 진정성이 있어야 한다. 자신이 완벽한 것처럼 치장하고 실수와 허물을 덮기에 급급해서는 제자 삼을 수 있는 도덕적 주도권을 확보할 수 없다. 제자훈련은 몇 권의 책을 떼는 것도 아니고 수료해야 할 어떤 프로그램도 아니다. 진정한 제자도는 평생 지속되는 인격적 관계다.

이런 관점에서 지역 교회에서 제자훈련을 이끌 수 있는 지도자를 세워 가는 우리의 전략은 재고되어야 한다. 제자훈련과 관련된 사역을 오랫동안 하고 난 뒤에 얻은 결론 중 하나는 제자 삼는 지도자를 세우는 일은 세미나로 되지 않는다는 것이다. 목회자들이 일주일 동안 제자훈련과 관련된 목회 철학과 제자훈련의 실제적인 방법론을 듣고 현장을 보는 것은 분명 도움이 된다. 비전을 붙잡고 목회 방향을 새롭게 하는 차원에서 굉장한 도전이고 힘이 되는 것도 사실이다. 선교단체를 통해 훈련을 받아 본 경험이 있고 말씀을 대하는 훈련이 어느 정도 된 목회자들은 이 정도의 도전과 통찰을 통해서도 목회의 전환점을 맞기도 한다. 그러나 그런 훈련의 경험이 없는 대부분의 목회자들이 제자훈련을 해야겠다는 생각만으로 목회의 방향을 바꿀 수는 없다. 이런 면에서 제자훈련을 하겠다는 결심이 선 목회자들에게 지속적으로 도움을 주고 격려해 줄 수 있는 네트워크가 절대적으로 필요하다.

이런 네트워크가 활성화되기 위해서는 제자훈련의 정신으로 교회를 이끌어 온 경험이 있는 목회자들의 헌신이 절대적으로 필요하다. 한 교회가 성장하고 건강해지는 것을 넘어서 하나님나라를 위해 또 다른 교회와 목회자들을 섬기겠다는 헌신이 필요하다. 인격적 교제가 가능한 정도의 소그룹을 형성해 제자 삼는 사역의 본질을 점검하고 사역의 노하우를 나누며 힘든 목회 상황 속에서도 쉽게 포기하지 않도록 서로를 붙잡아 주는 네트워크를 개발하는 것이 제자훈련을 통한 건강한 교회를 확산시키는 중요한 전략이라고 생각한다.

3) 하나님나라의 공동체주의로 전환

이런 네트워크는 개교회주의를 탈피할 때 가능하다. 지금까지 한국 교회가 폭발적인 성장을 해 온 데에는 개교회주의가 큰 역할을 했다고 할 수 있다. 개교회주의란 교회의 인적·물적 자원을 개교회의 유지와 확장에 최우선권을 부여하는 목회적 태도를 말한다. 개교회주의는 현대 사회에 뿌리 깊게 자리하고 있는 개인주의 풍조와 자유경제 체제의 경쟁적인 구조 속에서 자리 잡아 왔다. 개교회주의는 필요에 따라 운신의 폭이 넓고 기동력이 뛰어나기 때문에 교회 성장에 매우 효율적인 역할을 해 왔다. 살아남기 위해 개교회는 교회 성장에 온 힘을 쏟아야만 했고, 그래서 성장이라는 열매를 맛볼 수 있었던 것도 사실이다.

하지만 어느 정도의 규모를 갖춘 한국 교회에서 가장 큰 문제가 되는 것이 바로 이 개교회주의가 아닌가 싶다. 개교회라는 이기주의의 늪에 빠져 있는 한국 교회는 자정능력을 상실했고 생명력과 재생산의 능력을 잃어버렸다. 이런 시점에서 한국 교회가 살 수 있는 길은 삼위일체 하나님께서 보여 주시는 유기체적인 공동체주의로 전환하는 것이다. 교회의 본질을 망각하고 개교회의 확장만을 추구하는 개교회주의를 탈피해야 한다. 하나님나라의 관점에서 개교회의 이기적인 태도를 내려놓고 교회의 네트워크를 형성해 교회의 순결과 거룩함을 지켜 내야 한다.

제자훈련을 하는 모든 교회가 개교회주의의 이기적인 틀에서 벗어나야 한다. 하나님나라의 관점에서 네트워크를 형성하고 거룩한 힘을 합해야 한다. 한기총을 비롯한 공교회 조직들이 공동체 의식은 팽개쳐 버리고 저급한 패거리 조직 문화에 물든 것은 심각한 문제다. 자기 권력을 지키기 위해 기득권 세력을 형성하고 세상에서도 비난받는 금권선거와 같은 저급한 정치 행태를 하면서도 전혀 죄의식을 느끼지 못하는 조직 문화를 방치해서는 안 된다. 이런 한국 교회의 모습을 다음 세대에 유산으로 남겨서는 안 된다.

한국 교회는 지금 세습, 세금, 목회자의 사치, 재정 투명성, 가짜 학위 등의 문제로 맛을 잃은 소금처럼 사람들의 발에 밟히고 있다. 다른 종교나 사회적인 문제에 비하면 도가 지나칠 정도로 집요하고 악의적으로 비판하는 면도 있다. 그러나 이런 비난과 비판을 통해 한국 교회가 지금 어디에 서 있는지 자기 인식을 바로 할 수 있는 기회로 삼아야 한다. 어쩌면 한국 교회가 영향력이 커지고 거대해져서 자정능력이 약화되고 외부의 피드백을 거부해 왔기 때문에 알레르기 반응이 일어나는 것인지도 모른다. 우리 안에서 사랑하는 마음과 안타까운 마음으로 공동체를 향해 피드백을 주고받을 수 있는 열린 대화가 없기 때문에 이제는 외부에서 인정사정없이 비정한 칼날을 들이대는 것은 아닌가 싶다.

4) 심화된 제자훈련 체계 구축

제자훈련에 대해 사랑을 가지고 충고하는 이들의 이야기 가운데 이런 말이 많다. "제자훈련이 시대적 상황에 맞게 변화되어야 한다. 현대인들에게 제자훈련은 너무 무거운 짐이다. 1년 동안의 과정을 3-4개월 단위로 축소하고 훈련의 양도 대폭 줄여야 한다." 일면 맞는 말이다. 점점 인내심이 없어지고 얄팍한 지식에 만족하는 현대인들을 대상으로 한 제자훈련이 너무 무거운 옷을 입고 있는 것이 아니냐는 지적은 많은 생각을 하게 한다.

그러나 이런 요구에 맞춰 제자훈련의 수준을 낮게 하는 것은 사탄의 책략에 말려드는 것이 아닌가 하는 생각이 든다. 오늘날의 교회는 성도들의 변화를 기대하고 있지 않은 것 같다. 오늘날 목회자들이 제시하는 영적 성장의 기준을 보면 성도들의 삶에 변화를 일으키기에는 너무 수준이 낮다. 우리는 너무 쉽게 만족하는 경향이 있다. 진정한 변화를 기대하지 않고 그저 사이비 변화로 만족하고 있는지도 모른다. 생각해 보라. 교회에 다닌 지 10년이 훨씬 넘고 집사나 권사의 직분을 가졌는지는 모르지만 매일 비난을 일삼고, 사람을 판단하고, 불평하며 위축되어 가는 자신의 영혼을 방치하는 사람들에 대해 우리 교회는 얼마나 안타까워하고 고민하고 있는가? 이들의 변화를 위해 교회는 무엇을 제공하고 있는가?

변화는 어느 날 갑자기 찾아오는 것이 아니다. 어느 집회에서 눈물을 흘리며 은혜를 받고 목소리 높여 '주여!'를 여러 번 외쳤다고 해서 우리의 삶이 변화된다면 얼마나 좋겠는가? 12주짜리 프로그램 몇 개를 거쳐서 이런 변화가 일어나면 얼마나 좋겠는가? 멋진 구호를 목청껏 외친다고 될 일도 아니다. 진정한 변화를 경험하려면 시간이 걸리고 해산의 고통을 수반하게 되어 있다. 수십 번 결심을 해도 행동으로 옮기기까지는 시간이 걸린다. 게다가 혼자서 변화를 시도했다가는 작심삼일이 되기 십상이다. 제자훈련을 소그룹 공동체에서 실시하는 이유도 여기에 있다.

그래서 대안으로 제시하고 싶은 것이 영적 성장 단계에 맞는 적절한 훈련 체계를 구축하는 것이다. 영적으로 아직 어린 사람들에게는 그 단계에 맞는 양육과 훈련이 제공되어야 한다. 그러나 영적 성장이 어느 단계에 이른 사람들에게는 성숙한 사람에게 걸맞은 훈련을 제공하고 헌신을 요구해야 한다.

미국 윌로우크릭 교회의 '발견 프로젝트'는 미국 교회를 분석하면서 영적 성장 단계를 네 그룹으로 묶어서 설명했다(① 그리스도를 알아 감, ② 그리스도 안에서 성장함, ③ 그리스도와 친밀함, ④ 그리스도 중심). 각 단계에서 다음 단계로 성장할 수 있도록 돕기 위해 교회와 목회자가 제공해야 할 목회적 요소가 다르다는 것을 설명하는데, 여기에 제자훈련에 끌어올 수 있는 중요한 통찰이 있다. 첫 번째 단계인 그리스도를 알아 가는 단계에서 그리스도 안에서 성장하는 단계로 끌어올리기 위해서는, 좀더 쉽게 복음에 접할 수 있도록 기간도 짧게 하고 세상 사람들의 용어로 복음을 설명하는 노력이 필요할 것이다. 하나님을 만나고 싶고, 성경에 대해 하나님에 대해 신앙에 대해 모든 것이 궁금한 이들에게 친절하게 설명해 주어야 한다. 또한 환영받는다는 느낌을 가지고 소속감이 들도록 돕는 것이 필요하다.

두 번째 단계인 그리스도 안에서 성장하는 단계에서 그리스도와 친밀한 단계로 성장하도록 돕기 위해서는, 주일날 예배에 참석하는 것도 중요하지만 그리스도인으로서 주님과 친밀한 교제를 갖도록 도와주는 것이 필요하다. 예배 출석과 소그룹 출석이 신앙의 척도인 것처럼 여겨지는 교회의 풍토에서 한 사람 한 사람이 일상생활 속에서 그리스도를 만날 수 있도록 도와주어야 한다. 매일의 삶에서 부딪히는 모든 문제들 속에서 어떻게 그리스도께 도움을 청할 수 있는지 배워 가도록 안내해야 한다. 그리고 이 단계에 있는 사람들이 진리의 말씀을 통해 주님과의 더 깊은 교제의 자리로 나아가고 싶어 하는 갈증을 해결해 줄 수 있는 체계적인 성경공부를 제공하는 것이 필요하다.

그리고 마지막 단계, 그리스도 중심의 사람들은 그리스도와의 관계가 자신의 전체 생활에서 가장 중요하다고 생각하는 사람들이다. 이들은 예수님께 자신의 삶을 온전히 내어 드리고 항복한 사람들이다. 이들은 하나님에 대한 뜨거운 사랑과 헌신으로 가득한 주의 일꾼이다. 이런 단계로 나가도록 돕기 위해서는 충분한 도전이 필요한데, 문제는 이 단계로 나가야 할 많은 성도들이 충분한 도전을 받지 못한다는 것이다. 정말 도전받기 원하고 집중해 훈련받기 원하는 사람들에게 그저 신학교에 가거나 선교단체의 제자훈련 학교에 입학하도록 안내하고 있을 뿐이다. 이들에게 발걸음을 내딛도록 도전할 사람이 없다는 것은 오늘날 한국 교회의 슬픈 현실이다.

교회는 각 단계에 맞는 세밀하고 적합한 돌봄과 훈련을 제공해야 한다. 제자훈련의 수준을 낮추는 것이 능사가 아니다. 영적 성장 단계에 따른 맞춤 전략을 세우고 거기에 합당한 훈련을 해야 한다. 그래서 결국에는 이 세상의 논리를 능가하는 지성적 그리스도인으로 세워 가야 하고, 세상에 더 강력하게 영향을 끼칠 수 있는 열정적 그리스도인으로 무장시켜 가야 한다.

4. 결론

현재 한국 교회의 상황을 많은 사람들이 타이타닉호로 비유한다. 몇몇 교회에 성도들이 몰리는 현상을 접하면서 아직도 이렇게 성장하고 있다고 마음을 놓아서는 안 된다. 타이타닉호가 침몰하기 직전에 한쪽으로 사람들이 몰렸던 것과 같이 절체절명의 위기 상황을 맞이한 것인데, 사람들이 한쪽으로 몰린다고 해서 기뻐할 일이 아니다. 곧 모두가 바다 속에 가라앉게 될 위기에 처했다는 사실을 잊어서는 안 된다.

제자를 만들라고 명령하신 분은 하늘과 땅의 모든 권세를 가지신 예수 그리스도시다. 그분이 말하는 제자 삼는 것은 단순한 성경공부가 아니다. 예배드리고 기도하는 것만도 아니다. 예수님을 배우고 따르고 닮는 사람을 만드는 것이다. 작은 그리스도를 만드는 일에는 훈련이 필요하다.

이 시대는 정말 소망이 필요하다. 예수님처럼 되고 예수님처럼 변화되어 사는 것을 비전으로 삼고 추구하는 목회, 그런 변화를 기대하는 목회, 변화를 추구하는 목회가 필요하다. 시대의 흐름에 따라가는 표피적이고 어설픈 교회의 모습으로는 안 된다. 세상 사람들과 똑같은 이야기를 앵무새처럼 되뇌는 수준에서 벗어나야 한다. 다시 본질로 돌아가야 한다. 우리의 비전을 새롭게 해야 한다.

이제는 복음과 말씀으로 한국 교회의 다음 세대를 키우기 위해 제자를 세워 가는 목회자와 교회가 거룩한 네트워크를 형성해야 한다. 지금은 하나님나라의 비전을 가지고 개교회주의의 이기적인 틀을 내려놓아야 할 때다. 기울어져 가는 타이타닉호의 위기의식을 가지고 하나님나라의 공동체주의로 돌아가야 할 때라고 생각한다.

II.
포스트모던 시대의 제자훈련

김지방 (국민일보 기자)

인터넷 검색창에 '제자훈련 간증문'이라고 써 넣으면 전국에서 제자훈련을 하는 교회의 성도들이 써 올린 감동적인 간증문이 주르륵 뜬다. 몇 편만 읽어 봐도 제자훈련이 여전히 사람들을 변화시키고 있다는 걸 알 수 있다. 예수님을 알지 못하고 신앙의 체험이 없는 이들이 소그룹 모임을 통해 예수님을 알게 되고 삶 속에서 살아 계심을 체험하고, 심지어 선교사로 전문 사역자로 헌신하는 이들도 있다. 그런 제자훈련을 열심히 잘하면 될 텐데 굳이 지금 설문조사까지 해 가며 되짚어 보는 이유는 뭘까.

IVF 같은 대학생 선교단체들도 열심히 제자훈련을 하며 여러 역할을 해 왔지만, 가장 직접적인 이유는 역시 2010년 옥한흠 목사가 소천한 이후 서울 서초동 사랑의교회 안에서 큰 분란이 일어나며 제자훈련 무용론, 실패론이 널리 퍼진 상황 때문일 것이다. 실제로 총신대학교에 개설된 제자훈련 과목의 수강생이 크게 줄었고, 빈자리가 없어 갈 수 없었던 사랑의교회 제자훈련 세미나가 개점 휴업 상태에 들어가기도 했다.

사랑의교회 제자훈련을 두고 벌어지는 이런 일들은 한국 교회 전체의 상황과도 무관하지 않다. 오늘의 사랑의교회(가 대표하는 한국 교회의 양적 확대)가 있도록 한 핵심 개념이었던 제자훈련을 비판적으로 분석해 보면 한국 교회의 문제가 무엇인지 실마리를 찾아 볼 수도 있겠다.

1. 제자훈련은 무엇인가

사실 제자훈련이 무엇인지부터 헷갈리는데, 한국교회탐구센터가 행한 이번 설문조사에서는 제자훈련을 "1-15명 이내의 개신교인들이 모여서 특정한 기간 동안(적어도 6개월) 특정한 교재를 가지고 정해진 단계를 밟아 훈련하는 것"이라고 정의했다. 제자훈련을 논의하기 위해 개념 정의가 필요했겠지만, 이건 그냥 소그룹 성경공부를 정의한 것이다. 이 정의를 곧이곧대로 적용하면 유치부든 유년부든 교회학교를 6개월 이상 다닌 사람은 다 제자훈련을 받은 셈이 된다.

현실적으로 그것을 다 제자훈련이라고 부를 순 없겠고, 내가 현실에서 본 제자훈련의 정수(精髓)는 IVF 같은 대학생 선교단체의 소그룹 활동과, 역시 옥한흠 목사가 사랑의교회에서 행한 평신도 훈련이었다.

특히 옥한흠 목사(와 사랑의교회)는 대학생 선교단체들이 해 오던 제자훈련을 지역 교회에 도입해 개척교회를 초대형 교회로 성장시켜 제자훈련을 한국 교회에 확산시켰다. '평신도를 깨운다'는 옥 목사의 캐치프레이즈는 제자훈련을 설명하는 대표적인 구호다. 이제 제자훈련이라고 하면 옥 목사가 사랑의교회에서 보여 준 소그룹 운동, 그리고 이를 배운 다른 지역 교회들이 실천하는 평신도 훈련 과정을 일컫는 말로 통할 정도다. 제자훈련의 원조 격인 대학생 선교단체들 입장에서는 서운할 수 있겠지만, 옥 목사의 제자훈련도 그 뿌리가 대학생 선교단체이고, 제자훈련에 대한 다각적인 논의는 대학생 선교단체들이 해 오고 있는 소그룹 운동에 대한 성찰과 무관하지 않기 때문에 묶어서 얘기해도 무방하다고 본다.

그렇다고 사랑의교회 스타일의 제자훈련 외에 교회학교의 분반 공부 같은 다른 소그룹 활동이 무의미하다는 것은 아니다. 개인적인 얘기를 하자면, 내가 어릴 적 교회학교에서 만난 선생님들에게서 배운 신앙은 선교단체나 다른 곳에서 배운 것 이상으로 소중했다. 제자훈련이라는 타이틀을 정식으로 내건 소모임을 처음 한 곳도 교회학교 고등부였다. 고등부를 지도하는 목사님이 토요일에 학생들을 불러 제자훈련반이라는 이름을 내걸고 일종의 교리 공부, 좀더 거창하게 말하면 조직신학 교육을 시켰다. 주일 고등부 예배에는 100-150명 정도 되는 학생들이 나왔는데, 토요일 제자훈련반에는 20명 안팎이 모였다. 목사님도 열심히 가르쳤지만, 10대 후반의 우리에겐 입시의 압박에서 잠시 벗어나 친구들끼리 모인다는 것 자체가 더 중요했다. 제자훈련을 마치고 친구들과 함께 교회 구석이나 근처 분식점, 교회 가까이의 대학 캠퍼스와 카페를 다니며 꿈과 입시, 교회 어른과 신앙을 이야기하고 '경배와 찬양'이나 '주찬양선교단' 혹은 '시인과 촌장' '하덕규'의 테이프를 돌려가며 듣는 시간이 그 시절 우리의 신앙을 지켜 주었다.

아마도 제자훈련 소그룹에서 벌어지는 일들도 나의 교회학교 경험과 비슷한 면이 있을 것이다. 소그룹 인도자의 역할과 태도, 영성에 따라 제자훈련의 영향력이 크게 좌우되고, 소그룹 자체에서 벌어지는 다이내믹한 관계가 교재를 따라가는 공식적인 교육 내용보다 더 중요할 수 있다. 제자훈련은 단순히 소그룹 성경공부가 아니라 신앙의 세계 속으로 더 깊이 들어가는 전인격적인 경험일 것이다.

사랑의교회 주일예배에서 옥 목사의 설교를 처음 들었을 때(제자훈련은 소그룹 활동만이 아니고 주일 설교와 전도활동 등 신앙생활 전반에 걸쳐 이루진다는 게 콘셉트이기도 하다) 나는 큰 충격을 받았다. 대한민국의 모든 욕망이 들끓는 서울 강남, 그 한복판에 자리 잡은 초대형 교회 주일 예배에서 옥 목사는 성적 타락과 부정직, 나태함, 물질적인 부를 추구하고 정신적 가치를 내버리는 행태를 소리 높여 비판했다. 강한 윤리적 잣대를 목소리 높여 외쳤다. 이념적으로나 신학적으로 더 진보적이고 과격한 설교는 들어 보았지만 옥 목사보다 더 강하게 윤리적으로 직설을 하는 설교는 아직까지 보지 못했다.

나는 옥한흠 목사의 제자훈련이 가진 가장 큰 특징인 윤리적 결단이 그의 사후에 사랑의교회 제자훈련에서 사라졌다고 생각한다. 옥한흠 목사가 은퇴한 후에도 사랑의교회는 부흥했고 제자훈련은 여전히 각광을 받았지만, 예전처럼 윤리적인 결단을 강조하지는 않았다. 옥 목사 생전에도 제자훈련이 각광받는 이유는 진정한 예수님의 제자를 배출하려는 운동이기 때문이 아니라 사랑의교회 같은 메가 처치를 일으키는 성장 방법으로 주목받았기 때문이라는 비판이 있었는데, 옥 목사가 소천한 후 그런 경향이 더 심해졌다.

옥한흠 목사가 생전에 강조한 제자훈련의 열매는 전도와 헌신, 윤리였다. 그런데 많은 이들이 전도와 헌신에는 주목하면서도 윤리는 중요하게 여기지 않았다. 옥 목사 사후에 사랑의교회에서 벌어진 일들을 보면, 제자훈련에 참여하고 그의 설교를 들었던 이들 역시 윤리 문제를 옥 목사만큼 중요하게 여기지 않았던 게 아닌가 싶다.

2. 제자훈련이라는 이름

선교단체나 지역 교회에서는 지금도 여전히 제자훈련이라는 이름으로 소그룹 활동을 열심히 하고 있다. 하지만 리더들의 헌신과 모범이 예전만 못하고 소그룹 내의 영적인 활기도 시들해졌다는 이야기가 나온다. 여전히 소수의 감동적인 체험담이 있지만, 전체적으로 이제 제자훈련은 신앙의 결단을 이끌어내기 위해 '목숨을 거는'(제자훈련의 리더들에게 흔히 강조하는 표현이다) 전투가 아니라 하나의 프로그램이 되어 버렸다.

그럼 다시 리더들을 추슬러 세우고 영적인 부흥을 기도하면 제자훈련이 회복될까? 그렇게 생각하지 않는다. 현재와 같은 제자훈련의 방식과 내용을 고수하면서 참여자들을 다독이는 것으로 문제를 해결하려는 태도는 무책임하다. 자칫 제자훈련은 문제가 없는데 네 탓이라고 손가락질만 하는 블레임 게임(blame game)이 될 수 있다. 이를테면 제자훈련을 이끄는 이른바 리더들 입장에선 훈련생이라고 할 사람들이 덜 헌신했기 때문이라고 탓할 수 있다. 헌신은 원래 어려운 것이니까 거기서 소수만 선발하는 것이 훈련의 목적이라고도 할 수 있다. 반대로 제자훈련에 기꺼이 참여한 사람들 입장에서는 리더의 한계를 탓할 수 있다.

피상적인 비판보다는 제자훈련이라는 틀 자체가 여전히 유효한지, 아니면 어느 지점에서부터 왜곡되거나 변형된 것은 아닌지 점검해 보는 것이 필요하다.

예수님의 제자가 되어 자기 십자가를 지고 따르는 자가 되는 길은 애초부터 소그룹 성경공부라는 형식이나 선교단체·교단·기독출판사들이 잘 만들어 낸 교재 안에 있지 않았다. 예수님은 수많은 대중 속에서 열두 제자라는 소그룹을 훈련하지 않았느냐고 반박하겠지만, 그것을 소그룹이라고 하거나 훈련이라고 하는 것은 잘못된 명명이다. 예수님과 열두 제자는 소그룹 활동을 한 게 아니라 같이 살았다.

예수께서 이르시되 나를 따라오라 내가 너희로 사람을 낚는 어부가 되게 하리라 하시니, 곧 그물을 버려두고 따르니라. 조금 더 가시다가 세베대의 아들 야고보와 그 형제 요한을 보시니 그들도 배에 있어 그물을 깁는데, 곧 부르시니 그 아버지 세베대를 품꾼들과 함께 배에 버려두고 예수를 따라가니라. (막 1:17-20)

예수님의 제자가 되려면, 갈릴리의 어부라는 직업을 버리고 사람 낚는 어부를 직업으로 선택해야 한다. 일주일에 한두 시간씩 모여 성경공부를 하는 게 아니라 배와 그물과 가족과 고향을 버리고 따라가야 한다. 이것이 시작이다. 열두 명의 제자는 지금으로 치면 열두 명의 신학도이자 목사이자 교회 지도자였다. "당신의 직업 세계, 당신의 사회생활 속에서 예수님의 가치관을 실천하는 것이 제자의 삶"이라는 제자훈련의 제자 개념과는 다르다.

그렇다면 모든 사람이 제자가 되어야 한다는 제자훈련의 전제 자체가 잘못된 것 아닐까? 사회에서 일반적인 직업을 가지고 살아가면서도 예수님의 가르침을 따르고 기독교의 생명 구원을 전하는 이가 되자는 말이 잘못되었다는 것이 아니라, 거기에 '제자'의 삶이라고 이름 붙이는 것이 예수님이 불러 낸 제자들의 삶과 다르지 않냐는 말이다. 현재 제자훈련이 목표로 삼는 것은 복음서에 나온 개념 그대로의 제자를 배출하는 것이라기보다는 '신실한 신앙인으로 사는 것' 혹은 '세상 속에서 그리스도인의 정체성을 가지고 사는 길'에 더 가까워 보인다. 그렇다면 '제자'라는 말을 떼어 내든지 내용(+목표)을 바꾸든지 해야 할 것이다.

제자훈련을 옹호하는 입장에서는 이렇게 이야기할 듯하다.

"세속적인 생계를 떠나 전문 사역자로 헌신하든 세속적인 직업을 가지고 살든 100퍼센트 예수 그리스도에게 헌신한 삶을 산다면 똑같이 제자인 것이지 둘이 다르지 않다."

그렇다면 제자훈련은 교회와 선교단체의 전문 사역자들을 평신도와 똑같은 위치로 내려놓는 (혹은 평신도를 전문 사역자와 같은 위치로 올려놓는) 노력을 해 왔어야 했다. 그러나 나는 아직까지 한국 교회의 왜곡된 성직자 중심주의와 계급의식에 정면으로 도전하는 제자운동을 보지 못했다. 오히려 제자훈련을 열심히 성공적으로 해 온 교회의 목회자들도 "평신도를 깨워 교회 하부 구조의 인프라를 구축하는 데 그쳤다"고 고백하는 게 현실이다.

개인적으로는 제자훈련을 받고 나서 신학대학원에 진학해 목회자가 되거나 해외 선교사로 헌신해 생애를 바치는 이들도 보았다. 또 신학 교육을 충분히 받고도 목사 안수를 거부하고 평신도로 남아 제자의 삶을 살기로 결심한 이들도 알고 있다. 목회자 혹은 전문 사역자이지만 평신도들에게 아무 권위의식도 내세우지 않고 동등한 입장에서 겸손히 신앙생활을 하는 이들도 많이 보았다. 아주 존경스럽다. 그러나 그것은 개인적인 차원의 실천이고 하나의 감동적인 신앙 사례일 뿐이다. 제자훈련은 한국 교회에서 예수님이 말씀하신 제자 개념을 실천하려는 개인을 만들어 내기는 했지만, 제자의 뜻을 한국 교회 안에서 살려 내는 데는 실패했다.

지역 교회만이 아니라 선교단체도 마찬가지다. 개교회주의와 같은, 성장을 최우선시하는 각 단체의 조직 이기주의에 도전하지 않았고 오히려 더 매달렸다. 성서한국, 한국복음주의협의회, 기독교사회선교연대회의 같은 노력이 있었지만 예수님의 제자로서 살기 위해 개별 단체나 지역 교회의 틀을 뛰어넘는 새로운 지형을 만드는 데까지는 이르지 못했다. 제자훈련이 평신도를 교회에 붙잡아 두는 데 그쳤다는 비판을 받는 것도 이런 까닭이다.

훈련이라는 말도 그렇다. 이제 이건 낡은 콘셉트다. 낡아서 잘못되었다는 게 아니라 변화해야 할 때라는 것이다. 훈련에는 우선 교관과 훈련생이 있다. 훈련생에게 요구되는 것은 교관의 말에 복종하는 것이다. 훈련과 관련된 질문은 허용되지만 엉뚱하거나 관련이 없어 보이는 질문은 허용되지 않는다. 복종과 반복, 그것 자체가 중요하다. 훈련의 전제는 F.M.(field manual)대로 따라가기만 하면 된다는 것이다. 성경, 그리고 교재라는 완벽한 매뉴얼이 있으니 제자가 되기 위해서는 순종하고 반복하는 훈련만이 필요하다는 것이 제자훈련이란 명칭에 들어 있는 함의다. 훈련은 규칙, 권위, 규율, 통제, 반복과 순종을 의미한다.

21세기의 신도들에게도 이런 개념이 먹힐까?

아무리 매뉴얼이 완벽해도 그걸 가르치는 교관은 예수님이 아닌 이상 완벽할 수 없다. 그러니 예수님의 대리자가 된 양 권위와 순종을 요구하는 것도 피차 부담스러운 일이다. 좀더 솔직히 말하면, 교관이라는 이들도 훈련생과 똑같거나 오히려 더 부족한 면도 많다.

일부 교회 지도자들의 윤리적 타락을 지적하려는 게 아니다. 페이스북에서 한 파트타임 목회자의 글을 읽고 놀란 적이 있다.

그 목회자는 교회에서 파트타임 교역자에게 주는 사역비만으로는 생계를 꾸리기가 어려워 몇 개월 동안 평일에 꽤 힘든 육체노동을 했다. 그러던 중 마침 여름 성경학교 시즌이 되어 휴가를 쓰겠다고 말했는데 직장 상사가 한바탕 욕을 퍼부었던 모양이다. 한참 일이 많은 시기였고, 또 직장에 자신이 목회자라는 사실을 알리지도 않았던 것이다.

이 파트타임 목회자가 페이스북 담벼락에 토로하기를, 구석에 숨어 한참을 울었다고 했다. 욕을 먹은 게 억울해서가 아니라 미안해서 울었다고 했다. 그동안 교회학교 교사들이 여름 성경학교 봉사를 하기 위해 이렇게 눈치를 보고 욕을 먹으며 휴가를 내 왔다는 걸 몰랐기 때문에 미안하다고 고백했다. 교회를 위해 휴가를 사용하는 것을 당연한 일로 생각했고, 여름 성경학교에 빠지거나 봉사를 거절하는 이들을 은근히 믿음이 부족하고 자기중심적인 성도라고 생각했다며, 평신도의 삶을 제대로 알지도 못하면서 목회자 입장에서만 판단해 왔던 자신을 뼈저리게 반성한다고 썼다. 그 글에 많은 이들이 '좋아요'를 누르고 동료 목회자들도 이제야 알았다며 공감하는 댓글을 달았다.

내가 이 글을 읽고 놀란 이유는, 목회자들이 평신도의 삶을 그렇게도 모를 줄은 정말 몰랐기 때문이다. 평신도의 삶을 그렇게 모르면서 어떻게 매주 '이렇게 살아야 합니다'라고 설교를 할 수 있을까? 그런 설교가 평신도들의 삶에 얼마나 영향을 줄 수 있을까? 참된 목자는 양의 울음소리만 들어도 양을 구별한다는데, 목회자가 평신도들의 삶을 이다지도 모른다면 과연 평신도의 눈물을 제대로 닦아 주고 위로할 수 있을까?

현실이 이런데 '완벽한 교관의 가르침과 그걸 따르기만 하면 되는 훈련생'이라는 관계는 실제로 존재하기 힘들다. 제자훈련 리더들도 완벽한 교관이 되어야 한다는 부담을 내려놓고 자기 한계와 부족함을 함께 나눌 수 있어야 하고, 참여하는 이들도 무조건 복종하고 순종해야 한다는 전제에서 벗어나 솔직한 질문을 던지며 대화할 수 있어야 한다. 양 떼와 목자의 관계가 아니라, 함께 이 시대를 살아가는 신앙인으로서 서로의 이야기를 털어놓는 그런 관계가 더 필요하다. 그런 관계로 모이는 소그룹 모임이라면 훈련이라기보다는 삶을 나누고 성경에 비춰 보며 함께 답을 찾아가는 티파티(tea party)에 더 가깝지 않을까.

티파티를 우리에게 익숙한 개념으로 말하면 뒤풀이쯤 되지 않을까 싶다. 소그룹 성경공부에 참여한 대부분의 사람들은 뒤풀이(의 끝자락)에서 나온 진솔한 고백과 질문들, 그 답을 성경에서 찾고자 했던 여러 대화를 더 사랑하고 거기에서 신앙의 깊이를 더 많이 맛보았다고 얘기한다. 성경공부나 소그룹 모임이 의미 없다는 게 아니라, 뒤풀이처럼 서로의 마음을 터놓을 수 있는 관계로 모이기 위해서는 복종과 규율을 의미하는 훈련이라는 말을 이제는 버려야 하지 않겠냐는 말이다.

제자, 그리고 훈련이라는 개념과 형식은 처음 만들어지던 시기의 필요에 부응한 당시의 응답이었고, 지금은 이제 이 시대의 응답을 새로 써야 한다. 시대가 바뀌었다.

무엇이 바뀌었나. 한마디로 얘기하자면 모더니즘에서 포스트모더니즘으로 바뀌었다.

'제자훈련'의 형식과 내용은 이성, 논리, 본질, 숫자가 중요한 모더니즘의 세계를 기반으로 하고 있다. 이데아를 추구하는 플라톤적 사고와 귀납적으로 진리를 찾는 아리스토텔레스적인 태도, 질문을 던져 스스로 답을 찾아가며 진리를 깨닫게 한다는 소크라테스적 접근이 제자훈련에 녹아 있다. 이성적으로 세계의 본질을 설명할 수 있는 이가 리더가 되고, 그는 성경구절을 뒤져 가며 복음의 근거를 제시하고 소그룹을 계몽한다. 그에게는 성경과 맞먹는 권위가 주어진다. 그가 소그룹의 중심이 되고 세계의 중심이자 이데아인 복음으로 이끄는 계몽자가 된다. 게다가 그 전달 방식은 마치 입시 공부를 하듯 주입식, 단답식이다.

꼭 이런 모더니즘적인 형식으로만 예수님의 제자가 배출되는 것일까? 포스트모더니즘적인 감성과 사고로 살아가는 현대인에게 먹히는 또 다른 방법을 찾을 수는 없을까?

21세기를 살아가는 많은 이들이 세계를 본질적인 것과 비본질적인 것으로 구분하지 않고 자기에게 의미가 있는 것과 없는 것으로 나눈다. 이데아와 현상은 구분되지 않으며 이미지 자체가 세계의 본질이고 의미다. 감성이 이성만큼, 혹은 이성보다 더 중요하다. 이것이 옳으냐 그르냐를 논하는 것은 무의미하다. 과거 교부들이 아리스토텔레스의 논증 방식을 가져와 기독교 신앙을 설명하려고 했듯이, 지금은 포스트모던의 스토리텔링을 가져와 기독교 신앙을 이야기해야 한다.

2013년 한국의 부산에서 열린 세계교회협의회(WCC)를 취재했을 때다. 한국 기독교계에서 진보적인 흐름을 대표한다고 꼽히는 교회의 한 목사가 WCC에서 자리를 얻고 싶어 했다. 그는 WCC 아시아 지역 의장이나 중앙위원회에서 아시아 교회 몫의 자리를 차지하기 위해 열심히 뛰었다. 한국 교회의 다른 WCC 참가자들도 그 목사를 응원했다. 한국 교회에서 신망과 권위가 있는 인물이었다. 그런데 WCC의 반응이 뜻밖이었다.

"한국 교회를 대표하는 이들은 왜 남자 어른밖에 없나요?"

그 질문을 받고 WCC 총회장을 둘러보니 과연 세계 교회는 달랐다. 나이 많은 남자 어른만이 아니라 여성, 젊은이, 흑인, 원주민…정말 다양한 이들이 지구촌 141개 나라의 교회를 대표해 WCC 총회에 참여하고 있었다. 150명에 이르는 WCC 중앙위원회와 그중 지구촌 각 지역을 대표하는 여덟 명의 의장도 당연히 다양한 연령과 인종을 대표하는 인물로 구성하려는 것이 WCC 참석자들의 뜻이었다.

결국 그 목사는 WCC 안에서 자리를 얻지 못했고, 대신 한국의 여성 신학자가 아시아 지역 의장에 선출되었다. 한 교회를 대표하는 자리라면 당연히 목사, 그것도 나이 많은 남자 목사여야 한다는 한국 교회의 사고방식을 단숨에 깨 버린 신선한 사건이었다.

제자훈련(이라는 이름도 바뀌어야 하지만)도 바뀌어야 한다. 낡은 논리와 형식, 거추장스럽고 설득력 없는 권위는 버려야 한다. 먼저 예수님을 만나고 신앙에 마음을 쏟은 이가 자신의 이야기를 전하고, 그 이야기가 다른 이들의 이야기와 이어져 더 다양하고 풍부한 이야기를 만들어 가는 작은 공동체가 되는, 그런 새로운 틀이 필요하다.

3. 예수님의 십자가

예수님의 제자로 산다는 것은 무시무시한 일이다.

> 무릇 내게 오는 자가 자기 부모와 처자와 형제와 자매와 더욱이 자기 목숨까지 미워하지 아니하면 능히 내 제자가 되지 못하고, 누구든지 자기 십자가를 지고 나를 따르지 않는 자도 능히 내 제자가 되지 못하리라…이와 같이 너희 중의 누구든지 자기의 모든 소유를 버리지 아니하면 능히 내 제자가 되지 못하리라. (눅 14:26-27, 33)

제자훈련을 성공적으로 마치고 간증하는 이들의 말을 들어 보면, 제자훈련을 통해 인생의 많은 고민이 해결되었고, 잘못 알고 있었던 신앙의 편견을 바로잡았으며, 집안의 문제들을 두고 기도하면서 응답을 경험했다고 한다. 또 길거리에서 불특정 다수를 대상으로 하는 이른바 노방전도나 주변 사람들을 전도하는 일을 제자로서 해야 할 일로 실천했다는 이야기도 이어진다. 과연 그것이 성경에서 말하는 제자훈련의 열매일까? 말하자면 헌금을 더 많이 내고, 교회의 예배는 물론 여러 행사에 더 열심히 참여하고, 마침내 새벽기도회와 주일학교 교사나 식당 봉사, 노방전도 등에 동원되고, 안수집사가 되고 장로가 되는 사람을 길러 내는 것이 제자훈련의 목표일까?

앞에서 나의 고교 시절 제자훈련 경험을 잠깐 언급했는데, 그 뒷얘기를 잠깐 더 소개하고 싶다.

나와 내 고등부 친구들이 고3이 되어 입시를 치르고 대학 합격자가 발표되었다. 나는 1차 지망한 곳에 합격을 해서 기쁜 마음으로 교회에 갔다. 감사기도를 하기 위해서였다. 교회에 들어서니 불 꺼진 예배실 구석에 한 친구 녀석이 침통한 표정으로 눈을 감고 있었다. 불합격한 친구였다. 그 모습에 마음이 무거워졌다. 친구 옆에 앉았지만 뭐라고 할 말이 없어 나는 그냥 한숨만 푹푹 쉬었다. 친구들이 속속 교회로 왔는데, 다 그랬다. 합격한 친구들도 자신의 합격 소식을 조심스럽게 전할 뿐 기뻐할 수 없었다. 낙방한 친구를 어떻게 위로해야 할지 몰라 그저 같이 있어 줄 뿐이었다. 주일이 되었다. 예배 광고 시간에 고등부 제자훈련을 지도했던 목사님이 마이크를 잡았다.

"이번 입시 결과에 고등부 학생들이 좋은 성적을 거두었습니다. ○○○ 장로님 아들도 합격을 했고, 고등부 회장을 한 ○○○ 학생도 합격을 했고…."

그 광고를 들으며 나와 친구들은 당황했다. 아무리 열심히 교회를 다니고 제자훈련을 받았어도 그 순간에는 입시에 성공한 자만이 거명되었다. 그 목사님이 인격적으로 부족했다거나 낙방한 학생들을 외면했다거나 그런 것은 전혀 아니다. 다만 그날 예배 시간에 불합격자들은 거명되기에 부적절했다. 거명하지 않는 게 배려였을 수도 있고, 불합격한 학생들을 위해서도 기도해 달라는 말도 있었지만, 그 순간 우리는 제자가 아니라 입시의 실패자와 성공자로 나뉘어 호출당했을 뿐이다.

그 뒤에도 비슷한 사례를 많이 보았다. 세상에서 이른바 끗발 좀 있는 이들이 교회에 새로 오면 담임 목회자가 그동안 열심히 봉사해 온 이들보다 이 새 신도를 교회의 대표적인 신자로 내세우는 모습 말이다.

제자훈련은 평신도들이 세상의 가치관을 떠나 신앙의 세계로 향하도록 변화시켜 왔고, 더 성숙한 신앙을 추구하도록 만들어 왔다. 그런 이들을 많이 배출해 양적인 성장까지 이루었다. 그러나 교회는 오히려 세상의 가치관에 물들었고, 낡은 권위주의와 교권주의를 버리지 못했다. 제자훈련이 추구했던 윤리적 결단마저 '선교'나 '전도' 같은 양적 성장을 추구하는 말에 압도되어 사라져 가고 있다. 한국 교회의 타락이 제자훈련의 책임은 아니지만, 제자훈련을 받은 참된 제자들이었다면 그런 타락한 모습과 한계에 과감히 도전해야 했다. 이 시대의 십자가를 짊어져야 했다.

제자훈련이 그런 윤리적인 결단과 실천에 이르지 못한 것은, 제자의 참된 의미가 (처음부터 없었던 게 아니라면) 어디선가 분실되었고, 정해진 틀 안에서 복종하기만을 요구하는 훈련이란 틀에 안주했기 때문이다.

    제자훈련에 대한 반성이 2.0으로 업그레이드한다거나 리더를 바로 세우고 교재를 새로 정비하는 정도에 머물러서는 안 된다. 제자훈련이라는 이름을 버리든지, 아니면 교회의 갱신과 변화를 위해 도전하는 십자가의 길까지 나아가야 한다. 이 포스트모더니즘의 세상에서 예수님의 참된 제자가 되는 길, 복음이 여전히 의미 있다는 것을 입증할 윤리적 결단을 이뤄 내는 길을 처음부터 다시 찾아야 한다.

III.
탈학습이 필요한 제자훈련
"나를 따라오지 마시오, 나도 길을 잃었소"

양희송(청어람 ARMC 대표)

1. 탈학습의 필요성

"나를 따라오지 마시오, 나도 길을 잃었소"(Don't follow me, I'm lost, too). 제자훈련에 대한 글을 이렇게 시작하는 것은 매우 부적절해 보일지도 모르겠다. 그러나 상황은 결코 낙관적이지 않다. 우선 현상적으로 그렇다. '제자훈련'을 기치로 내걸었던 왕년의 대표적 단체와 교회는 지금 존재감이 훼손되어 있다. 재정과 인사 문제로 구설수에 오르며 사회적 위상의 하락과 규모의 축소를 겪는 중이다. 마땅한 돌파도 이뤄지지 않고, 출구도 잘 보이지 않는다. 제자훈련에 대한 교계와 사회의 인식도 좋은 편이라고 볼 수는 없다. 기독교 기업, 기독교 단체, 기독 정치인, 기독 유명인사 등의 행보를 놓고 종종 "이것이 제자의 삶인가?"란 냉소와 비난이 제기되고, 딱히 반박의 여지가 없다. 누구이 말하건대, 이런 상황은 단지 하던 일을 더 열심히 함으로써 돌파할 문제인가, 아니면 그간 우리가 무얼 해 온 것인지 되돌아보며 전면적으로 다시 길을 모색할 문제일까?

제자훈련의 현재 상황을 파악하는 몇 가지 서로 다른 입장이 있을 것이다. 종종 들을 수 있는 세 가지 주장을 지적해 보면, 첫째는 이것이 '성장'(growth)에 치중해 온 그간의 경향에 경종을 울리고 '성숙'(maturity)에 주력해야 할 것을 알려 주는 계기란 인식이다. 맞는 말이지만, 그간의 제자훈련을 어떻게 해 왔기에 이런 취약점을 드러냈는지 제대로 짚어 내지 못한다면 단지 '지당한 말씀'에 그치고 말 위험이 있다. 둘째는 이 사안을 소위 '보수' 신학의 한계로 파악해 신학적 갱신이 없이는 미래가 없다는 주장이다. 역시 맞는 말이지만, 이런 진단에 따라 '진보' 신학을 수용하면 문제가 해결될지는 의문이다. 아마 '진보 신학'의 수용보다는 '보수 신학/복음주의 신학의 심화 확장'이 현실적으로 가능한 선택지일 것이다. 셋째는 제자훈련이 한 시대의 역할을 하고 시효가 다 되었으므로 미련을 갖지 말고 새로운 것으로 넘어가자는 주장도 가능하다. 그러나 모두가 '새 시대의 맏이'가 되고 싶어 하지만 결국은 '옛 시대의 막내'로 남는 경우가 더 많다. 엄밀하게 문제를 인식하고 대안을 제안할 필요가 있다.

나는 이 글에서 현재 한국의 제자훈련이 일정한 탈학습(unlearning) 과정을 거쳐야 한다고 말하려고 한다. 이는 기존의 학습 체계가 가진 복합적인 문제를 온전히 털어 내는 것 없이는 새로운 대안을 선택하거나 수용하기 힘들 것이란 점에서 그렇다. '학습'이란 『논어』의 그 유명한 구절 '학이시습지불역열호'(學而時習之不亦說乎)에서 잘 보여 주듯, '배우고 이를 수시로 익히는 것'을 뜻한다. '학'(學)이 주로 앞 세대와 스승의 글을 읽고 쓰고 모방함으로써 '지식을 얻는 것'이라면, '습'(習)은 배운 것이 자기의 몸에 배어들도록 익히는 체화의 과정을 뜻한다. 이 둘은 끊임없이 상호작용하면서 우리의 배움과 삶이 괴리되지 않도록 이끄는 역할을 한다. 지식의 습득이 제한적이고 협소해지면 세상을 바라보는 전망이 왜곡되거나 낡게 된다. 체화가 부실하면 말과 삶이 따로 놀고, 성찰 없는 주장만 무성해진다.

> 하늘과 땅의 모든 권세를 내게 주셨으니, 그러므로 너희는 가서 모든 민족을 제자로 삼아 아버지와 아들과 성령의 이름으로 세례를 베풀고 내가 너희에게 분부한 모든 것을 가르쳐 지키게 하라. 볼지어다, 내가 세상 끝날까지 너희와 항상 함께 있으리라 하시니라. (마 28:18-20)

제자훈련과 관련한 가장 대표적인 구절이자 대위임령(The Great Commission)이라고도 불리는 이 본문은 "가서 모든 민족을 제자로 삼"으라고 말한다. 그 제자 삼는 내용은 두 가지, 즉 '삼위일체 하나님의 이름으로 세례를 주고' '예수께서 가르치신 모든 것을 가르치고 지키게 하라'는 것이다. 우리가 접한 한국의 제자훈련은 압도적으로 '세례 주기', 즉 전도와 개종에 강조점이 있었다. 전도와 선교, 이를 통한 개종과 회심을 제자 삼기의 본령으로 간주했고, 이를 따라 거대한 전도집회와 노방전도, 개인 전도, 해외선교, 단기선교가 지난 한 세대 이상 전개되었다. 이 와중에 '예수께서 분부한 모든 것'은 단지 선택적으로만 차용되었다. 오늘날 대부분의 성서학자들이 동의하듯 예수님 메시지의 핵심은 '하나님나라'다. 그의 공생애와 십자가, 부활, 그리고 그 이후 교회의 등장은 그 '하나님나라' 사역을 향해 오롯이 집중되어 있다. 그분은 '사영리'를 전하지 않았고, '다리 예화'를 사용하지 않았고, '전도폭발 훈련'을 받은 바 없다. 그러나 지금은 요약본이 원본을 집어삼켰고, 예화가 원리를 대체했고, 테크닉이 콘텐츠를 규율한다. 우리는 예수님이 다수 대중이 아니라 열두 명을 선택해 핵심 제자로 삼은 것으로 볼 때 '선택과 집중의 원리'를 배울 수 있다거나, '한 사람이 한 사람을 제자 삼는' 일을 꾸준히 해 나가면 제자들의 숫자가 기하급수적으로 불어나 불과 몇 세대 가지 않아 온 인류가 구원받게 되는 놀라운 '승법 번식' 비결을 가르쳐 주신 것으로 종종 들었다. 아이러니하게도 현대 세계에서 '승법 번식' 원리를 가장 잘 실천하는 이들은 다단계 사업자들이다. 그리고 그들의 조직에는 그리스도인이 적지 않다. 그 둘이 만들어 내는 정서적 지향이 낯설지 않기 때문일 것이다. 방법(method)은 어떤 메시지(message)를 실어 나르느냐로 그 가치가 결정된다. 그릇이 아니라 거기 담긴 내용물이 우선적으로 중요하다. 우리의 제자훈련을 돌아볼 때, 종종 '학'의 부실함을 '습'의 강화로 메우는 경우가 잦았다고 본다. 혹은 다른 용도로 쓰이던 '습' 위에 얼기설기 '학'을 얹어 놓고 스스로도 속고 남도 착각하게 만드는 일도 없지 않았다고 본다. 이를 극복하려면 우리에게 탈학습이 필요하다.

2. 한국 교회 제자훈련의 역사

그간의 제자훈련에 대한 분석과 진단을 하기 전에 기존의 제자훈련을 먼저 간략하게 정리할 필요가 있다. 제자훈련은 기본적으로 대학생 선교단체를 중심으로 1960년을 전후해 한국 사회에 소개된 전도와 양육 방법론이었다. 대표적으로 네비게이토선교회(Navigators), 한국대학생선교회(CCC), 성경읽기선교회(UBF), 한국기독학생회(IVF) 등의 활동과 교재 등이 검토의 대상이 될 것이다. 이것이 1970년대 후반부터 1980년대 초반 무렵 지역 교회에 적용되고 보급되는 과정을 거쳤는데, 대표적으로 제자훈련으로 한 세대를 풍미한 사랑의 교회, '일대일 제자 양육'을 널리 보급한 온누리교회와 두란노서원 등을 꼽을 수 있다. 지금은 적지 않은 수의 교육단체 및 출판사와 연합운동 등이 상호 영향을 주면서 복음주의 대중 상당수가 제자훈련의 직·간접적 영향권 아래 있다고 볼 수 있다. 이런 흐름에서 두드러지게 나타나는 공통되는 특징을 단순화해서 정리하면 다음과 같다.

1. 예수님의 사역을 제자 삼는 사역으로 이해한다.
2. 제자 삼는 사역은 세계 선교를 위한 전략이다(마 28:18-20).
3. 그리스도인들의 사명은 이런 주님의 모델을 따라 모든 민족을 제자 삼는 것이다.

월터 헨릭슨(Walter A. Henrichsen)의 『훈련으로 되는 제자』(Disciples are Made not Born, 네비게이토), 리로이 아임스(LeRoy Eims)의 『제자 삼는 사역의 기술』(The Lost Art of Disciple Making, 네비게이토), 로버트 콜먼(Robert E. Coleman)의 『주님의 전도 계획』(The Master Plan of Evangelism, 생명의말씀사) 외에도 도슨 트로트맨(Dawson Trotman)의 책이 널리 읽혔고, 김준곤 목사(CCC)는 이를 독특한 '순론'으로 다듬어 '민족 복음화, 세계 복음화'를 설득하는 한국적 논리로 사용했다. 옥한흠 목사의 『평신도를 깨운다』는 제자훈련을 지역 교회에 이식하도록 소개한 고전이다. 제자훈련을 도입한 단체의 성향과 강조점에 따라 이 개념은 약간씩 다른 뉘앙스를 띠게 되지만 공통의 기반이 훨씬 큰 것으로 보인다. 첫째는 개인 전도(personal evangelism)에 대한 확연한 강조가 일관된다. 그리스도인의 존재 목적은 '개인 구원, 가정 구원'이고, '민족 복음화, 세계 복음화'다. 다른 어떤 논리가 낄 여지가 없는 이 직선적인 존재론은 강력하게 효력을 발휘했다. 수많은 성도들이 '제자 삼는 삶'을 살고자 나섰고, 이는 1980년대 후반부터 세계선교운동이 한국에서 급속도로 성장하는 현상의 뿌리가 어디에서 비롯되는지를 가장 잘 설명한다. 둘째는 단순화된 양육 체계의 제공이다. 일반적으로는 3단계의 위계(believer-disciple-disciple maker)를 갖는데, 앞서 언급한 '전도를 통한 세계 복음화의 완수'를 위해 최단거리의 양육 체계를 제공한다. 성경구절 암송, 주제별 성경공부, 단계별 반복강화 학습, 과정 수료자를 지도자로 재투입하는 순환 구조를 특징으로 한다. 셋째는 일대일(one-one) 혹은 소그룹(small group) 단위의 조직 방식이다. 대형 집회나 주일예배 등을 주된 신앙 형성의 계기로 삼았던 전통 교회의 방식과 달리 개인이나 소그룹 단위로 학습과 관리가 이전됨으로써 조직의 역동이 매우 다른 양상을 갖게 되었다. 여러 선교단체와 제자훈련을 열심히 한 지역 교회들은 이런 확신과 그에 부합하는 전도와 양육 체계를 예외 없이 갖고 있었다.

개인 전도를 기반으로 민족 복음화를 주창한 1970년대, 제자훈련이 기치를 높이 들었던 1980년대를 거쳐 지난 30-40년 동안 제자훈련 운동이 몰고 온 한국 개신교 내의 변화는 결코 적지 않다. 나는 그 가운데 거의 주목받지 못했지만 오늘의 논의에서 매우 중요한 한 대목으로 '개인주의의 등장'을 꼽아야 한다고 본다. 제자훈련은 개인을 주체(subject)로 불러냈다. 그 개인은 평신도란 이름으로 불리기도 했다. 이는 개인주의가 이미 확립된 서구에서는 별반 새로울 것이 없는 일일지 모르나, 집단주의가 강한 한국 사회에서는 별도의 함의를 갖는다. 물론 그 개인은 매우 오랜 동안 훈련의 대상(object)으로만 여겨졌다. 누군가(헌신적 목회자, 간사, 선배 등)에 의해 훈련되어야 하기에 그들에게는 개인차를 염두에 두지 않은 커리큘럼과 훈련 방식이 적용되었다. 몇몇 선교단체에서 전설처럼 전해 오는 강압적인 훈련 경험들은 개인을 철저히 대의에 종속된 대상으로 간주한 집단주의적 사고의 흔적을 여실히 보여 준다. 일대일과 소그룹 훈련에서도 지도자에게 전수받은 대로 토씨 하나 틀리지 않고 전달하는 것이 미덕인 획일적 양상이 두드러졌다. 그러나 이런 양상은 외부의 영향력을 완전히 차단할 수 있는 조건에서만 유효했다. 일부 교회나 단체가 연합 운동에 소극적이었고, 구성원들이 접할 수 있는 책이나 관계망을 매우 제한했고, 지도자에 대한 강력한 복종을 특징으로 했던 이유는 표면적으로는 자기 단체에 대한 자부심이었지만 그 심연에는 이런 방식이 울타리 밖에서는 유지되기 어렵다는 사실을 직관적으로 알고 있었기 때문이 아닐까 생각해 보게 된다. 제자훈련의 전체 체계는 흔히 집단주의적으로 운영되었지만 어디까지나 그 근원은 개인을 행위 주체가 되도록 하는 것을 지향했기에, 그 내부에서 개인이 언제까지나 전체의 일부이자 객체화된 동원 대상에 머물도록 할 수는 없었다. 이율배반적 행태는 일정 조건 위에서는 억누를 수 있을지 모르나 완전히 없앨 수는 없다. 선교단체보다 훈련의 강도는 약했고 좀더 다양한 신학과 신앙 전통에 열려 있던 일부 지역 교회에서는 제자훈련 커리큘럼이나 그 지배적 정서에 대한 자체적 반성과 자각이 있었고, 이를 보완하려는 시도들이 없지 않았다.

3. 긴장과 반성의 흐름

제자훈련과 관련해 한국 교회에서 등장한 긴장과 반성의 흐름은 몇 갈래로 살펴볼 수 있다. 첫째는 이것이 변형된 교회 성장론이 되었다는 자성이다. 제자훈련이 교회 성장의 도구이자 방법론이 되고 있다는 말이다. '승법 번식'(multiplication) 원리라고 불렸던 논리는 거의 성경적 원칙처럼 여겨졌고, 이는 곧바로 '무한증식의 논리'에 신앙적 정당성의 세례를 주었다. 제자훈련은 흔히 발견되는 한국 교회의 전형적 성장주의 논리를 저변에서 단단하게 붙잡아 주는 핵심 역할을 했다. '제대로 제자훈련을 하면 승법 번식이 이루어질 수밖에 없고 성장하지 않을 리가 없다'는 논리는 매우 강력했다. 이 논법은 그 역도 참으로 간주하였는데, '성장하지 않는 것은 제대로 제자훈련을 하지 않았기 때문이다'라는 순환논법을 거스르기는 매우 어려웠다. 제자훈련은 표면적으로는 질적 평가를 중시하는 듯이 보이지만, 그것이 한 세대를 풍미할 수 있었던 것은 양적 평가, 특히 양적 성장을 그 필연적인 결과로 확신하게 한 데 적지 않게 의존하고 있다. 제자훈련의 대명사처럼 여겨졌던 사랑의교회 옥한흠 목사는 은퇴 후에 "저는 제 목회가 자체적으로 자기모순을 갖고 있지 않았나 하는 우려를 합니다. 왜냐하면 교회를 너무 키워 버렸다는 생각 때문입니다.…제 목회가 교회론과 제자훈련이 엇박자를 이룬 것 같습니다. 한 사람을 그리스도의 온전한 제자로 세우는 것은, 양이 많아져 버리면 그것을 성취할 수 있는 확률이 그만큼 떨어져 버리게 됩니다"[1]라고 회고한다.

그 위험을 의식하며 운영된다면 제자훈련의 성장주의적 성향은 일정 정도 억제될 수 있다. 그러나 내부적 견제의 메커니즘이 더 이상 작동하지 않게 되면 그 악영향은 순식간에 전체를 장악할 수 있다. 신앙 성장의 각 단계는 수료해야 할 과정으로 인식되고, 정해진 과정을 마친 사람은 다시 그 체제를 운영하는 중간 관리자로 임명되고, 이 멈추지 않는 무한증식의 기계는 신적 정당화의 기반 위에서 '제자도'와는 가장 먼 체제가 되고 만다. 일대일 혹은 소그룹 중심의 양육 체제는 여러 가지 방식으로 리더에 대한 의존성을 심화시키

---

[1] "나의 교회론과 제자훈련은 엇박자가 된 것 같다", 「디사이플」, 2009년 11월 1일(http://johnoak.sarang.org/sub07/sub03.asp).

고, 이전에 목회자에게서 보였던 권위주의적 문제가 평신도 지도자들에게서 반복될 수 있는 여지를 만든다. 제자훈련 시스템은 쉽게 조직관리 도구로 변질될 수 있다. 최근 많이 논의되는 가정교회(house church)나 셀교회(cell church) 등의 모델도 그 취지와는 달리 과거보다 더 촘촘한 조직관리의 도구로 전락한 사례를 많이 본다. 예전에 구역 담당 목회자가 하던 업무를 지금은 평신도 지도자들이 하고 있고, 그들이 매주 작성하는 보고서는 과거 어느 때보다 더 세밀한 내용을 점검하는 질문으로 가득하다. 한국 교회 전반에 팽배한 '교회론 부재'의 현실이 타개되지 않는 한 이 모순과 긴장을 벗어나기는 어려울 것이다.

둘째는 '자기계발하는 그리스도인'의 등장이란 딜레마다. 이전에는 제자훈련이 공급자 중심이었다면, 이제는 소비자 중심으로 이동하고 있다. 달리 말하면, 과거에는 목회자가 제자훈련을 도입하고 설득하고 시행해야 하는 위치였다면, 이제는 성도들이 자신들의 필요에 부합하는 신앙 훈련을 요구하고, 스스로 찾아 나서고, 필요를 채우는 시대로 가고 있다는 말이다. 영적 필요를 인식하고 그에 맞는 내용을 채워 넣는 책임은 근본적으로 성도 개인에게 달렸다는 사고방식에서 비롯한다. 이것을 가능하게 하는 것은 인터넷에 넘쳐 나는 설교와 기독교 방송, 유명 강사의 대중 집회, 온·오프라인 신학 및 신앙 강좌, 기독교 서적, 교육 과정 등이다. 오히려 교회가 제공하는 기존의 양육 체계는 경직되어 있고, 구태의연하며, 초보적이고, 원론에 머문다. 이는 신앙생활에 대한 일차적 책임이 자기 자신에게 있음을 충분히 자각한 결과로, 역설적으로 지역 교회나 소속 단체의 신앙 지도가 만족스럽지 않을 경우 이를 대체할 수단을 성도들이 적극 찾아 나설 수 있는 여지가 있다는 점에서 목회자들은 위협으로 여길 만한 상황이다. 앞으로 목회자의 신앙 지도는 충분히 심화되고, 확장되고, 개별화될 수 있을까? 이 긴장은 당장은 잠재적이지만 점차 심화될 가능성이 높다. 이런 경향은 제자훈련 체제가 자초한 결과이기도 하다. 개인의 영적 필요를 개인이나 소그룹 차원에서 충족하도록 운영한 제자훈련 체제는 매우 자생적이고 자발적으로 그 커리큘럼을 채울 더 나은 콘텐츠를 찾아 나서게 되고, 목회자나 간사의 통제를 벗어나 개인 스스로 그런 탐구와 자기계발의 주체가 되도록 사실상 격려해 왔기 때문이다. 그리고 이는 현대 사회의 소비 지향적 분위기와 어울리는 지점이 적지 않다. 소비자의 취향에 더 부합하고 질적으로 더 나은 상품을 선택하는 것은 필연적일 뿐 아니라 바람직한 일이기까지 하다고 여기는 것이 시대정신이다.

셋째는 '신학 실패'에 대한 자성이다. 기존의 제자훈련 논의에 동원된 신학적 자원의 피상성과 협소함을 넘어서야 한다는 고민이다. 교회성장론 외에는 비어 있는 교회론, 사실상 구원파와 다르지 않은 구원론, 해외에 교회 세우는 것을 전부로 생각하는 선교론 등은 그간 우리가 '예수님이 분부한 모든 것을 가르쳐 지키게 하라'는 명령에 현저히 미치지 못했고, 어쩌면 '묻지 마 제자훈련'을 해 왔을지도 모른다는 치명적 반성을 하게 한다. 제자훈련의 대중화와는 별개로 제자도에 대한 심화된 논의는 이 현상을 반성적으로 돌아보게 만들었다. 진지한 성도들은 본회퍼의 『나를 따르라』(The Cost of Discipleship, 대한기독교서회)을 비롯해 교회사에서 종종 나타나는 희생과 헌신의 사례가 정작 제자훈련의 과정에서는 거의 배제되거나 선택적으로만 활용되고 있다고 느꼈다. 즉 제자도의 정신은 심화되지 않았고, 몇몇 성경구절에 근거해 도출된 제자훈련의 논리만 반복하며 강화할 뿐이었다. 성경이 보여 주는 '제자도'와 예수님과 제자들이 헌신했던 '하나님나라'의 정신은 재발견될 필요가 있다. 재세례파 전통의 '급진적 제자도' 흐름을 재각성시킨 존 하워드 요더(John H. Yoder)의 저술들과 『잊혀진 제자도』(The Great Omission, 복있는사람), 『하나님의 모략』(The Divine Conspiracy, 복있는사람) 등 제자도의 지적 측면과 영성적 중요성을 강조한 달라스 윌라드(Dallas Willard)의 저술, 『제자도』(The Radical Disciple, IVP)를 통해 평생 자신의 신앙적 지향을 정리한 존 스토트(John Stott), 『팬인가, 제자인가』(Not a Fan, 두란노)를 쓴 카일 아이들먼(Kyle Idleman)이나 『래디컬』(Radical, 두란노)을 쓴 데이비드 플랫(David Platt) 등 젊은 세대의 감수성으로 이 주제의 급진성을 재발견하고 있는 이들의 등장은 서구에서도 이 과제가 새롭게 대두된다는 점을 잘 알려 준다.

문제는 이런 상황 분석과 진단에 따라 대책을 마련할 책임 있는 주체 혹은 주도 세력은 어디에 있는가 하는 질문이다. 제자훈련 자체의 내용과 논리를 업그레이드해야 한다. 교회성장론의 도구로 오·남용되기 원치 않는다면 이를 극복한 제자훈련 담론이 나와 주어야 한다. 성도들의 개인주의적 자기계발 경향은 맞춰 줘야 할 취향인지 비판적으로 검증되어야 할 욕망인지 가려내고 주의환기를 해야 한다. 신학이 신학교 내에서나 유통되는 특정 집단의 지식이 아니라 성도들의 삶의 문제에 답하고 전망을 열어 주는 배움과 토론의 장으로 호출되어야 한다. 제자훈련을 수행하는 이들이 이런 과제를 자신의 주요한 임무로 간주하고 있는지 되물어야 할 상황이다. 성도들은 제자훈련 밖으로 이탈하고, 나아가 교회 바깥으로 탈출하고 있다. 그리고 거기에서 자신을 위한 제자훈련을 재구성하고 있다. 교회 내의 자원은 이런 일련의 과정에서 주도적 역할을 수행하지 못하고 있다. 흐름을 짚어 보고 포석을 가늠해야 할 때가 아닌가 싶다.

4. 제자훈련의 미래를 위한 제안

지금까지는 제자훈련을 특정한 내용과 방식으로 지속되어 온 한국 교회 내의 양육과 훈련 과정이란 의미로 사용해 왔다. 이제 이 논의의 마무리하며 던지고 싶은 제안은 제자훈련을 원점에서 다시 검토하자는 이야기다. 나는 성경이 '제자도'(discipleship)에 대해 많은 중요한 가르침을 남겨 놓았을 뿐 아니라 우리 모두를 제자로 부르신다고 믿는다. 그러나 그 제자도가 기존의 제자훈련에 적절히 반영되고 있는지는 되물어야 한다. 존 스토트는 그리스도인의 삶을 집약하는 개념으로 '영성'(spirituality)보다 '제자도'(discipleship)가 더 낫다고 했다. 그의 직관과 통찰의 무게는 결코 과소평가할 수 없을 것이다. "네 마음을 다하고 목숨을 다하고 뜻을 다하고 힘을 다하여 주 너의 하나님을 사랑하라"(막 12:30, Love the Lord your God with all your heart and with all your soul and with all your mind and with all your strength)는 구절대로 예수님을 따르는 데 있어 마음(heart)과 목숨(soul), 지성(mind), 능력(strength)을 다하는 삶을 살도록 가르치는 것이 제자훈련이어야 한다.

나는 이를 위해서는 우선적으로 '탈학습'의 과정을 거치라고 권하고 싶다. 무엇보다 중요한 탈학습의 대상은 '성장주의'다. 성장주의의 관성이 제자훈련 담론에 매우 깊게 천착되어 있다. 왕년의 제자훈련 주도 그룹들의 행보가 혼란스러운 가장 큰 이유는 성장주의에 대해 명확히 맺고 끊음을 하지 못한 때문이라고 생각한다. 제자도는 교회성장론이 아니고 교회 성장의 도구도 아니다. "자기 십자가를 지고 나를 따르라"는 요구가 어떻게 대중적 환영을 부르는 초청이란 말인가. 아무리 십자가가 액세서리가 된 시대라고 해도 말이다. 제자훈련을 설명하는 지금의 많은 논리들은 심각하게 그 가르침의 성경적 근거를 재검토할 필요가 있다. 교회론과 구원론에 대한 만족스런 대답을 얻을 때까지 현재의 제자훈련은 유보적 평가를 받을 수밖에 없다. 나는 성장주의에 대한 집착을 버리지 않는 한 교회론과 구원론의 재발견은 어렵다고 본다. 제자훈련의 회복이 가능한가? 가능하다. 다만 정직한 탈학습의 과정을 거쳐야만 한다.

탈학습해야 할 또 하나의 중요한 부분은 특정한 커리큘럼에 심하게 의존하는 '단계론적 사고'다. 훈련을 강조하다 보면, 그 과정에 들어와 있는 사람들의 시야가 매우 협소해진다. 주변 사람들을 자신보다 위 단계인지 아래 단계인지 판단해 따를 것인지 이끌 것인지 역할을 정한다. 훈련 과정은 큰 문제가 없으면 일정 시간이 지나면 이수하게 되고, 더 상급 단계로 가거나 최종적으로는 자신이 제자를 훈련시켜야 하는 존재가 된다. 그러나 그가 알고 있는 것은 하위 단계에서 제공해 준 내용뿐이다. 대학 시절 '구원의 확신'부터 시작해서 과정을 마쳤는데, 청년부에 가니 다시 '구원의 확신'부터 시작하는 과정이 기다린다. 신혼부부 모임에 가면 역시 다시 '구원의 확신'이다. 구역 모임도 '구원의 확신'부터 시작한다. 이 체제를 열심히 돌릴수록 다른 영역에 관심을 쏟거나 배울 기회는 제한된다. 그 훈련 과정은 시간이 지나면서 심화되기보다는 반복되는 것이 특징이다. 역설적으로 이런 제자훈련 체계에 익숙한 이들이 회사 조직에서는 매우 순응적 존재로 호평받기도 한다. 조직의 흐름을 거스르는 창의적 발상보다는 위계질서에 순응하는 인간형을 공장식 생산 시스템을 따라 대량 생산하는 것, 제자훈련의 성공 이후에 찾아온 한국 사회와 한국 교회의 무기력은 거기에서 기인한 것은 아닐까?

제자훈련의 미래를 위해 제안하고 싶은 것은 바로 '개인 신앙의 중요성'(importance of the individual faith)을 재인식하라는 것이다. '개인'의 발견은 근대의 대표적 특징으로 간주된다. 전근대의 집단주의적 사고에서는 '우리는 무얼 믿는가?'가 중요했고, 이는 달리 표현하면 '나는 누구 편인가?'를 묻는 것이었고, 그 진영은 혈연·인종·언어·지역·문화 등의 여러 요소로 자신의 바깥에서 결정되는 것이었다. 근대에 와서는, '나'와 '우리'가 늘 일치하는 것은 아니며, 그 불일치는 불경하거나 제거되어야 할 것이라기보다 '자기다움'을 추구하는 장려되어야 할 가치로 보았다. 근대인의 미덕은 집단주의와 긴장하고 갈등하며 자아를 찾아가는 개인이었다. 물론 이 이야기를 포스트모던 버전으로 다시 하면 조금 다르게 들린다. 근대의 핵심적 가치는 이성의 우월성을 토대로 한 거대 담론으로 모든 작은 이야기를 수렴시키려는 강력한 경향이며, 정통적이고 공식적인 하나의 신조를 똑같이 수용하는 대중을 만들어 내는 대량 생산식 교육이야말로 근대주의의 핵심 모순이라고 비판할 수도 있다. 더 이상은 그런 교육으로 지탱할 수 없는 세상으로 우리는 진입했고, 이미 그런 상황 속에서 살고 있다. 과거 지능지수(IQ)만으로 측정되던 인간의 능력치는 이제 '다중지능'이라 불리는 서로 다른 영역에서 발현되는 다양한 가능성을 함께 측정해야 하는 것으로 여겨진다. 똑같이 개인을 중요하게 호출하지만, 근대가 이념적으로 '개인'을 옹호했다면 탈근대는 실존적으로 '개인'을 옹호한다.

대부분의 제자훈련 교재들은 전형적으로 근대적이다. 대량 생산 체제를 염두에 둔 표준적 내용과 구성이다. 훈련 프로그램의 운영에서도 암기와 반복 학습, 임상 실습인 경우가 대부분이고, 성경구절의 해석에서도 다양한 해석의 여지는 거의 인정되지 않고 정해진 정답의 반복을 통한 강화 학습을 기대하곤 했다. 선형적인 발전을 전제한 단계별 코스는 개인의 실제 신앙 발전과는 상관없는 이수 과정으로 운영되기 십상이고, 신앙을 심화시키는 것이 아니라 늘 기초에 머물게 하는 피상적 반복 학습 체계인 경우가 많다. 이렇게 제자훈련 체제는 삼중적 도전에 직면했다. 제자훈련에서 길러 낼 사람들의 요구는 탈근대적인데 운영 체제는 근대적이고 이를 운영하는 집단은 전근대적이라면, 제자훈련이 잘 굴러가기는 어려울 것이다.

'신앙의 비선형 발전'(non-linear progress of faith)을 인정하라. 제자의 삶은 단계별 과정을 모두 이수한다고 끝나지 않는다. 우리의 삶이 영적 순례라면, 그에 걸맞은 훈련이 필요하다. 그리고 그 훈련은 획일적일 수 없다. 우리 신앙에 필요한 모든 내용을 다 담고 있는 커리큘럼은 존재한 적도 없고 앞으로도 불가능할 것이다. 우리가 10단계를 하든 54주 코스를 하든, 그것이 기독교 신앙의 전부나 전모가 될 수는 없다. 그러나 이미 우리 머릿속에 제자훈련의 이름으로 들어와 있는 프레임은 모든 신앙 담론을 그 체제 안으로 포섭하려는 경향성을 갖는다. 체제 바깥을 상상할 수 없고, 상상해서는 안 된다는 강화훈련을 오랫동안 받은 셈이다. 그런데 오늘 우리 한국 교회의 문제는 그 체제 바깥을 넘나들 수 없으면 풀 수 없다. 제자도는 여전히 우리가 삶을 걸어야 할 중요한 주제이지만, '각 사람이 제자가 되는 경로'는 같을 수 없다. 나는 제자훈련에 탈학습의 경험이 우선되어야 한다고 생각한다.

IV.
제자훈련의 대안과 미래
전인의 성숙과 진정한 공동체의 완성을 위한 불순응과 반문화

황병구 (한빛누리자단 상임이사)

이른바 제자훈련이 선교사 훈련이나 목회자 훈련 또는 간사 훈련과 구분되는 지점이 있다면, 그것은 일반 성도를 대상으로 한 신앙 훈련이라는 점일 것이다. 특별한 은사나 사역 영역에 대한 특정 없이 신앙생활 전반을 다룬다는 점에서, 훈련을 통해 그리스도인의 삶의 전반적인 성장을 목적으로 하고 있다는 것도 동의되고 있는 바다. 리처드 포스터(Richard Foster)의 『영적 훈련과 성장』(Celebration of Discipline, 생명의말씀사)이나 고든 맥도날드(Gordon MacDonald)의 『내면 세계의 질서와 영적 성장』(Ordering Your Private World, IVP)에서 적시하는 바와 같이, 이러한 훈련은 개인과 교회에 균형 잡힌 성장을 가져올 수 있다는 기대와 소망에서 접근되어 왔다. 이를테면 훈련의 경유지 또는 종착지에는 개인 차원으로 '전인'(whole person)으로서의 성숙과, 교회 차원으로 '진정한 공동체'(authentic community)로서의 완성에 대한 전망을 준다고 할 수 있겠다.

그러나 이제까지 한국 개신교회가 행해 왔던 제자훈련들이 이른바 전인의 성숙과 진정한 공동체로서의 완성을 드러내었는가에 대해서는 뭐라 답할 수 있는 지표가 궁색하고, 훈련을 위해 마련되어 있는 각종 커리큘럼의 구성 내용, 즉 콘텐츠가 이런 목적에 충실하게 기획되었는지를 먼저 질문하게 된다. 균형 잡힌 영적 성장을 위해 인용되는 대표적인 성경 구절은 누가복음 2:52의 "예수는 지혜와 키가 자라가며 하나님과 사람에게 더욱 사랑스러워 가시더라"는 말씀일 텐데, 지혜와 하나님이라는 영역에 비해 키와 사람이라는 영역에 대해 내용적인 결핍이 있음을 여러 훈련 교재들에서 공통적으로 관찰하게 된다.

또한 그 내용뿐 아니라 훈련이 행해지는 맥락과 방식에서도 짚어 봐야 할 점이 있다면, 이는 점차 단기 과정으로 축소되는 경향을 보이고 있다는 점이다. 1980년대 중반에는 단계별 훈련을 행하는 학생선교단체에서의 전체 훈련 기간이 거의 2년에 가까웠다. 합숙하

며 진행하는 한 단체의 집중 과정은 6개월, 길게는 1년을 단위기간으로 하고 있었다. 현재 제자훈련이라고 일컫는 과정의 한 사이클은 대부분 12주 정도로서 3개월을 넘지 않는다. 심지어 8주 과정도 있다. 최근 정보로는 6개월의 합숙 훈련 과정도 1년에 네 번을 시행하기 위해 3개월 과정으로 축소·개편되었다. 이는 제자훈련의 모토 중 하나인 영적인 재생산에 있어 그 주기를 인위적으로 축소조정한 현상으로 보이는데, 과연 사실이라면 이는 교회 내 중간 리더 그룹을 양산하는 구조로서 훈련의 난이도를 낮춘 조정이라는 비판을 피하기 힘들 것으로 보인다.

이런 논의의 연장선상에서 선교단체 대표 출신으로 1980년대 초반에 제자훈련을 경험하고 교회를 개척한 한 중견 목회자의 "제자훈련은 신대원 목회자 과정의 교과목이 되면서 본래 의미를 잃었다"는 고백적 증언은 뼈아프다. 즉 제자훈련이 '스승과 제자 간의 인격적 감화를 통한 삶의 변화'에서 '선생과 학생 간의 클래스를 통한 신앙 경력의 획득'으로 변질될 수 있다는 경고인 셈이다. 다시 말해 목회자들이 장기간 피훈련자로서 제자훈련을 경험하지 않고 단기간의 수업이나 세미나 등을 통해 스스로 훈련자의 위치에 서게 될 위험과 유혹에 노출되었다는 것이다. 교회 성장 프로그램의 일환으로 전락되었다는 비판의 근원은 상당 부분 이런 목회 현장의 수요를 교육 서비스 시스템으로 소화했기 때문이라고 판단된다.

제자훈련의 대안과 미래에 대해 이야기하기 위해 먼저 내용적 결핍에 대한 우려와 함께 훈련 방식의 변질 가능성을 짚어 보았고, 이제 그 결핍을 보완할 영역과 변질을 예방하기 위한 방안 몇 가지를 제시하려고 한다.

1. 예배의 훈련

가장 먼저 살펴보아야 할 것은 대부분의 제자훈련 과정에는 누락되었으나 개신교 성도들이 가장 자주 접하는 '예배'에 대한 것이다. 사실 교과목으로서의 예배학 역시 유수한 목회학 석사 과정에서 필수과목이 아닌 선택과목으로 취급되고 있기에, 목회자들도 별도로 관심 세미나에 참석하거나 소위 잘나간다는 교회에 개별로 탐방하며 배우려는 영역이기도

하다. 어쩌면 훈련의 주체 그룹이 형성되지 않았기에 훈련의 내용으로 다루기가 어려웠던 영역일 수 있다. 예배의 의미와 각종 예전 의식의 역사, 개인의 예배에서 공동체의 예배까지 갖추어져야 할 내용과 태도의 요소, 예배에 참여하기 위해 몸으로 익혀야 할 것들에 대해 사실 누구도 체계적으로 가르쳐 준 적도 본을 보여 준 적도 없다. 다만 성도들은 경험되어 온 그 어떤 문화적 의식에 따라 어쩌면 아무 의미 없는 반복 행위를 흉내 내고 있다고 봐도 과언이 아니다.

다행히 서적으로는 『영적 훈련과 성장』의 한 개 장이 '예배의 훈련'으로 구성된 것을 발견할 수 있고, 훈련 교재로는 김형국 목사의 『풍성한 삶의 기초』(포이에마)에서 하나님과의 관계를 다룬 '하나님 사랑하기'라는 장에서 일정한 분량이나마 할애하고 있음을 보게 된다. 이렇듯 예배의 훈련을 기존의 제자훈련 내용에서 깊고 상세하게 다루기는커녕 훈련의 영역으로도 따로 생각하지 못하고 있는 사실은 한국 개신교회 내에 예배를 위한 별도의 사역 단체와 훈련 과정이 존재한다는 점이 반증해 준다.

이런 단체의 사역과 제공하는 훈련이 제자훈련의 내용으로 적실한가에 대한 논의는 별개로 치더라도, 더 이상 신앙생활에서 핵심적인 내용인 예배에 대해 어깨너머로 알아서 익히게 해야 하는 불편한 진실은 해소시켜야 마땅하다. 말씀과 기도, 찬양과 성찬, 교제와 세례, 헌신과 파송 등 모든 성례가 집약되는 예배에 대한 개인과 공동체의 훈련이 동반되어야 마땅하다. 개인 차원이든, 소그룹과 가정교회이든, 대그룹으로서의 회중의 공적 예배이든 소외됨 없는 동참의 예배가 되기 위해서도 마땅한 일이다.

2. 기질과 성격

한국 개신교회의 한쪽 편에서 제자훈련이라는 과정과 더불어 성도들을 대상으로 호황(?)을 누리는 영역이 하나 더 있다면, '심리 상담과 치유'라는 분야다. 비판과 지지가 교차하는 MBTI 또는 에니어그램으로 대표되는 기질과 성격유형 검사와 더불어서 프로이트와 융, 아들러에 이르기까지 심리학의 대표적 이론가들의 통찰을 빌려 온 '내적 치유'라 불리는 일련의 사역이 여기에 해당한다. 이런 특별한 사역이 성도들에게 어느 정도 광범위하게 필요하고 어떤 면에서 더욱 유익한가에 대한 논의 역시 별개이지만, 제자훈련 과정과 관련지어 성찰해야 할 지점이 있다면 먼저는 훈련자와 피훈련자의 역동이다. 즉 제자훈련에서 훈련자와 피훈련자 사이의 관계가 가장 중요한 요소이기에 교회 공동체 안에서 제자훈련을 기획하고 운영하는 이들이 민감하게 살피고 목양적인 역량을 발휘해야 할 지점이다.

아울러 현재의 제자훈련 교재 대부분은 개개인의 기질과 성격, 상상력과 창의성을 고려한 수용자 중심적이라기보다 나름 오랜 기간을 걸쳐 검증된 내용을 조합한 공급자 중심적으로 설계되어 있기에, 이른바 기질과 성격상 '자유로운 영혼'들보다는 '범생이'에 가까운 성도들에게 적합한 내용이라 할 수 있다. 훈련의 과정 역시 정기적인 만남, 과제물, 성경 암송, 실천 횟수 등으로 측정되는 반복적 학습에 가까워서 제자훈련의 성과 중 가장 큰 것이 훈련 기간을 버틴 '인내'였다는 웃지 못할 답변도 존재한다.

한국 개신교회의 다음 세대가 현격하게 줄어들고 있는 것도 사실이지만, 이들의 기질과 성격은 앞선 세대와는 현격하게 다르다고 예측해야 한다. 한쪽으로는 입시 위주의 살벌한 경쟁 체제 속에서 살아남는 치열성을, 한쪽으로는 개인의 가치와 취향을 존중하는 자유분방함을 경험한 세대다. 이제까지의 제자훈련이 가진 획일성은 이런 다양성이 존중받는(또는 다양성을 갈망하는) 환경에서 성장한 이들에게 비호감이거나 비효용일 가능성이 농후하고, 생존의 위기와 물질적 유혹이 상존하는 세상 한가운데에서 살아온 이들에게 백문일답식의 안일한 처방 역시 환영받지 못할 것이다. 이는 한국 개신교회의 강단에서 들려오는 메시지가 가진 한계와 그 궤를 함께한다고 봐도 과언이 아니다. 더욱이 일대다 환경에서 들려오는 메시지뿐 아니라 일대일 환경에서 피훈련자의 인격과 소통하는 훈련의 내용마저 차이가 없다면, 신앙적인 성장과 변화를 견인하는 훈련으로서 그 효용은 거의 없다고 봐야 한다.

3. 노동과 안식

제자훈련이 가진 결핍 요소들은 자연스레 특화된 별도의 훈련이나 교육 과정이 되곤 한다는 것을 앞서 예배와 성격 유형에 대한 논의에서 관찰했다. 유사하게 관찰되는 지점은 '직장 사역' 또는 '일터 사역'이라는 영역이다. '학문과 신앙'이라는 더 특화된 영역도 존재한다. 대부분의 남성 성도들과 상당수의 여성 성도들이 일과의 대부분을 일터(또는 학교)에서 보내고 그곳에서 인간관계를 맺게 되는데, 그 시간의 의미와 관계의 가치에 대해 제자훈련에서는 피상적으로 다루고 있다.

물론 바울서신의 권면 중 일부가 이 시간과 관계에 대해 몇 가지 교훈을 주고 있지만, 결국 피훈련자의 대부분은 성경의 교훈보다는 훈련자의 삶이 본보기로서 더욱 영향력 있음을 고백하는 것도 사실이다. 또한 대부분의 성도들은 한국 상황에서 사용자이기보다 노동자이고, 시간을 자유자재로 쓸 수 있는 이들이기보다는 휴가가 자유롭지 못한 생계전선에 있는 이들이 더 많다고 봐야 한다. 직장 내 갈등, 이직과 진로 선택, 연봉 협상과 자기계발 등 현대 사회 직장인들의 다양한 고민을 소화하고 성경적인 건강한 기준을 함께 마련해 갈 수 있는 새로운 훈련의 방향이 잡혀야 할 것이다. 큐티와 기도 등의 경건의 훈련을 끊임없이 몸에 익혀 내면의 평안을 찾으면 신비한 하나님의 인도를 받을 수 있다는 식의 천편일률적인 해법은 마치 불교와 도교의 마음수련식 접근과 크게 다르지 않기 때문이다.

일의 신학과 더불어 안식의 신학에 기반을 둔 훈련도 필요하다. 쉼을 게으름에 준하는 악덕으로 인식하는 시대가 지나가고, 유희와 여행, 안식과 무위가 주는 창조와 회복을 중시하는 인문학적 각성이 일반화되었다. 물론 한국 교회 안에서도 이미 앞선 신학적 논의가 있어 왔지만, 유독 제자훈련 과정은 제자의 복제 또는 재생산을 위한 신앙적 성실과 근면, 헌신과 순종이라는 덕목이 주된 정서로 자리 잡고 있다. 신앙인으로 어떻게 잘 쉬고 그 삶을 풍성하게 누릴 수 있는지, 이 땅에서의 나그네로서의 삶이 전력질주나 마라톤이 아닌 소풍이나 여행으로서 인식될 수 있는지에 대한 관점이 유실된 상황이다. 즉 일과 쉼에 대한 균형 잡힌 가르침과 실천이 새로운 훈련의 영역으로 잘 자리 잡을 수 있다면 '전략' '폭발' '동원' 같은 숨 막히는 단어들 대신 '누림' '나눔' '공존' 등의 용어가 교회 공동체를 더욱 값진 가치 위에 세우게 될 것이다.

4. 예술과 육체

하나님의 성품과 예수님의 삶을 따라가는 제자로 살기 위해 훈련받을 때 빼놓을 수 없는 것은 하나님의 창조적 성품과 몸을 입고 오신 예수님의 본을 따르는 것이다. 피조물로서 창조적 성품의 본을 따르는 데에는 당연히 일정한 한계가 있겠지만, 창조계의 아름다움을 표현하는 양식으로서 각종 대중적·전문적 예술행위와 그 표현을 접하며 느끼는 정서적 감흥은 인간 모두의 보편적인 경험이라고 할 수 있다. 또한 인간의 육체는 개별적 죽음이나 심판날에 멸절될 무가치한 대상이 아니라 부활로 완성되어야 할 대상이고, 예배의 도구이자 예술적 미를 표현하고 노동을 수행하고 안식을 누리는 신성한 전인(whole person)의 일부다.

디모데전서 4:8은 "육체의 연단은 약간의 유익이 있으나 경건은 범사에 유익하니 금생과 내생에 약속이 있느니라"고 언급하고 있다. 그러나 육체의 연단에 약간의 유익이 있다는 언급이 육체의 열등성만을 이야기하고 있다면, 우리의 전인으로서의 존재 양식에 반하는 표현이다. 도리어 경건의 가치를 강조하기 위해, 그 경건이란 고난의 시대에 육체가 겪는 시험을 견뎌 내는 것 이상을 지향해야 한다고 가르치는 본문이라고 봐야 한다. 따라서 '경건'의 종합적인 영역에 이미 우리의 몸이 포함되었다고 보아야 더욱 온전한 묵상이 될 것이다.

건강한 몸을 청지기적으로 관리해야 함이 제자로서 마땅한 일이고, 자기 몸을 해치도록 남용하거나 중독이나 태만, 그릇된 식습관이나 비만에 내버려 두지 않는 것도 꾸준히 훈련해야 할 분야다. 몸을 이루는 각종 기관을 잘 관리하는 것을 넘어 신체의 아름다움을 표현하는 수준에 이르기까지 성실히 가꾸는 것은, 외모를 중시하는 세속적 기준을 따르는 것과 엄연히 구별되어야 한다.

마음과 생각으로 떠오르는 것을 외형으로 존재하도록 표현해 내는 것이야말로 우리 몸의 역할이다. 음악적인 연주에서부터 춤과 자세, 말과 글, 무언가를 만드는 것과 꾸미는 것, 요리, 놀이, 원예, 회화와 조각, 그리고 상업적인 제품과 서비스에 이르기까지, 예술적 의미가 있는 것에서부터 실용적 가치가 있는 것까지 우리의 몸이 빠짐없이 관여한다. 하나님의 은혜에 눈물 흘리고 불의에 대적하는 외침 역시 우리의 몸을 통해 표현된다. 제자훈련이 전인적 훈련 과정으로 재구성될 수 있다면, 마음과 정서를 훈련하는 것처럼 우리의 몸을 가꾸고 다루는 일에 대한 진지한 접근까지도 포함할 수 있어야 할 것이다.

5. 관계와 용서

하나님 사랑과 이웃 사랑을 신앙 실천의 두 기둥으로 삼고 있는 그리스도인들에게 겉으로 드러나는 가장 모순되고 취약한 부분은, 공동체 내에 모종의 갈등이 생겼을 때 용서하지 못하고 막장까지 가는 관계가 허다하다는 점이다. 각양 교회의 분쟁에서, 또 숱한 목회자와 성도들 간의 반목에서 관찰되는 바다. 표면적으로는 봉합되기도 하지만 언젠가 재발하는 양상을 보이는 이유를 훈련의 면에서 관찰한다면, 용서를 구하는 훈련과 사죄를 행하는 훈련에 있어 취약하고도 허술하다는 점을 반증하는 것이다.

또한 동일한 갈등의 원인 앞에서도 어떤 경우에는 시간이 흐름에 따라 그 갈등이 심화되기도 하고 어떤 경우에는 해소되기도 한다. 이는 그 갈등을 다루는 당사자들의 소통 방식의 수준과 품질에 의한 것으로 추정할 수 있는데, 많은 경우 갈등을 잘 해결하고자 하는 애초의 의지와 상관없이 정제되지 않은 대화와 언사가 원인이 되어 예상 못한 파국을 가져오기도 한다. 즉 관계 맺기와 소통하기에 있어서 기초적인 훈련 없이 다만 말씀의 기준에 따라 시비를 가리는 비판능력만 배양했을 때, 가급적 모든 이들과 평화를 이루라는 권면에 반하는 결과를 볼 수 있다. 말씀과 기도에 전념하는 이들일수록 자기 의에 충만해서 공동체 내에서 연약한 자들에게 상처를 줄 수 있다는 사실을 기억한다면, 경청의 훈련, 공감의 훈련, 용납의 훈련, 용서와 사죄의 훈련 등 관계 속에서 소통하는 영역을 더욱 강화해야 할 것이다.

이미 결혼예비학교, 가정사역, 아버지학교 등에서 가정 내 관계에 대한 특별한 훈련이 개발되어 보급되고 있는 것으로 보이지만, 가족을 넘어선 관계 속에서 거듭난 일상의 언어로 소통하며 평화를 지키고 이루는 역할이야말로 평화의 사신으로 제자들을 부르시고 보내신 뜻을 십분 성취하는 일이 될 것이다.

6. 제자 됨의 표지와 하나님나라

존 스토트(John Stott)는 그의 마지막 저술 격인 『제자도』(The Radical Disciple, IVP)에서 제자도의 중요한 요소 중 하나로 불순응(non-conformity)을 꼽았다. 로마서 12장에 나오는 "이 세대를 본받지 말고"라는 권면에 해당하는 요소다. 아울러 산상수훈에 드러난 하나님나라 백성의 성품과 삶 역시 이 불순응의 외적 표현인 반문화(counter-culture)라고 요약할 수 있다. 그리스도인, 특별히 제자의 표지는 무엇일까 생각한다면 이는 경건의 모양에 그칠 수 없음을 깨닫게 된다. 즉 큐티와 기도, 예배와 봉사와 선교 등의 경건의 실천만으로는 결코 드러낼 수 없는 사회와 역사 속에서의 표지를 자연스럽게 고민하게 된다.

초대교회는 가이사가 왕이 아니라 메시아 예수가 왕이라는 고백으로 인해 표현 못할 핍박과 고난을 받았고, 일제 강점기 한국 교회 안에도 신사참배를 거부하다 순교한 선진들이 허다했다. 신앙의 자유와 믿음의 본의를 찾아 떠난 저항적인 프로테스탄트들이 있었고, 신앙의 윤리적 정절을 강조한 퓨리턴들이 있었다. 성령의 강권함으로 부흥을 경험한 이들은 방탕한 삶을 청산했고, 노예무역을 멈추게 하기 위해 혼신을 다해 정치적 역량을 쏟아부은 이들도 있었다. 과연 21세기 한국 사회에서 그리스도인 제자의 삶이 가진 구별되는 표지는 무엇일까?

적어도 20세기 한국 사회에서 개신교회가 불순응과 반문화로 충격과 감동을 줄 수 있었던 영역은 많지 않았고, 도리어 세속적 가치를 충실하게 성취한 이들이 박수를 받았다. 이른바 성공한 그리스도인 학자와 기업인, 정치가, 그리고 목회자가 칭찬의 대상이 되었다. 그 칭찬이란 존경보다는 부러움이라고 해야 정확하겠다. 지난 세기에도 마찬가지였지만 21세기 한국 사회에서 여전히 순응하지 않으면 낙오되고 도태될 것 같은 두려움의 영역이 있다면, 그것은 '대학 입시'와 '내 집 마련'의 영역이다. 교육과 부동산 문제는 그리스도인들에게도 난공불락(難攻不落)의 영역이며 군말 없이 순응해야 할 주제로 여겨진다. 만일 제자훈련을 통해 대학 입시에 함몰된 교육 영역에 불순응의 실천이 이루어지고, 재개발과 아파트 평수 늘리기로 점철된 거주 문화에 반문화의 길이 열린다면, 이는 후대의 역사에서 교회의 소리 없는 혁명으로 기억될 수 있을 것이다.

사실 앞서의 모든 논의들은 "죄 많은 이 세상은 내 집 아니네" 식의 피안적 사상에서는 도무지 이해될 수 없는 주장일 수 있다. 어쩌면 새 하늘 새 땅에서는 사라지게 될 기질, 노동, 예술, 육체, 교육, 부동산 등이 경건의 훈련과 무슨 상관이 있는지 따져 봐야 할지 모른다. 그러나 제자들을 재생산해 세계 복음화에 매진하면서 예수님의 재림을 앞당기는 일에 전념하는 것만이 제자의 사명이라고 생각했다면, 굳이 역사 속 믿음의 선배들이 자기가 처한 자리에서 그리스도인'답게' 살기 위해 했던 숱한 고난의 몸부림들은 무엇을 뜻하는 것인지 자문해 봐야 할 것이다. 결국 온전하게 도래할 하나님나라를 지금 여기에서 최선을 다해 드러내며, 이미 그 나라에서 살고 있듯이 의연하게 살아가는 것이 제자의 삶이고, 그런 인격을 길러 내는 것이 제자훈련이라는 근본적인 의식 전환이 필요하다.

7. 최소율의 법칙을 극복하는 함께 살기

마지막으로 제자훈련의 새로운 내용이자 방식에 대해 고민해 보고자 한다. 이는 시편 133편의 "보라 형제가 연합하여 동거함이 어찌 그리 선하고 아름다운고"라는 고백을 기초로 한다.

일단 제자훈련에 대한 앞서의 여러 보완 지점과 제언이 모두 구현되려면 3개월 속성 과정 정도로는 시쳇말로 도저히 견적이 나오지 않는다. 모든 것을 다 넣으려고 하면 도리어 현재 방식의 제자훈련으로는 다 다룰 수 없으니 진짜 단순한 경건 훈련의 뼈대만 남기고 나머지는 관심별 심화 영역으로 소화하자는 모종의 역풍이 불 수도 있겠다. 다만 이제는 훈련의 속도나 효율을 따지지 말고 충분히 긴 시간을 투여해 내용상 삶의 전반에 걸친 훈련으로 나아가자는 뜻으로 새기는 것이 바람직할 것이다. 결국은 적어도 6개월, 여유를 가지고 2년 정도의 훈련의 기간이 필요하다. 내용적 완성도를 갖추어서 제자훈련이 한국 교회에 소개되었던 초기의 호흡으로 돌아가는 셈이다.

나아가 전인의 성숙과 진정한 공동체의 완성을 위해 요청되는 더욱 적절한 훈련의 환경이 있다면, 그것은 긴 시간 함께 살며 서로에게 훈련받는 주거 공동체를 세우는 것이라고 감히 제안하고 싶다. 이는 지금까지 한시적이긴 하나 합숙으로 일정 기간을 함께 보내며 훈련받았던 이들이 그나마 가장 훈련다운 훈련을 받았다고 평가받는 것과도 무관하지 않다. 훈련의 환경으로서 주거 공동체는 일단 훈련의 진정성을 감별할 수 있고, 훈련자와 피훈련자 간 일상의 공유에서 오는 명실공히 '도제'식 본 보이기, 본받기 훈련이 되기 때문이다. 다만 주거 공동체를 이루어 가는 다소 급진적인 과정 자체가 직면하는 여러 문제가 있으므로, 이 역시 미래 제자훈련에서 별도의 도전 과제로 삼아야 할 것이다. 그나마 현 수준에서 누구나 실천할 수 있는 다소 덜 급진적인 방안은, 근거리에 모여 사는 가운데 일상을 수시로 공유하는 공동체 환경 속에서 서로에게 훈련받는 것이라고 할 수 있겠다.

자연법칙으로 보면, 한 사람의 그리스도인이 여러 영역에 걸쳐 훈련받았을 때 그가 끼치는 선한 영향력은 가장 부족한 영역의 지배를 받는다. 성숙한 영역이 아홉이고 미숙한 영역이 하나 있다면, 억울하겠지만 그 사람의 성숙도는 그 미숙한 지점으로 평가받는다. 이것을 생물학의 영양소와 무기질 사이의 관계를 설명한 최소율의 법칙과 연관 지을 수도 있겠다.

희망이 있다면, 함께 사는 공동체는 이런 최소율의 법칙을 극복할 수 있는 가능성이 있다는 점이다. 즉 일상 공동체 속에서는 어떤 이의 미숙함이 다른 이의 성숙함이 발휘되어 보완하는 기회로 사용될 수 있고, 그 어떤 이의 성숙한 영역은 또 다른 이의 미숙한 영역을 보완하며 상호 훈련의 기회가 될 가능성이 높다. 나아가 한 공동체의 완성도는 그 구성원들이 모두 미숙한 지점이 존재하지 않는 한, 해당 영역에 성숙도가 높은 이들의 기여로 해결되어 나갈 수 있다는 희망이다.

즉 일정한 한계가 존재할 수밖에 없는 커리큘럼으로서의 제자훈련을 통해 한 사람이 전인으로 훈련받아 완성되기는 쉽지 않지만, 불완전한 개인들이지만 그 일상의 삶과 경건의 훈련을 지속적으로 공유하는 공동체가 건강하게 세워지고 완성되는 것은 기대할 만한 일이라는 점이다. 그리고 이러한 급진성을 지닌 진정한 공동체의 발생이야말로 개별 인격으로는 엄두를 내기 힘든 불순응과 반문화에 함께 도전하는 것을 가능하게 하는 유일한 해법이라 하겠다.

자료

설문조사 문항

06

제자훈련에 대한 설문조사(일반 크리스천)

안녕하십니까?

저희 글로벌리서치에서는 한국교회탐구센터와 공동으로 교회 및 선교단체의 제자훈련에 대하여 연구하기 위해 설문조사를 실시하고 있습니다. 이 설문조사는 연구 이외의 다른 목적으로는 사용되지 않을 것이니 솔직하게 답변해 주시기 바랍니다. 또한 **통계법 제33조 (비밀의 보호)**에 의거하여 응답해 주신 세부 조사 결과는 통계 목적 이외에는 절대 다른 용도로 사용하지 않을 것을 약속드립니다.

협조해 주셔서 감사드립니다.

2015년 11월

주   관: 한국교회탐구센터
조사기관: (주)글로벌리서치, 서울시 서초구 서초동 1582-16 2, 3층
       연구팀: 김종현 연구원(☎ 02-3438-1724) | 실사팀: 유영선 차장(☎ 02-3438-1705)

「통계 응답자의 의무 및 보호에 관한 법률」

통계법 제33조(비밀의 보호)
① 통계의 작성 과정에서 알려진 사항으로서 개인이나 법인 또는 단체 등의 비밀에 속하는 사항은 보호되어야 한다.
② 통계의 작성을 위하여 수집된 개인이나 법인 또는 단체 등의 비밀에 속하는 자료는 통계 작성 외의 목적으로 사용되어서는 아니된다.

■ 응답자 기재 사항: 응답자께서는 아래의 사항을 빠짐없이 기록해 주십시오.

응답자 기본 정보					
응답자 정보	성명		연락처		
	SQ1. 거주지	① 서울 ② 인천 ③ 경기도	SQ2. 성별	① 남성 ② 여성	
	SQ3. 연령	① 30대 이하 ③ 40대 ⑤ 50대 ⑥ 60대 이상 (※ 만 19세 이하는 면접 중단)			
	면접일시	2015년 ___월 ___일 / ___시 ___분- ___시 ___분 (___분간 면접)			

■ 면접원 기재 사항: 면접원은 아래의 사항을 빠짐없이 기록해 주십시오.

면접원 기본 정보				
면접원 정보	성명		연락처	
검증	검증일시	2015년 ___월 ___일 / ___시 ___분- ___시 ___분 (___분간 검증)		

기본 현황

SQ1) 귀하의 종교는 무엇입니까?
　　① 개신교(기독교)　　　　　　　　　　② 기타 → **면접 중단**

> '제자훈련'이란 1-15명 이내의 기독교인(개신교인)들이 모여서 특정한 기간 동안(적어도 6개월 이상) 특정한 교재를 가지고 정해진 단계를 밟아 훈련하는 것을 말하며 대중집회식의 성경공부는 해당되지 않습니다.

SQ2) 귀하는 교회나 외부 단체에서 최소 6개월 이상 제자훈련을 받은 경험이 있습니까?
　　① 예　　　　　　　　　　　　　　② 아니오

문1) 귀하는 평소 생활하시면서 다음의 내용들에 대해 얼마나 관심이 있으십니까?

평가 요소	매우 관심 있다	약간 관심 있는 편	별로 관심 없는 편	전혀 관심 없다
① 이웃 관계	1	2	3	4
② 정치 문제	1	2	3	4
③ 환경 문제	1	2	3	4
④ 개인 경건생활	1	2	3	4
⑤ 다른 사람을 도와주는 것	1	2	3	4
⑥ 성경공부	1	2	3	4
⑦ 사회봉사	1	2	3	4
⑧ 전도	1	2	3	4

자료: 설문조사 문항

문2)   다음 내용들에 대해 어떻게 생각하는지 표시하여 주십시오.

평가 요소	매우 그렇다	약간 그런 편	별로 그렇지 않은 편	전혀 그렇지 않다
① 성경의 원리에 따라 돈을 사용한다	1	2	3	4
② 기독교인으로서 구별된 삶을 살고 있다	1	2	3	4
③ 운전을 할 때나 대중교통을 이용할 때 양보하는 편이다	1	2	3	4
④ 정치 참여도 기독교인의 의무 중에 하나이다	1	2	3	4
⑤ 개인은 교회에 얽매이기보다 자신이 옳다고 생각되는 것을 믿고 실천하면 된다	1	2	3	4
⑥ 나는 교회 안에서 진정한 삶의 의미를 찾았다	1	2	3	4
⑦ 헌금은 교회 밖으로도 할 수 있다	1	2	3	4
⑧ 목회자와 평신도는 동등하다고 생각한다	1	2	3	4

문3)   다음 중 귀하가 참여하는 모임에 모두 표시하여 주십시오.
① 지역 모임   ② 기독교 단체
③ 자원봉사단체   ④ 시민단체
⑤ 교회 밖의 신앙 모임   ⑥ 기타(   )
⑦ 없다

제자훈련 경험

※ 다음의 질문들은 제자훈련 경험이 있는 분만 응답해 주십시오. 제자훈련 경험이 없으신 분들은 문20)으로 가십시오.

문4)   귀하는 지금까지 제자훈련을 총 몇 번 참여하셨습니까?
제자훈련 총 _____ 번
예컨대 초급, 중급, 고급 등일 경우 단계별로 횟수를 계산하시면 됩니다.

문5)   귀하는 어느 곳에서 제자훈련을 받았습니까? 다음 중 해당하는 부분에 모두 ○표 해 주십시오.
① 교회   ② 학생선교단체
③ 기독교 단체   ④ 기타(   )

문6)   그럼, 그 중에서 귀하의 삶에 가장 크게 영향을 받은 제자훈련은 어디에서 받은 것입니까?(하나만 선택)
① 교회   ② 학생선교단체
③ 기독교 단체   ④ 기타(   )

가장 크게 영향을 받은 제자훈련 경험

※ 이제부터 귀하가 가장 크게 영향을 받은 그 제자훈련(문6 응답) 경험에 대해 여쭙겠습니다.

문7) 귀하가 받은 해당 제자훈련은 어떤 방식이었습니까?
① 일대일   ② 소그룹

문8) 해당 제자훈련을 받은 시기는 언제입니까?
① 중·고등학생 때   ② 대학생 때
③ 대학 졸업 후 청년 시기   ④ 결혼 이후 청장년 시기
⑤ 50대 이후

문9) 귀하는 얼마 동안 해당 제자훈련을 받았습니까?
① 1년 이내   ② 1년~2년
③ 2년 이상

문10) 해당 제자훈련 시 사용한 교재는 무엇이었습니까?
① 선교단체에서 출판한 교재   ② 다른 교회에서 출판한 교재
③ 자체 제작한 교재   ④ 기타(   )

문11) 사용한 교재를 출판한 단체 또는 출판사 이름은 무엇입니까?
_____

문12) 인도자(리더)는 어떤 사람이었습니까?
문12-1) 성별 : ① 남성   ② 여성
문12-1) 구분 : ① 교회 목회자   ② 교회 리더 훈련을 받은 평신도
              ③ 교회 중직자   ④ 선교단체 리더
              ⑤ 기타(   )

문13) 해당 제자훈련은 어떤 경로로 받게 되셨습니까?(하나만)
① 목회자/리더의 권유   ② 다른 평신도/친구/선배의 권유
③ 스스로 관심이 있어서   ④ 기타(   )

문14) 귀하가 해당 제자훈련을 받은 이유는 무엇입니까?(하나만)
① 성경에 대해서 배우기 위해   ② 삶 속에 신앙을 실천하는 법을 배우기 위해
③ 다른 신앙인들과의 교제를 위해   ④ 교회나 선교단체에서 직책을 맡기 위해
⑤ 기타(   )

자료: 설문조사 문항

모든 제자훈련 경험

※ 이제부터는 제자훈련을 받은 모든 경우를 생각하고 응답해 주십시오.

문15) 제자훈련의 가장 중요한 의미는 무엇이라고 생각합니까?(하나만)
① 제자를 재생산하는 것
② 성도를 양육하여 영적인 성장을 이루는 것
③ 성경에 나오는 예수님의 방법
④ 효과적인 교회 성장의 방법
⑤ 예수님의 희생적 삶에 참여하는 것
⑥ 기타(   )

문16) 제자훈련의 목표는 무엇이라고 생각합니까?(하나만)
① 전도를 잘하는 것   ② 또 다른 제자를 키우는 것
③ 교회 및 소속 단체를 잘 섬기는 것   ④ 삶 속에서 신앙을 잘 실천하는 것
⑤ 기타(   )

문17) 제자훈련이 귀하의 신앙생활에 도움이 되었습니까?

매우 큰 도움이 되었다	조금 도움이 되었다	별로 도움이 되지 않았다	전혀 도움이 되지 않았다
①	②	③	④

문17-1) (문17의 ①, ②번 '도움이 되었다'는 응답자만) 제자훈련이 특히 어떤 점에서 도움이 된다고 생각하십니까? 한 가지만 적어 주십시오.

_____

문17-2) (문17의 ③, ④번 '도움이 되지 않았다'는 응답자만) 왜 도움이 되지 않았는지 한 가지만 적어 주십시오.

_____

문18) 제자훈련 후에 귀하에게 가장 크게 나타난 변화는 무엇입니까? 다음 중 해당되는 것 모두 ○표 해 주십시오.
① 하나님을 더 가깝게 느꼈다   ② 성경말씀을 더 많이 알게 되었다
③ 삶의 의미를 깨달았다   ④ 인격이 변화되었다
⑤ 이웃과 사회에 대한 관심이 커졌다   ⑥ 전도를 잘하게 되었다
⑦ 교회/선교단체를 더 잘 섬기게 되었다
⑧ 기타(   )

문19) 제자훈련의 결과로 지금까지 살아오시면서 다음 각각에 대해 얼마나 변화가 있었다고 생각하십니까? 구분하시기는 어렵겠지만 제자훈련의 결과로만 생각하고 응답해 주십시오.

평가 요소	매우 그렇다	약간 그런 편	별로 그렇지 않은 편	전혀 그렇지 않다
① 사회봉사에 참여	1	2	3	4
② 교회 활동에 적극적으로 참여	1	2	3	4
③ 사회정의에 대한 관심	1	2	3	4
④ 시민단체 활동에 참여	1	2	3	4
⑤ 개인 경건생활에 충실	1	2	3	4
⑥ 학교/직장 생활에 충실	1	2	3	4
⑦ 가정에 더 충실	1	2	3	4

제자훈련을 받지 않은 경우

※ 이제부터는 제자훈련을 받지 않은 분들만 응답해 주십시오.(제자훈련 받은 분들은 문23으로 가십시오)

문20) 귀하께서 그동안 제자훈련을 받지 않으신 가장 큰 이유가 있다면 다음 중 무엇입니까?(하나만)
① 기회가 없었다   ② 시간이 없었다   ③ 필요성을 못 느껴서
④ 제자훈련에 대해 부정적 이미지가 있어서   ⑤ 기타(   )

문21) 귀하는 주변에 제자훈련 받으신 분들이 제자훈련 받지 않은 분들과 삶이나 생각이나 인식 등에 차이가 있다고 보십니까?

차이가 많다	약간 차이가 있다	별로 차이가 없다	전혀 차이가 없다
①	②	③	④

문21-1) (차이가 있다면, 문21의 1,2번 응답) 어떤 점에서 가장 크게 차이가 있다고 생각하십니까? 그다음은요?   가장 : _____   그다음 : _____
① 교회 헌신도   ② 성경 지식   ③ 이웃에 대한 배려와 섬김
④ 봉사단체 참여   ⑤ 사회, 정치 참여의식   ⑥ 개인 경건생활/신앙
⑦ 전도   ⑧ 기타(   )

문22) 귀하는 앞으로 기회가 주어진다면 시간을 내서 제자훈련을 받으실 의향이 얼마나 있으십니까?

매우 많다	약간 있다	별로 없다	전혀 없다
①	②	③	④

자료: 설문조사 문항

응답자 전체

※ 이제부터는 응답자 모두 응답해 주십시오.

문23) 교회에서 제자훈련 하는 것이 얼마나 필요하다고 생각하십니까?

매우 필요하다	조금 필요하다	별로 필요하지 않다	전혀 필요하지 않다
①	②	③	④

문24) 제자훈련의 부정적인 측면이 있다면 무엇이라고 생각하십니까? 각 항목에 대해 평가해 주십시오.

평가 요소	매우 그렇다	약간 그런 편	별로 그렇지 않은 편	전혀 그렇지 않다
① 지식적인 훈련에 치우쳐 있다	1	2	3	4
② 교회나 선교단체 내부 활동에 치우쳐 있다	1	2	3	4
③ 영적인 엘리트 의식을 키운다	1	2	3	4
④ 리더에게 지나치게 의존한다	1	2	3	4
⑤ 목회자의 권위를 존중하지 않는다	1	2	3	4
⑥ 목회자의 권위가 지나치게 강조된다	1	2	3	4

문25) 앞으로 새로운 제자훈련이 있다면 어떤 것을 원하십니까? 원하시는 내용을 적어 주십시오.

_____

문26) 새로운 제자훈련 중의 하나로 직장이나 학교에서 돈과 경제, 윤리와 도덕성, 인간관계, 직장생활(일터/학교), 사회의식 등 일반적 삶과 연관된 교육훈련이 얼마나 필요하다고 생각하십니까?

매우 필요하다	조금 필요하다	별로 필요하지 않다	전혀 필요하지 않다
①	②	③	④

문26-1) 만일 교육을 받으신다면 어떤 교육 훈련을 가장 받고 싶으십니까? 그다음은요?
가장 : _____   그다음 : _____
① 돈과 경제
② 윤리와 도덕성
③ 인간관계
④ 일터생활(직장/학교)
⑤ 사회의식
⑥ 기타(   )

문27) 귀하께서 신앙생활을 하는 가장 큰 이유는 무엇입니까?(하나만)
① 건강, 재물, 성공 등 축복을 받기 위해서
② 구원과 영생을 위해서
③ 마음의 평안을 위해서
④ 신도들과의 친교를 위해서
⑤ 가족의 권유로
⑥ 기타(   )

문28) 다음의 설명에 대해 어떻게 생각하십니까? 귀하의 평소 생각에 따라 '그렇다' '아니다'로 응답해 주십시오.

평가 요소	그렇다	아니다	모르겠다
① 앞으로 이 세상에 종말이 온다	1	2	3
② 사람은 죽으면 동물이나 사람으로 다시 태어난다	1	2	3
③ 궁합이 아주 나쁘면 결혼하지 않는 것이 좋다	1	2	3
④ 명절이나 조상이 돌아가신 날에는 음식을 장만하여 조상에 대한 제사를 지내야 한다	1	2	3
⑤ 기독교뿐 아니라 여러 종교에도 구원이 있다	1	2	3
⑥ 동성애에 대해 찬성한다	1	2	3
⑦ 목회자도 세금을 내야 한다	1	2	3
⑧ 교회 세습은 바람직하지 않다	1	2	3

문29) 귀하께서는 다음에 항목들에 대해 평소 어떻게 생각하십니까? '해서는 안 된다' '상황에 따라 할 수 있다' '해도 무방하다' 등으로 말씀해 주십시오.

평가 요소	해서는 안 된다	상황에 따라 할 수 있다	해도 무방하다
① 이혼	1	2	3
② 인공유산(낙태)	1	2	3
③ 음주	1	2	3
④ 흡연	1	2	3
⑤ 혼전 성관계	1	2	3

자료: 설문조사 문항

응답자 특성

※ 마지막으로 통계 처리를 위한 질문입니다. 다음 사항에 대하여 답해 주십시오.

1) 귀하의 학력은 어떻게 되십니까?
   ① 중졸 이하
   ② 고졸
   ③ 대졸
   ④ 대학원졸 이상

2) 신앙생활 하신 지 얼마나 되었습니까?
   _____ 년

3) 현재 교회에 출석하고 계십니까?
   ① 그렇다   ② 아니다

4) (교회 출석자만) 교회에서 귀하의 직분은 무엇입니까?
   ① 장로   ② 권사
   ③ 안수집사   ④ 서리집사
   ⑤ 직분 없음

끝까지 성심껏 답해 주셔서 감사드립니다.

제자훈련에 대한 설문조사 (목회자)

안녕하십니까?

저희 글로벌리서치에서는 한국교회탐구센터와 공동으로 교회 및 선교단체의 제자훈련에 대하여 연구하기 위해 목회자를 대상으로 설문조사를 실시하고 있습니다. 이 설문조사는 연구 이외의 다른 목적으로는 사용되지 않을 것이니 솔직하게 답변해 주시기 바랍니다. 또한 통계법 제33조(비밀의 보호)에 의거하여 응답해 주신 세부 조사 결과는 통계 목적 이외에는 절대 다른 용도로 사용하지 않을 것을 약속드립니다.

협조해 주셔서 감사드립니다.

2015년 11월

주   관: 한국교회탐구센터
조사기관: (주)글로벌리서치, 서울시 서초구 서초동 1582-16 2, 3층
         연구팀: 김종현 연구원(☎ 02-3438-1724) | 실사팀: 유영선 차장(☎ 02-3438-1705)

「통계 응답자의 의무 및 보호에 관한 법률」

통계법 제33조(비밀의 보호)
① 통계의 작성 과정에서 알려진 사항으로서 개인이나 법인 또는 단체 등의 비밀에 속하는 사항은 보호되어야 한다.
② 통계의 작성을 위하여 수집된 개인이나 법인 또는 단체 등의 비밀에 속하는 자료는 통계 작성 외의 목적으로 사용되어서는 아니된다.

자료: 설문조사 문항

■ 응답자 기재 사항: 응답자께서는 아래의 사항을 빠짐없이 기록해 주십시오.

응답자 기본 정보					
응답자 정보	성명		연락처		
	SQ1. 거주지	① 서울 ② 인천 ③ 경기도	SQ2. 성별	① 남성 ② 여성	
	SQ3. 연령	① 30대 이하 ③ 40대 ⑤ 50대 ⑥ 60대 이상			
	면접일시	2015년 ___월 ___일 / ___시 ___분- ___시 ___분 (___분간 면접)			

■ 면접원 기재 사항: 면접원은 아래의 사항을 빠짐없이 기록해 주십시오.

면접원 기본 정보				
면접원 정보	성명		연락처	
검증	검증일시	2015년 ___월 ___일 / ___시 ___분- ___시 ___분 (___분간 검증)		

기본 현황

SQ1 목사님은 현 교회의 담임목사이십니까?

① 예   ② 아니오 → **면접 중단**

문1) 목사님은 평소 생활하시면서 다음의 내용들에 대해 얼마나 관심이 있으십니까?

평가 요소	매우 관심 있다	약간 관심 있는 편	별로 관심 없는 편	전혀 관심 없다
① 이웃 관계	1	2	3	4
② 정치 문제	1	2	3	4
③ 환경 문제	1	2	3	4
④ 개인 경건생활	1	2	3	4
⑤ 다른 사람을 도와주는 것	1	2	3	4
⑥ 사회봉사	1	2	3	4

문2)   다음 내용들에 대해 어떻게 생각하는지 표시하여 주십시오.

평가 요소	매우 그렇다	약간 그런 편	별로 그렇지 않은 편	전혀 그렇지 않다
① 성경의 원리에 따라 돈을 사용한다	1	2	3	4
② 운전을 할 때나 대중교통을 이용할 때 양보하는 편이다	1	2	3	4
③ 정치 참여도 기독교인의 의무 중에 하나이다	1	2	3	4
④ 개인은 교회에 얽매이기보다 자신이 옳다고 생각되는 것을 믿고 실천하면 된다	1	2	3	4
⑤ 헌금은 교회 밖으로도 할 수 있다	1	2	3	4
⑥ 목회자와 평신도는 동등하다고 생각한다	1	2	3	4

문3)   다음 중 목사님이 참여하는 모임에 모두 표시하여 주십시오.
   ① 지역 모임   ② 기독교 단체
   ③ 자원봉사단체   ④ 시민단체
   ⑤ 교회 밖의 신앙 모임   ⑥ 기타(   )
   ⑦ 없다

제자훈련 경험

'제자훈련'이란 1-15명 이내의 기독교인(개신교인)들이 모여서 특정한 기간 동안(적어도 6개월 이상) 특정한 교재를 가지고 정해진 단계를 밟아 훈련하는 것을 말하며 대중집회식의 성경공부는 해당되지 않습니다.

문4)   목사님은 교회나 외부 단체에서 최소 6개월 이상 제자훈련을 받은 경험이 있습니까?
   ① 예   ② 아니오 → 문20)으로 가십시오.

※ 다음의 질문들은 제자훈련 경험이 있는 분만 응답해 주십시오. 제자훈련 경험이 없으신 분들은 문20)으로 가십시오.

문5)   목사님은 지금까지 제자훈련을 총 몇 번 참여하셨습니까?
   제자훈련 총 _____ 번
   예컨대 초급, 중급, 고급 등일 경우 단계별로 횟수를 계산하시면 됩니다.

문6)   목사님은 어느 곳에서 제자훈련을 받았습니까? 다음 중 해당하는 부분에 모두 ○표해 주십시오.
   ① 교회   ② 학생선교단체
   ③ 기독교 단체   ④ 기타(   )

자료: 설문조사 문항

문6-1) 그럼, 그 중에서 목사님의 삶에 가장 크게 영향을 받은 제자훈련은 어디에서 받은 것입니까?
(한군데만 표시)
① 교회 ② 학생선교단체
③ 기독교 단체 ④ 기타(   )

제자훈련 경험

※ 이제부터 목사님이 가장 크게 영향을 받은 제자훈련 경험(문6-1 응답)에 대해 여쭙겠습니다.

문7) 목사님이 받은 해당 제자훈련은 어떤 방식이었습니까?
① 일대일 ② 소그룹

문8) 해당 제자훈련을 받은 시기는 언제입니까?
① 중・고등학생 때 ② 대학생 때
③ 대학 졸업 후 청년 시기 ④ 결혼 이후 청장년 시기
⑤ 50대 이후

문9) 목사님은 얼마 동안 해당 제자훈련을 받았습니까?
① 1년 이내 ② 1년-2년
③ 2년 이상

문10) 해당 제자훈련 시 사용한 교재는 무엇이었습니까?
① 선교단체에서 출판한 교재 ② 다른 교회에서 출판한 교재
③ 자체 제작한 교재 ④ 기타(   )

문11) 사용한 교재를 출판한 단체 또는 출판사 이름은 무엇입니까?
_____

문12) 인도자(리더)는 어떤 사람이었습니까?
문12-1) 성별 : ① 남성 ② 여성
문12-1) 구분 : ① 교회 목회자 ② 교회 리더 훈련을 받은 평신도
③ 교회 중직자 ④ 선교단체 리더
⑤ 기타(   )

문13) 해당 제자훈련은 어떤 경로로 받게 되셨습니까?(하나만)
① 목회자/리더의 권유 ② 주변 친구/선배의 권유
③ 스스로 관심이 있어서 ④ 기타(   )

문14) 목사님이 제자훈련을 받은 이유는 무엇입니까?(하나만)
① 성경에 대해서 배우기 위해   ② 삶 속에 신앙을 실천하는 법을 배우기 위해
③ 다른 신앙인들과의 교제를 위해   ④ 교회나 선교단체에서 직책을 맡기 위해
⑤ 평신도 훈련에 활용하기 위해   ⑥ 기타(   )

모든 제자훈련 경험

※ 이제부터는 제자훈련을 받은 모든 경우를 생각하고 응답해 주십시오.

문15) 제자훈련의 가장 중요한 의미는 무엇이라고 생각합니까?(하나만)
① 제자를 재생산하는 것
② 성도를 양육하여 영적인 성장을 이루는 것
③ 성경에 나오는 예수님의 방법
④ 효과적인 교회 성장의 방법
⑤ 예수님의 희생적 삶에 참여하는 것
⑥ 기타(   )

문16) 제자훈련의 목표는 무엇이라고 생각합니까?(하나만)
① 전도를 잘하는 것
② 또 다른 제자를 키우는 것
③ 교회 및 소속 단체를 잘 섬기는 것
④ 삶 속에서 신앙을 잘 실천하는 것
⑤ 기타(   )

문17) 제자훈련이 목사님의 신앙생활에 도움이 되었습니까?

매우 큰 도움이 되었다	조금 도움이 되었다	별로 도움이 되지 않았다	전혀 도움이 되지 않았다
①	②	③	④

문17-1) (문17의 ①, ②번 '도움이 되었다'는 응답자만) 제자훈련이 특히 어떤 점에서 도움이 된다고 생각하십니까? 한 가지만 적어 주십시오.

_____

문17-2) (문17의 ③, ④번 '도움이 되지 않았다'는 응답자만) 왜 도움이 되지 않았는지 한 가지만 적어 주십시오.

_____

자료: 설문조사 문항

문18) 제자훈련 후에 목사님에게 가장 크게 나타난 변화는 무엇입니까? 다음 중 해당되는 것 모두 ○표 해 주십시오.

① 하나님을 더 가깝게 느꼈다
② 성경말씀을 더 많이 알게 되었다
③ 삶의 의미를 깨달았다
④ 인격이 변화되었다
⑤ 이웃과 사회에 대한 관심이 커졌다
⑥ 전도를 잘하게 되었다
⑦ 교회/선교단체를 더 잘 섬기게 되었다
⑧ 신학 공부 결심/목회자로서의 소명을 발견했다
⑨ 기타(   )

문19) 제자훈련의 결과로 지금까지 살아오시면서 다음 각각에 대해 얼마나 변화가 있었다고 생각하십니까? 구분하시기는 어렵겠지만 제자훈련의 결과로만 생각하고 응답해 주십시오.

평가 요소	매우 그렇다	약간 그렇다	별로 그렇지 않다	전혀 그렇지 않다
① 사회봉사 단체에 참여	1	2	3	4
② 시민단체 활동에 참여	1	2	3	4
③ 사회정의에 대한 관심	1	2	3	4
④ 개인 경건생활에 충실	1	2	3	4
⑤ 가정에 더 충실	1	2	3	4
⑥ 목회자로서의 소명을 발견	1	2	3	4

제자훈련을 받지 않은 경우

※ 이제부터는 제자훈련을 받지 않은 분들만 응답해 주십시오.(제자훈련 받은 분들은 문23)으로 가십시오)

문20) 목사님께서 그동안 제자훈련을 받지 않으신 이유가 있다면 다음 중 무엇입니까?(하나만)
① 기회가 없었다
② 시간이 없었다
③ 필요성을 못 느껴서
④ 제자훈련에 대해 부정적 이미지가 있어서
⑤ 기타(   )

문21) 목사님은 주변에 제자훈련 받으신 분들이 제자훈련 받지 않은 분들과 삶이나 생각이나 인식 등에 차이가 있다고 보십니까?

차이가 많다	약간 차이가 있다	별로 차이가 없다	전혀 차이가 없다
①	②	③	④

문21-1) (차이가 있다면) 어떤 점에서 가장 크게 차이가 있다고 생각하십니까? 그다음은요?

가장 : _____   그다음 : _____

① 교회 헌신도
② 성경 지식
③ 이웃에 대한 배려와 섬김
④ 봉사단체 참여
⑤ 사회, 정치 참여의식
⑥ 개인 경건생활/신앙
⑦ 전도
⑧ 기타(   )

문22) 목사님은 앞으로 기회가 주어진다면 시간을 내서 제자훈련을 받으실 의향이 얼마나 있으십니까?

매우 많다	약간 있다	별로 없다	전혀 없다
①	②	③	④

응답자 모두 응답해 주십시오

문23) 목사님 교회에서는 현재 제자훈련 프로그램을 운영하고 계십니까?

① 운영하고 있다   ② 운영하고 있지 않다

문24) 현재 교회에서 제자훈련 하는 것과 상관없이 목사님께서는 제자훈련 하는 것이 얼마나 필요하다고 생각하십니까?

매우 필요하다	조금 필요하다	별로 필요하지 않다	전혀 필요하지 않다
①	②	③	④

자료: 설문조사 문항

문25) 제자훈련의 부정적인 측면이 있다면 무엇이라고 생각하십니까? 각 항목에 대해 평가해 주십시오.

평가 요소	매우 그렇다	약간 그렇다	별로 그렇지 않다	전혀 그렇지 않다
① 지식적인 훈련에 치우쳐 있다	1	2	3	4
② 교회나 선교단체 내부 활동에 치우쳐 있다	1	2	3	4
③ 영적인 엘리트 의식을 키운다	1	2	3	4
④ 리더에게 지나치게 의존한다	1	2	3	4
⑤ 양적 성장에 치우쳐 있다	1	2	3	4
⑥ 목회자의 권위를 존중하지 않는다	1	2	3	4
⑦ 목회자의 권위가 지나치게 강조된다	1	2	3	4

문26) 앞으로 새로운 제자훈련이 있다면 어떤 것을 원하십니까? 원하시는 내용을 적어 주십시오.

_____

문27) 새로운 제자훈련 중의 하나로 직장이나 학교에서 돈과 경제, 윤리와 도덕성, 인간관계, 직장생활(일터/학교), 사회의식 등 일반적 삶과 연관된 교육 훈련이 얼마나 필요하다고 생각하십니까?

매우 필요하다	조금 필요하다	별로 필요하지 않다	전혀 필요하지 않다
①	②	③	④

문27-1) 만일 교육을 받으신다면 어떤 교육훈련을 가장 받고 싶으십니까? 그다음은요?

　　　　가장 : _____　　그다음 : _____

① 돈과 경제
② 윤리와 도덕성
③ 인간관계
④ 직장생활(일터/학교)
⑤ 사회의식
⑥ 기타(　　　　　　　　　　)

문28) 다음의 설명에 대해 어떻게 생각하십니까? 목사님의 평소 생각에 따라 '그렇다' '아니다'로 응답해 주십시오.

평가 요소	그렇다	아니다	모르겠다
① 동성애에 대해 찬성한다	1	2	3
② 목회자도 세금을 내야 한다	1	2	3
③ 교회 세습은 바람직하지 않다	1	2	3

문29) 목사님께서는 다음에 항목들에 대해 평소 어떻게 생각하십니까? '해서는 안 된다' '상황에 따라 할 수 있다' '해도 무방하다' 등으로 말씀해 주십시오.

평가 요소	해서는 안 된다	상황에 따라 할 수 있다	해도 무방하다
① 이혼	1	2	3
② 인공유산(낙태)	1	2	3
③ 음주	1	2	3
④ 흡연	1	2	3
⑤ 혼전 성관계	1	2	3

응답자 특성

※ 마지막으로 통계 처리를 위한 질문입니다. 다음 사항에 대하여 답해 주십시오.

1) 목사님 학력 배경은 어떻게 되십니까?
    ① 신학교만 졸업   ② 일반대 졸업 후 신대원 졸

2) 목회를 하신 지 총 얼마나 되셨습니까? _____ 년

3) 현재 시무하고 계신 교회의 출석 교인 수는 얼마나 됩니까? 장년층 기준으로 응답해 주십시오.
    ① 50명 이하   ② 51-100명   ③ 101-200명
    ④ 201-300명   ⑤ 301-400명   ⑥ 401-500명
    ⑦ 501-1000명   ⑧ 1001명 이상

4) 목사님은 어느 교단에 속해 있습니까?
    ① 예장 합동   ② 예장 통합   ③ 예장 기타 교단
    ④ 기독교 장로회   ⑤ 기독교 감리회   ⑥ 기독교 성결교
    ⑦ 예수교 성결교   ⑧ 기독교 침례회   ⑨ 하나님의 성회/순복음
    ⑩ 독립 교단   ⑪ 기타(   )

끝까지 성심껏 답해 주셔서 감사드립니다.

자료: 설문조사 문항

한국교회탐구센터

한국 교회, 특히 개신교는 지난 120년 동안 초기의 민족적 수난과 열악한 상황 속에서 민족과 함께 고난받으며 괄목할 성장을 거듭했습니다. 그러나 오늘날 한국 교회는 사회에 희망을 주지 못한 채 오히려 비난을 받으며 쇠락의 모습을 보이고 있습니다. 그동안 한국 교회의 변화와 갱신, 개혁을 위한 제안들이 많았습니다. 그러나 단순히 아름다운 과거로 돌아가거나 새로운 프로그램을 도입하는 것으로는 해결되지 않는 보다 근본적인 대수술이 필요합니다. 이를 위해서는 무엇보다 한국 교회가 자신을 객관적으로 살피고 성찰함으로써 밑바닥에서부터 일어나는 뼈저린 회심과 새로운 비전이 중요합니다.

한국교회탐구센터(The Research Center for the Korean Churches)는 이러한 노력의 일환으로 시작된 작은 몸짓으로서, '하나님나라를 위한 교회, 한국 교회를 위한 탐구'를 모토로 2011년에 설립되었습니다. 우리가 습관적으로 답습해 왔지만 성서적·신학적·역사적 기반은 모호한 한국 교회의 관행과 면모들을 하나하나 밝혀 갈 것입니다. 신학교에서도 교회에서도 제대로 다루지 않았던, 그리고 세상 속에서 하나님 나라를 위해 거룩한 제사장으로 부름받은 성도들의 삶 속에서도 구현되지 못했던 과제들을 진지하게 탐구할 것입니다. 한국교회탐구센터는 한국 교회의 참된 회복을 위해 우리의 신앙 공동체에 대한 비판적인 분석과 선지자적 연민을 함께 일깨울 것입니다.

구체적으로 매년 '교회탐구포럼'을 개최함은 물론 연구 활동 및 자료 발간 등을 위해 힘쓸 것입니다. 그동안 "한국 교회와 직분자: 직분제도와 역할"(2011년), "한국 교회와 여성"(2012년), "급변하는 직업 세계와 직장 속의 그리스도인"(2013년), "교회의 성(性), 잠금 해제?"(2014년), "한국 교회 큐티 운동 다시 보기"(2015년), "한국 교회와 제자훈련"(2016년) 등의 주제로 포럼을 개최했습니다.

한국교회탐구센터
주소 _ 04031 서울 마포구 동교로 156-10
전화 _ 070-8275-6314
팩스 _ 02-333-7361
홈페이지 _ http://www.tamgoo.kr

한국 교회 제자훈련 미래 전망 보고서
무엇을 위한 누구의 제자인가

초판 발행_ 2016년 4월 28일

편집위원장_ 송인규
발행인_ 신현기

발행처_ 한국기독학생회출판부(IVP)
등록번호_ 제313-2001-198호(1978.6.1)
주소_ 04031 서울 마포구 동교로 156-10
대표 전화_ (02)337-2257 팩스_ (02)337-2258
영업 전화_ (02)338-2282 팩스_ 080-915-1515
직영서점 산책_ (02)3141-5321
홈페이지_ http://www.ivp.co.kr
이메일_ ivp@ivp.co.kr

ISBN 978-89-328-1177-2
   978-89-328-1171-0(세트) 94230

ⓒ 한국기독학생회출판부 2016

책값은 뒤표지에 있습니다.
무단 전재와 복제를 금합니다.